我们共同的
存在主义哲学课

Existentialism for us all

刘玮 著

北京大学出版社
PEKING UNIVERSITY PRESS

图书在版编目（CIP）数据

我们共同的存在主义哲学课 / 刘玮著. —北京：北京大学出版社，
2024.1

ISBN 978-7-301-34441-5

Ⅰ. ①我… Ⅱ. ①刘… Ⅲ. ①存在主义 Ⅳ. ① B086

中国国家版本馆 CIP 数据核字（2023）第 174762 号

书　　　　名	我们共同的存在主义哲学课
	WOMEN GONGTONG DE CUNZAI ZHUYI ZHEXUEKE
著作责任者	刘　玮 著
责 任 编 辑	王晨玉
标 准 书 号	ISBN 978-7-301-34441-5
出 版 发 行	北京大学出版社
地　　　址	北京市海淀区成府路 205 号　100871
网　　　址	http://www.pup.cn　新浪微博 @ 北京大学出版社
电 子 邮 箱	编辑部 wsz@pup.cn　总编室 zpup@pup.cn
电　　　话	邮购部 010-62752015　发行部 010-62750672
	编辑部 010-62752025
印 　刷 　者	北京九天鸿程印刷有限责任公司
经 销 者	新华书店
	880 毫米 ×1230 毫米　A5　12.375 印张　390 千字
	2024 年 1 月第 1 版　2024 年 3 月第 2 次印刷
定　　　价	78.00 元

献给

罗振宇老师

和

在"得到"结识的每一位朋友

目录
CONTENTS

第三单元　法国的存在主义

加　餐

既高冷又温暖的哲学（代前言）

在开始这门课之前，我先来解答一个你一定很好奇的问题："我为什么要了解'存在主义哲学'？"一听到"哲学"这个词，多少都会有点让人觉得高不可攀的感觉。确实，哲学经常会讨论特别抽象的问题，使用特别专门的概念，进行特别复杂的推理。但是请你放心，在高冷的哲学世界里，"存在主义"是和每个人的生活最切身相关的，是一种特别有温度、特别温暖的哲学。

你心中可能或多或少有过这样的疑惑，比如我活着到底是为了什么？我的不同侧面到底哪个才是真正的自我？我到底有没有行动的自由？这些疑惑，不是哪一个人的问题，也不是哪一代人的问题。在历史上，这些问题是被哲学家们反复思考过的，也有过很多精彩的答案。存在主义哲学，就是这些答案里最丰富的宝藏之一。

你一定或多或少知道一些存在主义哲学家的名字，比如海德格尔、萨特和加缪。你大概还听说过一些存在主义的名言，比如海德格尔说**"人是向死而生的"**；萨特说**"他人即地狱"**；加缪说**"自杀是唯一严肃的哲学问题"**。

那存在主义到底是一种什么样的哲学呢？

简单来说，作为一场哲学运动，存在主义的源头可以追溯到 19 世纪中期，在 20 世纪 20 年代正式兴起，到了 80 年代逐渐落下帷幕。刚刚提到的海德格尔、萨特和加缪就是最有代表性的三位存在主义哲学家。这种哲学最大的特点，就是把个人具体的生存体验当作哲学讨论的中心问题。所以我们可以把"存在主义"理解成"生存主义"。

说存在主义关心个人的生存体验，好像让它变得可有可无了。毕竟没有人比我更了解我自己的生存处境，也没有人能代替我体验我自己的生活。那我为什么要听这帮存在主义哲学家来讲我的生存体验，了解存在主义能帮我看清哪些自己看不清的问题呢？这场 40 年前落幕的哲学运动，对今天的我们还有什么用处呢？

如果放到历史长河中来看，"关心个人的生存体验"其实是一场深刻的**哲学革命**。存在主义出现以前，传统的哲学家们喜欢建构普遍、抽象的理论，他们想用严丝合缝的体系和无懈可击的逻辑去碾压和征服读者。所以，传统哲学虽然也会讨论"人"和"人的存在"，但通常都是从普遍和抽象的角度来谈的，他们关心的是"人类"而不是"个人"。所以在回答人生意义、自我、情感这些问题时，传统哲学也都会给出一些抽象的回答。但是存在主义想要推翻传统的哲学体系，彻底转换哲学的视角，关注每个鲜活的个体真实的生存处境和具体的生存体验。比如萨特就详细地描述过一男一女在酒馆里调情，两个人态度上的微妙变化，以及从里面折射出的生存态度。在传统哲学里，这样的讨论肯定是登不了大雅之堂的，但是在存在主义这里，却成了重要的哲学主题。因为关注个人具体的生存体验，存在主义就会格外强调人**非理性的、情感**的一面，还要把传统哲学不屑一顾的很多**负面情感**，当作哲学分析的核心，比如我们面对世界的荒谬感、面对人生的虚无感、面对死亡的焦虑感。

说到这里，你是不是已经有点听不下去了？心想，我过着"九九六"的生活，整天跟周围人的"死磕""内卷"，我还不够惨、还不够焦虑吗？为什么还要去听这帮存在主义哲学家给我讲虚无、荒谬和焦虑呢？

先别急，你的这些抗议恰恰是我们今天依然要去了解存在主义的原因。因为存在主义哲学家用最深刻的哲学分析让你看到，**这些情绪不仅你会有，那些最智慧的头脑也会有，而且比你体会的更深、更广，表达的比你更精准、更到位：**

—— 你是不是有时候会感到自己跟周围的人总是不合拍，活得非常别扭？萨特会告诉你，我们之外的这个世界充满偶然性，总是会跟我们的预期不同，我们面对世界和他人觉得别扭，甚至感到"恶心"，都很正常！

—— 你是不是有时候会觉得工作和生活单调乏味、没有意义，不知道自己应该干点什么？加缪会告诉你，这个世界对于我们来讲就是荒谬的、没有意义的。他说人生好比希腊神话里的西西弗整天推着一块大石头山上，但是每次推到山顶，石头又会自己滚下来，就这样周而复始。你的人生再悲催，还能比这个更惨吗？

看到这样的描述，你是不是觉得存在主义是一种特别丧、特别颓、特别悲观的哲学？但是情况恰恰相反，在整个哲学史上，没有哪种哲学比存在主义更加**积极进取**了。而且存在主义的积极进取，不是盲目乐观，也不是给你灌心灵鸡汤。它不是告诉你要专注自己的内心，获得精神的胜利；也不是给你许诺美好的乌托邦或者来世的救赎。存在主义把虚无、荒谬、焦虑这些负面情绪最充分地展现在你的面前，然后告诉你，这些就是我们每个人生存中的常态，没有什么可怕的。人生就是在它们之上创造意义。因为我们是自由的，有各种选择的可能性，人就是在自由选择的行动中自我塑造的。整个哲学史上，没有哪种哲学比存在主义更高扬人的自由，更主张要去过一种本真的、不自欺的生活了！

就算存在主义作为一场"哲学运动"落幕了，但是作为最贴近个人生活的"哲学思想"，**根本不可能落幕**。只要我们活着，就需要存在主义帮我们更好地理解生活。它总是能帮助我们看到人生最惨淡的底色，然后依然给我们鼓舞，活出每个人自己的人生。借用一句时下很流行的话："**世界上只有一种真正的英雄主义，那就是看清生活的真相之后，依然热爱生活。**"（罗曼·罗兰）存在主义就是这样一种英雄主义的哲学。

说存在主义不可能落幕，还因为存在主义哲学家讨论的很多问题、提出的很多洞见，早已经渗透到日常语言、文化和生活的方方面面。一个明显的例子就是你熟悉的那些存在主义名言。但是记住这些名言和了解存在主义完全不是一回事。因为我们很容易望文生义地误解那些名言。比如萨特说的"他人即地狱"。这句话经常被拿来形容人性的恶毒，周围人的恶意。其实萨特并不是这个意思。他并不是想说人有多坏，而是在刻画一种生存境遇和生存态度。他人是外在于我的东西，是偶然性的一部分，所以和我产生冲突非常正常。如果我放弃自我，生活在他人的目光和评价中，他们就会成为我的地狱。想要摆脱这种可怕的境遇，最重要的就是活出自己的人生。其实对于很多存在主义哲学的名言，我们都有着类似的误解。只有把这些话放到这些哲学家的思想脉络里，再进一步把它们放到存在主义的思想脉络里，才能充分理解这些名言真正的含义，理解它给我们的思想带来的强烈冲击和其中蕴含的巨大智慧。

这门课就是想把这些存在主义哲学家最深刻、最有温度，也最值得我们玩味的洞见介绍给你，更重要的是希望通过他们的思考，你能更好地思考自己的人生境遇和人生选择。

在设计这门课的时候，我考虑了两种思路。一个是按照主题来讲，比如虚无、荒谬、自由、死亡；另一个就是像现在这样按照一个一个哲学家来讲。

这两个讲法各有利弊，我最终选择后一个思路有一个重要的考虑：很多存在主义哲学家都有着不一般的人生经历，他们有的敢于跟整个国家的文化圈子甚至教会为敌、有的在死刑的前一刻被改判流放、有的贡献了举世瞩目的经典爱情故事、有的作为犹太人被迫流亡在异国他乡声名远播……按照人物讲最大的好处就是，你除了能收获一些有温度的哲学观点之外，还能结识一些有血有肉的人。让哲学和具体的人生结合起来不正是存在主义最重要的特点吗？

不过我要提醒你，我们虽然是按照哲学家来讲，但是我要讲的，不是他们完整的思想传记，而是这些人怎么薪火相传，花了100多年的时间，最终汇聚出了"存在主义"这股浩浩荡荡的哲学思潮。每一讲，我们都要看看：这位哲学家往这股潮流中放了哪些新的东西。

具体来讲，这门课会分成三个单元。**第一个单元**是"存在主义的前传"，我会介绍四位对存在主义哲学的正式诞生做出了巨大贡献的人。这里面有把人生选择变成哲学核心问题的克尔凯郭尔，有深刻揭示了现代人虚无处境的陀思妥耶夫斯基和尼采，还有为存在主义的正式诞生提供了有力武器的胡塞尔。之后我会分成德国和法国两个系列来为你介绍主要的存在主义哲学家，两边各有四位代表。**第二个单元**，在德国这边，有存在主义哲学最耀眼的明星海德格尔，在他身边还有他的同事雅斯贝尔斯，学生伽达默尔和阿伦特。**第三个单元**，在法国那边，是四位著名的存在主义哲学家萨特、波伏瓦、加缪和梅洛－庞蒂，他们一度是非常要好的朋友，在咖啡馆里抽烟、喝酒、聊天，共同推动了这场哲学运动。在**最后一讲**，我会介绍存在主义作为一场哲学运动如何落幕，其影响又如何在落幕之后波及到当今思想和生活的方方面面。

我真诚地邀请你加入我的"存在主义哲学课"。在这里，你会结识 12 位人生经历各异、思想色彩缤纷的哲学家，也一定会从他们那里收获对于自己人生的新思考和新感悟！

精选留言

【Surpasser】2021 年 8 月 11 日

这个时代，自我启蒙的时代，多思考哲学，才能认识自己，认识世界。

存在主义哲学终于开讲，历史上存在主义最盛行的时代，也是人类生存遭遇最糟糕的时代——"一二战"。然而每个人都有自己的时代，正如莎士比亚所说"我们命该遇到这样的时代"——此时此刻的世界，疫情肆虐，封闭与分裂，道德处在崩坏的边缘，旧的价值已崩塌，新的价值未立，多数观念未普世……

面对四面扑来的黑天鹅，焦虑和彷徨，"上班 996 生病 ICU"的无奈，年轻人"躺平"的情绪发泄，"打工人"的自嘲，还有滚滚大潮下的暗流涌动和并未扑腾便消失的声音……

这个时代，应该如何生存？如何面对启蒙前的浑噩？如何面对启蒙后的荒诞？

学哲学，是要让灵魂有一种超越感；学存在主义，是要让身体在这冰冷而燃烧的大地上勇敢且自由地反抗。

【李育辉】2021 年 8 月 11 日

祝贺刘老师新课上线！

人的一生总在不断地追问"我是谁"的问题，随着社交网络的兴起，越来越多的人通过他人（甚至陌生人）的评价来构建自我认知，并不断在积极与消极情绪中摇摆、焦虑、自我怀疑、自我肯定、自豪、敌意、嫉妒等，会时不时出现。如何建立强大的自我，并与外界和谐共处，不同发展阶段有不同的行为选择，这是一生的命题。

课程里的这句话说得特别好，"如果我放弃自我，生活在他人的目光和评价中，他们就会成为我的地狱。想要摆脱这种可怕的境遇，最重要的就是活出自己的人生。"希望每个人都活出自己的精彩人生。

【刘玮回复】

感谢李育辉老师的评论！确实，在存在主义者看来，"自我"从来都不是一个现成给定的东西，需要我们用一个又一个行动去不断创造。认识到这一点，多早都不嫌早，多晚也都不嫌晚，所以存在主义是适合任何人、任何时候的哲学思考！

【杨涵】 2021 年 8 月 11 日

"我们是自由的，有各种选择的可能性，人就是在自由选择的行动中自我塑造的。"存在主义是一种积极的哲学，但是理解并践行是有难度的，它引导我们在追求意义的过程中进行自我塑造，就像雕塑一件作品一样，接纳和舍弃之后是意想不到的结果，而结果的意义却在一刀一刀的雕刻中，在思考和行动中。

【乌尚书】 2021 年 8 月 11 日

看到说存在主义哲学追求和倡导一种本真的、不自欺的生活这句话时，特别受触动。小的时候总有个执念，要活得本真和诚恳，但现实世界并不奖励这样的人，而且这样的方式很需要心理能量。

但这个目标总不能忘了。学这门哲学课，我觉得是不断汲取心理能量的过程。以前看过一个故事，德国有一位生活在地下室的水管工，他的爱好就是看哲学。有人问他怎么会看这样的书，对他的生活也没什么实际益处吧。他回答，在书里，他能看见光。

存在主义是跟人的现实生活最贴近的哲学，如何活出自己的意义，如何在没有意义的世界找到自己的意义，这是一门修炼。

【强 Sean】 2021 年 8 月 11 日

存在主义者把人的一生当作现象来看，认为存在本身就是一种荒谬：我们的出生，没有征得本人的同意，是不请自来；我们的死亡也没人和我们商量，是不辞而别。

这种荒谬很搅动人心，但存在主义者对我们最大的鼓舞是，不因为这种荒谬而放弃人生，他们既反对宗教上信仰——这是哲学上的自杀，也反对人结束自己的生命——这是肉体上的自杀，主张我们应该努力去赋予人生以意义。

我特别喜欢加缪的西西弗神话。我曾经也以为，要逃离那种可怕的、重复单调的生活才算是热爱生活，但我后来知道：凡·高重复画了40幅自画像，跟踪、观察自己的变化；莫奈重复画了25幅《干草堆》，他在重复的景物中看到瞬息万变的光线；徐悲鸿重复画了一辈子的马；齐白石重复画了一辈子虾……他们和我们每一个人一样，其实都是西西弗，在不断的轮回、重复中，去发现和制造意义，去接近我们的本质。

【刷展的蘑菇酱】2021 年 8 月 12 日

[欢迎来到一个不自欺的哲学世界——坐在沙发上和你的小确丧一起吃爆米花]

生活中的小确丧肯定是有的，但是"怎么和小确丧相处"的选择权，却始终握在你的手中。究竟是直接电脑一摔老子不干啦，还是邀请它坐下来跟你一起吃爆米花，其实你一直都有选择的，不是吗？

刘玮老师的"存在主义哲学课"大概就是这么一个 [茶话会]。在这个聚会里，存在主义先贤们轮番上阵，左手揽着小确丧，扭过头跟你说说自己跟这个家伙的相处方法。可能时不时还会偷吃一两个爆米花，偷喝一口小酒之类的。

而刘老师呢，就是一个坐在旁边独坐沙发上跟你不断介绍客人的 [引荐人]。一会儿给你介绍介绍 [存在主义哲学诞生前的厉害人物们]，一会儿跟你说说 [德系和法系的哲学家们] 究竟有啥不同。最后还会帮你梳理一下存在主义作为一场哲学运动的情况。最主要的是，刘老师还不会偷吃你爆米花，这就很优秀。

好啦，如果你也想参加这场由刘玮老师主持的 [存在主义茶话会]，那就赶紧下手吧，反正我和我的小确丧已经在沙发上啃爆米花了，大家一起吧！

【Senser】2021 年 8 月 17 日

人本身就是一个矛盾体，一个外在的自我与内在的自我，这两个自我总是会有意见不统一的时候。如何调整和平衡好这二者之间的关系，就需要在成长过程中不断地认识自己。为什么会这样说？因为人总是会处于一种变化的状态，在不同的年龄及身份转变的阶段，不管是心理和生理上都会因身处的环境不同而出现不一样的变化。

如何调整好自己的状态，用来适应这些变化引起的一系列情绪的波动，就需要在思想上对自己有一个较为清晰的认识及定位。只有这样，才可以在不确定性中找到那个锚定的点，使自己在不断变化之中不至于迷失人生方向。哲学思想就具有这样的作用，让我们在纷繁复杂的环境中找到自己人生的灯塔。

存在主义思想应该更接近于我们的生活，在面对年复一年、日复一日平凡的岁月中，如何从无意义的工作与生活中找到人生的使命感，并且从中挖掘出做事情的意义，这本身就是一件让人兴奋的事情。从某些方面来看，我们每一个人都是人生中的西西弗，用一种英雄主义去勇敢地推动生活的巨石，即便明知道终局是什么，也依然可以坦然面对那些可以预见的结局。不是生活塑造了我们，而是我们用热情重塑了生活，这样的生活方式或许可以帮助我们成为更好的自己。

【无】2021 年 11 月 18 日

很多年前为了找寻"人生（活着）的意义"，开始接触、学习哲学……

后来知道很多哲学家也都表达过"人生没有意义……"

再后来明白了，其实所谓的意义只是每个人赋予他的……如果感到茫然，也找不到什么可以赋予的，那么当下最关心的人或事，应该就是当下活着的意义了。人生的意义不一定是一成不变的。当下可以是这样的，以后也可能是那样的……关键是，不要活在"他人"的地狱里。

学习哲学的目的，一是解答个人的疑惑；二是释放一些自己解决不了的痛苦。有一句话说得好："技能让我们低头干活，哲学让我们抬头看路。"

人生其实只有一件事：活好自己。

为了活好，所以学习。

存在主义前传

第1讲
克尔凯郭尔：非此即彼的人生选择

我们通常说的"存在主义"运动是从 20 世纪 20 年代开始的，但是，如果要追问它的源头，至少需要向前追溯一百年，追溯到 19 世纪初的丹麦哲学家克尔凯郭尔。在哲学史上，他被称为"存在主义之父"。

克尔凯郭尔这个名字你不一定熟悉，但是在丹麦，他的地位可以跟安徒生相提并论，是丹麦历史上最有名的文人。克尔凯郭尔出生在 1813 年，只活了短短的 42 岁。他一生最著名的作品基本都是在 29 到 33 岁这短短四年时间里创作完成的，像《非此即彼》《重复》《恐惧与战栗》等，他在这四年里创作的作品，翻译成中文就有三百多万字，真是不能不佩服他的天才。

1813 年是一个什么年代？那个时候德国古典哲学还在蒸蒸日上：康德去世还不到 10 年；黑格尔还在当中学校长，没当上大学教授，他学术生涯中最辉煌的时期还没有到来。而克尔凯郭尔 1855 年去世的时候，德国古典哲学的最后一位大师谢林也才刚刚去世一年。对，克尔凯郭尔这一辈子，可以说都生活在德国古典哲学这座大山的旁边。克尔凯郭尔的祖国丹麦，也正好在德国的旁边，从丹麦首都哥本哈根到柏林，距离 300 多公里，这也给克尔凯郭尔冷眼旁观德国古典哲学，提供了一点距离感。

那这点距离感，产生了什么呢？

产生了哲学史上一颗全新的种子。这颗种子后来发芽、长大，在哲学的土壤上撕开了一道新口子。而之后一百多年的一代代哲学家，把这个口子越撕越大，形成了蔚为壮观的存在主义运动，彻底颠覆了传统哲学。

在谈论克尔凯郭尔撕开的口子之前，我们先来看看"传统哲学"有什么特点？如果用最通俗的语言概括，就是三个字——"盖高楼"。从柏拉图开始，亚里士多德、阿奎那、笛卡尔、洛克、康德、黑格尔，都是体系的建造者，他们都是从一些最基本概念出发，比如实体、理念、经验、上帝，建立一个自己的哲学大厦，而且几乎每个哲学家都要先把之前哲学家的大厦推倒，从地基开始重建。大厦竣工以后，再贴上一个自己的标签，比如柏拉图主义、笛卡尔主义、康德主义，这样就算"功德圆满"了。这是一种上帝视角的哲学，好像世界上发生的一切都尽在哲学家的掌握之中。

克尔凯郭尔年轻时候学的就是这种哲学，他还带着仰慕之情，从哥本哈根跑到柏林去听谢林讲课。但是，几堂课听下来，克尔凯郭尔大失所望，后来一辈子都反对这种从抽象观念出发的哲学。

克尔凯郭尔反对传统哲学从概念到概念的逻辑推演，他主张要把个人的生存处境当作哲学的核心问题。在我们今天这个时代，从个人生存处境出发来思考世界，似乎是一件理所当然的事情。育儿指南、婚恋指南、职场指南、理财指南，到处都是"眼前的苟且"，想一些超越个人生存处境的大事，也就是"诗和远方"，那是奢侈的事情。

但是200年前的思想界可不是这样。那个时候，工业革命刚刚发生，城市化的浪潮还没有到来，社会复杂度没有那么高，人生道路的选择也没有那么多。知识精英能思考、也愿意思考的，都是一些超越性的问题，像上帝到底存在不存在？人类认识世界何以可能？

理解了这个时代背景，你就知道了克尔凯郭尔提出"哲学要关注个人的生存处境"是一件多么石破天惊的事情了。

传统哲学用概念做逻辑推演，用上帝视角看问题，就好像站在太空看地球，一切都是井然有序的，都是静态的。而回到人的生存处境呢？道理还是那些道理，逻辑还是那些逻辑，但是每往前走一步，都是惊心动魄的。你升学的时候填报志愿，上了这个学校就不能上那个学校，此后的人生会大不相同；你恋爱的时候选择伴侣，和这个人结婚就必须放弃那个人，此后的人生也会大不相同；甚至你今天晚上选择赴哪个饭局，遇到了哪个新朋友，得知了哪个新消息，此后的人生也可能会大不相同。每往前走一步，世界都会逼着我们做出大大小小的选择，而所有的选择都会给我们带来或多或少的焦虑和恐惧。克尔凯郭尔称这种情绪是"面对自由的眩晕"，就好像我们站在悬崖旁边往下看去感受到的那种眩晕。这种面对自由选择的眩晕感，让他用"非此即彼"做了自己最有名的一本书的书名。

克尔凯郭尔的人生，也最好地诠释了"非此即彼的选择"和"面对自由的眩晕"。我在这里给你说说他的三次不同寻常的人生选择。

第一次是 1840 年 9 月 8 日，在拿到硕士学位之后不久，27 岁的克尔凯郭尔突然向当时只有 18 岁的姑娘雷吉娜·奥尔森求婚，姑娘也同意了。但是短短一年之后克尔凯郭尔又突然反悔了，收回了婚约。哥本哈根城市并不大，出了这么一件事，肯定是街谈巷议的大八卦，对还是小姑娘的雷吉娜的打击，更是可想而知。

更奇怪的是，各种迹象表明，克尔凯郭尔一辈子都对雷吉娜用情很深。他不但终生未娶，还做了很多事情纪念他和雷吉娜之间的爱情。比如说，他会在札记里记下和雷吉娜的每一次相遇，相遇时两个人每一个细小的动作和表情；每次出版作品，克尔凯郭尔都会专门制作两个小牛皮精装本，保存在一个红木柜子里，一本给自己，一本给雷吉娜。在遗嘱里，克尔凯郭尔对别人都只字未提，只提到要让雷吉娜继承自己的所有遗产，如果她拒绝接受，就把财产变卖之后捐给穷人。

隔了将近两百年，我们或许没有办法还原克尔凯郭尔到底为什么这么做了。但是，"爱就在一起，不爱就分开"，这个在今天的人看起来似乎天经地义的道理，放到一个人具体的人生选择里，似乎并不奏效。

克尔凯郭尔的第二个独特的选择，是他重新演绎了"哲学家"和"权威"之间的关系。在他之前，哲学家总是想建造一座思想的大厦，然后用自己的名字来命名，以此来确立自己的权威。但是克尔凯郭尔不然，他喜欢用假名出版作品，前前后后用过的笔名有十几个。但都不是出于担心被人迫害的刻意隐瞒，因为后来他在一本书里大大方方地承认了自己就是作者。所以，解释只能是一个：他就是要亲手拆除那个权威的大厦。他想说"我写了书不假，但是请关注我写了什么，而不是因为是哪个权威写了它"。这也很符合他的哲学主张：不要痴迷于某个哲学家讲出的道理本身，每个人的生存处境才是核心。每个人都可以到我的书里来找你们自己的问题和可能的答案，而不要管这是不是权威的结论。

克尔凯郭尔第三个独特的人生选择，是在生命的最后阶段。克尔凯郭尔在非常浓厚的宗教氛围里长大，但是他对信仰的理解是高度个人化的。他认为一个人灵魂的拯救，只能通过个人与耶稣基督的直接联系，而不需要体制化的教会作为中介，特别是不需要腐败的丹麦国家教会作为中介。于是在生命的最后一年，克尔凯郭尔近乎疯狂地写作，攻击丹麦国家教会。在这一年里，他出版了 3 本书，在报纸上发表了 22 篇文章，还自费出版了 9 期杂志，杂志上的所有文章都是他自己写的。他把官方教会的牧师和食人族相提并论，甚至还不如食人族，因为他说"食人族是野人，而牧师是有学问、有文化的人……食人族吃的是敌人……而牧师却制造出一种假象，好像把自己最高的爱献给了他要吃的人"。他把自己比作一个纵火犯，要点燃整个基督教世界，点燃人们的反抗热情。在批判官方教会的过程中，克尔凯郭尔也和自己唯一在世的哥哥决裂，因为他哥哥就是丹麦教会的牧师。在临终前，克尔凯郭尔甚至拒绝了哥哥的探望和最后的宗教仪式。

克尔凯郭尔的一生短暂而绚烂，他始终真诚地面对自己的内心，追求自己心中的真理。克尔凯郭尔心中的真理，不是传统哲学里那些放之四海皆准的"客观真理"，而是对于他自己而言的**主观的真理**，就是面对人生的每一个境遇，忠于自己的内心，勇敢地做出"非此即彼"的选择。

克尔凯郭尔在《致死的疾病》里说："**最大的危险是失去自我，而它却可以在这个世界里安静地发生，就好像什么都不是；相反，失去别的东西，不管是失去胳膊、失去腿、失去五块钱，还是失去妻子，都会被人注意到。**"这句话提醒我们，失去自我是多么容易的一件事，而我们要做的就是认真对待每一个非此即彼的选择，不要让"自我"轻易溜掉。

我想请你分享一下自己经历过什么样的非此即彼的人生选择，给你的人生带来了最大的影响？

参考书目

1. 克尔凯郭尔：《非此即彼》，京不特译，北京：中国社会科学出版社，2009 年。

2. 克尔凯郭尔：《畏惧与战栗；恐惧的概念；致死的疾病》，京不特译，北京：中国社会科学出版社，2013 年。

3. 尤金姆·加尔夫：《克尔凯郭尔传》，周一云译，杭州：浙江大学出版社，2019 年。

精选留言

【甜小姐】2021 年 8 月 11 日

我想补充一下克尔凯郭尔提出的三种层次的绝望来说一下关于选择和真我的问题。

第一种绝望：不知道有自我。

很多人看着很忙很辛苦，但其实活得很茫然。就像我毕业时去考 CPA，老师问我们，你们为什么来考 CPA？她说，大多数人是因为其他人在考，所以他也来考。这也是当年的我的答案。我花了非常多的精力在会计上，比别人多修了四十几个学分，还去考了 ACCA，但是直到现在，我才发现，其实我根本不喜欢会计。唯有真自知，才能带来真自爱，如果你都没有真的去了解自己的需求，那么再怎么努力，都是在辜负自己这一生，因为，那不是你本来应该是的样子。

想到苏格拉底说的"未经审视的人生是不值得过的"，可很多人只是按部就班、庸庸碌碌地在过日子，从来没有去慢下节奏，甚至停下脚步去审视一下自己的内心，自己到底要的是什么？追求的是什么？他们的生活被欲望和世俗的标准——金钱、财物、名利所控制，而从来没有听过自己内心真正的声音。

让人可惜的不仅在这里，他们还要剥夺他们孩子的自我。别的孩子学钢琴，我的孩子也要学钢琴，别的孩子学围棋，我的孩子也要学习围棋。每一个人都是独立的个体，有自己的天性和所长，千篇一律的教育和培养都是在扼杀他本来的特点。他们希望孩子对自己绝对服从并听话，却没有意识到这才是对孩子最大的伤害。他们在人云亦云中从没有意识到自我的存在，也许少年时，他们也曾渴望活出本真，叛逆过、坚持过，但是如今，却把自己的孩子一起送往了随波逐流的大军。

第二种绝望：不愿意有自我。

也有很多人，知道自己想过的生活并不是自己真的想要的生活，可还是选择了如此。因为在世俗社会中，一个人要做真正的自己，要"独立特行"，是一件非常需要勇气的事情。绝大多数人总是只能依照别人的样子或需要而活着，不敢有自己的思考与主张。他们害怕因为与众不同而被孤立甚至排挤，不敢成为"异类"。当然，无可厚非，因为这意味着安全。然而，牛羊才成群结队，猛兽都是独自前行。所以，当你把孩子往千篇一律的模式去培养的时候，他已经不可能成为"异类"，自然不可能 outstanding。想到《死亡诗社》的结尾，这个世界是属于那些敢于跳上桌子去看世界的人的，他们的名字叫作"异类"。

第三种绝望：不能够有自我。

在克尔凯郭尔看来，最深的绝望是一个人的内心真诚地渴望着做最真实的自己，然而生活与现实却不允许，所谓"人在江湖，身不由己"。我有一次听姚晨说，从小到大，我们都在希望活成社会所希望的样子，我们被各种身份标签所定义，却唯独迷失了最真实的自己。于是，这一生我们都活在了各种枷锁中，不得自由。

克尔凯郭尔正是通过这三种绝望让人去思考那三个终极问题：我是谁？我从哪里来？我要去哪里？然而，这三个问题的答案，并不是一开始就会有人告诉你，而是贯穿于整个生命过程。这一生我们所有的努力其实都是在追寻这三个问题的答案，不管有意识还是无意识。

今天不论你从事什么样的工作，成功或者失败，其实都在做一件事，完成自我探索。"我是谁，我在做什么？我能做什么？"其实你对自己的定义，决定你会做什么，反过来，也正是你做了什么，定义了你是谁。然而，绝大多数人在这个过程中都是很迷茫的，他们在自己身上找不到答案的时候，也会到别人身上，到参照物上找答案，然后完成自我认知补偿。而认知不成熟，往往会导致我们无法找到正确的自我探索的方式，从而影响了我们一生的命运。

【一辆蚂蚁】2021 年 8 月 11 日

如果要保持向前，就不得不面临选择。在选择的筹码中，分量最重的是自我。丢掉自我，赢得再多也是在演绎别人的人生，所能得到的乐趣会被扭曲，其至让自己无法感知。但是，自我又常常是容易拿出去做交易的，因为有的时候并不知道自己在做怎样的交易，有的时候很无可奈何。比如，当工作上面临选择——是不是换工作？眼前的工作违背自己意愿，甚至有说谎欺骗的行为，但它们都很暧昧不清，判断起来很困难，并且还有公司给你洗脑，如果不干就会没有收入，换工作收入减少。

以上这种选择，自己的交易筹码就有自我。如果当初做了一种选择，事后被证明自己确实违背了意愿，违背了善良，也就是在不自觉中把一部分自我交易了出去。如果明知还选择不离开，就是明晃晃地出卖自我了。虽然有的时候自我被交易并不是永久的，还可补救或挽回，但还是会留下黑历史，容易让自己接下来的人生下滑。

所以在非此即彼的选择时刻，一定要守住自我。

【摩尔斯天羽】2021 年 8 月 12 日

我欣赏的一句话，只有经历成长的阵痛，才能艰难而曲折地走向成熟。存在主义给了我新的感悟。许多人的所谓成熟，不过是被习俗磨去了棱角，变得世故而实际了。那不是成熟，而是精神的早衰和个性的夭亡。真正的成熟，应当是独特个性的形成，真实自我的发现，精神上的结果和丰收。就算被现实打得头破血流，我们依然有着自我。

【慧恒】2021 年 8 月 12 日

我是一个视障人，现在大多数视障人都是从事按摩的工作。4 年前我参加了一个舞动工作坊，我朋友就问，你参加这个舞动的有什么用，要花钱，还要花时间？我不知道有什么用，但我就是对看不到怎么跳舞很好奇，所以我想去试试看。这次舞动的体验改变了我的生活轨迹，在舞动的过程我重新和身体有了链接，也让我重新理解了关系。这几年我对自己的情绪很好奇，我就自己学习心理学来解惑。从舞动的体验，到心理学的知识慢慢探索到我想要什么样的生命状态，清晰地知道我未来想做的是服务人的生命状态的事情。我现在在做倾听师，我知道现在很多人的困惑不需要别人教他怎么做，有时候只要有人愿意认真聆听他的诉说，接纳他的想法，包容他的情绪可以真实地流露。不评判不分析，接纳、包容、陪伴他此刻的状态。在中立的角度和他一起探索困惑，他就有可能找到方法去解决自己的困惑。我相信每个人都有能力解决自己的困惑。我知道倾听师这条路对我来说很难，我没有文凭，没有人脉，即使有人有这样的需要，但我们也很难相遇。想赚钱还不如老老实实做按摩，但我感受到来找我倾诉的人一点点的改变，这时候我感受到我生命的价值。即使他只是给了我 1 块钱。依然不会阻碍我生命价值的体现。所以只要我还能生存，我就会坚持。

【刘玮回复】

谢谢你的留言，尝试新的经验对一个人来讲非常重要，从留言里我看到了你对生活的热爱、探索的热情和温厚的性格，我很感动！

【云洋】 2021 年 8 月 25 日

面对人生的每一个境遇，忠于自己的内心，做出"非此即彼"的选择。

去年，我 17 岁。在很多人眼里都是正值青春年华。可我一直在浑噩地度日。突如其来的疫情，全员紧闭大门，让我安然度过了一段安静的时光。我开始尝试新鲜的事物，拓宽自我的认知边限。

在我的人生中有一次非此即彼的选择。和身边大多数人一样会纠结的问题是，究竟应该顾好自己的大学时光每天快乐一点，还是通过读书让自己的生活更加充实？成长的前期会有痛苦和迷茫，而毫不成长的自己虽然过得很快乐但却浑浑噩噩毫无价值。

忠于自己的内心，我选择了后者。每天在读书中汲取的养分是我从未在现实生活中得到过的。因为疫情在家里的我，就连妈妈都说从未看到我这个样子，甚至在吃饭时我都会说等我看完再吃。

七个月之后，重新踏进校园，身边的朋友都在问我，怎么感觉你和以前比像换了一个人，看人的眼神也更加坚定自信。我在忠于自己做出的选择中尝到了很多甜头。

就像克尔凯郭尔所提出的存在哲学，在非此即彼中最重要的就是在忠于自己内心的基础上做出选择。

【蝎子精灵】 2021 年 8 月 31 日

我发现自己人生中的第一次选择总是那么轻易地做出，而这些选择却能影响很长一段时间或者就是我非此即彼的一生！

比如选择买车，当时什么都不太了解，觉得选什么牌子也不重要，随便买了一开就是十年的相伴。第一次的选择总是会先入为主影响之后的选择，品牌的忠诚度并不是我的初衷。这些也是经济条件决定的，当时买得起什么车就买什么车，买了什么车就决定了接触什么人、融入什么样的圈子，影响我这十年的人生体验，也就会错过其他更好的风景。

再比如买房，也是那么轻易决定，找到一个优点也就匆匆买了。而这样的影响更深远，从此居住在什么样的环境中，接触什么样的人，几十年就这样被定性了。如果有更多的预见性，当初舍得多花几万可以有更大的面积或更好的位置，不会让现在的生活觉得总是差一点，而这一切对我来说又都无法改变了。当初不在意的小错误如今花了很大的代价还是弥补不回来，彻底的改变又超出了我的能力范围。

然后就到了婚姻的选择，自己不成熟不自知，只是年龄到了就结婚了，而所有的一切也就被定性了，幸福指数健康指数也都被决定了。生活中所有的不幸福也都是当初随意的选择决定的，可这一切又都是避免不了的。年轻时候就是不成熟，读书少，随着岁月流逝人成长了，也了解了自己的需求，可性格懦弱冲不出去，有一种被囚禁的感觉。所有的选择似乎都依赖运气，一个人的工作学习影响着生活好坏，当内部动力不足的时候外部环境决定了自己过怎样的人生。

突破这一切并改变所有的选择错误，现在能想到的就是金钱的力量，有了钱视野会变得开阔，选择余地就很大，车子品牌就可以随便选，房子就可以宽敞舒适，爱情婚姻也都可以推倒重来，关注的重点就可以从柴米油盐转变成精神艺术。

【刘玮回复】

谢谢你的分享！我倒是没看出你的这些选择是明显的"错误"，以今天的条件回看可能会觉得不尽人意，但是考虑本真的选择时，我们最好是把自己放回到当时的情境中，给定我当时的条件和见识，看看是不是做了"本真"的选择。至于寻求改变，那是今天的条件下要做的选择了。

【强行者】 2021 年 9 月 8 日

看完这篇文章，我第一反应就是我们原来是在一次次选择中丢失自我的。我们在做每一次选择时，是有两个中心的，一个是以自我为中心，另一个是以他人为中心。当我们以自我为中心时，才能听从自己内心真实的想法，这样在一次次的选择中逐渐建立了自己强大的内核。当以别人为中心时，虽然可以短暂逃避选择的痛苦，但是通过这一次次的逃避，我们在选择中失去了自我。三十多岁的我才明白这个道理，现在我也在尽力克服以他人为中心的选择，尽力在选择中听从自己内心的声音，而不是找谁商议。

【渔樵闲话】2021 年 11 月 8 日

升学、选专业、就业、结婚、生子，这是我们每个人都会遇到的问题，不同的选择对我们人生轨迹，都会产生重大影响。然而每当处于选择的十字路口，都会有不用的声音，我们是顺从别人的期望，还是听从内心的声音，每个人想法不一。

有的人，主张听人劝吃饱饭，跟随成功者的脚步，脚踏实地努力着，最后过得也不错。有的人，主张听从自己内心的召唤，强烈抗拒别人的干扰，最后顽强地坚持着，最后风生水起。

我想，不管是哪种选择，重要的衡量标准是不后悔。如果你对未来迷茫不定，那么听从过来人的建议，就是一个高效的选择。如果你内心有强烈地想要做的事，那么你忠于自己，在自己热爱的领域深挖，你会成为发光的自己。

但无论任何一条路，都得无怨无悔地努力走，不能首鼠两端，选择了 A，对 B 怅然若失，最后 AB 尽失。

第 2 讲
陀思妥耶夫斯基：现代社会中的虚无处境

上一讲，我们说了被称为"存在主义之父"的丹麦哲学家克尔凯郭尔。他能拥有开山祖师的地位是因为他撕开了一道口子，让人们把注意力从普遍性的哲学原理，转向了个人的生存处境；把哲学的思考对象从抽象概念转向了人的内心感受。

但克尔凯郭尔生活在 19 世纪上半叶，距离存在主义哲学大行其道，还差一百年。换句话说，整个 19 世纪，都是存在主义思潮的酝酿期。下面我要再给你介绍另外两个 19 世纪的人物：俄国的陀思妥耶夫斯基和德国的尼采。这两个人沿着克尔凯郭尔开创的道路，一步一步深化了对个人生存处境的讨论；克尔凯郭尔撕开的这道口子，被越扯越大，从涓涓细流渐渐变成大江大河。

我们要讲的这前三位都不是学院派的哲学家，他们都是集哲学家和文学家于一身的人物：克尔凯郭尔是富家公子，自由职业者，和安徒生齐名的文学家；陀思妥耶夫斯基是 19 世纪最杰出的小说家之一；尼采在大学教古典语文学，也是德语文学中赫赫有名的人物。这些人的双重身份，也从一个侧面印证了存在主义是对传统哲学的反叛，不管是从形式上还是从内容上都是这样。

还有一点值得注意的是，这几个人在地域上的分布也很广：北欧、俄国、德国。这也说明，存在主义思潮不是哪一个思想家的独创，它反映的是一种现代之后人类的普遍处境。不同文化中的人以不同的方式感受到了同一个问题。

这一讲我们先来说说陀思妥耶夫斯基。他最有名的作品当然是《罪与罚》和《卡拉马佐夫兄弟》，但从存在主义哲学的角度讲，他的一部更早的作品《地下室手记》更加重要，它被誉为"存在主义的伟大序曲"。

陀思妥耶夫斯基出生在 1821 年，比克尔凯郭尔小 8 岁。因为生活在不同的文化圈，他没有读过克尔凯郭尔。但他们因为反对不同的敌人，都关注到了人的生存处境这个问题。

克尔凯郭尔反对的是德国古典哲学；陀思妥耶夫斯基反对的是空想社会主义。德国古典哲学和空想社会主义，看起来风马牛不相及，但它们在底层是相通的。它们都相信，人用理性可以充分地理解世界，甚至可以设计一个理想的、没有剥削和压迫的乌托邦世界。

其实陀思妥耶夫斯基年轻的时候，也是空想社会主义的信仰者，26 岁的时候，他怀着浪漫主义的革命理想，加入了一个带有空想社会主义性质的小组，他们一起读禁书，讨论如何变革俄国社会。他因此被捕，还被判了死刑。就在他要被枪决的最后一刻，戏剧性的一幕发生了：死刑判决被收回了，变成了流放西伯利亚做苦役，他就这么捡了条命。经历了这样一场生死劫难之后，陀思妥耶夫斯基对于一切基于理性的空想，也对真实的人生，有了新的认识。

《地下室手记》就是对空想社会主义的反思。它是陀思妥耶夫斯基结束流放，去西欧游历一番之后创作的小说。小说的篇幅不大，翻译成中文大约是一部十万字的中篇。

《地下室手记》的主人公是一个没有名字的小公务员，四十岁，住在一间环境恶劣的地下室里。他的工作和生活都极其平庸，甚至相当卑微，总是被人欺负。他从一个远房亲戚那里继承了一小笔遗产，于是立刻选择了提前退休，彻底退回到自己的地下室里，用写日记的方式打发无聊的时间，记录下自己对地面世界的思考。

在这位"地下室人"看来，地面上的那个世界是理性、科学、技术主宰的世界。他用两个比喻描绘了这个世界。其中一个比喻是简单的数学真理 2 乘 2 等于 4。

"二二得四"代表了人们对理性和科学的追求，代表了人们在数学、物理、化学、生物等等领域发现的科学规律。这些规律一旦被人发现，就有了"二二得四"这样的确定性，就会趾高气扬地站在人们面前，告诉人们什么能做，什么不能做。而人在这些坚硬的"墙壁"面前，只能俯首称臣，接受这些规律以及它们带来的一切结果。

另一个比喻是伦敦的"水晶宫"（图 1）。它是 1851 年第一届世界博览会的场馆，占地九万两千平方米。这座宏伟建筑完全是由铁和玻璃构成，从设计到完成只用了不到一年时间。你可以想象一下，对于生活在 19 世纪的人来讲，它会带来怎样的震撼效果。它代表了工业革命时期人类技术的最高成就，象征了大英帝国作为世界工业中心的辉煌。在很多欧洲知识分子心中，这座水晶宫还是人类乌托邦的象征，象征着人类生活中的所有东西都可以用技术的手段事先安排好、计算好，并且完美地实现出来。

但是，陀思妥耶夫斯基笔下的那位"地下室人"可不这么看。他觉得，那座"水晶宫"不是什么美好的乌托邦，而是对个人真实生活的压制。

他承认"二二得四"这样的科学真理是人没办法质疑的，但是如果整个世界都充斥着这样确定无疑的真理，那我们过的就不再是真实的生活了。毕竟，理性终究只是理性，那仅仅是全部生命机能的一小部分。真实的人生除了理性之外，还有内心的骚动、各种非理性的情感和欲望，生命绝不仅仅是用正确的方式算出"二二得四"。

图 1 伦敦的水晶宫

　　至于水晶宫，"地下室人"感到的只有恐惧。那些空想社会主义者试图用清单列出全部的人类利益，诸如财富、自由、安宁、快乐，然后进行计算，选取利益最大化的方式组织社会。这样就剥夺了个人选择的自由。在"地下室人"看来，这些人忘记了人类在本性里还有一种冲动，那就是对于破坏和混乱的热爱。人的核心利益中还包括天马行空地思考，恣意妄为地行动的自由。用"地下室人"的话说就是"人需要的只不过是一种独立的意愿，无论这种独立要付出多大的代价，也无论这种独立会导致什么后果"。

　　这就是"地下室人"看到的地上世界。科学和技术的飞速发展，让人们掌控世界、掌控生活的能力越来越强。但是与此同时，个人的选择被剥夺了，个人生活的意义被取消了。"地下室人"是极少数对这种处境有清醒认识的人，但他除了写日记之外，也难以对抗这种虚无。他会带着赌气的意味，故意在生病之后不去医院，他会"享受"牙疼带来的呻吟，"享受"山穷水尽、没有出路时的绝望。用这种方式去确认他还是一个生存着的独特个体。

对于 21 世纪的我们来说，这类描述自己内心绝望感的作品，可能没有多稀奇。但是《地下室手记》出版的时候是 1864 年，这种描写是开风气之先的。在文学史上，陀思妥耶夫斯基塑造的这个"地下室人"，可以跟莎士比亚笔下的哈姆雷特、塞万提斯笔下的堂·吉诃德、歌德笔下的浮士德相提并论，是最有原创性和典型性的形象之一。

后来的陀思妥耶夫斯基，就是沿着这条道路，用一生的作品不断地对人性进行拷问。木心先生就说过："现代人喜欢真实——在陀思妥耶夫斯基以前，以为已写得很真实了，到陀氏一出，啊！文学能那么真实！在文学史上，若将现实主义比作一塔，陀思妥耶夫斯基是塔尖。"止庵先生也有一个类似的评价，他说："如果把俄罗斯文学比作世界文学的青藏高原，那么陀思妥耶夫斯基就是珠穆朗玛峰。"陀思妥耶夫斯基之所以能获得如此高的评价，就是因为他对人性的探索，抵达了一种空前的深度。

尼采在 1887 年初偶然读到了《地下室手记》这部小说，之后在给朋友的信里和作品里都赞叹陀思妥耶夫斯基，说他是唯一一个能让自己学到东西的心理学家。之所以这样说，正是因为陀思妥耶夫斯基剖析了现代人的虚无状态。而虚无主义的问题，正是尼采一生关注的核心问题，也是存在主义能够发展成一场哲学运动的土壤。到这里，你或许也能理解《地下室手记》为什么被称为"存在主义的伟大序曲"了。

陀思妥耶夫斯基揭示的这种虚无的生存状态，放在 19 世纪中期是具有革命意义的，但也绝不仅仅适用于 19 世纪。如今科学技术对生活的掌控力已经日渐升级，网购、外卖更加方便了，我们可以足不出户地安居在自己的"精神地下室"里；算法根据最优路线计算出最佳的配送路线、最短的配送时间，配送员就只能在这种严密的控制下疲于奔命；人工智能为我们提供了更多的数据信息和技术分析，帮助我们更快捷地做出理性的选择，却缩减了我们自己做决定时的反复思量和权衡。我们不得不扪心自问：科技在带给我们高效生活的同时，帮助我们摆脱了"地下室人"面对的虚无处境了吗？

实如《地下室手记》里所说："**我们大家都或多或少地脱离生活……以至于有时候竟对真正的'活生生的生活'产生了某种厌恶，当别人向我们提到它的时候，我们就会无法忍受。**"

我想请你结合身边的例子谈谈，今天的生活是加剧了还是减轻了"地下室人"的境况？你又用什么办法让自己摆脱这种虚无的情绪呢？

参考书目

1. 陀思妥耶夫斯基：《地下室手记》，曾思艺译，杭州：浙江文艺出版社，2020 年。
2. 约瑟夫·弗兰克：《陀思妥耶夫斯基：自由的苏醒，1860—1865》，戴大洪译，桂林：广西师范大学出版社，2019 年。

精选留言

【一辆蚂蚁】2021 年 8 月 11 日

前段时间网络上有句评论：工作是我这辈子受过的最大委屈。我觉得这份委屈来自自己真实的一面被工作要求隐藏了。工作上有一堆机械的要求和命令需要服从，留给个人的自由空间很小。至少很大一部分工作是。如果不是放飞过自己，会把工作上压抑自己同时还能得到正反馈的行为当成正常，然后忽视内心，压制本是合乎正当人性的冲动。如果工作特别要求服从，更会加剧这种情况。

为了对抗被要求、被命令、被限制，然后在奖励中让一切显得合理化的人生；为了主动掌握选择，主动制造意义，应该多去分辨工作中的真相，并保持警觉和反抗的态度。

在有限的清醒里做选择也是一种对抗虚无的方式，更何况清醒的边界还会扩大。

【朝云】 2021 年 8 月 11 日

我挺喜欢读陀思妥耶夫斯基的小说，以前读《穷人》的时候，就会感觉自己特别幸福，因为我也是陀思妥耶夫斯基笔下不幸的人，陀思妥耶夫斯基在写我，写得那么真实，那么细致。他的笔下，不幸的穷人也有爱情，他们爱得那么真诚，再不起眼的事，也为对方不厌其烦地描述，特别惹人羡慕。我有时候想，穷也不一定是坏事，我好些亲戚就常说，以前特别没钱的时候，吃的不那么好，可日子过得有劲儿，老公对她也体贴。我呢，靠发工资生活，可我从来没有觉得自己有多穷，没有因为没有很多钱就睡不着觉，虽然穷也有坏处，可是我觉得钱不是最重要的。比如说，想出去徒步爬山，没有钱，可以想办法多邀些人一起租车平摊路费，多走几步路，多带些自己煮的路餐等等，虽然多绕了一些弯或者多吃了一些苦，可是这些苦本身就是出去玩的一部分，都是值得回忆的。对我来说，最重要的是自己有一个或两个信仰，每天醒来，信仰还在，每天都有动力为了它们而努力。

我在读陀思妥耶夫斯基的小说的时候，会有一种我在被人关注的感觉，我的生活细节也被某些读者阅读，给我很强的存在感。它好像在安慰我，你要好好活着，好好干，你做的一切都有意义。

【刘芳】 2021 年 8 月 11 日

第一次了解陀思妥耶夫斯基是因为那句名言"我只担心一件事，我就怕我配不上我所受的苦难"。

我也有和陀思妥耶夫斯基同样的"死亡经历"。那是在 21 岁，因为一场意外，在鬼门关走了一遭，捡回一条命！康复之后，反思了人生，一直追求的"优秀""卓越""自由"都是虚幻！

在病床上的日夜，有父母的陪伴和呵护，至今已经过去 13 年！之后的人生，感觉获得"潇洒""自在"，懂得自己的使命，通过读书、写作、教学，传播正能量！懂得珍惜亲情、友情，懂得品味美食和当下的小确幸！懂得设立边界，断舍离，许多诱惑能断然拒绝！

虽然在世俗看来，成功和失败参半，但在自己看来，能睁开眼睛的每一天，都是有意义的，都充满了不确定性和欣喜！活一天，就努力去体验时间，通过读书、写作和社会实践！也时常待在"地下室里沉迷"！

在读书中和古今中外的人对话，学习这套课程，就是和刘玮老师的对话，也是和存在主义的哲学家对话，更是和过去的自己对话！

这一刻，我和遥远的陀思妥耶夫斯基对话，了解了他的《地下室手记》，走入他的内心世界，通过他的视角看虚无，是多么引人入胜！去到 19 世纪的俄国，神游、体验过风景之后，回到现实生活，体验真滋味！

谢谢刘玮老师的精彩授课！期待和每一位存在主义哲学家"亲密接触"！

【洛洛】2021 年 8 月 11 日

我们现在有微信很方便，可以时时刻刻互相联络互相看到，可是我更怀念"车马慢"，灯下－窗前写信的时光。

记得，一位前辈的妻子患了乳腺癌，我心痛无奈，工作之余，我写了一封长长的信，我回忆了他们的生活点滴，回忆了妻子对于埋头科研的丈夫无暇照料家事，粗心大意丢了饭锅却浑然不知的嗔怪；回忆了与他们相处的美好时光，感恩他们对晚辈的点点滴滴的关心和帮助。信的结尾，我叮嘱前辈，信有点长，郭老师身体虚弱，你要慢慢读给她听，每天读一点。前辈告诉我，郭老师走了，你的来信我读给郭老师听了，她流眼泪了，写得真好，谢谢你！

我想，我们作为普通的人，互相的关心和帮助，困难时期的互相慰藉，是能帮助我们摆脱空虚的。

为身边的事常常感动。购物回家，小区附近，路遇经常骑着自行车卖益生菌饮料的大嫂，吆她停下，买了。益生菌饮料，商店也有的卖，但只要看见游动卖的，我总要买上一些，不管家里有没有。大嫂见我拎着大包东西，主动提出帮我把物品送回家，她拎起我手上的东西，不由分说挂在车把手上，飞身上车，我在她身后大声喊，放在小区门口就好。等我来到小区门口，大嫂已经进到小区门里，见了我，她问，几栋几单元，那神情没有商量，我告诉她。大嫂把东西放在单元门口，在那里等候，见我一路小跑，口里连声谢谢，她转身骑上车，让我慢一点。这时，一个外卖小哥，"嗖"地从我身边飞过，等我上了台阶到了门口，他正在为我等着门。

身边的普通人啊，你们让我一路幸福一路歌，你们让我常常感动。

常常感动，还会感到虚无吗？

【刘玮回复】

非常感谢你的真情分享！我们生活中的美好瞬间确实有帮助我们至少暂时战胜虚无的力量。

【区海明】2021 年 8 月 12 日

再看《地下室手记》，不自觉想起上映于 1974 年的德国电影《卡斯帕尔·豪泽尔之谜》（德语翻译过来是《人人为自己，上帝反众人》）。卡斯帕尔从小生活在地窖，与世隔绝，长大成人后才开始接触外面的世界，但思想和世俗观念格格不入，最终被看不惯他的人打至重伤而死。电影中，卡斯帕尔多次和文明社会产生冲突，比如当牧师跟卡斯帕尔说只有信仰可以超越人本身的怀疑，他直接表示怀疑。在这样的冲突中，卡斯帕尔作为外来者，还同时扮演着观察者。甚至在他的潜意识里，他还一度看穿了文明种种现象的本质。在第一次被打后，卡斯帕尔在梦中看见一群人爬山，山顶是死亡。这个意象是他眼中世间的荒诞，人们忙碌地遵循社会道德，往上爬，最终爬到山顶象征的死亡。电影最后，人们解剖了卡斯帕尔的尸体，欣喜地发现他的肝和大脑与"常人"不一样，证明他是异类，而他们所服从的社会和上帝才是正常的。导演赫尔佐格讽刺了人们引以为傲的文明背后的荒诞：人性在秩序和文明中备受压制。固守这样的秩序和文明的西方社会，当然是容不下秩序的破坏者卡斯帕尔的。这就是所谓"文明社会"，难怪卡斯帕尔说地窖的生活比这里好。

有人评价这位导演是"以有涯之生去探无边之境"，简直就是用自己的人生去践行存在主义的信条。

【杨晔】2021 年 8 月 13 日

听了这节课，想起了两本书。

一本是最近的新书《美国底层》，书里把当代美国民众分成了两个群体："前排人"和"后排人"。美国的教育制度在表面上告诉人们：只要你努力和聪明，就能取得好成绩，赢得好工作，住进好的社区里。而另一种暗示是：如果你失败了，那就是你太懒惰或者太迟钝。很多后排人也接受这种说辞。

前排人生活在地面上那个理性、科学、技术主宰的世界，后排人只能蜷缩在地面之下，接受命运的捉弄。但是如今的后排人，还有陀思妥耶夫斯基那样的勇气和觉醒吗？似乎在水晶宫耀眼光芒的照射下，完全迷失了自己的方向。

另一本是多年前读过的纪实小说《男人》。1968 年，帕纳古里斯因暗杀希腊军政府领导人被捕入狱，1973 年被特赦。两天后，享誉世界的"采访女王"法拉奇前往雅典对他进行采访，两人迅速坠入爱河。1976 年 5 月 1 日，帕纳古里斯在一场神秘的车祸中丧生。为了纪念爱人，法拉奇隐居三年，专心写了《男人》一书。

帕纳古里斯被关在为他特制的、如墓穴一般的牢房里，却百无禁忌地戏弄着关押他的军官和士兵。这是一个自由灵魂和虚无世界的对抗。法拉奇无论通过何种理性计算，也无法料到自己会在采访帕纳古里斯之后坠入爱河。法拉奇和帕纳古里斯都具有强烈的个人意志，不屈服于这个世界，顽强地与这个世界抗争，就像陀思妥耶夫斯基反抗着这个虚无的世界。

这本书的书名源于法拉奇第一次与帕纳古里斯会面时的一段对话：

"阿莱克斯，作为一个男人意味着什么？"

"意味着要有勇气和尊严；意味着相信人性；意味着去爱，但不允许让爱成为避风港；意味着去战斗，并赢得胜利。差不多就是吉卜林在他的诗《如果》中所写的那样。你呢，你认为男人应该是什么样？"

"我想说，一个男人就应该是像你这样的人，阿莱克斯。"

这种对话，在现如今的相亲大会上是绝迹的，在实际生活中也是罕见的。我们已被经济发展和物质享受深度裹挟，在越来越虚无的处境中，是否早已丧失了这种充满激情、毫无功利算计的爱呢？

【强 Sean 】2021 年 8 月 15 日

现代"地下室人"面临的一个真实困境是：白天的工作越是理性和程序化，欲望和情感越是受到某种压制，晚上越是会寻求刺激和放纵。

我们可以看到：现代文明在不断创造感官刺激，以弥补人们被压抑的精神，直接体现就是大娱乐泛滥，影视作品、文学作品都越来越感官叙事，舞蹈越来越充满了欲望，音乐能让人耳朵怀孕……

就我个人而言，要摆脱这种压抑和虚无，关键就是"回归"活生生的生活：

1. 回归人与人线下的亲密交流，不要沉溺于社交和通信工具，享受人与人之间那种直接的接触和碰撞。

2. 回归烟火气的生活，对待自己的日常生活，更认真一点，好好吃饭，好好睡觉，好好刷牙，好好拖地等等。之前听一位朋友分享说，他很享受熨衣服的过程，像在写书法，我当时听了，惊为天人。

3. 回归自然，多去爬山，多逛公园，多骑单车出行，和大自然相处是更接近人本能的生活状态，非常治愈。

【Sencer】 2021 年 8 月 19 日

我觉得今天的生活更加剧了"地下室人"的情况，为什么会这样说？因为在现实生活中，人与人之间的关系忽然变得生疏了不少，以前的熟人社会正在渐行渐远。在一个个新的社区之中，更多的人是陌生人，在这个陌生人的社会，邻里之间好像没有什么更多的共同语言，很多时候，住了十几年的邻居彼此都不认识。

人们更多的是生活在网络世界，在现实生活中交流的频率越来越少，在一些小区楼下的空地上，好像只能看到孩子与老人，还有一些年轻人更多的窝在某个地方过着自己的生活。应该说，人的虚无常常是伴随着空闲而来，越闲的人，越可能会感受到虚无感。想要摆脱这种虚无的情绪，最好的办法是培养一个喜欢做的事情，这件事情应该可以带来正面的反馈。

某些方面来看，只有一个人身上积极的力量越多，才更可以抵御虚无情绪的包裹。越是无所事事的人，越容易感受到虚无的情绪，这种情绪会让自我的空间变得狭小而且脆弱。想要让自我的空间得到扩展，必须寻找一些有意义的事情去做，这件事情需要对我们的心智有一定的启发。也可以说，当我们真正去做一些具有创造性的事情，尤其是在做事情的过程中有心流的状态，那些虚无的情绪自然会消失得无影无踪。

【keep】 2021 年 8 月 19 日

虚无主义？前一阵，我对自己的工作产生了茫然感，不知道自己为何要努力工作。努力工作的理由：为了给孩子做个好榜样；增加技能防止失业。可是如果做个工人，我可以有更多的时间陪伴孩子，可以有时间看书，工资比现在高、还很轻松。我那时在想，现在努力工作学习很多专业技能，可是一旦退休就没用了，不如多学些自己感兴趣的知识。可是，又一想，感兴趣的知识学完，死了也没用了呀。那么活着的意义，究竟是什么？难道人生真的毫无意义吗？

这时，我想到了另一个问题：如果我们有一段比较充足的时间去旅行，是选择瞬间抵达好呢，还是通过交通工具到达好呢？在以往我们结束一段旅程，当我们回顾时，让我们回忆更多的是目的地的样子，还是在这段旅途中发生的事情？通过这个问题，我的感悟是，人生如同一段旅程。我们向终点前进，经历旅途中的点点滴滴，感谢这一程与我们相遇、相伴的人，使我们的旅程精彩，感谢这一程经历的喜怒哀乐，使我们的旅程不至于平淡。当我们"回程"时，我们可以对这一程感到满意。

我已经找到了我人生的意义，从此不再虚无。

【刘玮回复】

谢谢你的留言，我很喜欢你对人生旅程的描述，目的地与过程同样重要！

【Ether】2021 年 8 月 24 日

我的思考："地下室人"的生活空间和我们并不在一个维度，它脱离于科技带给世界的掌控感，故也不被科技带来的虚无感所掌控，他们是生活在我们时代极少数清醒、冷静的人。

科技的发展，在给生活带来便捷的同时，也加大了人和人之间的距离感。从"千里送鹅毛"到电话问候，交流越来越便捷，但是意义越来越小，人和人之间的纯粹的感情越来越难得。

现代人最大的感受是"忙""累""空虚"。各种吸引我们注意力的视频软件越来越多，网络上各种无意义的社交越来越多，导致个人的时间越来越少，有效成长的时间更少。网络的乌合之众越来越多，理性思考的人却越来越少。我们在生活的忙碌中，思想的混沌中迷失了自己，在丰富又畸形的世界中没能变成独立的人，反而长成了"巨婴"。

每个人的身体内都应该住着一位"地下室人"，这是我们能自由、理性、独立存在于这个世界的基石。这也是人之所以为人的意义。只是，在社会这个大染缸中，我们会被物欲、情欲这些"精神鸦片"所捆绑，直至最后沦陷。由此"独立之精神，自由之思想"变得越来越遥不可及。社会越进步，人们越能体会到空虚感、虚无感。而那些能带给人们理性思考、积极生活的"地下室人"的存在就显得尤为重要。对，这时候就需要哲学来拯救灵魂了。

【阿斗木】2021 年 8 月 29 日

"人类在本性里还有一种冲动，那就是对于破坏和混乱的热爱"。这一句说得太好了。相较于 20 世纪，21 世纪很多信息技术的发现和发展，使得人们的生活更便利。比如说外卖这个工作，是之前饭店跑堂的职能之一，现在已经独立出来成为一项专门的职业。

与之伴生的，便是手机里的精确算法，客户、商家、平台的点评，使得一个个外卖员，变成了不能自己做主送什么、什么时候送，按什么路线来送的电瓶车 AI 驾驶员，失去了人的自主性，而仅保留其功能性。

这样的世界越精确，就越恐怖，如果时间都是按照最精确解来计算和实施的话，人便失去了自己的主动性和创造性，这本是人区别于机器和算法的标志，你看他们还是在送外卖么，不，他们行走在移动的监狱之中。

这当然会加剧外卖员的这种疏离之感，会对这样生存下去充满敌意。早些年的富士康工厂不也是一样吗？人生没有那么精确，随机和偶然的事件，丰富生活的内容和厚度，不应拿衡量产品的尺度去衡量生活。

如何对抗呢？偶尔选择回归生活本身吧，不要点外卖，自己做一餐，或者走进店里，和大堂经理聊几句不咸不淡的话，与其他食客交换下心得体会，走出那个由现代技术构筑的茧室，睁开眼睛看看世界，感受世界。

【刘玮回复】

说得非常好，特别喜欢你最后一段的分享，多做一点不能被机器控制的事情，让我们有更多机会体会人的自由。

【半支烟】2021 年 8 月 29 日

陀思妥耶夫斯基的大名早就听说，但是更多的是他的小说《罪与罚》和《卡拉马佐夫兄弟》。《地下室手记》这本小说我是第一次听说，作为哲学家的他我也是第一次听说。

在这之后我去听了《地下室人》这本书。我不知道其他人有没有跟我类似的感受，地下室人的独白让我有非常强的代入感。我跟这本书中的主角有很相似的处境，也有着类似的解构能力。可能唯一不同的就是我在一定程度上不再有那么强的虚无感了。我可能在某种程度上走出那个属于我的地下室。

陀思妥耶夫斯基的作品确实是太精彩了，地下室人的表述方式感觉会让很多人产生共鸣。然而这共鸣背后却有着人对于虚无的共鸣。对世界解构，对自我解构，然后得到一个一切都是虚无的结论。

然而这结论并不是终点，而是起点。我们需要在这虚无之上重新构筑属于自己的意义。至于如何去构筑，这也就是存在主义要关注的问题。如果不从虚无开始，我们又如何从地下室出来。

也许地下室才是真正的地面，而地下室之上都是由人类所构筑的庞大的想象的共同体。

【张平 Francis】2022 年 9 月 7 日

大作家纳博科夫对陀思妥耶夫斯基作品质疑的问题：这样复杂激烈的精神活动真的可能在现实里出现吗？确实是不会的。但它又是真实的，就像我们的梦不真实，但却比我们说出来的话更能体现我们的真实想法。

陀思妥耶夫斯基小说里的那种力量，是他通过个人经历的戏剧化，变成一种思想感受来实现的。

对一般作家来说，人是如此不同，但是到了陀思妥耶夫斯基所下潜的深度，所有的人又都有了相同的一面。

陀思妥耶夫斯基说，什么是俄罗斯民族的精神力量？就最终目的而言，是对世界大同和人类一体的向往，我们的使命是无可争辩的世界性。每一个俄国人都必须活着，以便为全人类的苦难而悲伤。俄国的受苦受难者不会消失，更不会在未来消失，因为他们要建立一个属于全世界的、全人类的幸福，直到那时，他们才会平静下来。

尼采最佩服陀思妥耶夫斯基对人心的观察。你读那些小说会发现，里面有很多典型的精神自虐狂，刻画得比心理分析报告还要细腻准确。所以，越是到当代，陀思妥耶夫斯基的研究者也就越多。

【渔樵闲话】 2021 年 11 月 9 日

我听过一句话是这么说的：好好爱一个人，认真去做事，就会获得幸福。我想这是我们父母辈的逻辑。他们不懂哲学，不懂心理学，不懂成功学，就是踏实地做事，好好地爱子女，即使很累很辛苦，但是依然爱笑乐观，我想这就是简单的幸福。

我们基本有一个感触，忙治百病，一旦忙起来，根本没时间胡思乱想。想的多干的少，天然会让人焦虑。武志红老师说，带着真实的自己上路，勇敢地去和这个世界碰撞。我深表认同，我们根本没办法不下水就学会游泳，所以无论如何，先干起来，然后逐渐迭代，完成大于完美嘛。

存在主义哲学，其实和王阳明的知行合一是呼应的，让我们躬身入局，成为实践主义者。用一点热，发一分光，照一段路，这就够了。

第3讲

尼采：直面虚无的深渊

前面几讲，我们都在讲存在主义酝酿时期的几位关键人物。克尔凯郭尔是撕开口子的人，把具体的人的生存处境带到了哲学的台面上来，而陀思妥耶夫斯基就更进一步了，他在小说《地下室手记》里揭示出了现代人生存处境的一个难题，那就是虚无主义危机。在他的最后一部小说《卡拉马佐夫兄弟》里，陀思妥耶夫斯基还问出了一个经典的虚无主义问题："如果上帝不存在，人是不是可以做任何事情？"

我们这一讲要说的尼采，把陀思妥耶夫斯基假设的那个"如果"变成了坚定的断言：上帝确实不存在了，而且是被杀死了！这样尼采就把陀思妥耶夫斯基描绘的虚无主义，又向前推进了一步，把个人的生存问题更加赤裸裸地暴露在了虚无的深渊面前。

和克尔凯郭尔一样，尼采也是个绝顶聪明和敏锐的天才，24岁就当上了巴塞尔大学的古典语文学教授，但是因为身体欠佳，34岁就退休了，他到处旅行寻找适合自己居住的地方，但还是在44岁时精神崩溃，彻底丧失了工作能力。在短短20年的学术生涯里，他写出了十几部哲学名作，像《悲剧的诞生》《查拉图斯特拉如是说》《论道德的谱系》等等，还把格言体写作运用到了极致，甚至把德语散文的写作水平都提升了一个档次。尼采的《偶像的黄昏》，副标题叫作"如何用锤子从事哲学"。这个比喻再恰当不过地描绘了他一生的工作。尼采的思想所到之处，传统哲学的宏大体系、传统宗教的至尊地位、传统道德的金科玉律，都被他统统砸碎，这也为即将到来的存在主义运动扫清了障碍。

宣告"上帝之死"就是尼采对西方思想挥出的一记重锤。在《快乐的科学》这本书里，尼采借一个疯子之口，用非常戏剧化的方式宣告了"上帝之死"。这个疯子大白天打着灯笼，跑到市场上，吵吵嚷嚷地说他要找上帝。周围的人逗他，问他上帝去哪儿了？是迷路了吗？是躲起来了吗？这个疯子一脸严肃地告诉他们："我们把上帝杀了……咱们大家全是凶手！……上帝死了！永远死了！……"之后又突然停下，把灯笼摔在地上，悻悻地说："我来得太早了，这件惊人的大事还在路上……"

在尼采看来，西方人长久地生活在上帝的权威之下，上帝为人们的生活提供了意义的源泉。但是现代的科学革命和世俗化进程，把这个为人类提供意义的上帝杀死了，而且这个"祛魅"的过程是不可逆的，所以"上帝永远死了"。不过，对于19世纪80年代的人们来讲，"上帝之死"的消息还是宣布得太早，他们还没有清楚地意识到这一点，但是人们迟早会认识到上帝已经被人们杀死了，迟早要面对"上帝之死"后价值的虚无。

我们通常都会说，"上帝之死"代表了虚无主义的极端形式。这么说不能算错，但是还没有达到尼采对虚无主义洞察的最深处。在尼采看来，否定人生意义的虚无主义并不是伴随着"上帝之死"才来的；相反，它是伴随着上帝而来的。这个曾经给人提供生命意义的上帝本身就是否定生命意义的。

这句话听起来有点悖谬，给人提供生命意义的东西怎么会同时否定生命的意义呢？要理解这一点，我们需要先了解尼采是怎么看待生命的本质和意义的。尼采认为，生命的本质说起来很简单，就是四个字："权力意志"（will to power），一切生命体活着都是为了克服阻碍，增加自己的力量，实现自我超越，从植物到人类概莫能外。在人类世界，这种权力意志在希腊、罗马、日耳曼等古代民族的尚武精神里可以清楚地看到。那些民族崇尚的是强者，是现世的胜利和荣耀，他们要成为主人。而基督教代表的是弱者和奴隶，他们强调谦卑、忍让，不关注现世，而是把眼睛盯着来世。

后来，基督教获得了胜利，主人和奴隶的角色颠倒了。自我否定、自我牺牲被当作善的、道德的，而自我中心、争强好胜就成了恶的、不道德的。这样，基督教就用一种反对生命的方式，压制了人的权力意志。

教士们还发明出很多手段，防止人们对压抑生命的本能产生不满。尼采提到了教士们发明的五种麻醉人的手段。

第一种是**催眠**，教士们用教义的灌输，用冥想、苦修之类的训练，降低人们对生命意志的要求，让人进入一种类似冬眠状态，追求一种无我的精神解脱。

第二种手段是**机械性的活动**，什么时间做礼拜，什么时间忏悔，什么时间劳动，都是规定好的。这些按照明确的指示进行的活动，可以分散人们的注意力，甚至填满人们有限的意识。

第三种是给人**微小的快乐**，基督教里有各种慈善和表彰，这些都能给人带来微小的快乐，减轻人们的痛苦。

第四种手段是**群体认同**，就是让人结成小团体，形成一种互相依赖的关系，这样人们就能把不满的情绪释放在小群体之中，不会对整体造成威胁。

第五种是**让人的某些感情得到过度的发展**，从而压制其他的情感，教士们特别注重培养信徒在上帝面前的罪责意识，比如强调人的原罪、容易堕落，有了这种意识信徒就会心甘情愿地接受苦修和责罚，主动放弃自己的权力意志。

这样，基督教就用上帝和一系列手段，压抑了人们追求生命价值的权力意志，给人们提供了虚假的意义。

按照尼采的说法，上帝是虚无主义的源头，那"上帝之死"是不是能够帮助人们克服虚无主义？实际上并没有。"上帝之死"确实打消了基督教本身带来的虚无主义，但是又带来了新的虚无主义，因为上帝没死的时候，人们好歹还有上帝这个意义的来源，可以安顿内心。如今"上帝死了"，人们又要面对新的意义真空。但是人们又惧怕直面虚无，所以还是会再去寻找其他的意义之源。尼采认为，现代科学在杀死了上帝之后，就会成为新的上帝，成为人们新的意义源泉，从而带来新的对生命的否定，就像陀思妥耶夫斯基的"地下室人"看到的那样。

前面讲教士发明的五种操纵手段在今天由科学主导的世俗生活中还在继续操纵着我们的生活，只是稍微改头换面，我们来一一对应地看看：

催眠手段，如今有人用游戏催眠自己，有人用刷短视频催眠自己，我们有了比尼采那个时代更多的逃避现实的手段；

机械性的活动，如今有朝九晚五或者九九六的工作状态，各种工作指南，满满的日程表，都让我们深陷其中；

微小的快乐，如今我们可以在点赞、转发，这些小的善行和小的赞美中体会到各种小的、当下可得的快乐；

群体的认同，如今我们也可以通过加入各种微信群、网络社区来获得，我们很容易沉迷于虚假的群体认同；

片面发展某一方面关注和情感，如今经过算法筛选的"信息茧房"

给我们提供了绝佳的机会。

　　我们现在过的以科学为指导的生活，其实和宗教的生活没有太大差别，甚至压根就是一种新的宗教。这依然是一种自我否定的生活，依然是在压制我们生命的根本冲动。

　　这样看来，在尼采的著作里，我们可以看到三个层面的虚无主义。第一个层面是宗教本身带来的虚无主义，尼采认为，不光是基督教，世界上的主要宗教，像印度教、佛教、伊斯兰教都带有强烈的虚无主义色彩，因为它们都关注来世，否定现世生命本身的价值，并且发明了一系列手段，压抑人们的权力意志。第二个层面是传统宗教信仰崩溃导致的虚无主义，人们原有的意义根基被推翻了，推翻的标志就是尼采最著名的宣言"上帝死了"。第三个层面是"上帝死了"以后，人们又把科学当成了新的宗教，制造了新的虚无主义。

　　"虚无主义"不是尼采发明的概念，但是尼采肯定是对虚无主义认识最深的人。他像先知一样看透了宗教和世俗社会共同的虚无主义本质。但是尼采绝不是虚无主义者，他最深刻地揭示虚无主义，是为了用他的方式克服虚无主义。那就意味着回归生命本质的**"权力意志"**，不断超越自己，扩大自己的权力意志，成为尼采所说的"超人"（Übermensch），也就是超越常人陷入虚无的生活状态。这种超越不是一劳永逸的成就，而是每一个时刻都在进行、贯穿一生的过程。能够做到这一点就是尼采所说的"积极的虚无主义"，就是在洞悉了虚无的深度和广度之后，依然肯定生命的价值，并且用"超人"的意志去"重估一切价值"。

　　尼采对传统价值的颠覆和对虚无主义的诊断，对存在主义运动影响巨大。他用锤子敲碎了宗教和科学这两个人类的靠山，让人们赤裸裸地面对虚无的生存处境。之后的存在主义者都会从这一点出发，给出不同于"超人"的应对办法。

尼采说："**与怪兽搏斗的人要注意，不要让自己也变成怪兽。当你长久凝望深渊，深渊也会回望你。**"虚无主义就是这样一只怪兽，一道深渊，要活出自己的生命意义，我们就需要与这只怪兽搏斗，就需要凝望虚无的深渊。同时我们也要随时提防自己被虚无主义吞噬，丧失对生命真正意义的追求。

我想请你分享在你的生命中，哪个时刻最接近直面虚无主义的深渊，你是否成功摆脱了它对你的回望？

参考书目

1. 尼采：《快乐的科学》，黄明嘉译，上海：华东师范大学出版社，2007 年。
2. 尼采：《查拉图斯特拉如是说》，孙周兴译，北京：商务印书馆，2015 年。
3. 尼采：《善恶的彼岸；论道德的谱系》（《尼采著作全集》第五卷），赵千帆译，孙周兴校，北京：商务印书馆，2015 年。

精选留言

【Just】2021 年 8 月 11 日

在我看来，与其说是宗教、科学"带来"了虚无主义，不如说是虚无主义透过这两种保护层显现了出来。虚无就在那里，无论主观意识如何，它都在那里。

因此，对于虚无，只有两种应对方式：

要么逃避：无论是在宗教下，还是在科学下，五种自我蒙蔽手段，本质上就是在逃避直面虚无。无知也是一种逃避，因为无论你认不认识虚无这个词，它都总会以鲜活具体的形式，出现并困扰着无知的人。选择自杀也是一种逃避，自杀等于完全承认了，自己面对虚无束手无策。相当于从根本上输给了虚无，是一种彻底的逃避。

要么直面：首先承认虚无，承认无法消除虚无。但也选择积极行动，亲手创造自己的意义。没有什么比做一个清醒面对虚无的积极行动者更酷的事情了。

全宇宙最聪明的男人 Rick[1]，就曾经说过："当你意识到没有任何东西重要的时候，整个宇宙就都是你的。"

【亚义 南京】2021 年 8 月 11 日

高考结束后，拿到毕业证后第一次感到虚无主义。

工作几年后，买到第一套房第二次感到虚无主义。

奔跑追逐中，很难察觉虚无主义。

到达中转点，停下来会快乐但很短暂，看到别人在跑，又只能接着跑起来⋯⋯

可见虚无主义，来自失去对自己的掌控和对价值的评估。

【王学敖】2021 年 8 月 11 日

有很多课程反思啊：

(1) 尤瓦尔·赫拉利讲过类似观点，世俗社会也是一种宗教。我是一名初中教师，我面临的困惑之一就是，该不该把孩子往"灵性"上引导（脱离世俗价值，追寻自我）。我认为教育的目的就是解放自我，追求灵性是理所当然的。然而没有世俗价值，国家会虚弱到什么地步，看看印度就知道了。如何抉择？这是非此即彼的选择啊！

(2) 恐怕希特勒没有理解错误，尼采的超人不是超越自己，正是要打破道德束缚超越他人。基督教也好，中国的儒家也好，为什么被社会选择？因为一切人与一切人的战争太可怕了，要使这个世界成为尚能忍受的生活场所，除了接受人是自私的，还要有最基本的伦理和道德。尼采求权力的意志，如果是超越自我的层面，根本不会与传统道德矛盾，根本无须也无法杀死上帝，恰恰是对传统道德和伦理的怀疑才能杀死上帝。于是希特勒⋯⋯

---

[1]　美国动画《瑞克和莫迪》中的角色。

（3）尼采的超人哲学克服虚无主义了吗？我认为没有，本质上他是无视或者说回避了虚无主义，因为洞悉了虚无的本质后还能积极地肯定人生，这是不符合逻辑的，和佛陀说"彼岸"是美好，苏格拉底说洞穴之外是"真实"一样，是理性之外，是信仰。

最后，请问老师尼采疯了和他长时间凝望深渊是否有关？他是没能成为超人？还是超人也逃不过虚无的深渊？

【刘玮回复】

感谢你的分享，我简单谈谈我的几个想法。

（1）我不觉得追寻自我（不一定是"灵性的"自我）和世俗价值是完全非此即彼的选择，它们都是一个人不可或缺的部分，一个孩子的完整人格比片面发展某一个部分更重要。

（2）希特勒对尼采的理解是错误的，他利用了尼采著作中的反犹倾向、对德意志传统的赞美和对"权力意志"的高扬。但是尼采讲的"超人"强调的是超越自己，而不是消灭他人；超越自己也意味着要重估传统的价值——那些弱者的，不寻求超越的价值。

（3）我们当然可以讨论尼采是不是"成功"克服了虚无主义，但是说他回避或者无视，我不太赞成。他是正视，并努力做出了克服的尝试。我们为什么一定要在理性之外设定一个超出理性的"信仰"呢？

（4）尼采的发疯主要还是病理性的，他从很年轻的时候就饱受头疼的折磨，所以很早就退休了。至于他发疯的原因，学界似乎也没有定论，之前比较流行的说法是梅毒导致，但是最近也有人认为他的症状更符合某种脑肿瘤。但是肯定不是因为（至少不是仅仅因为）他思考了极端的问题。

【Vector】2021 年 8 月 11 日

认识虚无的过程，就是一个人不断走向成熟的过程。人的生存是需要意义的，最初只是一个不可靠的想象，能让人不至于陷入无穷可能的混乱之中。这种意义有两个来源，外在的和内在的。

小时候，每天的生活大部分是被父母和老师安排的，我们不需要去思考生活本身的意义，只要按部就班地去完成作业，最后考出好成绩，考上好学校，成为父母口中别人家的孩子，就能实现自己的价值。

　　进入大学，脱离了以前的意义网络。走入学校为自己安排的另一种意义网络。这种网络多了很多选项，让我们需要更多自主思考，努力按照要求实现自己的价值。

　　走出校园，步入社会，现代社会早已安排好了丰富的意义供我们追求，努力达到工作单位的要求，有房有车，有社会地位，家庭美满，经济自由，足以让人在其中耗尽一生。

　　其实，大多数人若在这样的意义网络中按部就班，过完一生，是幸福的，哪怕其中有悲伤，也是幸福的悲伤，因为心灵总能有所寄托和期盼。前面这些意义都是外在的。

　　宗教和科学所带来的也是外在的意义。依靠外在意义获取满足感，就像喝甜饮料解渴，喝到了总是让人舒服，但总是喝不够，要不停地喝下去。内心永远都在焦虑中被驱赶。

　　直到有一天，也许是在经历了人生大喜大悲之后。外在意义背后的虚无才能体现出来，外面的这个意义世界其实是不可靠的。人生最大的幸福应该来自于自己的内心，人需要为自己的生命、生活寻找意义和价值，对自己负责。到这个时候人才算成熟吧。

　　正如孔子评价颜回。子曰：“贤哉，回也！一箪食，一瓢饮，在陋巷，人不堪其忧，回也不改其乐。贤哉，回也！”这不是假清高，颜回是一个真正成熟的人。

【仲雨】2021 年 8 月 12 日

　　曾经两次靠近虚无主义，第一次是在工作的第二年，而体会最深也是最近的一次，就在一个多月前。

　　第一次没那么深刻，更多的是因为现实导致的迷茫，迈出了象牙塔，在一腔热血的激励下，没想那么多，工作第一年在奋斗和新鲜感中结束，获得了很多成就感。在第二年见了更多人和事，热血也慢慢冷却，开始思考一些现实的问题，看着各种单位里忙忙碌碌的人们，再看看自己，觉得眼前的苟且并不能让我看到诗和远方，苟且的目的只是为了看起来更好地继续苟且。

　　第一次开始真正思考人生的意义到底是什么？也是第一次真正感受到了迷茫和虚无，对周遭的一切都失去了动力和兴趣，现在回想起来，当时的迷茫大于虚无。

后来稻盛和夫的《活法》给了我答案，他说人生的意义就是为了追求灵魂的升华，我把它理解为人生就是要追求精神的修炼，人格的完善，不断地精进。这个答案在过去的三年时间里一直是我人生意义的落脚点，也是从这时开始认真地检视自己的一言一行以及出发点，想要在一点一滴的修炼中实现自己的意义。

第二次发生在前段时间很火的《觉醒年代》播出时，看着革命先辈们以民族复兴为己任，砥砺前行，心中既敬佩又羡慕。他们的人生意义很明确，那是时代赋予的使命，他们毅然担起了这个使命。他们是那么理想，那么浪漫，又那么务实。

到此又忍不住回望自己，那我们这代人的使命又是什么呢？追求商业成功，成为精英吗？抑或是在世俗的游戏中争取个人的自由？

当一个组织面对明确的外部竞争时，内部可以生出一股伟大的力量，大家目标一致，无私奉献，可歌可泣，人性光辉的一面充分展现。当外部竞争消失，没有了一致对外的统一目标，内部就开始追求自己的目标，这时人性现实的一面便开始更多的展现出来。

突然觉得大家都是在出演一场社会共识下的大戏，慢慢在各自的角色中迷失了自我，把某种社会共识，当成了自己的人生的意义。就突然觉得很戏剧，很荒诞。后来偶然了解到了加缪的荒诞哲学，我不知道自己理解得是否正确，我觉得既然世界本来就荒诞，那荒诞也就意味着另一种选择的自由，自己可以不被共识绑架。

我觉得要找到属于自己的意义，找到一些自己认为有意义的目标，然后努力去完成。这些目标可以世俗，可以理想，可以是苟且，可以是远方。

可能我还继续做着之前的工作，过着一样的生活，甚至目标还是追求升职加薪，事业成功。但区别在于，这个目标是认清现实后自己选择的，还是在社会共识下形成的默认选项。只要真正是自己选择的，那就是自己愿意主动去经历的，也就能真正坦然地面对和接受当下的生活，真正地感受变化的过程，而不是追求某种确定的结果。

以上是自己的一些思考，但其实我还有一点对自己的怀疑，就是这所谓的坦然会不会是我因为自己不能改变现状，而生出的自我安慰和对现实的妥协。

希望能得到老师的指正。

【刘玮回复】

说得非常好！虽然可能是同样的目标，但是认识不同，给人生带来的感受就截然不同！

【辐·Tony】2021 年 8 月 18 日

　　仔细听完两篇并且认真阅读了文字稿，感受到一种来自心灵上的震撼。

　　十几年前还在打工阶段，虽然自己也是以积极的态度去应对工作，但目标感不清晰，压力不大的事实，一切都是那么随性，换一种角度来说，也是一种虚度时光。

　　在创业这十一年间，经历了无论如何努力都在亏损的项目，到负债累累。几次更换行业项目，到收支平衡，到组建团队，到有能力贷款供房……

　　这一路走来，从懵懂无知，到稍有认识。不断通过各种途径学习提升自己，原来在学习中遇到的很多碎片化的感悟，早已在哲学里被揭示出来了。原来在我创业的一路上，通过化解一次一次的危机，不知不觉已经有了"直面虚无主义"这样的勇气。

　　2021 年，生意没有原来这么好做了，那又怎么样呢？生活还是得继续，每月的开支还是得一分不少，继续努力开展新项目增加收入，相信不远的未来又可以化解。

　　"修行在路上"，我一直在路上。

【暖猫】2021 年 8 月 28 日

　　半年前，我的工作出现了一个重大失误，事情发生后我忐忑不安，患得患失，我担心这件事被人发现，还试图做些什么来掩盖这件事，我不敢面对后果，不敢承担责任。

　　如果说这件事是我不说出来永远都不会有人知道的秘密，那么这个秘密化为一种心慌的感觉在打扰和控制我，让我不断去问自己，"你的内心在不断试图唤醒什么，你要去面对和看到它吗？它背后的事件和动力是什么？"这时候，我想起了尼采的这句话，当你凝望深渊时，深渊也在凝望着你，你如何对待这个世界，这个世界就给你如何的反馈。当我面对虚无和无助的时候，当我看着深渊中无尽翻涌的洪流时，洪流化为良知看着我，让我感受到了不安和不踏实。

　　在经过自我挣扎和纠结之后，在穿越黑暗涌动的洪流之后，我的自我被打碎，我做了一个让自己都震惊的决定，我决定把事实的真相呈现出来，我要面对事实，我要承担责任。当然，在这个过程中我体验到了无尽的恐惧和痛苦。真相呈现时，我放下了，我体验到了安全和踏实，收获到了勇气，在这件事情上体验到了什么是"自由"。

我知道了，那个胆小虚弱的自我就是那个怪兽，只能勇敢与怪兽搏斗后，才有重生的机会。这时的我，在渊底和我的怪兽乘风破浪，勇敢前行。

【强行者】2021 年 9 月 24 日

我人生中有两次最接近虚无主义深渊的时刻。第一次是刚上大学的时候，之前人生的意义和奋斗的目标就是考大学，一上大学瞬间不知道自己的方向在哪。整天就是思考人生的意义是什么？人为什么活着？后来虽然没有想明白这些事，但是随着不断和这个世界连接，发展了很多爱好，也有了自己当时无法满足的欲望，然后就走上了为满足自己欲望而奋斗的道路。第二次就是 35 岁左右的时候。人到中年，年少轻狂逐步消散，慢慢也认清现实。能满足的欲望所带来的快乐感逐渐降低，满足不了的欲望也知道可望而不可即。这个时候感觉之前认定的道路正在坍塌，而新的路还没有找到。整个人陷入了一种虚无的状态，开始觉得平淡、重复、随大流也是一种幸福。其实这种生活也确实是一种幸福，让我痛苦的是内心不愿意接受自己的这种状态。总是在苦苦追寻是不是摆脱什么就可以重新找到路、重新燃起斗志、重新向荒诞的世界发起冲锋，但现实却事与愿违。直到看到了加缪，接触了存在主义哲学，想清楚了人生无意义。我们并不拥有未来，积极投身当下，义无反顾地生活，就是在反抗荒诞。所以现在的我认定一切皆善；务实地做好当下的事；坦然地接受当下；不要将灵魂和肉体割裂；认清现实，勇往直前。

胡塞尔：用全新的方式看世界

前面三讲，我们介绍了 19 世纪的三位存在主义先驱，克尔凯郭尔、陀思妥耶夫斯基和尼采，他们一步一步深化了对传统哲学的颠覆，也深化了对个人生存处境的描绘。这种描绘在尼采刻画的极端的虚无主义那里达到了巅峰：传统哲学描绘的理性世界被他用锤子敲得粉碎，个人要赤裸裸地面对虚无的深渊。

到这儿，你是不是已经闻到了浓浓的革命气息？有了一种新哲学呼之欲出的兴奋感？现在炸药已经准备好了，只需要一个引信，就可以引爆一场新的哲学运动了。

这个时候胡塞尔横空出世，开创了现象学，提供了一种观看世界的全新方式。说来也巧，尼采去世的同一年，也就是 1900 年，胡塞尔出版了现象学的开山之作《逻辑研究》。在这个 19 世纪到 20 世纪的转折之年，人们也见证了哲学上旧时代的落幕和新时代的开启。

我们前面讲的三位都是半文学家、半哲学家，都有丰富多彩的人生经历，胡塞尔就不同了，他是一个标准的学院派哲学家。他 1859 年出生，上大学的时候主修的是天文、物理和数学，最后拿的是数学博士，之后才转向了哲学。胡塞尔用这种纯理科生的思维，一生都在试图把哲学变成一门像数学一样的严格科学，追求像数学一样的确定性。胡塞尔教出了很多非常优秀的学生，其中就包括我们这门课要讲的大部分存在主义者，比如海德格尔、伽达默尔、列维纳斯都是胡塞尔的直接弟子，萨特和梅洛－庞蒂虽然没有上过胡塞尔的课，但是深受他著作的影响。

不过从另一个角度说，胡塞尔又是我们这个系列课程里，离"存在主义"最远的一位。他关注的始终是最基础的哲学理论。在他的哲学里几乎看不到对个人生存处境、人生抉择的关心。就算在第一次世界大战中痛失爱子，胡塞尔都没有把哲学思考转向个人的生存问题。当他的弟子海德格尔出版了《存在与时间》之后，胡塞尔认为海德格尔过于关注个人的生存，背离了他开创的现象学道路。

这么看来，胡塞尔就处在了一个有些矛盾的位置上：一方面，他肯定不是一个存在主义者，他的哲学思考跟存在主义几乎不相干；另一方面，几乎所有的存在主义者又都受到了他的巨大影响，甚至可以说，存在主义就是从现象学这个母体里脱胎而出的。胡塞尔到底提出了什么观点，让他处在这样一个矛盾的位置上呢？下面我们就来一起回答这个问题。

胡塞尔开创了现象学。"现象学"这个词你可能听说过，但是想说明白它，还真不容易。希望我下面对现象学的介绍，既能让你感受到现象学的独特之处，又能不太偏离胡塞尔的原意。

哲学有两大流派：一派叫唯物主义，另一派叫唯心主义。同样看到一个东西，比如纸上画了一个圆形，唯物主义说，这个圆是客观存在的，它决定了我们的意识中出现了一个圆。而唯心主义说："不对，顺序反了。我们人的意识才是第一位的，是意识决定了这个圆形的存在。"英国哲学家贝克莱的名言"存在就是被感知"，如果按字面理解，就是标准的唯心主义。

这两派吵了两千多年，也没有什么结果。这时候，胡塞尔来到桌子边上，他也看到了这个圆形，他说，你们两边都别吵了，我们换个角度来看看这件事。

我们人能讨论的东西其实很少，只有在我们意识中出现的那些现象。进入不了我们意识的东西，我们有什么可讨论的呢？就拿这个圆形来说，讨论它是不是由我们的意识决定的没有意义，讨论它是不是客观存在的也没有意义，因为我们根本不能确定。重要的是：我们的意识里出现了这个圆的现象，这才是我们唯一可以讨论的事情。

那不在这个范围内的东西呢？胡塞尔说，那就统统"悬置"起来。悬置就是把它挂起来，或者放在括号里。讨论不了，就暂时别讨论了。乍听起来，胡塞尔这是大大限制了哲学讨论的范围，但实际上，胡塞尔通过聚焦"意识中的现象"这个焦点，反而打开了一个更大空间，甚至是给我们的认知做了一次升级。为什么这么说呢？这就要说到胡塞尔提出的现象学的著名口号"**回到事情本身**"（zu den Sache selbst）。

请注意，"回到事情本身"，这句话里有两个关键词，一个是"事情"，另一个是"本身"。我们还是回到刚才那张画了圆的纸旁边，看看发生了什么"事情"。

如果看到这个圆的是一个原始人，你问他："这画的是个啥？"他可能会说，是一口井，或者说是一个盆。他会调用自己的生活经验，想象这个圆是什么。如果问的是鲁迅笔下的阿Q，他会说，这是我签字画的押，"可惜，画得不够圆"。如果你问的是一个数学家，他就会抽象出一个纯粹的圆，想的是圆心到圆周的距离相等。

这三种情况是三个完全不同的"事情"。因为人不同，看到这个圆的情境不同，每个人意识里的"事情"或者"现象"就不同。现象学同样尊重这些现象，认为它们有着相同的基本结构，都是我们的意识指向了某个对象。正是这种指向性或者"意向性"提供了超越主观主义和客观主义的桥梁。

不过，如果仅仅是每个人都随便描述自己意识里的东西，胡塞尔还怎么去寻找知识的确定性呢？接下来我们就得来说说"事情本身"里面的"本身"这两个字了。那个原始人真的看到了一口井、一个盆吗？阿Q真的看到了他画的押吗？显然不是，他们意识中出现的只是一个圆而已，之后的那些联想可以叫"事情"但还不是"本身"。换句话说，不是事情的"本质"。那现象学家怎么去认识这个"圆"的本质呢？他会问自己，圆之所以是圆，在于它的大小吗？在于它线条的粗细吗？在于它的颜色吗？都不是，那这些东西就都应该被悬置起来，不去关注。那如果中心到周边的距离不相等了呢？它还是一个圆吗？不是了吧？那好，圆的本质，就是从中心到周边距离相等的形状。说到这里，你可能奇怪了，这不就是数学家给圆形下的定义吗？那现象学和数学有什么差别呢？从定义的内容看，确实没什么差别，这里的差别在于怎么看待这个定义。数学家会认为，圆形的本质是意识对于现实的圆形事物的抽象，这还是一种唯物主义；而现象学家会认为，意识中直观到的那个对象，就是圆本身，它既不是对客观事物的抽象，也不是主观的创造。简单来说，现象学就是通过如实地描绘出现在我们意识之中的现象，去追寻事物的本质。

不知道我这么解释能不能让你大概明白"现象学"的意思？有点云里雾里也正常，就连跟着胡塞尔学了好几年的学生都经常抱怨不明白老师到底要干什么，胡塞尔自己也在不停地修改自己的理论，在去世的时候居然留下了超过四万五千页没发表的手稿！你就可以想象他钻研的这个问题有多复杂了。

好在我们这一讲不是非要搞清楚胡塞尔到底是什么意思，重点还是来讲他的现象学方法跟存在主义有什么关系。现在我们就来回答前面提出来的那个问题：为什么胡塞尔本人不是存在主义者，但几乎所有的存在主义者又都受到了他的影响？

胡塞尔确实不是存在主义者，因为他一点都不关心个人的生存问题。他发明现象学这个新工具，只是想要搞清楚意识的基本结构是什么，我们怎么认识事物的本质。这些都是传统哲学认识论的问题。

但是在胡塞尔的弟子们看来，现象学就不仅仅是一个解决传统问题的新工具，而且开辟出了一大片新的哲学问题。"回到事情本身"这句口号宣告了一种新的真实性，它要求我们不带偏见，尊重意识之中出现的所有现象。哪怕是传统哲学完全不屑于讨论的现象，比如无聊、焦虑、忧愁、绝望这样的情绪，再比如恶心、幻觉、抑郁、濒死这样的体验。这些情绪和体验都是人在实际生存境遇里会遇到的问题。但是在传统哲学看来，这些问题太主观、太表面、太非理性，完全入不了它的法眼。而现象学就可以去关注这些意识对象，因为正确地描述现象就是认识到了事物的本质。于是，胡塞尔的弟子们，不约而同地用现象学的方法去观察和描述这些生存现象，存在主义就从现象学里脱胎而出了。

打个比方说，胡塞尔好比是传统哲学的守门人，他是要解决门里面的问题，只是想把门打开透透气。但是万万没想到，门一开，呼啦啦涌进了一堆不速之客，彻底改变了原来门里面的景观。存在主义从现象学里面脱胎而出，确实是胡塞尔自己始料未及的事情。

这一讲的最后，我想引用胡塞尔在《纯粹现象学和现象学哲学的观念》里的一句话作为结束，这句话被他称作现象学的第一原理，他说："**每一种原初给予我们的直观，都是认识的合法源泉。在直观中原初地给予我们的东西，只应该按照它被给予的那样，并且也只在它被给予的限度之内得到理解。**"正是这种真诚地面对直观的态度，开创了现象学，也给存在主义提供了源源不竭的动力。

我想请你谈谈你对胡塞尔现象学的看法，赞赏也行、困惑也行、反对也行，换个例子尝试一下用现象学方法"回到事情本身"也行。

参考书目

1. 胡塞尔：《逻辑研究》，倪梁康译，北京：商务印书馆，2015 年。
2. 丹·扎哈维：《胡塞尔现象学》，李忠伟译，上海：上海人民出版社，2007 年。

精选留言

【甜小姐】2021 年 8 月 12 日

今天分享一下我在日常生活中应用胡塞尔的理论。

胡塞尔提出要"回到事情本身"，主要就是针对各种二元对立说的，比如"主体和客体"。我们观察事物的时候，一般都是以主体的角度去观察客体，但是胡塞尔说，为什么我们不能不带任何主观偏见地去观察事物呢？这也是他的"回到事情本身"的意思，就是要回到纯粹的最初始的意识领域去发现事情的本质。

那么如何把事情还原到原来的样子？有三个方法：悬置判断、本质还原、先验还原。篇幅有限，今天就简单分享一下悬置判断。

悬置判断，又叫括号判断，就是把这部分内容先放到括号里，不说对，不说错，不做判断。

他这个方法是借鉴了皮浪，皮浪是怀疑主义哲学家。怀疑主义哲学家中很有名的还有一个人，就是笛卡尔，笛卡尔最有名的一句话就是"我思故我在"。笛卡尔觉得世界上所有的东西都是值得怀疑的，除了在怀疑的这个人，这个主体本身，不用怀疑他的存在，否则怎么提出怀疑？这就是"我思故我在"的意思。笛卡尔提出了一个很重要的思考方式就是，当我们要思考一件事情的时候，我们要把之前所有的东西先清空，再一件件装回去。什么意思？就是先去除掉我们所有的主观和成见，再去看事情。

说回悬置判断，悬置判断既避免了陷入主观判断，同时又是一种对绝对真理的怀疑。我有一天看《十三邀》，许知远说，每个人都是带着成见来看待世界的，如果你不带成见，那你对世界根本就没有看待的方法。但是，我们也经常说，Don't judge，你以为的真的是你以为的吗？而且，子非鱼，焉知鱼之乐。不要去轻易评判他人。我前天还在得到"知识城邦"里分享了一个关于 judge 和误会的故事，这些往往是伤害的来源。不仅伤害了被误会的人，我们自己往往也会受到伤害。所以，我曾经一直很疑惑的是如何在成见和清空之间做到平衡，因为成见是天性，我们很难避免。胡塞尔的悬置判断，就是很好的一个解决方法。

1. 看一件事情的时候，先如笛卡尔说的倒空。我觉得这里可以借用一句话"人生若只如初见"，像初生婴儿第一次看这个世界那样去看世界。

2. 然后，把事情放在"括号"里，先不急着做判断。通俗点说，就是那部电影，《让子弹飞》。发生矛盾了，先别急着判断，眼见不一定为实；觉得别人大概是喜欢上你了，先别急着判断，很多时候是自己判断错误，盲目陷入，然后受伤了，还要骂人家渣男渣女；觉得不公平了，先别急着判断，把背后所有的利害关系理一下，你也许就能知道答案了。总的来说，就是不要急着判断，你避免不了判断的，就放在心里，不要说出来。话一旦出口了，就覆水难收了。但你可以写下来，然后过一段时间再看看，你自己都会觉得太孩子气，然后庆幸还好当时没说出来。

我和一个朋友之间有过一些不开心的事，然后，我们就彼此不说话了。有趣的是，在后来我们没有任何交集的漫长岁月里，我对这件事情的解读和看法一直在变。甚至有时候一个月变一次。这个月，我还是这样想的，下个月，又有了新的态度或者角度。我就很诧异，因为不来往了，我们之间没有新的事情发生，为什么我对她的想法还会一直在产生变化？其实因为人变了，我学了新的知识，有了新的人生经历，看问题的角度就会变了。所以，很多事情，不要急着下判断，在漫长的岁月中，随着你的认知的提高和阅历的丰富，你才会越来越看清真相。

3. 尽可能多地了解真相。当你只有零星的碎片的时候，由于我们的大脑有自动补足的天性，会自动加上想象的成分，倾向于让它变成一个完整的样子。一旦加上了想象，那主观的成分必然会很多。所以，事实和细节了解得越多越清楚，越能降低人的主观部分，从而回到事情本身。这也是前天我在"城邦"里说的，虽然不是所有，但是很多误会其实是需要解释清楚的，对彼此的沟通、认知、关系的维系都有很大的帮助。否则双方其实都很受伤。

【杨涵】2021 年 8 月 12 日

一直在思考，胡塞尔研究的问题是否会有个明确的结果，如果我们用感官去认知这个世界的表面，而每个人的感官不同，所见也不同，对"表面的认知"和"本质的认知"来说，表面认知更难统一，在生活中我们甚至发现，一个人就表面的样子而言在不同的人眼里会不一样。既然每个人意识里的"事情"或者"现象"不同。要在不同中找到都认可的相同，揭示其本质，太难了，也不太能理解。佛学大师僧肇的《物不迁论》中有这样一段，"旋岚偃岳而常静，江河竞注而不流，野马飘鼓而不动，日月历天而不周。"也就是说，万事万物通通"无我"。如果胡塞尔能接触到中国的禅宗，也许现象又会不一样了呢？有时候面对未知的世界，也许更愿意去敬畏自然，回到个体和当下。

【品学兼优】2021 年 8 月 12 日

胡塞尔的现象学，我个人还是十分认同的，它揭示出我们认识中的一个困局：我们无法认识那些不可感知的存在。

虽然唯物主义更符合直觉，但也一直找不到一个确凿的证据去证明唯心主义是错的。因为两者讨论的问题是在我们可观测的范围之外。而胡塞尔则说，我们不要讨论这个没有意义的问题了，不妨关注我们认识到的现象本身，而不要去讨论那些我们无法知道的存在。

这种认识对于科学研究也是很有意义的。比如对于量子物理，我们对于光子打在屏幕前的各个位置的概率是可以确定的，但是要问这个光子这次一定打在什么地方，我们是无法确定的。这也就涉及那个悖论：用光屏去截获光子本身就是一种观察，我们只能认识并讨论我们能认识到的，而对于我们无法观测到的，我们只能提出自己的猜测。因此现在主流量子力学的八种解释就是从光子打在光屏前的什么位置而产生的，就像唯物与唯心的分歧一样。

而现在主流量子力学就像胡塞尔所说一样：Shut up and calculate it！我们不要讨论那些我们无法认识的存在了，就用波函数去算，算出什么就是什么。现在的主流量子力学家就把量子力学变得越来越像数学而非物理，就像胡塞尔也希望通过数学的介入把哲学变成一种具有确定性的科学。

【谢伟思·专栏作家】2021 年 8 月 12 日

从前，在太虚幻境的一隅，悬着一面意识之镜。说来也怪，一般的镜子都有里外之分，但没有人知道意识之镜哪边是里，哪边是外。

意识之镜分不出里外，但能分出两侧，它一侧写着"主观"，一侧写着"客观"。两侧各站着一个精灵，分别是主观精灵和客观精灵，他们的相貌和举动都一模一样，他们还常常同时喊道："我存在！我先存在！你因我的存在而存在！"两个精灵争论不休，总想找人评理。陆续有人从旁经过，几番思考后都选了一边站队，并给出了自己的理由，成了著名的哲学家，两边的队伍也被称为唯心主义和唯物主义。

一天，又一个后生来到这里，他很认真地想了想，然后幽幽地对精灵说："我不知道……我不知道你们是否存在，谁先存在，谁决定了谁的存在……我只知道，这里存在一面意识之镜，而镜面存在精灵之象。"两个精灵愣一下，齐声问："你是谁？"那人说："埃德蒙·古斯塔夫·阿尔布雷希特·胡塞尔。"

精灵沉默了，胡塞尔没有站队，而是走到中间，开始观察意识之镜上的具象……此事轰动一时，这个新的队伍被称为现象学。而后有人慕名前来，还带着放大镜，仔仔细细地把意识之镜中呈现的焦虑、无聊、抑郁等前人不屑一顾的现象观察研究了一番，逐渐成长为存在主义的大师级人物，他们是……

欲知他们是谁，且听刘玮老师下回分解。

【TAOTAO】2021 年 8 月 12 日

我是从艺术里认识现象学的，最早大概在八年前，我就知道了现象学。那是从艺术领域，其中最早可以追溯到塞尚，因为观察方法不同。塞尚第一次把绘画的核心归于观看，用观看本身为绘画打开了新世界的大门，因此塞尚也被称为现代艺术之父。

另一位代表人物就是贾科梅蒂，他也深受现象学与存在主义的影响，当时读感觉晦涩难懂，只是觉得有意思。贾科梅蒂本身的视觉就异于常人，他常常感到每一次观看对象都有所不同，并且会质疑观看本身，于是将观看的过程以研究的方式记录下来，形成独特的绘画方式。反复地修改，反复地抹去重来。

　　将这些介绍给国内的，就是司徒立教授，他是法籍华裔，在中国美术学院成立了现象学研究所，也是国内第一个研究现象学艺术的艺术研究所，还是光达美术馆的馆长，在馆内有众多跟现象学和存在主义有关的艺术，我在那里接触到了海德格尔、胡塞尔、梅洛－庞蒂的理论。其实现象学和存在主义为艺术开辟了新的方向，让视觉艺术回归于观看本身，观看与现象，让艺术回到它本来应有的一种状态。

　　在这期的学习更加帮助我理清楚了"现象"的本质，不断地去理解和发现头脑里的现象，如实地描绘它，就是去追寻事物的本质。

【兮】2021 年 8 月 12 日

　　这句被胡塞尔本人称为现象学第一原理的经典让我瞬间联想到了"最初的才是最纯的"这句话。

　　就"每一种原初给予我们的直观，都是认识的合法源泉"这句来说，我感受到了深深的唯心气息，但这是一种宛如幼糯新生儿般的纯粹感和净透感。

　　随后的下半句"在直观中原初地给予我们的东西，只应该按照它给予的那样，并且也只在它被给予的限度之内得到理解"，进一步说明，让刚刚安顿下来的心魂忽然间多了几分摄魄般的悸动。这何尝不是我们所常谈的"就事论事"还有那句"透过现象看本质"。

　　你今天看到婴孩肉肉的小手，会联想到白净的小面团，明日听到婴孩咿咿呀呀的小嗓门，会猜想稚嫩的他们在表达些什么呢？是向我求索帮助或是想要找我玩耍？但无论是联想或是猜想，我们始终目标清晰地停顿在婴孩这个现象体中，我们以高于婴孩认知的成人认知去了解婴孩静态及动态行为表现的原初给予，而原初给予的直观在尚无经验积累的婴孩中表现得相对可控并真实，成人说是主动，其实也是被动地感性地调动认知库存，按照被婴们呈现表象所给予的那样，并且也只在被给予的限度之内赋予理解。

　　我不知道我的理解是否正确，但我确实特别喜欢老师在课程结尾引用的当课主题哲人的名句经典，醍醐灌顶与内在被震慑到的感动令人有过电的感受。

【杨晔】2021 年 8 月 14 日

　　胡塞尔提出现象学著名口号："回到事情本身。"这句口号宣告了一种新的真实性，它要求我们不带偏见，尊重意识之中出现的所有现象。正是这种真诚地面对直观的态度，开创了现象学，同时也给存在主义提供了源源不竭的动力。

刘老师对现象学的介绍，让我想到了稻盛和夫的一句话："工作现场有神明。"面对复杂的工作现场环境，只有亲临现场，不带偏见，用心观察，仔细思考，才能发现问题、解决问题。

对于现象学的理解，确实有点烧脑。我再打个比方，不知是否恰当。我们在摄影时，都要把数码相机里的照片设置为 RAW 格式，RAW 的英文原意为"未经加工的；生的；原始的；未烹制的；未煮的；自然状态的；未经处理的；未经分析的"，RAW 格式的文件忠实记录了通过镜头投射到相机感光芯片上的光线数据。然后，我们在电脑里利用软件对 RAW 格式的文件进行修饰和加工，才能导出一幅 JPG 格式的摄影作品。

那么，想请教一下刘老师，这个 RAW 格式的文件，是现象学里的"意识中的现象吗？这个 JPG 格式的图片，算是我们对这个世界的真实认知吗？

【刘玮回复】

这个 RAW 格式的比喻很精彩啊！我偷偷记下了，哈哈，现象学就是想要达到这种效果！

顺便提一句，稻盛和夫的那句"工作现场有神明"可能来自一个极其古老的传统（我不确定是不是直接相关）。亚里士多德在《论动物的部分》里记录了一个很有趣的小故事（也是我特别喜欢的一个小故事），讲的是赫拉克利特。有一次有人来拜访他，看到他在厨房烤火，犹豫着不敢进去，赫拉克利特看到他们之后，邀请他们进来，说"即便在厨房也有神存在"。亚里士多德想从这个故事里引出的道理是，自然中的万物，不管看起来多么渺小，甚至看起来很丑陋，也是有精妙的安排在其中的，都值得我们去探究。那么对于现象学来讲，能够如实地描述面前的一个酒杯，也可以是一种巨大的成就。

【天力】2021 年 8 月 16 日

前几天我带儿子去了美国华盛顿的国家艺术博物馆，在雕塑园区院子里有一座小房子，我从外面看，还以为是个半成品，一块弯曲的板子画了房子的样子。但我儿子发现了秘密，等我拿起手机摄影，从右走到左，奇迹出现了，手机视频里就是一座漂亮的小房子。但当我放下手机，我却怎么也看不出是个房子，只看到一块板子。我们说眼见为实，事实上很多时候，"实"到底是什么？看着视频，我也认为我看到了房子，放下视频，我的意识告诉我这是个小房子，但我只看到一块板子（小朋友直接可以看到房子）。

【Vector】2021 年 8 月 29 日

我认为，现象学是一种认知的逻辑方法体系。现象学的方法搁置了唯物和唯心的争论，也搁置了意识中的现象来源，回到了现象本身，仅仅如其所是地去讨论。

现象世界是人所能感知到的世界，实际上同时具有心物属性，因为没有心或者没有物，都不能产生现象。都是必要条件，到底是哪个属性居于第一位其实并不重要，也争论不清，并不能帮助解决人面对的问题。

尝试模仿课程中的例子，分析一下声音的本质。声音是什么？首先"声音"不论从何而来，是一种出现在我们意识中的现象。如果我们捂住耳朵，声音就消失了，因此声音是由耳朵感知的，是身体的一种感觉。如果，我们在旁边放一个物体（比如说金属盆），一旦敲打就能听到声音，所以"声音是敲打物体引起的感觉"，这是普通人对声音本质的理解。物理学家在他们的实验室里，用更加特殊的设备产生震动，就能够感受到声音，所以能说"声音是物体振动产生的感觉"。振动如何能和耳朵产生联系呢？真空里做实验肯定不行，需要某种介质，后来研究表明是空气。因此，"声音是物体的振动通过空气传播到人耳中产生的知觉"。这样就粗略完成了声音本质的认识。

其实，我感觉现象学的方法更加自然，更加符合人认识的模式，反观唯物唯心的争论显得更别扭。感觉存在主义哲学的气质就是顺其自然，这一点似乎与中国的庄子学说有类似之处。

不能在现实世界中找到的事物，比如"独角兽"，也能在意识现象中出现，并进行研究。我认为这体现了现象世界本身的复杂，各种现象之间并不孤立，相互关联，共同组合成丰富的现象世界。

"现象的世界"还是"世界的现象"？

德国的存在主义

第 5 讲
海德格尔（一）：人，存在的追问者

从这一讲开始我们要正式进入存在主义哲学的"正史"了，和前面四讲"前史"的快节奏不同，我会多花一些时间在存在主义的代表人物身上，为你讲解存在主义的精髓，也带你一起感受存在主义哲学给我们的人生带来的思考。

我们先来了解一下存在主义星空里最亮的那颗星：海德格尔，他在 1927 年出版了《存在与时间》，这本书被看作存在主义哲学正式诞生的标志。

海德格尔和他的这本书，都和我们上一讲说到的胡塞尔有着极深的渊源。让我们把时间拨回《存在与时间》出版的 11 年前。1916 年，57 岁的胡塞尔从哥廷根大学来到弗莱堡大学当教授。当时海德格尔才27 岁，刚刚当上弗莱堡大学的讲师。胡塞尔来了之后，海德格尔给他当助手，也跟着他上课，是胡塞尔最有才华的学生。这个时候又赶上胡塞尔的小儿子在第一次世界大战里战死，所以在接下来的十几年里胡塞尔一直把海德格尔当儿子一样看待。1928 年退休的时候，还让海德格尔接替了自己的教授席位。

但是你最亲爱的人，往往也会伤你最深。海德格尔后来在思想上和为人上，都深深地伤害了胡塞尔。

思想上的伤害，主要表现在海德格尔背离了胡塞尔开创的现象学。《存在与时间》出版的时候，是献给胡塞尔的，海德格尔在书里也强调自己使用的是现象学的方法。刚出版的时候，胡塞尔没有仔细读。退休之后，胡塞尔认真读了这本书，之后大为震惊，在书里写下了很多叹号、问号，还有"这很荒谬"之类的批注。胡塞尔认为海德格尔过于关注人具体的生存体验，放弃了对于知识确定性的追求，背叛了现象学，自己选择海德格尔作为继承人是看走了眼。海德格尔这边也在不少场合表现出对胡塞尔那种现象学的不以为然，认为他过于抬高理论，缺少现实感。

海德格尔对胡塞尔更大的伤害是为人上的，这和胡塞尔的犹太人身份有关。希特勒在1933年上台，之后就开始对犹太人实施迫害，胡塞尔被从大学教授名单上除名，不能使用学校设施，不能在德国出版作品，最后还被剥夺了德国公民身份。而海德格尔加入了纳粹党，还当过弗莱堡大学的校长，在公开和私下场合都发表过不少亲纳粹和反对犹太人的言论。自从希特勒上台，海德格尔再也没有去看望过胡塞尔；再版《存在与时间》的时候，还去掉了献给胡塞尔的题词；胡塞尔1938年去世的时候，海德格尔甚至都没有出席老师的葬礼。

海德格尔的人品确实让人不敢恭维，但是人们又无法否认他的思想极其深刻，所以有不少人都发出这样的惊叹："为什么一个人可以既是一个深刻的思想家又是一个小人？""一个不纯粹的心灵真的可以看到最纯粹的东西吗？"

在这一讲里我们还是暂时悬搁对海德格尔人品的褒贬，重点来说海德格尔如何从胡塞尔的现象学里，发展出了存在主义哲学。

海德格尔一生都在关注一个传统的哲学问题："存在是什么？"也就是"存在论"的问题。海德格尔认为西方哲学自从柏拉图开始就走错了道路，一直都在关注具体的"存在者"，而不是"存在本身"。这个区分听起来可能让人很费解。"存在者"还比较好理解，就是那些具体的存在着的事物，比如一棵树、一座山、一个想法。那"存在本身"是什么呢？简单来说，就是让存在者成为存在者的那个东西。海德格尔把它概括成这样一个问题："**为什么存在者存在，而虚无却不存在？**"

这个问题听起来似乎还是太宏大、太虚无缥缈了。要回答这个问题，海德格尔把目光转向了一种特殊的存在者，那就是人。因为只有人才能提出前面的那个"存在之问"。

从这里开始，海德格尔就把传统的存在论问题转换成了人的问题。而且他说的这个"人"，不是传统哲学里讨论的那种普遍的、抽象的人，比如说"理性的动物"或者"政治的动物"，而是生活在此时此地的、具体的人，因为人的存在方式就是具体的"**生存**"。海德格尔给这样的人专门起了一个名字，叫作"此在"（Dasein），意思就是"在此存在"。之后，海德格尔用从胡塞尔那里学到的现象学方法，认真观察和描述人的基本生存状态。这种生存状态的核心就是他的"**时间性**"，所以海德格尔的这本书叫作《存在与时间》。

海德格尔就这样从"存在"这个最宏大、最虚无缥缈的问题入手，推进到"人"这种特殊的存在者，再推进到这种存在者具体的"生存状态"，最后推进到"时间性"这个最核心的特征上，把哲学推上了一个与以往不同的方向和深度。

这一串推进听着就很令人兴奋。海德格尔确实是哲学史上最会提问题、最会引导讨论的哲学家之一。他经常能够从一个问题出发，一路追问，最终引出石破天惊的结论。他的学生听他上课，经常有一种神秘感和眩晕感。神秘感是因为他们永远不知道海德格尔的下一个问题会把讨论引向何方，所以他们需要非常认真地听海德格尔说的每一句话。眩晕感是因为他们总是可以从海德格尔那里学到前所未见的思想，他特别善于**把熟悉的东西陌生化**，不管是学生们原来熟悉的概念，熟悉的问题，还是熟悉的文本，经过海德格尔的发问和阐释，都会变成完全不同的样子。他把"人"称为"此在"就是这种陌生化的一个很好的例子。所以学生送了海德格尔一个外号，叫他"魔术师"。

阅读海德格尔的作品也有和学生听他课类似的感觉，总是有一种带着困惑的惊喜，或者是带着惊喜的困惑。下面我用一个很小的例子带你看看海德格尔怎么从一个最日常的现象出发，去颠覆传统哲学。

这个例子是当年尼采曾经用来自比的"锤子"。海德格尔说，传统哲学总是用一种静观的方式看待研究对象，比如说一把锤子，传统哲学会仔细端详它，然后告诉你它的形状、颜色、重量、用途等。但是这些描述不是活生生的人在实际的生存状态里使用锤子的方式，我们拿锤子是要钉钉子的。当我拿起锤子钉钉子的时候，不会注意到它的形状、颜色、重量、用途，而是拿起来直接开始钉，这种状态被海德格尔称作"当下上手"（Zuhandenheit）。除非是钉着钉着锤子不好用了，比如说锤头松动了，或者锤子太重敲不动了，我才会停下手上的活儿，仔细端详这个锤子，海德格尔把这种状态叫作"现成在手"（Vorhandenheit）。在海德格尔看来，传统哲学的错误就在于把人类生存里面"当下上手"的东西，当成了"现成在手"的东西去理解，这样就脱离了、遗忘了人的实际生活。海德格尔的存在主义，就是要把哲学转向人的实际生存。

当然，如果人的全部生活都像用锤子钉钉子一样自然、顺畅，我们也就不需要哲学了。在我们的实际生活中也会遇到很多从"当下上手"到"现成在手"的转变，比如一次工作的变动、一场人际关系的危机、一位亲人的去世，这个时候，正常的生活中断了，原本明显的意义消失了，就好像我们不得不停下敲击，去注视手里的锤子。而在20 世纪二三十年代欧洲人经历的危机，远比工作变动或者亲人去世严重得多。第一次世界大战和纳粹上台，带来了深刻的政治危机、精神危机和文化危机，人们原本的生活分崩离析，他们真切地看到了尼采预言的"上帝死了"之后，虚无的深渊。这样我们也就不难理解，为什么存在主义哲学在这个时候会迅速流行开来了。

　　这一讲我们了解了海德格尔如何用胡塞尔的现象学方法，从"存在是什么？"这个传统的哲学问题，发展出存在主义对于个人生存的关注，也通过一个小例子看到了海德格尔哲学的不同寻常之处。海德格尔讨论了很多人在实际生存处境中的问题，比如人是如何被"抛入"世界的，人处于"操劳"中的生存状态，人同自己终有一死这个终极的时间性问题遭遇，等等。这些内容我会在接下来的几讲里为你详细介绍。

　　最后，我想引用海德格尔在《存在与时间》里的一句话作为结束，这句话出现在从"存在"转向"人"的关键时刻，从这句话里，你也可以体会一下海德格尔那种特别有哲学味儿的语言的魅力。他说："**要彻底解答存在的问题，就要让某种存在者的存在变得透彻可见……对存在发问，这本身就是由问之所问规定的，也就是由存在规定的。这种存在者，就是我们自己向来所是的存在者，就是除了其他可能的存在方式以外，还能够对存在发问的存在者。**"

　　相信在你的生活里，一定经历过海德格尔说的那种从"当下上手"到"现成在手"的转变。这种转变可大可小，比如对我来讲，写着写着稿子，电脑突然死机了，电脑这个本来"当下上手"的东西，突然变成了一个"现成在手"的东西，我原本顺畅的思路被打断了，浑身都不得劲，甚至感觉身边的世界在那一刻都随之崩溃了！

我想请你分享一个你自己的例子，并且说说你怎么应对这种突然的断裂。

参考书目

海德格尔：《存在与时间》（中文修订第二版），陈嘉映、王庆节译，北京：商务印书馆，2016 年。

精选留言

【杨昆霖】 2021 年 8 月 13 日

现在的年轻人白天工作时间很长，都在抡着自己手中的锤子，创造价值，晚上回家也不愿意早睡，大家都觉得唯有晚上这点时间才是属于自己的，这里面就包含着海德格尔的"注视手中锤子"的时刻，唯独休息的时候，才能整理，注视这一天，这些日子到底都干了啥，工作给我带来了什么意义？每天这样过有没有意思？

很多老板都去参加学习培训，包括这个"得到高研院"，去参加这些培训学到啥？其实也没学到啥，关键是有机会让自己注视自己手中的锤子，也注视下别人手中的锤子，再看看自己的，借这个机会断开一下。注视手中的锤子就是对自己生存状况的一个反思，是非常必要的，所以，哲学就像呼吸一样，你以为从来没接触过，其实一直在呼吸着哲学。

【杰明】 2021 年 8 月 13 日

从"当下上手"到"现成在手"的转变这个过程，我觉得最贴切的例子应该是我们都经历的新冠疫情。我们的正常生活 （"当下上手"）忽然一下被封控叫停 （"现成在手"）。以往我们可以和亲人、朋友、同事、同学进行面对面交流沟通。而在疫情期间，我们不但在精神上要经历更多的恐惧、焦虑、压力，有时还有与亲人的生离死别的孤独和无助。身体上，我们被局限在一个很小的活动空间（隔离医院、隔离区、家里或者小区）。我们只能依赖于远程软件和社交媒体在线上进行原有生活的模拟。

在这封控之下的线上生活，如果经历一次断网，我们又会从这种一切随时在线的"当下上手"状态，转变成去审视网络的信号、上网路由器、远程软件 APP 等一切上网软硬件的属性（"现成在手"）状态。

想问问刘老师，是不是从"当下上手"到"现成在手"的转变这个过程，经过时间又会形成相互调换？例如在疫情期间，刚开始，我们正常的生活是从"当下上手"到"现成在手"的远程在线生活；到病毒得到控制，我们可以回到以前正常的生活。而此时，我们习惯了远程在线生活（"当下上手"），现在又要去审视适应原来正常的生活（"现成在手"）。是不是原来的"当下上手"可以变成到"现成在手"，而"现成在手"又可以变成"当下上手"呢？

【刘玮回复】

说的没错，这两种状态是可能随时发生转换的，这种转换会促使人用之前不习惯的视角去思考这个对象，也思考自己的境况。

【霍森布鲁兹】 2021 年 8 月 13 日

我认为，当下上手和现成在手之间的互相转换才是我们进行思考和反思的关键所在，它的转换并不一定是因为情境的被动转变，这个情境转变完全可以是我们主动选择的。

说一说我自己，我前三十几年一直是在小县城工作生活，可以说这就是我的舒适圈，我的一切社会关系全部在这里，我在这里生活的状态应该就是"当下上手"。

两年前在我小孩出生的时候，我们就计划等她读幼儿园的年龄就搬到大城市去，理由是大城市有更好的教育资源，能让小孩有更好的见识。但是，人近中年，主动选择做这种改变我是无法预判好坏的，到了大城市生活工作，各种不习惯不适应肯定很多，可能时时刻刻都要面对"现成在手"的窘境。

但是这种由"当下上手"到"现成在手"的转变，我内心其实知道，小孩上学只是一个契机，真正的原因是我自己的渴望，是我对现状的不满，不满足于在小县城的舒适圈无法突破自我的设限。

"当下上手"是舒适圈，"现成在手"是我们跳出舒适圈必然面对的一种状态。情境的转变可以是我们主动的选择，而我认为正是这个主动的选择，才凸显出人之所以为人的可贵能动性。

有个成语叫"磨刀不误砍柴工"，磨刀不用等到刀出现问题了才去进行，而是一个需要时时刻刻都关注的问题。"砍柴"是"当下上手"，停下来"磨刀"是"现成在手"，情境的转变，只因为人会思考，会反思，而不一定要等到"刀"已经不能用的那一刻。

【伪装】2021 年 8 月 13 日

现代人讲究因爱成婚，所以我认为恋爱状态是男女婚恋关系的"当下上手"，但是结婚之后就是"现成在手"。

谈恋爱的时候大家根本没有注意到结婚之后是什么样子，原本只是简简单单谈个恋爱，两个人你情我愿，结果却成了两个家族互相纠缠的过程，每天的鸡毛蒜皮，数之不尽，锅碗瓢盆油盐酱醋成了主题，爱情逐渐冷却，所以结婚之后就特别容易崩溃。

由此我也发现"顶石婚"很可能是现代人结婚的最佳途径，你对另一个人不能仅仅只有"当下上手"的理解，还要有"现成在手"的理解。

【飞天海带】2021 年 8 月 13 日

不知道大家有没有这样的体验：仔细盯着一个字看，这字会越看越不认识，不知道这横横划划是个啥？

我觉得这是一种从"当下上手"到"现成在手"的转变。起到信息传递作用的是这个字，因此我们脑中的存在也是这个字，当我们凝视这个字对其解构时，眼见的是横竖撇捺的构成方式，所以我们会感到陌生。

从这角度理解，我突然想明白了国家改汉字读音这件事：过去我们容易念错的字音，如今被修改成为正确读音，如"粳（jīng）米"变成了"粳（gěng）米"；"心宽体胖"的"胖"字改成了既可读"pán"，也可读"pàng"；"说客"叫"shuō客"，"确凿"叫"záo"等。

刚出这事时，网上骂声一片："文化为何要给文盲让路？"现在想想，生僻的读音其实和笔画构成一样，是这个字的"现成在手"状态，"当下上手"的是那些易被误读的字音。文化的传承固然重要，但如果脱离了具体的生活，让文化成了高高在上的口号，反倒有点本末倒置了。

【区海明】2021 年 8 月 13 日

　　海德格尔文字和思想的模糊性，既成就了他哲学的魅力，也带来了现实的危险。比如他提出"先行决心"的概念，认为此在发现了"其最大限度的可能性存在于自我放弃之中"。一方面可以理解为，通过向死而在和直面自身命数的决心，人会从常人自我中解放出来，并获得真实、本真的自我。另一方面，结合海德格尔提出的"要明白我们是历史中的存在者，并领会我们独特的历史境遇对我们提出的要求"。也可以理解为，我们应该自我放弃，回应历史境遇对我们提出的要求，步调一致地投身于纳粹事业。

　　【刘玮回复】

　　海德格尔对于个人的分析确实特别有穿透力，但是到了社会政治历史的问题上就显得差了很多，他的"天命""大命"之类的概念听着就比较玄，他确实把德国"拯救"没落的西方文明看作他那一代德国人的"大命"。我们后面还会讨论到他的弟子对他的批评和发展。

【黄礼贤】2021 年 8 月 13 日

　　我在写留言时，有时会经历从当下上手到现成在手的转变。

　　当自己对某个话题感兴趣时，会有写留言的冲动，于是就会放下手上的事情，进入专心写作的状态。在写作当中，思路比较顺畅，能够将自己内心所想，以文字的形式，顺利地表达出来。当思路清晰时，自己是能够感觉到的。这时候，是处于当下上手的状态，不仅自我感觉良好，还能够体会到留言的美感。

　　而一旦在写作中出现卡顿，就会转变成现成在手。每写一个字，都感觉是一种折磨，对自己都是很大的考验。即使再阅读相关的资料，准备再多的素材，似乎都无法有效地将它们组织起来。这是很难受的阶段。

　　面对现成在手的状态，我自己的办法是，尽量觉察自己的情绪和状态。如果是情绪不佳，就先调整好自身的状态，然后再投入写作。如果是因为自身积累不足，则要提醒自己，下来要做好相应的知识储备，以便以后有更好的思路，写出更佳的留言。

【谢思伟·专栏作者】2021 年 8 月 13 日

　　我原本是工作狂，是老师也是管理者，还做研发，身兼多职。但是 2019 年爷爷去世了，因为当时我刚怀孕不久，所以家人不让我回家参加葬礼，而不久后我流产了。这些事把我的生活拦腰斩断了，所有当下上手的东西都变成了现成在手。我置身事外地重新审视了自己过去的生活，发现一些当初觉得很有使命感的工作，其实只是迫于业绩目标，基于责任感，不得不做的事。

　　之前就有前辈告诉我说要给自己"做减法"，我不理解如何减，因为我觉得所有工作都很重要，但到了所有东西变成现成在手时，原本横亘在眼前难分伯仲的事物瞬间变成了主次分明的纵向队列，原本被忽略的家庭、健康等大事也都一一呈现。我意识到，岂止是要做减法，简直是要挑出最重要的事情做。之后我如获新生，经过大半年的过渡，辞去工作，成为自由职业者，现在大部分时间在兼职写专栏，和家人通话、健身、学习这些事情都有时间兼顾。这应该是离去的亲人留给我的礼物。

　　【刘玮回复】

　　感谢你的分享！生活的断裂会让一些人彻底颓废，而让另一些人获得新生，很高兴看到你是后者！

【假亦真】2021 年 8 月 13 日

　　十几年的应试教育后，我们习惯手握"考试"这把锤子，希望在社会上继续披荆斩棘，用不了多久，面对无人出题、无人陪考、无答案、无分数的"四无"人生考试，陷入迷茫、孤独、无解的人生谜题，发现这把锤子并不好使！

　　拿着"当下上手"的锤子，看什么东西都是钉子，等发现锤子不是万能锤，人生际遇也不全是一样的钉子的时候，再打量"现成在手"的锤子，要么恍然大悟，孜孜以求，要么悔之晚矣，弃如敝屣。

　　海德格尔关注人的实存状态，是我们漫漫一生中不同成长阶段所面临的困惑挣扎、取舍选择和挑战突破。

【酸辣笋尖粉】2021 年 8 月 14 日

　　我看完老师的问题之后，第一个涌入心头的案例应该是考试或者说应试了。

　　从我个人的经历看，大学之前的唯一"当下上手"应该就是考试了，从小学开始每年的期中考试和期末考试，加上周末的英语辅导班、各种兴趣班，到初高中的每次周考、月考、期中期末考、汇考、奥林匹克竞赛、各种"杯"竞赛……仿佛我生活和人生的唯一意义就是不断通过各种考试成绩证明自己的价值和成就。

　　但进入大学之后，虽然仍然要考试，但成绩已经不再是我的唯一真神。我不需要考到全班多少名、年级多少名，及格就行。与此同时，意义感也大幅缺失了，我瞬间感到有些空虚。不知道用什么来填满课余的生活。谈恋爱？打游戏？参加社团活动？打临工赚钱？我不知道哪一件应该成为我之后的生活重心。我开始害怕，凝望着深渊，我居然开始想要回溯以前的真神，我在想是不是再去考研、考托福、考 GRE 等。但这些有意义吗？有什么用呢？这时，原来的"当下上手"变成了"现成在手"，我开始审视这么多年的考试究竟为了什么？有没有让我的人生变得更好？有没有让我更开心更从容地面对这个世界。

　　直到工作之后，发现之前的"当下上手"取得的成绩除了作为敲门砖之外，似乎别无他用。（当然很多人会说之前的学习考试更多的是锻炼你的思维和综合能力，但扪心自问有多少人在学业生涯中除了盯住分数之外，还会刻意磨炼自己的思维和综合素质？）工作岗位上的"当下上手"似乎变成了资源禀赋、人际关系，甚至时常裹挟着溜须拍马、恃强凌弱，这些素质我们之前的学业生涯可极少训练打磨啊。现在还多了一份家庭的责任，越来越少时间和精力来关注和改变自己的生活状态。

　　从前无往不利的"当下上手"变成了"现成在手"，稳定的世界坍塌了，在黑暗中摸索着前行的道路，寻找那一缕微光。目前的我还没有找到新一任的真神来获得救赎，或者说隐隐约约能察觉到他的存在，但无心也无力去追寻。也祝愿跟我有类似经历的同学，在老师接下来的课程中逐渐找到自己的答案。

【聂瑞海】2022 年 3 月 21 日

　　学驾照的时候，我一开始想，按照上学时期的学习路数，驾校怎么还不给讲讲汽车的组成和原理么（现成在手）！在模拟机器上模拟半天后，就开始直接上车，在教练指导下，直接开车（当下上手）。

我以为驾校会像学校一样，先教"现成在手"的状态，下定义呀，讲运行原理呀等等，其实不是，我想是不是除了校园这个环境，我们在社会上真正的技能学习，都是从"当下上手"开始进入学习状态的。

比如，我们工作的时候，老员工绝对不会教你工作原理，而是直接带你走流程，干一遍就会了，干几遍就熟悉了。这也是"当下上手"吧。如果你善于总结，跳出"当下上手"，反观一下现成在手的状态，然后打通两者的关系。工作又特别出色，肯定就会成为这个岗位的佼佼者了。

第6讲

海德格尔（二）：人，被抛入世界的存在者

上一讲我们说到，海德格尔是要用"回到事情本身"的现象学态度，去描绘人实际的生存状态，特别是要去关注那些被以前的哲学家忽略了的东西。海德格尔认为，只有重新揭示这些被传统哲学遗忘的东西，我们才能更好地理解人这种特殊的存在者，也才有可能更进一步，去揭示存在本身。

在海德格尔看来，最容易被哲学家遗忘的就是人**最日常的生存状态**。他用了好几个非常生动的词，来描绘人的这种生存状态。

我们每个人都生活在这个世界里面，那我们是怎么进入这个世界的呢？显然是被父母生下来的嘛。可是，我们会不会被生出来、在什么时候被生出来，不是我们自己选择的；我们的父母是谁，被生在了一个什么样的家庭，不是我们自己选择的；我们生在一个什么样的社会和国家，也不是我们自己选择的。我们就是以这种非常被动的状态进入世界的，而这些我们不能选择的时间、地点、家庭和社会环境，对每一个人的生命又有着重要的意义。海德格尔用了一个很生动的词，说我们是"被抛进世界的"。不管是海德格尔挑的这个德文词 werfen，还是中文译者选的这个"抛"字，都传神之极！它既传达了一种被动的无奈感，但又不像"扔"那样有一种被遗弃的感觉。被抛进世界，给了我们每个人一个"勉为其难"的起点，我们不得不进入生存。

　　人被抛入世界之后，不可能仅凭自己独立地活下去，总是和其他人共同生存，也就总是会受到其他人的影响。我们小的时候，看到别的小朋友有什么，自己也想要；很多大学生选专业，是因为父母或者老师的希望；毕业工作以后，看到别人买 LV，自己也想买；当了爹妈，看到别人的孩子上奥数，自己也要给孩子报名；出去旅游，别人拍照打卡的地方，也是我们一定要去留下脚步和照片的地方。我们大多数时候，都是这样自觉不自觉地受着别人的影响。而且，我们还经常说不出影响我的这个"别人"具体是谁，肯定不只是自己的父母、身边的一两个朋友同事，我们周围还有数量巨大的图书、广告、自媒体等，这些东西都在或明或暗地影响着我们。所有这些人和东西，组成了一张无形的大网，把我们罩在里面。我们完全不自觉地沉浸其中。海德格尔把这种生存状态叫作"常人"（das Mann），也就是平常的、日常的人，生活在平均状态里的人。这样的人不是具体的、活生生的，所以海德格尔没有用通常指称"人"的阳性冠词 der（相当于"他"），而是用了一个中性的、指称物的冠词 das（相当于"它"）。我们被抛入世界之后，大多数时候就是过着"常人"的生活，那是一种没有经过思考，"别人"做什么我也做什么的状态。

　　这种缺乏反思、忘记自我的"常人"状态，就是海德格尔说的"**沉沦**"（verfallen）状态。我们有很多种陷入沉沦的方式，前面说的遵循"常人"的平均状态只是其中一种；其实很多时候一味追求所谓的"个性"和"新奇"，"常人"都做的事我偏不做，"常人"不做的事我偏要做，这也是一种"沉沦"，是沉沦在了被"个性"和"新奇"罩在网里的状态。处于沉沦状态之中的特点就是，我们屈从于某种现成的概念、学说、信条，屈从于某种现成的看待事物的方式，没有用自己的眼光去审视、去判断。

　　在讨论"沉沦"时，海德格尔说到了两件看起来不太起眼的小事，特别能显示他对生存体验的独到洞察。这两件小事是"闲谈"和"好奇"，它们是相互联系的。在海德格尔看来，"闲谈"和"好奇"分别对应着"交谈"和"观看"这两种人类活动，是"交谈"和"观看"在沉沦状态下的表现。"交谈"本来应该是进行实质性的交流，不管是为了共同完成一件工作，还是为了分享思想和情感；而"观看"原本是人们认识世界最重要的方式，就像我们说的现象学的观看那样。交谈和观看，原本应该是为了彰显人的存在。但是处于"沉沦"状态的人们，大多数时候进行的都是浮皮潦草的"闲谈"，有点类似我们说的"扯淡"。"闲谈"或者"扯淡"是人云亦云、鹦鹉学舌，进入大脑的信息没有经过任何加工处理，就变成了我们的谈资，又被说了出去。而"好奇"，海德格尔确实是用了一个中性含义的德文词 Neugier，但是给它赋予了更多的贬义，所以我觉得翻译成"猎奇"可能更好一点。在沉沦状态下，人们带着好奇心或者猎奇心，而不是严肃的态度，去观看最热点的新闻、最劲爆的八卦，用最快捷的方式获取信息，注意力不断转换，为"闲谈"捕捉素材。闲谈的人多了，这些谈资反而具有了某种权威性，主导了公众意见，人们不需要真正懂得一个东西，就可以根据这些大众化的意见侃侃而谈，随意表达自己的看法，甚至无须为这些闲谈负责。我们可别忘了，海德格尔的《存在与时间》是 1927 年出版的，但是他描绘的这种带着好奇心的闲谈，不正是我们大多数人今天在做的事情吗？在海德格尔看来，好奇和闲谈，没有展示更多的人类存在，而是封闭了人的真实存在。在闲谈中，我们越是觉得自己懂得了这个东西，我们就越是加深了对自己的封闭，让自己生活在漂浮的、无根的状态之中；也就是加深了我们的沉沦。

从一个角度看，我们每一个人其实都生活在"沉沦"的状态，既无可选择，又无可厚非。我们总要使用某种语言，总要和周围人进行交流，总要遵守基本的礼仪和行为规范，跟周围人保持步调的基本一致。我们整天的操劳就是沉沦的一部分。我们每天都在忙忙碌碌地活着，总是在关心世界上和我们周围发生了什么，总是去操心和照料着周围的人和事情。"沉沦"就是人最日常、最基本的生存状态。海德格尔也特别强调，"沉沦"这个词本身并不一定带有很强的贬义，跟"堕落""道德败坏"完全不是一个意思。它描述的只不过是"常人"一种深深的不自知的状态，他们甚至是带着安定的情绪，自以为过着真实、完满的生活。

但是从另一个角度看，这种"沉沦"的状态，又是非常危险的。它的危险在于，让我们的"自我"消散在世界当中，遗忘了"我自己"这个独特的个体，遗忘了"我自己的人生"。我听到很多学生和朋友抱怨，生活没有意义，因为他们从小为了父母而生活、为了考出好成绩而生活；好不容易学习完了开始工作了，又要为了挣钱而生活、为了孩子而生活。他们从来没有真正思考过，怎样的生活是"我"真正想要的生活，怎样才是"为了自己而生活"。想要摆脱"沉沦"的状态首先就要对自己问出这些问题。说到这里，我们在"前传"里反复提到的"虚无主义"就又浮出水面了。"沉沦"就是一种带有很强虚无主义味道的状态。

和"沉沦"相反的生存状态叫作"本真"（Eigentlichkeit），就是活出了真正属于自己的生活。但是想要达到本真状态，却非常困难。因为沉沦才是生活的常态，拥有巨大的惯性，像漩涡一样很容易把我们裹挟而去。即便是突然有一个时刻，你意识到了自己过的只是"常人"的生活，开始扪心自问，想要做出改变。但是下一刻，你可能还是会不由自主地回到那种沉沦的状态，或许只是因为那样更容易，或许只是因为被各种因素掣肘不得不那样。偶尔的灵光乍现还是远远不够的。下一讲，我们会谈到死亡，这是比这种"灵光一现"更能给人当头棒喝的东西，特别是直面自己终有一死的事实。它更能够迫使我们认识到自己的沉沦状态，甚至能够帮助我们超越沉沦状态。

到这里，我们差不多说完了海德格尔对人们日常生存状态的描述。这里的三个关键词是**被抛、常人和沉沦**。我们每个人，都是以被抛的方式来到这个世界，以被抛的方式陷入常人组成的大网，也以被抛的方式沉沦在日常的闲谈和操劳里。

海德格尔讨论的这些概念，都是传统哲学里见不到的东西，同时又特别能够彰显人独特的存在方式。你是不是感觉这些概念每一个都不陌生，甚至都说到了你的心坎里；但是如果没有人跟你说，你也无法到达海德格尔的这种深刻和透彻。如果你有这种感觉，那你就把握到了海德格尔哲学的精髓，也明白了我们为什么说"存在主义"是从现象学这个母体里面脱胎而出的。海德格尔观察的方式是现象学式的，是要"回到事情本身"；而他观察的对象，绝不是现象学关心的意识结构、对象的本质这些东西，而是活生生的人的生存。"存在主义"就是因为深深扎根在人的生存里面，很快就长成了一棵参天大树。

在这一讲的最后，我想引用海德格尔在讨论"好奇"时说的一句话，他说好奇的特点是**"不逗留在操劳所及的周围世界之中，涣散在新的可能性之中……好奇无处不在而又无处所在……此在在这种方式中不断被连根拔起"**。在充满好奇中，我们的注意力始终在转变，没有认真思考就立刻奔向了新的东西，从来不会逗留，这样的状态让我们的生活消散在一片空虚之中，失去了根基，加深着我们的沉沦。沉下心来，细致地观察，仔细地思考，我们才有希望摆脱沉沦，回归本真。

我想请你谈谈你对海德格尔所说的这种"沉沦"状态的看法，你觉得他是在危言耸听，还是深刻地揭示了我们日常生活中经常被人忽略的生存面相？

参考书目

海德格尔：《存在与时间》（中文修订第二版），陈嘉映、王庆节译，北京：商务印书馆，2016 年。

精选留言

【大米公司老板】 2021 年 8 月 14 日

人们的日常生活大致就是 das Man 的生活。一切差异都被铲平，人人都生活在平均状态之中（海德格尔的意思是，此在淹没在他人之中，他人拿走了此在的存在）。海德格尔在这里指出，在日常世界里，此在不是他自己，而是 das Man（芸芸众生）。此在并不作为自己本身存在，而是消散在芸芸众生之中，沉沦于种种事物之中。所以，关于沉沦，现在最普遍的现象就是打卡。

打卡，在心理学上也被称为"错失恐惧症"，每个人都害怕自己没有做常人该做的事，可恰恰是常人做什么我们就做什么才导致了我们的沉沦。

打卡的人应该要想一想，我真的需要去那个地方吗？那个地方真的对我重要吗？我到底需要什么？

只有反思自己，认识自己，找到自己，才能知道自己真的要什么。只有做到了这一点，才是本真生存！

【元英】 2021 年 8 月 14 日

海老师句句戳心，大多数人都是一种"仨饱俩倒，扯淡夸谈"的一天，一种无聊在代际传递，直面本真需要勇气，更需要智慧和坚定，所谓：

人云亦云夸夸其谈，日日沉沦
注意涣散时时迁跃，好奇泛滥
内观自省扪心自问，何为自在
爱之所爱温良坚定，浅尝本真

【皎皎】 2021 年 8 月 14 日

想要摆脱"沉沦"的状态首先就要对自己问出这样的问题——怎样的生活才是"我"真正想要的生活，怎样才是"为了我自己而生活"。我是想找到这个问题的答案才来哲学这里转悠的，但是哲学也让我问自己。这样问自己真的能找到答案吗？不能吧？

因为"自己"的答案来自往昔的经验，而制造这些困惑的也是同样的经验，怎么能期待由这些经验塑造出的思维方式解答它自己的困惑呢？

【刘玮回复】

非常好的问题！这个时候可能需要一些"现象学"的方法。如果可以尽可能如实地分析自己往昔的经验，如实地观察自己当下的处境，并且乐于通过阅读自己和阅读前人进行思考，我们就算得不出确定无疑的答案，至少也走在寻找甚至接近答案的路上。存在主义哲学给不出"我"该如何选择下一个行动的直接回答（因为存在主义从一开始就是一种关注个体的哲学，而个体的选择也是个体性的），只能迫使我们更深入地思考这些问题。

【吴惠敏】 2021 年 8 月 14 日

我被抛到这个世界，我是个普通人，我沉沦着。听完这节课程，忽然有种强烈的不安感，原来我是这么活着。如果没有人告诉我，如果没有人提醒我，我就这么舒适地沉沦着，这不香嘛？为何会有人发现我们沉沦着生活，为何会有人发现要有本真的生活，这是来自人类思考的本能，还是来自一种设计的思考模式，甚或来自高智力大脑的随机想法的连接？还有，对人类对生活如此这般的思考，是发生在某个人偶然的洞察，还是来自整个体系生长的自然结果呢？我比较困惑，为啥会有人想到这些，会想出这些，这样的思考模式，可学习和训练而得到吗？

【刘玮回复】

很漂亮的一串问题！我不敢说自己能令人满意地回答它们，简单说说我的看法。对人生的反思和拷问不是某个哲人的妙手偶得（人类总是在思考能不能过不同的生活？能不能活得更好一些？而这些问题似乎不是其他动物考虑的），是人这种动物一定会做的事情，也是推动人类生活发生变化的动力，也是哲学之所以能产生的根源。至于是海德格尔还是某个其他人得出了某个具体的结论，说出了某个具体的金句，当然是有偶然性的。当我们听到苏格拉底说"未经检审的人生是不值得过的"和听到海德格尔说"我们生活在沉沦状态"感受到的触动可能是截然不同的。

【斜阳】2021 年 8 月 14 日

"聊闲篇儿一个顶俩，正事儿一言不发"。

"别人说啥都抬杠，或别人说啥都迎合"。

"不停尝试新工作新爱好，但心无所住"。

"每天沉迷在大量重复而琐碎的事情中，日子过得很快"。

这些都是人活在现象中，迷失自己的表现。

我有一阵子工作在某大型 996 的环境中，身边时不时总有那么一个人突然就闪电离职，而且目光很坚定。我"采访"过一次，原来他们开始对自己发问了："我每天像机器一样，这么做的意义是什么？"觉醒永远来自向内追问，也是摆脱沉沦的开始。

所谓沉沦，我的理解就是一种只有"事情"，而没有"本身"的漫游状态，一切行为的原生推动力来自外部，而不是内部，个体是被环境完全支配和定义着的，没有显现出内在动力。如果我们把事情本身描绘成高低两种能量状态，那么以猎奇和闲谈为代表的沉沦，就是自我的低能量态，那么相应的，"交谈"和"观看"就是自我的高能量态。

【Leo 杭】2021 年 8 月 14 日

毫无疑问，海德格尔真的是深刻揭示了现代人的生存面貌。正如老师所说，我真的感觉每个词都说进了我的心坎里，都让我产生一种深深的共鸣。

我们无法选择自己的家庭、出身等许多因素，完全被抛入了这个社会。但又从一开始，就在身上打下了许多无法抹除的烙印。有些烙印或许会由于我们后天的努力和经历而有所改变，有些则会陪伴我们一生并在潜移默化中发生着作用。

在日常生活中，我们无可避免地会受到身边人和环境的影响。我们按部就班地工作、生活、孝顺父母、养育子女，一切都有条不紊波澜不惊。每一个"常人"都过着本质上极其相似的"沉沦"生活。这种生活普遍而不自知，我们都带着安定的情绪过着自以为圆满的生活。

但在这种生活状态下，我们还能意识到"自我"的存在吗？我们只不过是这个世界上平稳运行的链条上的一环，工作中如此，生活中也是如此。恋爱、结婚、生子、抚养，等老去后再帮着子女抚养下一代，这一切都是可以预见的。这是我们的人生，但又真的是我们自己独特的人生吗？"我"之所以为"我"的意义又何在呢？

这让我猛然想起前段时间在《锵锵行天下》节目中看到的一位嘉宾。窦文涛他们在西北的火星营地访谈了营地的创始人。她认为，父母生下自己完成了传宗接代的任务，自己生下了儿子也同样完成了任务。她离开家庭，凭借着自己的喜好创立了火星营地，长年居住在这里维持营地的日常运营。这是她向往的、真正想要的生活。我们又该如何定义这种选择呢？是对于儿子和家庭的不负责任，还是摆脱沉沦，找到本真，过上了真正属于自己的生活？

【学无止境】2021 年 8 月 14 日

我感觉海德格尔的"沉沦说"多少有点危言耸听的意味。那么人为什么都有"沉沦"的倾向呢？主要是生物进化的结果，所谓的"沉沦"不过是人类大脑低能耗模式的外在体现，是的，闲谈和猎奇就是大众社交的主流模式，有几个人在交流时动辄就谈直击灵魂的严肃问题啊，在人类一万多年的文明史中，所有的重大进步都是靠极少数精英推动的，可以说 99% 的人都在"沉沦"中度过一生，这就是我们这个物种、这个文明的演化模式，因此，不用过度畏惧"沉沦"，天塌不下来。

不过，海德格尔能够提出"沉沦"说，让大众看清现实的确是很有进步意义的，因为他为人们的生活提供了一个全新的选项，让人们意识到可以选择不再"沉沦"。我觉得能来听这门课的人大概率都是会这样选择的人，这么选择的人也必定知道要付出更多的辛苦，因为非此即彼的选择必有代价，但他们认为这样做值得，因为他们在用自己的方式选择"本真"，从而活出生命的意义。

【刘玮回复】

你说的很好，海德格尔确实认为"沉沦"是生活的常态，他也强调这个词本身不是褒贬的价值判断，而是现象学式的描述（不过总是不免让人感到贬义），能够认识到这种沉沦并且做出哪怕是一些思考和改变，就已经是很好的了！

【Vector】2021 年 8 月 14 日

上一讲是关于"此在"与"存在者"之间的关系，"存在者"的"存在"是与"此在"相关的。本讲说的就是不同"此在"之间的关系了，一种常态就是"沉沦"。

"此在"被"抛入"这个世界后，随机获得了一个初始值。在这个初始值上，与别的"此在"有诸多的自然关联，这种关联不需反思，自然融入。比如有钱人家的孩子的成长和穷人家孩子的生活是完全不同的，他们都有自己认为自然而然、理所当然的事。这种状态就是"沉沦"，习惯于太多的理所当然。这种状态有些像"上手事物"。

"沉沦"本身没有问题。前提是如果一个穷人家的孩子永远不知道富人是怎么样的，富人家的孩子也不会经历家庭惨变。一切都岁月静好。

正如柏拉图所说的山洞中的面壁者，"此在"之间保持一种"沉沦"关系，直到一个"此在"发现了这种"沉沦"的不自然，于是"沉沦"被打破，被反思。成为一个类似"在手事物"，被对象化。然而做到这样很困难，因为生活必须继续，"沉沦"就是生活本身。

《黑客帝国》中的尼奥，借助药丸的力量，看清了"沉沦"的真相。佛陀运用超人的智慧看清世界的虚无。我等凡夫俗子，在世界无奈"沉沦"，只能期待在精神世界能超脱吧。

> **【刘玮回复】**
>
> 谢谢你的分享！与柏拉图洞穴和《黑客帝国》的比较都很贴切！

【跳蚤】2021 年 8 月 14 日

我该如何才能更好理解并感受到沉沦这种状态？

尼奥面临两种选择，要么吃下红色的药丸，回归真实的世界；要么吃下蓝色的药丸，回归母体。电影《黑客帝国》中，墨菲斯给了尼奥一个远离"沉沦"的机会，尼奥也做出了不负众望的选择。在吃下红色药丸之前，尼奥所处的是"常人"世界，吃下红色药丸后，再回归母体，他就已经远离了"沉沦"。

我们不喜欢小孩子写作文流水账。例如："起床后吃了早饭然后去上学，中午在学校吃饭然后上下午课，放学后回家做作业，然后吃晚饭，吃完晚饭睡觉，做个美梦……"这样的作文总会令家长恼火，但如果我们允许孩子这样记录生活，或许就能从一篇篇日记中清楚地感觉到我们如何沉沦于这个世界。我们讨厌小孩子这样如实客观地描述生活，或许是因为，我们不愿承认自己已经沉沦的这个现实。

但沉沦并非一种错误，而是一种选择。我们不必对生活在沉沦世界里的人敬而远之，也不必要求自己或每个人都生活在本真的状态里。接纳自己的真实状态，才有机会让我们做出更理智的选择。

"众人皆醉唯我独醒"，这听上去不错，但又有多少人愿意选择清醒呢？即便讨厌闲谈跟好奇，为了和周围人步调一致，我们也不得不令自己沉沦在常人的世界里。

或许此刻，我们也正面临着和尼奥当初一样的选择：吃下红色药丸还是蓝色药丸？

【刘玮回复】

第二遍看你的留言时，被小孩子流水账的寓言感动了！

【杨晔】 2021 年 8 月 14 日

海德格尔所说的这种"沉沦"状态，我觉得没什么危言耸听的，人类沉沦或是本真，不还是风风雨雨几十万年，发展出了恢宏的文明。但是去了解我们日常生活中经常被忽略的生存面相，可以让自己活得更从容一点，对自己以及周围的人，都具有积极意义。

大前研一的《低欲望社会》描绘了日本一代人的"丧"，那是整个社会的"沉沦"。我在暑假里自驾川藏线，一路上看到一些徒步去拉萨的驴友，推个小车，上面挂着去拉萨的标语，但是显得那么违和，似乎是在挣扎着脱离"沉沦"，也许这是那种"别人不做什么我偏要做"的"沉沦"，以为走一趟拉萨就能摆脱平庸，也是一种不假思索的偷懒，只是人云亦云的跟风而已。

所以海德格尔才会说"沉沦"是我们生存的常态，我们无处可逃。学习了存在主义哲学，再结合自己的生活阅历，多学多反思，认清"沉沦"和"本真"，也许，在无处可逃处还能找到出路。

【陈 C】2021 年 8 月 15 日

　　海德格尔对人生存状态的思考，源自胡塞尔"回到事情本身"的现象学态度。他指出人总是在不自知的状态下，深深陷入"沉沦"的状态，过着自以为充实的生活。

　　在我的理解中，区别"沉沦"与否的关键在于，是否对自己的人生有一个完整的思考。无论是"按部就班"地完成学业、成家立业，还是一时兴起"反潮流"地追求某种"诗和远方"，都只是"沉沦"的不同形式，因为说到底，这两种活法都是从社会中对生存方式的"主流"看法出发，或盲从或逃离，却没有真正想过"自己想要什么"。甚至对某人"叛逆"生活的围观和议论，也不过是不经思考，便依照"主流"的思路去做评判。

　　要想对人的存在状态做一个根本性的思考，只能从人生整体的维度出发。从这个角度讲，似乎只有阅历丰富的长者，才有资格去说，自己能够摆脱"沉沦"，但事实上也并非如此。在我看来，尽管年轻人阅历浅，很难对人生做出什么像样的规划，但至少不论老少，只要具备理性，我们都能反思自己的生活状态，并做出"我想活成什么样，因此我应该做什么"的判断。更何况人对自身的认识，对世界的认知，本身就是会变的，想要摆脱"沉沦"，不是在某个时间节点上，深入思考一下自己的人生就行了，而是要不断去思考，必要时果断改变自己的追求，并相应调整生存的状态。

　　如果从这一点出发，只要是追求自己想要的东西，按部就班也没关系；如果只是盲目地逃离，"诗和远方"也不过只是另一种"苟且"；哪怕是闲谈与好奇，只要能从中获得启发，并及时"撤回"到自己的生活里，就也不能说是彻底的"沉沦"。只不过，我们能看到每个人具体的生活方式，却看不到这种生活背后的想法，因而是否"沉沦"，也许只有我们自己知道，外人却不一定看得出来；又或者"沉沦"与否，本身也具备一定的相对性，也存在着某种"当前主流"的看法。

【Amy Chang】2021 年 8 月 16 日

　　海德格尔说的"常人""沉沦"的概念，完全说进了我的心坎里！我也认同他用来形容我们人的状态的这些词汇描述，因为我也曾经陷在这样的状态里面。

　　虽然上大学的志愿选择是我自己填的，爸妈开明未曾干涉，但是出了社会后，我却不自觉被社会的价值观给框住了，像是工作不要轻易换，才不会被贴上烂草莓的标签，30 岁前要结婚生子才算圆满而非败犬……

我想不只我一个人被这些框架局限着，每个人或多或少都曾经或仍在这样的状态存活。

但是，生命里总会有些事件或人物出现，用来点醒自己。差别在于，有的人看到了会把握，有的人却是视而不见，而我认为，关键影响的点便是，我是否愿意去听自己内心的声音。

愿意倾听的人，愿意面对现实的日常，接纳生活可能出现的不美好，进一步开始思考，我想过什么样的生活，我想成为什么样的人，我喜欢做什么事。

视而不见的人，习惯以逃避替代面对，这样子生活比较快乐，不能说他们不好不对，只是装睡的人叫不醒，他的选择我尊重。

尽管生活有高峰和低谷，当你选择认真过好日子，生命终究会回报你属于你的美好。这是我所相信的。

【张翔】2021 年 8 月 23 日

美剧《西部世界》（第一季）描述了一个人类企业建造了一个机器人世界，供人类玩乐。每天早上钢琴声一响，德洛丽丝们就苏醒过来，按照人们设计好的故事线生活，他们以为自己与游客是一样的人，每天过着自己的生活，追求着幸福。他们似乎每天也在选择，但实际上只是上演人类编写的剧本。——这就是沉沦，过着程序设定的生活而不自知。

人类就是《西部世界》中的"上帝"，"上帝"创造了机器人，设定好了它们的程序，而现实生活中人们的境遇并好不了多少，我们不可避免不同程度地"沉沦"。

虽然现代人的主流广泛认同演化论，不相信有"上帝"，我们已进入太空、探索宇宙，我们有自由意志，我们开发了大脑，创造了手机、人工智能，我们还会想生命的意义，但我们依然是动物，逃脱不了基因力量和宇宙大系统的规律，看到红烧肉就觉得好吃，看见丰乳肥臀的女性就觉得性感，"沉沦"是必然的，尽管你有你的计划，但世界隐藏着更大的计划。

"沉沦"是必然的，但程度不同，我们依然可以真正做一些选择，否则天宫一号怎能上天，裸猿的生存演化可不需要冲出地球。自主思考能力是人的重要属性，我想既然生而为人，就不要活得像其他动植物一样，让基因和环境完全掌控自己的生命轨迹。生而为人，活得像人，也是生命的意义之一。

【强 Sean】2021 年 8 月 23 日

看到海德格尔说"常人"和"沉沦",我想起之前有年轻人问陈丹青:现在的年轻人是不是表达过剩?感觉每个人都在迫不及待地表达个性、真性情和自我……

陈丹青老师回答说:我从现代年轻人的表达中,没有看到"个性",我看到的是"共性",我很少很少看到一个人有个性的表达,让我一惊——这事儿他竟然这么说这么看?我几乎没看到,大家语言趋同、表达方式趋同、词语趋同。

我不觉得今天的孩子比我们那会儿更有个性,现在的孩子每个人都有手机,都连接上了互联网,整个网络在教你们怎么说话,使得你们的同一性越来越强,而方言正在消失、各地区的差异正在消失。我看不到自我的过剩,但我看到表达的过剩,因为有手机,说不完的短信、看不完的微信,头头是道,洋洋洒洒,但洋洋万言,不知所云。

【刘玮回复】

我完全同意你的观察,同质化的信息、好奇和闲谈取代了认真的观察、思考和交流,于是让人丧失了个性。

海德格尔（三）：人，向死而生的存在者

上一讲，我们讲了海德格尔如何描绘人最日常的生存状态，那是一种被抛进世界之后，混迹在常人之中的沉沦状态。

虽然海德格尔强调，这些词都不是道德上的贬义词，但是不管怎么样，和"本真的生活"相比，"沉沦"这两字听起来还是挺悲催的。那我们有什么办法摆脱沉沦，达到"本真"吗？当然有，但是并不容易，而且可能还需要某种偶然的机遇。你可能听说过海德格尔的一句名言"人是向死而生的存在者"。要想明白怎么过上海德格尔说的"本真的生活"，我们就得透彻地理解他的这句名言。

我们当然都知道"人终有一死"。不过，嘴上说着"人终有一死"，甚至是说着"我终有一死"，和清晰地认识到"我将会死去"，将会不再存在，是完全不同的两回事。就像美国作家威廉·萨洛扬（William Saroyan）说的："每个人都会死，但是我总以为自己不会。"这话乍一听很可笑，但是你如果仔细品，一定会越品越有味道，甚至越品越觉得后背发凉。

当我们随口说出"人终有一死"，或者"我终有一死"时，死亡是一个外在于我的东西，一个和我无关的"死亡事件"。就像谈论一个名人的死，一个亲友的死，或者谈论第二次世界大战的死亡人数。我们当然也会悲伤，也会感慨一句："哎，人生无常，要珍惜生命。"这么说的时候，我们当然也"知道"自己终有一死，但是这种"知道"

是一种"闲谈"一样的、人云亦云的"知道"。说完了"人生无常，要珍惜生命"，我们还是会该干什么干什么，不管是从心态上还是从做的事情上，都和之前别无二致。这些时候，我们其实是把自己排除在死亡之外的，就像萨洛扬说的"总以为自己不会死"，至少认为死亡离自己很远。这种非常外在的对于死亡的意识，并不会帮助我们进入本真状态。

那什么样的死亡意识可以做到呢？就是真切地与自己将有一死面对面，清楚地认识到，我的死亡是一件最本己的事情，任何人不能替代的事情。我只能"亲自去死"，而且我还不知道死亡什么时候会来。在这里海德格尔又用了一个非常生动的词，说死亡"悬临"（Bevorstand）在我的头上，随时可能落下。清楚地意识到死亡的悬临，就是看到死亡将会让我彻底坠入虚无。这种虚无还不是讨论人生有没有价值那个意义上的虚无，而是更根本的、存在论上的虚无，就像我们之前提过的那个终极问题"为什么存在者存在，而虚无不存在？"那样向我们迎面扑来。

这种与死亡直接面对面的体验，就像对一个人的当头棒喝，可能会惊醒沉沦之中的人。不过，这样的"棒喝"绝不是带来醍醐灌顶、豁然开朗的畅快淋漓。它不是从理性上认识到了一个什么新知识，我们从来都知道自己终有一死；而是给人带来了一种难以名状的情绪，海德格尔把它称为 Angst，这个词有害怕、忧虑、焦虑、恐惧之类的意思，中文学界通常用畏惧的"畏"字来翻译它。海德格尔强调，我们要把这个"畏"和另一个近义词"怕"（Furcht）区分开。"怕"是指向某个具体对象的，会让我们退缩，比如我站在玻璃栈道边，面对下面的山崖，会感到害怕，不敢迈腿，这是"怕"。而"畏"呢，不是针对某个具体的东西，它是一种弥漫性的情绪，是意识到自己被抛到世界之中，终将面对终极的虚无时产生的情绪，是那种没抓没挠、内心无处安顿的感觉。

同样是死亡，我们可以怕它，也可以畏它。当我们怕死的时候，是把死亡当作一个确定的对象，在这样的情绪之下，我们会陷入沮丧，无法行动。而面对死亡的那种"畏"，给我们打开了一片空旷的区域，让周围的世界和"常人"都退去了，我们清晰地意识到了自我确定无疑的个体性和无可替代性。这种体验可能来得很突然，某个至亲的去世，自己生了一场大病，或者出了一场事故；也可能是慢慢来的，比如人到中年的危机感，或者细细品味了海德格尔的著作。这些都有可能让我们遭遇"畏"的情绪。

海德格尔用了一个"家"的比喻来解释"畏"。他说沉沦的常人状态就是一种安定自信的感觉，就好像我们舒舒服服地待在家里。而"畏"呢，它可以把我们从沉沦中抽离，熟悉的周围世界崩溃了，家变成了一堆瓦砾，我变成了孤零零的个体。"畏"就是这种茫然失所的感觉。

这种"畏"的情绪有可能转瞬即逝，我们依然回归沉沦。但是它也有可能成为我们迈向本真生存的第一步，唤起我们的"**良知**"。"良知"这个词听起来特别有道德意味，是说人在判断什么事情应该做什么不应该做的时候，要遵从内心的声音，服从良知良能。但是就像讨论"沉沦"一样，海德格尔再一次去掉了"良知"这个词的道德意味，完全从个人生存的角度去理解它。"良知"的意思就是清楚地看到，自己是区别于他人的个体，应该遵从自己最本己的诉求，反思自己之前的沉沦。在良知的推动下，我们会转变人生态度，按照死亡悬临在头上的意识去行动，安排自己的生活。这就是海德格尔说的本真的生活。

我们讲了这么多沉沦、死亡、良知，现在终于说到了"本真的生活"，你是不是有种被压抑了许久之后，重见天日的感觉？特别想知道这种生活到底什么样？是不是很美好？不过很遗憾，不管是海德格尔还是我，都不能告诉你"本真的生活"到底什么样。"本真的生活"，在一个意义上确实比沉沦的生活要美好，因为我们毕竟过上了属于自己的生活，而不陷入常人的大网不能自拔。

但是从另一方面讲，如果我们把"美好"理解成确定的、容易的、快乐的，那"本真的生活"很可能一点都不美好，甚至是这些词的反面，它充满不确定、困难和痛苦。"本真的生活"没有给我们带来任何内容上的确定性，因为海德格尔去掉了良知、本真这些词的道德意味，只强调人的个体性，所以他不会也不能告诉你具体应该去做什么。"良知"呼唤出来的不是某个可以事先确定的行动，而是直面虚无的勇气，鼓励我们超越"常人"的外在限制，直面自己生存的各种可能性。这种勇气要求我们带着决断去进行选择，采取行动，并且为自己的行动负责。

完全出于个人性做出"决断"，没有让我们的选择变得更容易，反而让选择变得更困难了。我们不再能用父母告诉我要怎么做，朋友同事建议我要怎么选择之类的托词，为自己开脱，"本真的生活"意味着我要面对选择的开放性和紧迫性。因为**人从本质上讲就是一种由可能性构成的存在**，自从他被抛入世界，就要面对数不胜数的可能性。一个人沉沦在常人之中时，可能性的数量可能被周围人大大减少了、选择的难度被大大降低了。一旦面对"本真的生活"，这些可能性都被敞开了。但是只有这个时候，我们才是真正自由的。

在这里，海德格尔甚至颠倒了两千多年哲学传统里一个被反复重申的命题："现实性高于可能性"。在海德格尔看来是"**可能性高于现实性**"。人之为人就在于面对可能性，做出各种不同的选择，即克尔凯郭尔所说的那种"非此即彼的选择"。这样的选择往往意味着更多的纠结、更多的责任，还有伴随舍弃和错误的选择的痛苦。

这么看来，本真的生活真的不一定美好，至少不会轻松惬意。但是不管怎样，按照良知过本真的生活，才配得上是**我自己的生活**。本真性的生活就好像醒着，而沉沦的生活就好像做梦。我们醒着不见得过的美好，但是至少可以去清晰地描述醒着和做梦的场景；但是在做梦的时候，却不可能去清晰地描述做梦和醒着。

海德格尔说"人是向死而生的"，这种对死亡的认识，带有一点悖论的味道，它让我们通过直面虚无，去克服虚无。这听起来有点像我们之前讲过的尼采。只不过海德格尔说的这种虚无，不仅仅是"上帝死了"之后真善美这些价值的虚无，而是和存在相对的、更加彻底的虚无。尼采号召人们用权力意志克服虚无主义，重估一切价值；而海德格尔让我们循着良知的召唤，带着决断过上本真的生活。

死亡是一个我们通常不愿意过多提起的沉重话题，孔子的一句"未知生焉知死"，给我们中国人定下了讨论死亡的基调。而在西方，自从柏拉图提出"哲学就是练习死亡"，死亡始终和哲学有着不解之缘，是哲学始终要面对的终极问题。不过大多数哲学家都在试图提供面对死亡的安慰。但是对于存在主义哲学家来说，死亡作为一种真切的生存体验，却有着格外重要的意义，它可以穿透我们生存的表层，直达内核。或许，不是回避死亡，而是认真思考死亡，才是我们克服对死亡恐惧的最好方法。

在这一讲的最后，我想引用海德格尔的一句很简单的话作为总结："**向死存在是向着一种可能性的存在，也就是向着此在本身别具一格的可能性的存在。**"活出"别具一格的可能性"，就是我们本真的生活。

我想请你分享一下有没有过海德格尔说的那种直面死亡的经历，这样的经历给你的人生带来了什么样的变化？或者你是不是有过那种一定要活出自己人生的"决断时刻"？

参考书目

海德格尔：《存在与时间》（中文修订第二版），陈嘉映、王庆节译，北京：商务印书馆，2016 年。

精选留言

【三靠】2021 年 8 月 15 日

九年前妻子患耐药性肺结核，高烧不退近半个月，身体极度虚弱，医院下达病危通知书，我第一次面临亲人死亡，体会了至暗时刻，幸好抢救过来，治疗两年康复，又调理了几年，生下可爱的女儿，真是悲欣交集。由于工作加班，饮食不规律，我从 120 多斤肥胖到 160 多斤，一次生病住院，医生抽血化验，警告我说，如果再这样下去，人会猝死。两次时刻，让我觉醒改变，不能再这样下去了，于是就决心跑步减肥，开始几百米，慢慢几千米，上万米……不到一年就瘦了近 30 斤，一直坚持到现在，有五年了，之前跑步频次很多。现在一周一次，体重平稳在 130 斤，整个人的精气神都不一样了，自律了一下，世界大不相同。给我感触最深的是，有几次梦中惊醒，想想以后死了，这个世界再也没有自己，永远没有了。很不舍，以后是什么，永远不知道、那种空虚、恐惧、绝望，真是后背发凉，头皮发麻，无尽的哀伤。向死而生，让我有机会触碰死亡内核给我的反馈，要理解死亡的不可避免，尝试化解消解死亡带来的恐惧和虚无，就是珍惜当下，叩问心灵，自己要过怎么样的一生？享受每一次呼吸，每一顿饭菜；珍惜和爸爸、妈妈、孩子、亲人、朋友的每次相拥相聚；拥抱生活，努力工作。不管是喜怒哀乐，爱恨情仇，是劫或福，直面它们，接纳它们。选择自己内心所选择的生活，并为此负责，不要找借口和抱怨，生命是概率性的存在，有局限性，也可能有超越性。即便是死亡，也有超越死亡的意思，看自己如何赋予。孟子有舍生取义，我给自己赋予，爱吧，爱是超越死亡的意义，我来过，我爱过。我这么说，可能还是没有逃离语言的边界，还在语言的世界打转。抱歉了，朋友们，唠叨了一下。

【大米公司老板】 2021 年 8 月 15 日

一、关于畏，是我读海德格尔时最难搞懂的一个概念，看了今天的课程，关于畏，我想到了一个场景。电视里常这么演，主人公事业不顺心，爱情失败，朋友背叛，主人公独自走在街上，虽然左边的马路车来车往，右边的街道人声鼎沸，但主人公完全感受不到，整个世界好像都与自己无关。当"畏"来临，主人公（此在）觉得自己什么都没了，将来何去何从也不知道。上面描述的这种状态，不知道是不是"畏"来临的样子呢？

二、关于本真生存，就是通过良知找到自己的使命，良知把此在从常人的沉沦中唤醒，让此在决心承担起完全属于他自己的天命。海德格尔还说，此在可以选择的身份和责任并不是无限多的，而是被给定的传统所限制的。比如你不可能在现代做一个中世纪的武士。

依我看来，创业者就是被良知唤醒过本真生活的此在。创业并不美好，因为创业九死一生。创业也很美好，因为创业者知道自己想要干吗，知道自己的使命，有些创业者想让某一个行业更美好，有些创业者想让整个世界更美好。创业的过程需要不断的选择，并自己承担选择的后果，这就是本真生活。

三、最后说一下我理解的向死而生，就一句话，想想自己死后，自己的墓碑上会写下什么。不管是自己给自己写，还是别人给自己写，墓碑上的那句话，就是此在的本真生存。

【刘玮回复】

感谢你的分享，最后那个思考自己希望在墓碑上写下什么，确实是一种很好的"向死而生"的态度。

【甜小姐】 2021 年 8 月 15 日

我不知道我算不算死过。我去香格里拉的时候，发生了高原反应。一开始好好地，下车拍照。上了车后，我开始觉得腿麻，然后慢慢地向上半身移动，全麻了，我怕到最后，只剩下可以眨眼睛，我叫了我老公和导游。后来，他们另外开了辆车，直接把我送出了普达措。普达措是"普渡"的意思，我想，是不是我真的就要在这个地方去见观音了。一路上，车子飞速地往海拔低的地方开，导游不停地安慰我说，到了海拔低的地方，就有救护车了，老公一直搓着我已经冰冷的双手。我想要挺着，起码等到救护车。后来，到了海拔低的地方，喝了一杯热热的酥油茶，吃了一块巧克力，吸了一瓶氧气，我没去医院，恢复了。

但是这件事情并没有让我变得更努力，更知道自己要什么。对于健康，也许经历一些大病或者亲人的离世，很多人会反省，从而更小心自己的作息和饮食。但是，对于人生来说，我觉得只有当一个人真的找到自己使命的时候，他能看到很多等着他去做、去解决的事情的时候，他才会觉得时间的紧迫。至少对于我是这样的。前半生，我也很努力，从小认真努力地学习，为了父母、为了老师的夸奖，为了自己喜欢的男生对自己的注意，拿奖无数，但其实都是浑浑噩噩过日子，因为从来没有真的为自己而努力过。这辈子只要你不知道你真正想做的是什么，不管你怎么忙，怎么辛苦，都是浑浑噩噩在过日子。直到中年，我突然发现我想做什么的时候，我才发现已经半辈子过去了，才觉得紧迫。

就像看《死亡诗社》，我看了三十几遍。但其实，我始终没有看懂，或者我以为我懂了。你看的任何一样东西，其实都是和你有时机的缘分的，明白不代表理解。只有你真的经历过很多事情后，你才会真的明白它说的是什么，才会真的对你产生触动，否则只是一堆你以为你已经明白的文字的组合。电影中反复引用梭罗的那首诗：我步入丛林，因为我希望活得有意义……/ 我希望活得深刻，汲取生命所有的精髓！ / 把非生命的一切全都击溃……/ 以免在我生命终结时，发现自己从来没有活过……你真的懂了吗？

【刘玮回复】

感谢你的分享！我很赞成你说的有时候只是接近死亡可能还不足以让人更真实地生活（我自己当年也有过一次下海游泳差点被淹死的经历，但是喝了好多海水之后才眼冒金星地勉强"狗刨"到岸边的经历，没有给我带来任何真正的改变）。找到了自己真正的"使命"之后，才会有死亡就在前头，并且可能随时降临的紧迫感（如今对我来讲，哲学就是这个让我只争朝夕的"使命"）……

《死亡诗社》也是我非常喜欢的电影，John Keating 是我最喜欢的电影里的老师形象。

【跳蚤】 2021 年 8 月 15 日

　　我不知道向死而生是什么样的状态。曾经有一位学友对我说，感受不到生活的幸福，就请去医院 ICU 转一圈。我也主动读过一些书，如《死亡如此多情》——临床医生口述临终事件这一类书籍。目的就是为了了解，面对死亡是一种什么样的感受。

　　对于一个小朋友，他健康快乐，亲人健在，是不是就无法体会向死而生的感受？是不是也只能沉沦在这个世界里，无法活出本真的生活？一个人没有经历过濒死的状态，或是亲历亲人的离去，是不是就没有办法体会向死而生？

　　突然想起一件不相关的事情，自己曾经有一次凌晨三点跑步的经历。外面漆黑一片，跑到江边，只有几盏路灯在闪耀。那天雾气弥漫，遮住了月光，也让人无法看清前面的路。跑到一个大的平台，前方是一条小路。但浓厚的雾气不仅掩盖住了江水，也让人无法看清路的前方究竟是什么。那一刻我突然格外恐惧。我感觉路的尽头有一股巨大的力量想要吞噬我。我隔着迷雾盯着前方，感觉前方也有一只眼睛在盯着我。就是那种"我凝视着深渊，深渊也在凝视我"的感觉。我继续往前跑，就好像跑进了魔鬼张开的血盆大口，跑进了无尽深渊。后来，我终于受不了，还是扭头回家了。

　　我承认那天的经历有些诡异和恐怖，但那种感受最多就是惧，而不是畏。我不知道如何感受到"良知"，也不确定是未来否有机会可以感受到"良知"。

　　特别喜欢一句电影台词："Don't try to understand it，feel it."但对死亡的畏惧，我还感受不到。

　　我想到的还是电影《黑客帝国》，本真的生活或许就是尼奥脱离母体后的生活吧，那种生活其实并不美好，只是真实。但真实或许就已经足够了。

　　我还需要时间去体会。

【杨昆霖】 2021 年 8 月 15 日

　　最近刚看了《波斯语课》，说的是二战时期德国犹太人集中营里的故事。而在这之前我也看了《辛德勒的名单》《钢琴家》。每次看的时候，我都在想没有什么比这个更能让人体会到生与死之间的距离，生命的无常。

我观影后的体验非常强烈，看的时候都会把自己代入进去，都会觉得里面的人如果是自己，自己经历那些处境会怎么样。然后"走出"电影，突然间就觉得这个世界上应该没有比集中营里的生活再恶劣的处境了，自己活得好幸福呀！这一瞬间的感受是非常真实而强烈的，那一刻感觉呼吸着这自由的空气都是幸福的。

但是过一段时间后，我又沉沦了，因为我不能总在脑海里记着集中营的事，我过去总记着活着，旁人都在说我没事给自己添太多包袱，活不痛快了。于是我学着放下，一放下，就感觉自己泯然众人，我没了太多思想的包袱，可是这包袱却是组成我思想的一部分。我只能通过电影和阅读让我自己找回这种感觉。

我们总在阅读很多信息，看了也学了，被震撼到很多次，也被打动了很多次，可是那震撼只能入脑而入不了思想，如果我能对每个传奇人物的伟大人生向死而生，也许就会真的把自己的人生当回事，也把别人的人生当回事了吧。

【刘玮回复】

入脑与入思想的差别确实很大，被感动被震撼与自己做出决断的差别也很大，但不管怎么样，有了前者至少为拥有后者提供了"可能性"！

【仲雨】 2021 年 8 月 15 日

这门课，越听越触动，实实在在地戳中了我近一年的诸多感受和想法。

都说人生有三大终极命题，我是谁？从哪来？到哪里去？那这三个问题有了答案以后呢？我该怎么去做？

这个问题对我来说，不比上面那三个问题好回答，诚如老师所言，面对开放的可能性，选择变得更加困难，因为不确定选择的路能不能让自己到想去的地方。清醒未必会更快乐，"沉沦"很多时候更容易一些，太多的不确定性会让人怀疑、焦虑、迷茫。

以前看着身边一些随波逐流的朋友，总觉得他们不应该这么活着，一块喝酒的时候也会想去纠正他们。但后来就没这种想法了，因为我觉得他们觉得当下的状态挺好，那就可以了，他们也未必没有审视过自己，或许只是审视以后又选择了"沉沦"，或者那就是他清醒之后想要的，未必就比他们高明。

关于死亡，从小到大经常会联想到死亡，前段时间陷入虚无的时候，第一次感觉自己好像有点理解了那些会自杀的人，以前我对这种行为的看法是可怜和懦弱，现在不这么看了，自杀真的是一个严肃的哲学命题。

最近身边也经历着死亡，接连两位亲人因病去世，一位 78 岁，一位不到 50 岁，他们在离开之前都经历了漫长的治疗周期，在近两年的时间里亲眼见证着自己的生命一步步衰竭，在葬礼上我不断地想，他们在知道自己生命终点随时可能到来时会想些什么。

然后我拿自己想了想，我想到的就两个字——不行！因为我还没有真正活过，我还有太多事物想要去感受和经历，还有太多的热情没有释放。我又把死亡推开了，刻意地把它放远一点。但也更加深刻地感觉到生命短暂，时光宝贵了，选择和取舍的难度也变得更大了。

【Vector】2021 年 8 月 15 日

子曰："一箪食，一瓢饮，在陋巷。人不堪其忧，回也不改其乐。"我认为颜回的生活就是一种"本真"的生活，是依靠"良知"的生活。看上去穷困劳顿，却乐在此中。并不是说"本真"生活一定要穷困潦倒。有一条标准我感觉可以刻画，就是个人的"心安"。人可能欺骗很多人，但无法终究欺骗自己。现实生活中可能"沉沦"于各种日常，但真正面对自己的时候，可能"心安"吗？"心安"不是指道德意义上的心安，而是顺其天性，自然而然。这个不知道是否就是"良知"？

"本真"的生活意味着看清原来"沉沦"的世界，自己的选择不会被其束缚，可以自由选择，但选择的后果只能本人承担。若不是孔子为其背书，估计颜回也就是陋巷中的一个为生计操劳的普通穷人吧。

"向死而生"，意味着"此在"在死亡面前看到所有"存在者"，"常人"一朝消失，世界显示出其本来的虚无状态，脚下本来坚实的大地突然塌陷，整个世界开始瓦解，人坠入无力的深渊。"此在"才能意识到自己的"存在"。

其实"向死而生"并不意味着必须体验生命的终结，"死"也可以广义理解为"此在"所"沉沦"世界的终结。一个富豪突然破产，一位成功人士遭遇断崖式的失败，一个穷困潦倒之人突然被拆迁一夜暴富，一直引以为傲的人生突然结束；"此在"被"抛入"另一个世界，经历一种"幻灭"的过程。可能在这个经历中能看到世界的虚无。

【刘玮回复】

感谢你的分享。突然注意到你的名字 vector，人生就是一个"向死而生"的"矢量"啊!

【霍森布鲁兹】 2021 年 8 月 15 日

老师在留言回复里说的找到自己的真正的"使命"之后,才会有死亡就在前头,并可能随时降临的紧迫感。但我认为这个使命感更像是因为是找到了一个"更大的存在",然后把自己"嵌入"这个存在,让自己和一个"更大"的事业合而为一,更像是一种用"更大的存在"的"永恒"来缓解自己直面死亡的焦虑。我并不是否定 something bigger 的意义,我认为人生能找到这样的存在是幸福的,但这种意义和直面死亡之后的"本真"的生活并不一致,反而我认为如果二选一的话,人可以不必找到自己本真的生活,但一定要找到那个可以合而为一的"更大的存在",一个能够为此而生、为此而死的信念。

请问老师,"本真的生活"和人们常说 something bigger than yourself 有什么区别?

【刘玮回复】

在海德格尔这里,本真的生存不一定是克服焦虑的生存;相反,那是带着直面死亡的焦虑感的生存。活出本真的自己,不是把自己嵌入到 something bigger 里面——那其实是用"永恒"、用"群体"逃避个体性。我说自己面对哲学的使命感也不是说我要为了"哲学"这项事业倾尽所有,而是说研究哲学和普及哲学是我认定的"本真的生活"。

【谢伟思·专栏作家】 2021 年 8 月 15 日

之前作为导师(准确地说应该是导师的助理)带学生去国外游学的时候,很多学生的英语比我好,但很多人更乐意购物或打游戏或自己待着,不乐于和人聊天。反而是我,走到哪,都乐意用蹩脚英语,手舞足蹈地和巧遇的人聊两句。

一天,我和当地学校老师聊了读过的世界名著,发现很多共同语言。我和舍友——一个小小年纪就研究心理学的初一学生说了这件事,她问我:"老师,你觉得平时读书,是'为了'积累谈资吗?"我之前没想过这个问题,就只能说说我的感受:"不知道呀,谈到的时候,以前积累的东西自然就变成'谈资'了吧?不过我觉得这些都不重要,重要的是,我们每一天,见的每一个人,都可能是最后一次见,为什么不多聊几句呢?"她很惊讶:"哦!最后……一次……"

　　我感到，意识到死亡，就像是走啊走，被花花世界吸引，忽然低头，发现黑色的地面不是柏油马路，而是一面巨大的玻璃，玻璃的下面，是不可测的深渊。不知道这面玻璃会在什么时候，为自己，为身边的人，张开大口。

　　在这样的图景里，和身边人，哪怕是陌生人的相会，都成了一件很值得珍惜的事情。在大洋彼岸，有一位中学老师，和我读一样的书长大，并且我们知道这件事，知道彼此的面容，记得离别时的泪水，这就是一种美好。聊天，也是去发现心意相通的人。

　　而和亲人在一起，感到幸福的时候，更是会忽然看见脚下的深渊，心就会忽然被刺痛。这是最后一次欢笑吗？这是最后一次拥抱吗？不知道。但很珍惜，很珍惜。

　　如果没有意识到死亡，就不会有这些心痛的瞬间。可是，没有心痛，也就不会意识到看似平凡的生活是多么幸福吧？

【陈 C】2021 年 8 月 15 日

　　前两讲里，老师提到了从"当下上手"到"现成在手"的断裂，也降到了"沉沦"这种缺乏思考，一味随大流的生存状态。就我的观察和体会而言，想要摆脱沉沦很难，我们通常只有在受到某种刺激，被动地处在"当下上手"与"现成在手"的断裂中，才会不得已去进行深刻的反思，重新思考自己的人生意义，甚至为此而"换一个活法"。而靠近死亡，就是各种刺激里最强烈的一种。

　　但刺激并非一下子就带来反思。从我对这两讲的理解出发，死亡或者其他强烈的刺激，首先是将我们引入到"断裂"中，激发我们的"畏"——这种并非指向特定目标的畏惧感，倒是很像克尔凯郭尔提到的"焦虑"——而我们为了摆脱这种"畏"的状态，为了重新获得内心的安宁，而去寻找"出路"的过程，就是一种摆脱"沉沦"的尝试。只不过，有些人受到了刺激，却未能产生对死亡的"畏"，又有一些人，虽然身处"畏"的状态中，思考却并没有触达人生观与价值观的层面，只是在"挣扎"却并没有"觉醒"。

　　我没有经历过直面死亡，尽管同学、朋友里已经有人离世，令我悲伤，却也未能激发我对于死亡的最为切身的体会。因此凭借有限的观察与思考，我只能去想象，也许只有同自身生活方式与人生追求密切相关的"濒死"，比如纸醉金迷后罹患绝症，或者铤而走险后身败名裂，想要求死，再或者一直深爱着、信任着的人的彻底背叛，可能才会真正促使我们，走到那个"决断时刻"吧。

【刘玮回复】

你说的很对，死亡之类的"刺激"只是一些契机，不一定能够带来转变，更不一定能带来本真，或许还会带来更深的沉沦——无助、绝望、彻底放弃。"当头棒喝"能够发挥作用，依然离不开我们对自己所处情境的细致考察，对本真性的决心，和坚定行动的勇气。

【吴惠敏】2021 年 8 月 15 日

大约 5 年前，跟儿子说要好好学习，要终身学习，然后自己以身作则也学习，这不在得到连续学了这么多天。

最近发现一个巨大的问题，孩子已经初中，开始对社会和成长有更多的觉察，如果孩子现在问我，这么努力认真学，到底是为啥呢？我肯定会卡壳。

想来想去，我自己就是一个工具人，就是一个公司里的码农，让干啥就干啥，唯一说得出口的，就是遇到的技术问题都能解决而已。

可是，自己翻来覆去想，告诉孩子好好学，未来也去做个工具人吗？这个没错，但似乎又不太对劲。去做些有意义的事情吧，那么事情有意义，为啥我自己一直在做工具人，为啥不去寻找意义，或者说我自己实际上都得不到什么意义感。

不去思考也就这样，真去想真的会卡住自己，为啥说不出来自己要孩子努力学习，以后长大了去做什么有意义的事情，自己也在学习，但是却没有思考想去做什么有意义的事情，也不知道意义在哪个方向，真是想多了会进入一种蔓延的无助感，这算一种"死亡感"吗？

【刘玮回复】

我不太确定你是在给我提一个问题，还是在表达自己的思考。我就权当是个问题，简单回应几句。作为能够解决问题的"码农"已经是很大的价值，这本身应该远不止于让你焦虑自己仅仅是一个"工具"，我们和社会、国家共存，每个人都在其中发挥一份作用，但发挥作用并不等于是工具。更何况，除了工作之外，你还在做一个终身学习者——你能做到，一定是因为在这种终身学习中看到了意义，感到了快乐，或者说在这种学习中感到自己更是"自己"。如果是这样，你或许可以告诉儿子：学习不是为了任何外在的目的；扩大自己的见识、增强自己的思考、让自己变得更好，这本身就是目的本身，是每个人面对唯一的一生最负责任的态度。

【慧恒】 2021 年 8 月 16 日

听了这一讲，我在想，很多残障的伙伴为了追求大多数人的沉沦状态，就已经拼尽了全力，可能都无法达到自由地出门逛街、坐地铁、坐公交。这么普通的一种沉沦方式，几乎都是一种奢望。想起前段时间有一个公益机构的负责人和我讨论，说是不是视障的伙伴，比较少听说有抑郁、自杀这种情况。如果是年龄越小就已经失明的人，的确很少听说有抑郁和自杀的情况。他说，那是不是失明的人心比较静，平时的生活就是一种正念的状态。的确因为没有了视力或视力很弱，平时的生活会大量地调动嗅觉、触觉、听觉这些感官。但我自己的感受和理解是，因为他们想像大多数人一样好好地生活都已经耗尽了全部的精力。所以我在想大多数的残障伙伴，要怎么样才能本真地活着？

【刘玮回复】

在回复你的第一条留言时，我很欣赏你对生活的热情和温厚的性格；但是在这一条留言里，我又看到了太多无奈……你最后的问题，不仅仅是问给我的，也是问给整个社会的，因为本真的生活不仅仅是一个人内心的决断，也需要外在条件的辅助。我一直认为，残障人士的生活便利程度是一个社会文明程度的重要标志。我 2004 年第一次去美国，在 Hope College 做访问学生，当时看到所有的教学楼、宿舍楼都有无障碍设施，即便是二层楼也有电梯，所有的停车位都有专门的残障人士车位，残障的学生可以畅行无阻地在校园里学习和生活，让我很感动。中国这几年的情况似乎略有改观，但是距离真的"无障碍"还有很大的差距。只有我们先消除了外在的障碍，才能鼓励残障朋友更多地消除内心的障碍，过上本真的生活。

【王开开】 2021 年 8 月 17 日

我从初中开始就会想到关于死亡的事情，我总认为我的人生其实没有多大意义，所以也不想结婚生子，我要珍重自身多是为了不让关心我的人因我而伤心，我总觉得自己怎样都行，但不能死在父母的前头。

我在肿瘤医院放射科工作，日常就是评估患者肿瘤分期、治疗效果、病情进展。由于工作关系也见了更多死亡与离别，很多时候也会想到自己。虽然每年都有体检，也说不准哪天厄运就会降临。我想着要是我查出肿瘤，必然要是按流程治疗，争取多活几年陪陪父母，要是到了晚期复发转移不能治了，便回到老家度过最后的日子。

前两天做梦，梦到自己已经是肿瘤晚期多器官转移，没几天可活了，剩下的时间就只够我爹妈再来看我一眼。当时只觉得时日太短了，但除了觉得对不住父母，更多的竟是自己想要活下去。醒来之后只觉得茫然，不知道为什么我觉得生活没有意义却还想要活下去。是生物的本能？还是有什么我没有意识到却还留恋的东西？

【刘玮回复】

感谢你非常深情的分享。你的工作本身毫无疑问是非常有意义的，我想你自己也肯定知道这一点（或许这就是你潜意识里很留恋的东西），只是工作变成了常规，也很辛苦，意义就显得不那么明显了。

【半支烟】2021 年 8 月 18 日

前年的时候我得了格林巴利综合征，当时在了解这个病症的过程中感受到可能存在的死亡。最开始了解这种疾病的时候感觉这是一种跟渐冻症类似的疾病，于是心里暗下决定，如果类似的不治之症我就不想继续治疗了，我想用余下的时间多走走多看看。

当这种想法产生的时候内心轻快了很多，虽然依然伴随着因疾病而产生的焦虑，但确实感觉到了心中很多的负担被卸下了。我感觉这种会因死亡威胁而感到轻松的可能不止我一个，甚至在我们这个时代可能是一种并不少见的现象。我们不断地在追求一些我们可能并不需要的东西。而这些本以为是我们想要的追求其实是别人告诉我们的。而一旦有机会能够放下这些本就不属于我们的追求就会有一种如释重负的感觉。

在这之后随着对病症的深入了解，我也意识到我的状况其实还不错，痊愈的可能性很大。在这之后疾病带给我的焦虑也渐渐减轻，那种死亡威胁的感觉也渐渐减弱。那种如释重负的感觉也就没有那么清晰了。不过随之而来又有一种很强烈的空虚感，也有着一种很强烈的填补这空虚的渴望。

可能就像海德格尔描绘的，向死而生会给人带来警醒，但是之后的生活未必就是美好。在被那种空虚感不断侵袭的过程中也有很多焦躁和郁闷。但是，正因为这种空虚，迫使我进一步思考自己真正需要的是什么。

而今天的课程中提到的"我要亲自去死"这个说法又让我对死亡有了新的理解。我们对死亡是负有责任的。感受到死亡不仅会让我们放下负担，也会让我们认真对待生活。

我们的一些因死亡而感到的恐惧可能并不只是因为死亡本身，更多的可能是我们的文化对死亡赋予的意义进而让我们产生的恐惧，甚至让我们避而不谈。而这份避而不谈的恐惧让我们忽略了死亡的其他意义，这些意义的发现可能需要一些契机。可能是一些切实可见的死亡威胁，但那毕竟可遇而不可求，至少不值得提倡和鼓励。但是对于"我要亲自去死"这个问题的思考却能够成为一个非常好的契机。

【香菜】2021 年 8 月 23 日

可能由于自己曾经的抑郁症经历，期间无数次思考我为什么要活着的问题，也无数次向往死亡对于一切烦恼的解脱。所以自从走出抑郁症之后，就没有了那种对死亡的"畏"，好像更没有"怕"，只是觉得，我只要活着，只要每天都能过得充实快乐，哪天死都是无所谓的，甚至向往能活得久一些，多多经历生活中的幸福和美好，即便通往幸福的道路可能是痛苦的。

我自己前不久的一次经历虽然不至于说离死亡很近，但是过后确实心有余悸，更加珍惜每天清醒的生活。那次好像是食物中毒，晚上七八点，家里老公不在，我自己在家。开始觉得肠胃不舒服，很快开始眩晕，接着不能走路，是爬着爬上楼爬到了床上，看着自己躺着不动心跳飙升到 150，再到滚下床，爬到厕所狂吐不止，满脸鼻涕泪混在一起，洗脸之后爬回床上，努力睁着眼睛数着心跳，眩晕一阵一阵的，告诉自己要坚持，不能昏过去……最终还是昏过去了，一直到第二天早上。整个过程脑子都是清醒的，但是身体却不听使唤，痛苦一波接一波，我清醒地感受着身体脱离我的控制。好像在最终昏迷之前我告诉自己，如果能醒过来，一定更好地珍惜自己的生命。

听了今天的课，向死而生，拨开迷雾看到了曾经沉沦的自己，和当下依然沉沦的自己，也突然意识到，我的死只能是我的，所以我的活也只能是我的，别人怎么说怎么做怎么过都是他们的选择或者他们的沉沦，只有我才能做我的选择。这个时刻，有种沉重的自由感，我是自由的，我也是无依无靠的。但是当"痛苦的清醒"和"甜蜜的沉沦"放在一起选择的时候，我真的能勇敢地选择"清醒"吗？珍惜生命，珍惜活着的时光就一定意味着我要选择清醒吗？这是我要追求的吗？从向死而生来看，我想清醒地死去；但是时时刻刻向死而生，而且这个时时刻刻如果是很久的话，时不时沉沦一下好像也不错。我咋得出这么个结论。

【刘玮回复】

感谢你的分享的这两段曾经痛苦的经历，很高兴它们让你有"重生"一般的勇气面对新的生活！

【徐徐】2021 年 9 月 2 日

30 岁之前，仍旧单身的我时不时会有一种焦虑，来自同龄人的朋友圈，来自父母的关心，来自对未来的不确定。

有一天，同事给我讲了一个故事。一个上海的老先生，是一所大学的老师，年轻时离了婚，一直未再婚。老了之后将上海的房子卖了，住进养老院，一次性交完费用。

这位老人有个兄弟，但是住得很远，很久才会去看他一次。住进养老院后，老人时时要忍受工作人员的侮辱。因为没有人探视，工作人员知道老人没有家人，更加有恃无恐。后来老人中风行动不便，工作人员的辱骂加上生理机能不能自控，老人自感失去了做人的尊严，选择了自杀。同事说，孤独终老是多么可怕。

听完这个故事，我也陷入了对孤独终老的恐惧。失去对生活掌控的凄凉晚景，怎能不触动人心？

后来，我冷静下来，问了自己一个问题：

"如果这就是你的老年生活，你能承受吗？"

一开始，我都不敢展开想象。

"我怎么可能沦落到这步田地？

如果你老了就是这样呢？

现在的你比老人年轻时更优秀，生活更好吗？

所以，此刻你就是这位老人，你会怎么做？"

沉思之后，我的最后选择跟老人一样。做出选择的那一刹那，很神奇地，心里的所有负担反而消失了。

"没有比这更糟糕的选择了。"

"是的，你害怕吗？"

"不，我不害怕。"

与死亡相比，我有更害怕、更不能忍受的事情。比如屈于世俗的压力，过上别人定义的幸福生活。

"向死而生。"

我有了更多的勇气面对不确定的未来，以更积极的态度活在当下。

开始考虑一些之前不会想的问题：怎么给父母养老？要不要选择离父母近一点的城市？怎么配置家庭保险？……

死亡问题是一块试金石。以前的生活是浑浑噩噩的，过一天算一天。

经过一番挣扎后的生活虽然也有怠懈松散的时候，心里却很安定。

因为这是我认真的思考，真诚的选择。

【刘玮回复】

感谢你非常精彩的分享！确实如你所说，死亡虽然是人生之外的事件，却是人生最好的试金石！

【阿斗木】2021 年 9 月 25 日

就说自己的向死而生。

我父亲于 2015 年去世，对我震撼很大，但对于我来说，死亡，还是件遥远的事情，还没那么直面。因为，说到我自己的死，总感觉还遥远，还可以快快乐乐地活在今天。

今年出了一件事，对我震撼还要大一些，便是赵英俊去世。他是一位网络歌手，后来还参拍过几部电影。我最初知道他是在学校里听到《刺激 2005》这首歌，用 20 多首歌串成一首歌，当时感觉，这哥们太有才了。

他最近几年越做越好，参演电影《万万没想到》，而且越做越有名气和看头，也为他欣喜。

没想到仓促离世，留下一朵小红花，让人无限感伤。

我与赵英俊，只差一岁，他 43 岁去世，我马上也 43 岁。这在年龄上有切肤之感，我这个年龄，是要死人的。而且又有话说，他在他这个年龄，已经有了自己的创作和建树，我呢，今天死了，明天世界连个响声都没有。

想想自己有过的那些想法，诗人、作家、小说家，一个个都没能坚持下来，不惧死于非命，只怕寂寂无声。

这是最令我难受的，只恐闭眼那一瞬间，还有许多心愿未了。

也就是在今年吧，我报了写作的打卡班和诗歌的写作课，还坚持每天在得到更新诗歌，我真的可能成为诗人和作家吗？我不知道，但我知道我不朝这个方向努力，不死在这条路上，我不甘心。

令我死不瞑目的事，那就赶快去做吧，别再缘木求鱼，自欺欺人了，生命有限，抓紧时间！

海德格尔（四）：人，诗意地栖居

在前面三讲，我们主要的关注点都在《存在与时间》，特别是关于个人或者"此在"的讨论。《存在与时间》1927 年出版，是海德格尔早期的代表作。不过这本书其实是一部没有完成的作品，海德格尔原本计划讨论完人的问题之后，还要回到"存在本身"，但是因为种种原因，返回"存在本身"的部分就没有写出来。

从 20 世纪 30 年代中期开始，海德格尔经历了一场重要的思想"转向"。之前，他要从个体的"此在"出发追问"存在本身"；而在之后，他要直接去倾听"存在本身"的声音，让存在自己显现出来。

"倾听存在本身的声音"这个说法是不是听起来就很有诗意？甚至有点玄学的味道？确实，海德格尔后期的作品读起来越来越有点高深莫测的感觉。很多学者都抱怨，看不懂海德格尔后期的著作，甚至不知道他到底是在写哲学还是作诗？这一讲，我们来从海德格尔玄妙莫测的晚期思想理出一条线索。

"人，诗意地栖居"（dichterisch wohnet der Mensch）。这大概是海德格尔最著名的金句了，不知道感动了多少 20 个世纪八九十年代的中国文艺青年，我读大学的时候，还有朋友拿这句话当自己的座右铭。人们通常对海德格尔这句话的理解，类似于高晓松说的"生活不只有眼前的苟且，还有诗和远方"。意思是提醒我们不要忘记生活中那些诗意的、美好的事物。

　　但是，这个理解其实和海德格尔的原意相差甚远；而且这个金句也不是海德格尔说的。这句诗来自德国诗人荷尔德林，是海德格尔最欣赏的诗人，海德格尔称他为"诗人中的诗人"。中国诗人海子也非常喜欢他，还专门写过一篇《我热爱的诗人——荷尔德林》，其中写道："从荷尔德林我懂得，诗歌是一场烈火，而不是修辞练习。"

　　那海德格尔到底怎么理解荷尔德林的这句诗呢？要回答这些问题，我们需要从海德格尔对艺术的独特理解说起。

　　我们通常都会认为，艺术的作用是给人带来审美的愉悦。但是在海德格尔看来，这样就大大看低了艺术。真正伟大的艺术作品，是给观看者打开一个完整的、有意义的世界。海德格尔用凡·高的作品《农鞋》（图 2）作为一个典型的例子。

图 2　凡·高：《农鞋》（1886）

　　看到画上的这双破旧的皮鞋你是什么感觉？在海德格尔看来，凡·高画这双鞋，当然不是为了写实地描绘鞋这种我们再熟悉不过的器具，也不是为了让人感觉到审美的愉悦，而是为了展开一个农人生活的世界。海德格尔非常富有诗意地描绘了这个世界："鞋具磨损了的黑洞洞的敞口，凝聚着劳动步履的艰辛。这硬邦邦、沉甸甸的破旧农鞋里，聚积着寒风料峭中迈动在一望无际的单调田垄上的步履，坚韧而滞缓。鞋上粘着湿润而肥沃的泥土……在鞋具里，回想着大地无声的召唤，实现着大地对成熟谷物的宁静馈赠……"

我们可以沿着海德格尔的思路继续想象下去。但是，让人信马由缰地想象也不是艺术作品的意义。凡·高这幅画的意义在于，展开了一个场域。"场域"是一个哲学家们喜欢用的词，你可以把这个词理解为一个具体的情境。比如，你在某个下午的阳光下，突然看到了窗前的一朵小花。这道阳光，这朵小花，都是这个具体场域里的，它们不是一个抽象的概念，是具体情境里的存在。凡·高的画就展开了农人生活这样一个场域，让农鞋这个原本不被人注意的存在者，被这个场域照亮，从而获得了意义。这个照亮具体存在者的场域，就是"存在本身"。我这里说的"照亮"，就是海德格尔说的"澄明"（Lichtung）。我们在前面几讲提到的"为什么存在者存在？"这个大问题的答案，就在于"澄明"。在原本混沌一片的"存在"中，出现了一道光亮，照亮了一片场域，一些东西进入了这个场域，形成了一个有意义的整体，构建起了一个"世界"。那些具体的存在者就在这个"世界"中获得了自己的存在。

在"存在本身"原本混沌的状态里，去掉某些遮蔽，把存在的某个部分展现出来，这就是海德格尔说的"真"或者"真理"。在这里，**海德格尔要颠覆西方两千多年的真理观**。所谓的"真"，通常指的是我的判断符合事实，比如我说"现在下雨"，如果外面确实在下雨，这句话就是真的。但是在海德格尔看来，用这种方式理解的"真"不够"原本"。海德格尔强调"真"这个词在希腊文里的本意，就是去除遮蔽（aletheia），让存在自行显现。

每一件伟大的艺术作品都展开了一片澄明的存在，一个真实的世界。说完凡·高的《农鞋》这个小例子之后，海德格尔又提到了一个大例子：古希腊的神庙——建筑艺术的典范。神庙为人们展开了一个诸神与人发生关系的世界，面对高大肃穆的神庙，我们进入了希腊人的世界，想象着阿波罗神给人发布神谕，人的生与死、灾祸与幸福、战争与和平，多少人、多少城邦的命运在这里被决定。

这就是艺术作品对于人类的意义。艺术家倾听到了存在的声音，然后在自己的作品中开启存在的场域，也让观看者同时进入澄明无蔽的真实之境。在这里，海德格尔又**颠覆了传统哲学对艺术的理解**。自从柏拉图开始，西方主流的美学观念是"摹仿论"（或"模仿论"），艺术作品是对真实事物的摹仿，比如凡·高画的《农鞋》就是对农鞋的模仿，所以艺术跟真理相去甚远。而海德格尔却反其道而行之，认为真正的艺术跟摹仿无关，反而是艺术开启了真实的世界。艺术作品凭借原创性的力量，冲击着常规和平庸的日常生活，开辟出新的存在、新的真理、新的历史。

说完了艺术对于开启存在的作用，海德格尔又向前推进了一步，说**一切艺术作品本质上都是"诗"**。这么说肯定会让人惊讶，他凭什么说绘画、雕塑、建筑、音乐这些不同的艺术形式，本质上都是诗呢？

原因在于，诗歌的表现形式是**语言**。荷尔德林在另一首诗里说："人被赋予语言，那最危险的财富，人借语言见证其本质。"哲学自古以来认为，人与动物最本质的区别就在于人拥有语言，而语言又和理性联系在一起，都是"逻各斯"（logos）这个词，所以说"人是理性的动物"和说"人是语言的动物"其实是一回事。那语言为什么是"最危险的财富"呢？因为语言可能会对"存在本身"构成威胁。语言可以揭示存在，同时又很容易遮蔽存在，不仅因为人类之中谎言随处可见，更重要的是，因为当我们使用一套惯用的语言，很多观念就变成了现成的、理所当然的，从而让人陷入沉沦，让存在本身被遮蔽和遗忘。

那诗人可以做什么呢？伟大的诗人总是用新的语言，把存在带入澄明。而语言是人类的本质，所以诗歌就比其他的艺术形式更根本地揭示存在、创造世界，其他艺术的创造活动都要在诗歌的创造之上才能进行。

我们看到，在人类各个文明的源头，诗人都是主角，在希腊有荷马史诗《伊利亚特》和《奥德赛》、在印度有《摩诃婆罗多》和《罗摩衍那》，在咱们中国有《诗经》。诗人为诸神与万物"命名"，这个命名活动，就在混沌中建立了一个澄明的存在场域，让被命名的万物进入存在，显现出来。海德格尔说"有语言处，才有世界"。所以对他来讲，语言并不是人们使用的工具，而是规定了人之存在的东西。在这个意义上，海德格尔甚至主张，人不是语言的主人，相反，语言是人的主人，是语言支配着人，占有着人。这么说，海德格尔又**颠覆了西方长久以来对语言的工具性认识**。

说到这里，我们就可以理解"人，诗意地栖居"这句话到底是什么意思了。它并不是提醒我们"生活不只有眼前的苟且"，而是具有根本性的、存在论上的意义。诗人用语言创造了供人们栖居的世界，我们都栖居在诗人建造的世界之中，所以人的生存从根本上讲是带有诗意的。沉沦中的人们会忘记原本的诗意，而"本真的生活"就是捍卫由诗人开启的真理，不要让它陷入庸常的沉沦境地；"本真的生活"还意味着人可以成为新的诗人，倾听存在的声音，开启更多的澄明之境。这就是从存在主义的角度看，人为什么必然是"诗意地栖居"，又如何可以更好地实现"诗意地栖居"。

在这一讲里，我带你了解了海德格尔后期思想的一些关键环节，也是他想要颠覆西方哲学传统的几个关键之处。第一，海德格尔要颠覆传统的真理观，根本的真理不是判断与事实相符合，而是去除遮蔽，让存在者自行显现；第二，海德格尔要颠覆传统的艺术观，艺术作品不再是对真实事物的模仿，不是为了给人带来愉悦，而是真理的源头；第三，海德格尔颠覆了传统的语言观，语言不再是人们发明出来的交流工具，而是人的存在本身，不是人使用语言，而是语言使用人。

在这一讲的最后，我想引用海德格尔在《艺术作品的本源》里的一句非常诗意的话作为结束，在这句话里，他把艺术之"美"与"真"直接联系起来。他说，在艺术作品中**"遮蔽着的存在澄明了。这样形成的光亮，将它的闪耀嵌入到作品之中。这种被嵌入作品之中的闪耀就是美。美是无蔽的真理的一种现身方式"**。

我请你分享一件你心目中杰出的艺术作品，说说它怎么给你开启了一片存在？

参考书目

1. 海德格尔：《艺术作品的本源》，收于《林中路》，孙周兴译，北京：商务印书馆，2016 年。

2. 海德格尔：《荷尔德林和诗的本质》，收于《荷尔德林诗的阐释》，孙周兴译，北京：商务印书馆，2000 年。

3. 海德格尔：《人诗意地栖居》，收于《演讲与论文集》（修订译本），孙周兴译，北京：商务印书馆，2018 年。

精选留言

【刘芳】 2021 年 8 月 16 日

"人应该诗意地栖居在地球",是千禧年我在粉红色的日记本扉页写下的文字,那一年,我初一,遇见了生命里的第一位"女神"!她是语文老师,叫冯春梅,一位优雅而博学的女子,第一天上课就选我当课代表,说是从我的眼神里看到了渴望!她第一节课就在黑板上写下德国诗人荷尔德林的诗句:"人充满劳绩,但还诗意地栖居在这片大地上。"要求同学们每天坚持写日记,最好能诗意地书写,记录美好!

老师总会邀请我在全班朗读,刚开始只是记录生活。后来,在老师的鼓励下,我爱上了文学和哲学,开始大量阅读,读的第一本小说是《简·爱》,读的第一本哲学书是大卫·休谟的《人类理解研究》,都是学校图书室里,虽然没有完全读懂,但给豆蔻年华的我打开了一扇大门!初二的时候,参加了学校的诗词大赛,完整背诵了《琵琶行》,成了"诗意栖居学霸"的代名词!

初三,"诗意栖居学霸"愿意帮助同学们背诵诗词歌赋,发掘了自身领导力,有当教师的潜质,鼓励身边的伙伴"诗意地栖居"!

高中的生活,在他人看来难熬而痛苦,我总能用诗意的语言,帮同学们缓解压力,十里八乡的"知心姐姐"!高考理想的成绩,去了理想的外国语大学!

大一那年,有机会接触到海德格尔《存在与时间》,一次又一次翻开又合上,陪伴我度过了许多个失眠的夜,貌似读懂了"向死而生"的内涵,遗憾的是至今还没有整本读完(期待听完刘玮老师的《存在主义哲学》课能有动力读完)!

之后留学、工作、结婚、生子,那个写着"诗意栖居"的粉红色日记本,依旧是我内心最强大的武器,对抗着眼前的苟且和琐碎!

日记一本接一本地累计,到今天为止都没有停止过书写,即使在剖宫产手术当天,疼得晕过去的时候,我逐句口述母亲代笔,完成了当天的日记!

我想会一直坚持到生命的尽头!当了教师以后,鼓励学生写日记,也自费买了好多粉红色的日记本送给学生!学生的毕业季,拜托我写赠言的时候,多半挥笔写下"愿你诗意栖居,活成自己喜欢的样子",教学多年,每年教师节都会有学生告诉我,一直在坚持记录生活点滴的美好!

像海德格尔提倡的那样:倾听自己内心声音,在书写中开启"存在的场域",

进入澄明无蔽的真实之境。

向死而生，死亡"悬临"在我的头顶，不知哪一刻或是意外或是其他，我都有可能离去。

2018 年，网上有个综艺，生前的追悼会，我也模仿找来最在乎的 3 位好友，举办了一次"追悼会"。希望他们记得我的乐观和开朗，如果想我了，就阅读我生前写过的文字。并向她们承诺，我每个月都会写信或者电话，即使有一天，我离开了，你们也不必悲伤。这是简单的仪式，很平淡地进行。

自那以后，我也会经常回家看父母，只要回到他们身边，就会给他们洗脚！也不会随便拖延，今日事，今日毕！每晚睡前，都会告诉自己，如果明天醒来，就是幸运的！每天醒来，都会充满感激！因此变得天真而勇敢，挑战很多不可能，力排众议，33 岁"高龄"参加了博士考试，惊喜地被录取了，并且选择了抗日战争的研究方向！

我于昨晚去世，走时心如止水；我于今早重生，来时心怀暖阳！

在我的世界里，21 年前写着"人应该诗意地栖居在地球"的粉红色的日记本，就是我生命里最有生命力的艺术品！跟同学们分享自己"诗意栖居"的心路历程！

最后想从外语学习角度请教刘玮老师一个问题：您是否认为翻译无法 100% 传达其全部内涵？

【刘玮回复】

精彩的分享！羡慕你的初中就有这么好的语文老师，也很赞叹你居然和"诗意地栖居"有这么深的渊源。

你的这个问题很难回答——是一个翻译学、阐释学、比较研究都要面对的问题。我就不多谈理论了，只说说我自己的看法。我认为，在语言表达的意义层面，不存在严格说来不可翻译的语言，因为语言背后是人类的生存经验，而这个生存经验是共享的（我们在讲伽达默尔的时候会涉及这个问题）。但是确实有翻译的难易之别，最难翻译的莫过于诗歌，即便诗歌的意思可以通过翻译充分传达（不管把一首简短的诗翻译/解释成多长），但是诗歌的韵律是牢牢扎根在母语中的，这个想要换一种语言完全呈现，几乎是不可能的。

【Sunny】2021 年 8 月 16 日

孩子在刚出生时和这个世界是一片混沌的存在，他就是全世界，全世界就是他，慢慢地他发现原来还有一个你——妈妈，他和妈妈的关系奠定了以后他与自己的关系。再后来他发现不仅有妈妈，还有一个爸爸，他和爸爸的关系奠定了以后他与他人的关系。渐渐地世界慢慢被他分离开来，成为我们成人看到的样子。

通过这一节的学习，发现我们的世界像剥洋葱一样，从婴儿到成人，只是剥去了洋葱的一层皮，我们以为一切都清晰明了了，其实我们还在混沌中沉沦着。艺术家看到了我们没有看到的，表达出那个场域，让我们也进入到那个澄明无蔽的真实之境。以后欣赏艺术作品又多了一个抓手。

【刘玮回复】

感谢你的分享，很喜欢你用小孩子做的类比，非常形象！

【黄礼贤】 2021 年 8 月 16 日

夏加尔的《我与村庄》。

第一次接触到这部作品，是在十几年前。当时就被这种魔幻的风格深深吸引。我那时并不知道这种画风是融合立体主义和野兽主义，也不知道他的村庄具体在哪里。但是，这些魔幻的画风对我的视觉产生非常大的冲击。我感觉夏加尔能够画出这种魔幻的效果，与他对家乡的深厚感情是分不开的。只有对家乡的迷恋，对家乡炙热的情感，才可以将家乡的各种事物，以一种超越现实的存在来进行描绘。家乡的事物虽然被重组，场景也没有具体的形状，却可以给人一种浓浓的家乡气息。

夏加尔对家乡的描绘，体现出他善良的天性，善良的天性让他保持着淳朴的心性，而这些魔幻的画面就是他淳朴心性最直观的表达。我能够受到视觉的冲击，是因为内心与夏加尔的善良本性产生共鸣，这是自己喜欢这种作品最重要的原因。夏加尔的这幅画从某种程度上，就开启了我澄明的存在，让我知道，在内心深处保有善良和纯真是多么重要。

【刘玮回复】

感谢你的分享，我也很喜欢这幅画，那种纯真质朴又有点奇幻的意境，很容易把人吸引到一个回忆故乡的"情境"之中。

【Silas】 2021 年 8 月 16 日

"场域"这个词用得很棒。万事万物都存在于某个场域。艺术通过艺术家描绘的场域，真实展现事物本身的面貌。诗歌通过诗人的语言描述，直接照亮了头脑中的画面。人本身也可以通过场域被凸显出来。比如在聚光灯下的舞者。

从人的角度看，一切都是工具服务于人。从物的角度看，人是工具。无论从哪个角度看过去，都是存在者通过场域去除了遮蔽而显现。这个意义上海德格尔把真与美联系起来就太正常不过了。

【木夏】2021 年 8 月 16 日

米开朗琪罗的《大卫》。

当我们用尽办法终于站到他面前时，才知道前面的所有努力就是为了这一刻——站在这尊美术史上最值得夸耀的男性雕像面前。你终于看到了那句"上帝按照自己的形象创造了世人"的具象表达。我感受到的是人性的力量、崇高和优雅，超越时空、种族、性别、习俗、语言，让你身临其境，让你感同身受……

米开朗琪罗说："我在大理石中看到了被禁锢的天使，只有一直雕塑，才能将他释放"。所以他用了三年时间或大刀阔斧，或精雕细刻，将大卫释放出来。那时他才 29 岁。

当大卫第一次出现在人们面前时，整个佛罗伦萨都沸腾了。人们纷纷给他点赞留言：

你给我带来了信心。

你让我看到了英雄的样子。

生而为人，我感到非常自豪！

人类是最有力量的！

……

或许，米开朗琪罗用诗人的语言将大理石中的《大卫》《摩西》《哀悼基督的圣母》释放出来，让我们那么具体地看到了崇高、从容、勇敢、威严、睿智、优雅……让我们那么具体、清晰地感受到圣母深沉的哀伤，一位母亲疼痛的呼吸……

【刘玮回复】

感谢你非常富有诗意的分享。米开朗琪罗是我欣赏的艺术家之一，特别是他的雕塑。他的大卫雕塑没有落入窠臼去表现大卫战胜歌利亚的凯旋，而是表现了一个顶天立地的普遍意义上的人。欧文·斯通在他的《米开朗琪罗传》里说，这个大卫"可以用来代表人在生活的各个领域中的勇气：他是思想家、学者、诗人、艺术家、科学家、政治家、探险家;他是个身体上的巨人,更是个心灵、智力和精神上的巨人。"

【杨晔】2021 年 8 月 16 日

诗意地栖居,我理解为"此心安处是吾乡"。

苏东坡的生活状态,确实很像"本真生活"了。每到一处,就能发现一处的美,不是安贫乐道,而是于平淡处创造惊奇。这不就是拒绝"沉沦",创造本真的生活态度嘛。

"澄明",确实有点玄学的味道,似乎有点类似于禅宗的"开悟"。

我在初中时参加过一个夏令营,其中有个项目是去游玩一个尚未完全开发的溶洞,里面还没有安装照明,同学们拿着手电筒进去。在其中一个大厅里,向导请同学们都关闭手电,于是瞬间进入绝对的黑暗。忽然,就听头顶上飘来一阵清脆的打击乐曲,原来是向导在敲击钟乳石演奏。纯美的音色摄人心魄,把人一下子就听呆了,虽然身处绝对黑暗,可是觉得心在万丈光明之中。如今我可以说,是美的音乐,拂去了遮蔽心智的尘埃,让我们找到了本真的存在。

【杨涵】2021 年 8 月 16 日

想到了席勒的《死神与少女》,笔法扭曲,人物的手臂如同昆虫的腿一般细长。死神拥着少女,彼此却又即将分离。色彩浓烈,传递出的那种情感与质感的冲击仿佛要攫住你的灵魂。很多人认为他的表达匪夷所思,但我感受到他不想取悦任何人,从他的画中看到了他的那种无所谓,那种敢于直视人生的真实。作为一个年轻的男人,他最本质的生命是他的情欲,所以他的画里处处在勾勒情欲。有人说他不正常,曾经一位奥地利作家说:"在我认识的所有人当中,席勒是最正常的。"只是他比其他人多一些勇气罢了。他是一个没有生命长度,却有生命广阔度的艺术家。他"去掉某些遮蔽,把存在的某个部分展现出来"。也许敢于直视才是生命的真实。

【刘玮回复】

感谢你的分享! 席勒的画总是给人巨大的冲击力和极其本真的表现力!

【TAOTAO】2021 年 8 月 16 日

艺术并不是在模仿现实世界，而是创造另一个世界。这首先让我想起了：

1. 中国的山水画。山水画的精神从来不是照搬自然，而讲究的是"外师造化，中得心源"。即形式上以自然为老师，在内在表达出心中的感悟和精神体验。山水画创造的是作者理想的精神境界，他们根据自己的理想创造出一个可行可望、可居可游的理想世界。从海德格尔对艺术的理解来说，中国山水画的精神之一与他理解相似。

2. 中国独特的诗与图像并行的形式，诗和画同时存在于画面的形式，在近代西方引起很大关注。西方绘画史上非常重要的大师保罗·克利（Paul Klee）很早就受到了这一形式的影响，并且大量地运用到他的绘画之中。他的妻子就曾经送过一本翻译的《诗经》作为纪念日礼物。克利的艺术观念的特别之处，在于他不仅仅是创造另一个属于绘画的世界，他还希望这个世界是与自然"平行"发展的中间世界。甚至它可以自由地生长，有着自己的规律。这个世界过于庞杂，在此不过多赘述。华裔画家赵无极曾花数年时间研究克利和他的符号系统，然后又将其内化演变成他自己的东方抽象形式，反过来得到了西方艺术界的认可。

分享一句赵无极的名言（大意如下）："艺术对于我来说，是另一个世界，我虔诚地通过绘画来到达那个世界，绘画是通往那个世界的一种仪式。"

【杰明】2021 年 8 月 17 日

我不是艺术家也没有受过艺术绘画和鉴赏的特别训练。说不上情操的陶冶，每每都是出于好奇心或想换换心情的目的去博物馆走走。什么作品能让我在这"场域"开启了一片"澄明"的存在呢？回想起来，应该是赛·托姆布雷（Cy Twombly）的四幅一系列的《四季》抽象作品吧。

记得前几年，第一次看到托姆布雷的作品是在纽约的现代艺术博物馆（MoMA）。从踏入展厅的那一刻，我被那粗犷而格格不入的色彩和杂乱的线条吸引。隔壁楼上展厅毕加索的作品好歹还能看出是人还是物，但在托姆布雷的四幅画的面前，完全看不出个所以然。这里一堆横竖堆砌线条，那里又堆砌着没有抹平抹开的颜料。还有好像不小心打翻染料瓶，染料从画顶倒下来的痕迹。就像一个幼儿园小朋友拿着蜡笔在纸上乱涂乱画。走近看，上面还有零零星星若隐若现的一些歪扭和格格不入的蹩脚文字像堆到在画上一样，毫无美感可言。或许，应该说是那种"贫穷限制了我的想象"的冲击感扑面而来，让我在画前木然。自己的艺术细胞太匮乏，无法理解这位艺术家到底在创作什么？

虽然自己不理解，但不知道为什么还是被那种不协调的杂乱感深深吸引。好像每一幅画都有种要表达什么复杂情绪的感觉。看着看着好像杂乱中开始有序起来；自己不也是在这里梳理杂乱的情绪吗？旁边除了托姆布雷的简介上面标明那四幅画《四季》，没有更多的对每一幅画的细节描述。仔细观察，好像还真的看到不同季节的交换，每一幅好像还都有不同情绪的表达。每一幅画上面的大面积留白的开放性让我有了好多想象空间。

那一刻，我就会不由自主审视自己的情绪。当时在诧异，托姆布雷怎么知道我这样杂乱的心情呢？还是他在用画描述他作画时候的心情？画面上粗犷的线条如果在春天自己会如何？在夏天又会怎样？秋天是收获吗？那冬天呢？似乎看到了穿梭春夏一排排的船只和倒影，退去落叶挂满果实秋天的枝丫，还有那压满积雪的群群山脉。托姆布雷好像还在用残缺的文字在画布上放飞自我地作诗，诉说自己的情绪和秘密。又好像我也在看画的同时掀开内心的遮蔽，诉说我内心的情绪、内心的秘密。这就应该是给我开启了一片澄明的存在吧！

【伯善】2021 年 8 月 20 日

分享我看过的电影画面，我也感受到了本真和诗意：

①《天下无贼》片尾刘若英演的怀孕准妈妈，周围一片寂静，她在大口大口吃烤鸭，嘴边是面酱，她丝毫不在意自己的吃相和外表，像是在为肚子里的孩子吃，也像是为死去的男朋友（刘德华饰）吃，看一遍感动一遍，原来爱和思念可以用吃来表达。

②《芳华》最后，刘峰点烟没点着，小萍帮他点着，小萍说，能抱抱我吗（十几年前想说未曾说出口），画面最后是刘峰（黄轩饰）抱着小萍（苗苗），然后消失在那条长椅上。一代人的芳华已逝，但是有一些温暖的东西一直留着，在心中回荡。

【高昕】2021 年 8 月 23 日

我印象很深的是莫奈的《红围巾》，也许因为看的是真迹，瞬间被打动了。艺术家把妻子从窗前走过的一瞬间定格在画布上，虽然画面模糊不清，但留下的印象却穿越百年历历在目。海德格尔应该也会认为，这样被艺术加工过的真实，要比现实的真实更加真实。

【一路妙家】2021 年 8 月 23 日

丢勒的《祈祷之手》是给我印象深刻的一件艺术作品。第一次看到这幅画，我的印象是，手上的纹路清晰，这是一双劳动人民粗糙的手，双手合十呈祈祷姿态，虽然他的生活艰辛，但内心充满虔诚的期待。后来查资料看到了这件作品后面的故事，了解到它所表达的兄弟之间的情谊，互相支持的力量，还有一丝丝的忧伤。

有些人逛艺术品展只关注于形，其实就是被沉沦遮蔽，未能进入艺术品开启的存在的场域。

【兔兔 核安全运营顾问 EDF】2021 年 11 月 14 日

在欧洲旅居多年，看了那么多艺术作品，也有给自己留下深刻印象的，不仅仅是艺术品的超越时空性，似乎还有别的什么，但是始终无法描绘出某些艺术品打动自己的原因。海德格尔对艺术的认识似乎是说出了自己模模糊糊的感受。

艺术家倾听存在的声音，用其艺术品揭开了遮蔽，展开了"场域"，呈现一个具体的情境，让某个存在者自行显现，也让观看者进入了澄明之境。

语言可以揭示存在，也可以遮蔽存在。惯用的语言规定了各种观念，遮蔽了诗意（事物的澄明），也就将人带入理所应当的沉沦状态。而诗人可以用语言创作，去掉遮蔽，展现澄明，将观看者带入澄明之境。

想了半天选哪个艺术品比较好描绘，但最后还是想忠于内心最喜欢的那一件：卢浮宫收藏的胜利女神的雕塑。我曾梦想有一天能够让自己的眼睛落在她的身上，尽管看了那么多照片第一次去卢浮宫见到她的时候还是被震撼，曾几个小时待在那里，将自己沉浸于她的美中。也许因为女神迎风展翅轻纱裹身的庄严感，也肯定离不开自己从小对希腊神话的喜爱，和自己的阅读经历。她给我展开一个场域，让我飞离沉沦之境，进入一种永恒。

第9讲
雅斯贝尔斯：边界性境遇与超越

前面我用四讲重点介绍了德国存在主义最重要的代表人物海德格尔。从这一讲开始，我们要来了解三个和海德格尔交往密切的人，一个是他的同事和朋友，另外两个是他的学生。这一讲先来看看他的同事卡尔·雅斯贝尔斯。这个名字你不一定熟悉，但是你大概听说过"文明的轴心时代"，这个著名的理论就是雅斯贝尔斯提出来的，他把公元前8世纪到前3世纪的时期称为"轴心时代"，这个时代在中国、印度、波斯、希腊等等很多地方都涌现出高度发达的文明，为之后的文化发展奠定了基调。不过这是雅斯贝尔斯在思想史方面的成就，我们还是来关注他给存在主义哲学做出的贡献。

雅斯贝尔斯出生在1883年，比海德格尔大6岁。他不是哲学科班出身，开始学的是法律和精神病学，还在精神病诊所里工作过一段时间，三十多岁以后才开始系统学习哲学。在20世纪20年代，他跟海德格尔一样都很看不惯德国的哲学界，既不喜欢做出僵化的概念区分的新康德主义，也不喜欢满嘴行话空话的现象学。他们想要共同酝酿一场哲学上的革命，把哲学建立在具体的生活经验之上。这就是未来的存在主义。这个时候海德格尔和雅斯贝尔斯是非常亲密的朋友，也是为了哲学的未来共同战斗的战友。海德格尔曾经在给雅斯贝尔斯的信中说："要对大学里的哲学思考进行根本性的改造……我们需要结成一个看不见的共同体……要根除众多的偶像崇拜，必须将今天哲学界的巫师们的卑劣和可耻的行径昭然于世。"

海德格尔在 1927 年出版了《存在与时间》。五年后，雅斯贝尔斯出版了一套三卷、总共将近一千页的巨著，这本书的名字很朴素也很有野心，就叫《哲学》。雅斯贝尔斯既是在呼应海德格尔，也是在暗中跟他竞争。正是这两本书，为德国的存在主义奠定了基础。不过雅斯贝尔斯的风格跟海德格尔差别很大。海德格尔善于力拔千钧的发问和力透纸背的分析，是那种才华横溢的天才思想家；而雅斯贝尔斯的气质更接近学者，而且在讨论中带有明显的心理学和个人经历的印记。

雅斯贝尔斯从很小的时候就有心脏病和肺气肿，这两种病让他有一种随时可能死去的焦虑。他经常感觉呼吸困难，说话语速很慢，也不敢太大声。他的存在主义思考就和他自己患病的经历和对死亡的焦虑有关。

在雅斯贝尔斯的思想里，最重要的概念是"**边界性境遇**"（Grenzsituationen）。"境遇"很好理解，人不可能生活在真空里，总是身处某种境遇之中，可能是一些机会或者挑战，可能是顺境或者逆境，大多数的境遇都带有偶然性的色彩。

那"边界性境遇"是什么呢？"边界性境遇"指的是必然与我们的存在联系在一起的，界定了我们作为人的生存的境遇，特别是那些威胁到我们日常生活的安全感和稳定感的境遇。比如说，我们的生活中一定会经历痛苦，一定会和其他人处于矛盾斗争之中，一定将会死去。雅斯贝尔斯用一个有趣的比喻来描述边界性境遇，他说："我们看不到边界性境遇背后还有什么别的东西，它们就像一堵墙，我们撞在上面，对它们无能为力……"

那面对这些边界性境遇，我们要怎么应对呢？有两种应对办法，一种是闭目塞听的态度，假装没有看到它们，这就类似海德格尔说的"沉沦状态"。另一种就是瞪大眼睛直视边界性境遇，把它们当作契机去转变自己日常的生活，通过**三重超越**实现本真的生存。我结合雅斯贝尔斯对死亡这种边界性境遇的精彩分析来给你说说这三重超越是什么意思。

第一重超越：我在边界性境遇中感受到，自己不仅仅是一个存在着的"东西"或者"物品"，过着没有反思、现成给定的生活，而是真切地感受到"我这个独特的个体"的生存。我们都知道，人是会死的。仅仅是知道这一点，或者是念叨着这句话，死亡还只是外在于我的事实。并没有构成我的边界性境遇。只有当某个亲人或朋友的死给我造成了刻骨铭心、难以忘怀的痛苦，或者我对于自己的死亡感到深深的恐惧和焦虑，不能再用遗忘和回避的态度面对的时候，死亡才变成了我的"边界性境遇"。这样我就实现了第一重的超越，原本物化的存在，变成了个体的生存。雅斯贝尔斯甚至不无夸张地说："生存只能形成于对死亡的战栗之中！"

在这之后，边界性境遇可以给我们带来**第二重超越**，让我从认识上把握这些边界，把它们看作人生的各种非此即彼的**可能性**。当我在死亡的战栗中感受到了自己的生存，我就开始掂量死亡给我保留了哪些可能性，哪些才是对我的生存真正重要的东西，哪些是可有可无的东西。比如说，作为一个哲学老师，我会在头脑中排除掉金钱、地位、荣誉这些身外之物，而保留教师这个对我的生命最重要的可能性。这时我就有了第二重超越，边界性体验给我敞开了生存真正的可能性。

再下一步，**第三重超越**，就是我基于之前的感受和认识，从我的自由出发，做出实际的行动来明确自己的生存。这样我就从可能性的生存超越到了**现实性的生存**。当我真正把哲学老师作为生命的重心，就会享受自己作为老师的角色，把更多的时间放在备课、上课、跟学生讨论问题上，而不是参与到学术政治斗争，或者争取各种头衔上。这个时候，死亡这种边界性境遇就给我带来了第三重超越，我可以带着不再畏惧死亡的决断去生活。

在我们的一生中，面对边界性境遇的体验和这三重超越都不是一劳永逸的，而是需要反复经验、反复思考、反复实践的。我们本真的人生，以及"我"这个个体，就是在这样一个动态过程中被塑造的。

在讲海德格尔的时候，我们也讲过他对死亡的理解。我们就来看看，这两位德国存在主义的奠基者，对同一个问题的分析有什么相似和不同之处。

他们的相似之处比较明显，都把面对死亡的焦虑感，当作显示个人生存的重要因素。认识到自己将会死去都有"当头棒喝"的作用，可以惊醒沉沦中的或者物化的人，给我们敞开一种本真生存的可能性。

不过在我看来，他们之间的差别更有意思，也更能刺激我们对生存的思考。在海德格尔那里，对死亡的焦虑是不能消除的，我们始终要带着这种弥漫在生存中的情绪，做出自己本真的选择，我总是孤独地面对死亡，孤独地做出本真性的决断。这种孤独感，既是人在直面死亡时的情绪，又是海德格尔哲学思考的特点。他喜欢在黑森林的小木屋里孤独地思考和写作，然后用他横空出世的发问和思考，震惊世人。他的思想总是有一种高处不胜寒的孤独感。

而在雅斯贝尔斯这里，只有在边界性境遇带来的第一重超越中，我才是孤独地感受死亡带来的恐惧。而在第二和第三重超越中，我最终实现了在死亡面前的无所畏惧。而且这种超越了对死亡的恐惧的生活，是和他人共同实现的。所以，在雅斯贝尔斯这里，他更强调行动的价值和交往的价值。在他看来，哲学或者寻求真理的活动绝不是一项孤独的事业，而是在交流中展开的。雅斯贝尔斯曾经说过："两人相遇，才有真理"；他的很多学生和同事都从这种平等的交流中受益良多。

到这里，我们看到了雅斯贝尔斯和海德格尔作为朋友和战友，一起开辟了德国存在主义的道路，也看到了他们在思想上的一些重要差别。这些差别，还有雅斯贝尔斯后期研究兴趣的转向，让他们在思想上渐行渐远。这里我们再回到两个人的交往，看看他们在人生轨迹上是如何渐行渐远的。

导火索就是 1933 年纳粹上台，反犹倾向越来越严重。雅斯贝尔斯的夫人是犹太人，海德格尔因为跟纳粹走得比较近，就开始疏远雅斯贝尔斯夫妇。1933 年他在一次拜访雅斯贝尔斯之后，甚至拒绝和他夫人告别。自从这次尴尬的会面，直到 36 年后雅斯贝尔斯去世，他们都没再见过面。

第二次世界大战以后，两个人恢复了通信，自觉理亏的海德格尔，曾经尝试过几次冰释前嫌，但是都被雅斯贝尔斯冷冷地避开了。雅斯贝尔斯一生都没有原谅海德格尔，不是因为他冒犯了自己和夫人，也不是因为海德格尔曾经亲近过纳粹，而是因为海德格尔始终没有正视自己的错误，表现出悔改的姿态。

在雅斯贝尔斯 80 岁生日的时候，海德格尔寄上了热情的贺信，带着留恋回忆两个人在 20 年代的亲密关系，而雅斯贝尔斯在客气的回信中，表达了对海德格尔人格的质疑。在信的最后，他说"我从遥远的过去向您致以问候"。这对曾经的朋友和战友之间一切美好的关系，都停留在了那个孕育存在主义的 20 年代……

这一讲的最后，我想引用雅思贝尔斯在《哲学导论》中一句非常耐人寻味的话作为结束：**"生存就意味着超越，只要我真的是我自己，我就确信，我并非由于我而是我自己。"**

我想请你谈谈对这句话的理解。

参考书目

1. 瓦尔特·比默尔、汉斯·萨纳尔主编：《海德格尔与雅斯贝尔斯往复书简》，李雪涛译，上海：上海人民出版社，2012 年。

2. Karl Jaspers, *Philosophy*, 3 vols., trans. E. B. Ashton, Chicago：University of Chicago Press，1969-1971.

精选留言

【刘芳】2021 年 8 月 17 日

1883 年，卡尔·马克思去世，卡尔·雅斯贝尔斯诞生。

2009 年，我徘徊在人生的十字路口面临职业重大选择的时候，读到了雅斯贝尔斯《什么是教育》中的金句"教育就是一棵树摇动一棵树，一朵云推动一朵云，一个灵魂唤醒另一个灵魂"（后来有学者论证并非出自雅斯贝尔斯）。为之深深地感染和激励，毫不犹豫地走上讲台，多年耕耘，成了学生眼里还不错的老师！

两年前，研究的契机让我深深地爱上阿伦特，阿伦特女神的博士学位论文指导老师就是雅斯贝尔斯，他在给阿伦特的一封信中说，不能将希特勒看作恶魔，看成神话人物般的存在，必须看到其中完全平庸的性质，就像"细菌可以造成流行病的灾难，但细菌仍旧只是细菌"，由此成就了阿伦特后来的《艾希曼在耶路撒冷》！

最令人感动的是雅斯贝尔斯对妻子的不离不弃！纳粹上台后，雅斯贝尔斯因妻子的犹太身份而受到当局的迫害，作品被禁止出版，妻子不想连累丈夫的学术前途而要求他离开，雅斯贝尔斯坚定回答说："我如果这样做的话，我的全部哲学没有任何意义！"

无论是学术还是人品，雅斯贝尔斯都是我心里的男神！

"生存就意味着超越，只要我真的是我自己，我就确信，我并非由于我而是我自己。"这句话让我联想到了哈贝马斯的主体间性（inter–subjectivity），只要我保持本真的自我，一定能找到和这个世界互动的痕迹！学术经常使用"建构性""互文性""无休止的对话性"等等！

很感谢父母在很小的时候，培养我的外语能力和国际视野；很感谢在求学阶段，老师们对我的鼓励和栽培；很感谢在留学期间，外国友人给予我的帮助和指导；很感谢伴侣的宽容和陪伴！更感谢这个伟大的时代，能给女生更多的学习和开拓视野的机会！感谢刘玮老师带来的精彩的"存在主义哲学课"，未来的人生，回忆起 2021 年的 8 月，定会是浓墨重彩的一笔！甚至要感谢生命里出现的每一个人，我之所以是现在的我，多多少少都有他人或是有心或是无意的雕刻！

同时，我的孩子会受到我的影响，带着我的基因和思想拥抱世界；我的学生们会因为我的授课，多了一个看世界的角度；我的朋友会因为我的点亮和启发获得一种思考框架；我的研究会为后人了解抗日战争多一点参考！我也在积极主动地雕刻着"他者"！

时尚大师山本耀司曾说："自己"这个东西是看不见的，撞上一些别的什么，反弹回来，才会了解"自己"。

最后还想跟刘玮老师探讨一下"为师之道"，在您看来，一位优秀的老师需要具备哪些"金子般"的品质？您在自身的教学实践过程中，最注重培养学生哪些能力？

【刘玮回复】

前面说的都很好，我非常认同。这里简单回答一下你的两个问题：作为老师，我觉得两个品质最重要：对自己所教东西的热爱（这个热爱里就包括了不断提高自己的专业水平），对学生真诚的关爱。我最看重培养学生的两个能力，一个是阅读原典的能力（也就是如何处理那些复杂的哲学文本），另一个是研究能力（通过阅读原典和研究文献，能够形成自己的问题，并且给出自己的思考和回答）。

【区海明】 2021 年 8 月 17 日

我的理解是：首先，雅斯贝尔斯笃信生命的意义在于打破，打破传统思想，打破传统的思考方式，打破自己的思考方式。他曾经说这样一句话"要超越那些坚固和静止的东西，走向更浩瀚的大海中，那里的一切都在恒常运动着"。具体的做法比如他打破了传统哲学和传统心理学的局限，开始研究兼具两者优点（既能理解全部生活和体验又提供实用方法）的现象学。

另外，后半句话的内容，我认为需要重点理解"我并非由于我而是我自己"。存在主义认为，我们自身的生物性，所处的家庭和社会环境的确影响着我们，但这些因素就像是那些坚固和静止的东西，是要被超越的。作为思考和行为的主体，我们是超越了这些东西成了"我自己"，因此"我"和"是我自己"的关系不是因果关系，"超越我"和"是我自己"才是因果关系。

真的自己，就是每一次面对边界性境遇，遵从内心做出选择并采取行动改变现状，超越原来的我的结果。而这个追求真我的过程是个持续的过程。

【杨涵】 2021 年 8 月 17 日

疫情之后，经历了很多的变动，最重要的还是切实感受到了超越意味着什么，我们是通过感官连接这个世界，久了就变成一种惯性，把自己独立出来，除非真的痛了，才知道原来周围还有别的，有时候可能还不能明白，只当这一切存在于梦中。超越首先意味着清晰的自我认知，这需要的是面对自我的勇气，否则超越的究竟是什么也不知道；其次，超越意味着责任，明白生命是连在一起的，你有你的位置，也有要承担的责任；最后，超越还需要知道，一件事能不能做成，有诸多因素，你能看到的影响因素越多，你就越强大，你看到的就不再是小我。

超越之后是喜悦的，如果人生真的能理解并践行，完成一次一次的超越，也就无憾了。

【霍森布鲁兹】 2021 年 8 月 17 日

这句话指的应该是在三重超越中探索自己的过程，"自我"并非是一个恒常不变的稳定的"东西"，它并非是因为一个固定的"我"的存在而存在，所以，生存就意味着超越。没有超越的生存，我们就仅仅是一个存在着的"沉沦状态"。

和刘玮老师一起思考和探讨哲学，可以算作"第一重超越"，有了反思，我们就不再是一个存在着的"东西"，开始真切地感受到自我的存在。

而第二重超越，要在哲学课之外去找。对于我们每一个人，最重要的事情是什么，有了这一层认知，才能进行第三重超越，做出实际行动。

但由于自我是在不断变化中，人生中的三重超越总是在循环往复，我们只能反复思考，反复实践。所以，"我"并非由于"我这个存在"而是我自己，是因为我的不断超越，才是我自己。

【杨蓓蓓 生涯规划咨询师】2021 年 8 月 17 日

我试着结合三重超越，来对自己做个简单的分析。

第一重超越，我在边界性境遇中感受到，自己不仅仅是一个存在着的"东西"或者"物品"，过着没有反思、现成给定的生活，而是真切地感受到"我这个独特的个体"的生存。

前段时间，做了自己的追悼会策划，列了自己的遗愿清单和墓志铭，而我的墓志铭就是"她不虚此行"。人生一世诸多不易，如果没有活出自我，真的太遗憾了。

第二重超越，让我们从认识上把握这些边界，把它们看作人生的各种非此即彼的可能性。当我在死亡的战栗中感受到了自己的生存，我就开始掂量死亡给我保留了哪些可能性，哪些才是对我的生存真正重要的东西，哪些是可有可无的东西。

我是一名生涯咨询师，这是我最为看重的一个角色，这个角色超过了其他的职业社会角色。

第三重的超越，就是我基于之前的感受和认识，从我的自由出发，做出实际的行动来明确自己的生存。这样我就从可能性的生存超越到了现实性的生存。

作为一名咨询师，我特别享受和每位来访者深度的沟通、对话、链接，让他们被看见、被支持、被赋能，是我能做、喜欢做，并且最有成就感的事情。

【刘玮回复】

感谢你的分享！我很喜欢你的"墓志铭"（虽然这么说好奇怪）"她不虚此行"！

【假亦真】2021 年 8 月 17 日

压力刻在额头，匆忙写在脸上，矛盾纠结在心中，人虽生而自由，但却无往不在枷锁之中。是做一个痛苦的苏格拉底好，还是做一头快乐躺平的猪好？

看似荒唐的行为，背后可能有不得已的苦衷。表面上人人有自由意志，其实身上都不知道有着什么基因和环境的枷锁，有的人能战胜这些枷锁，他们就是英雄。

生存就意味着超越，但不意味着你能超然于边界之外，也不是你就此沉沦躺平的理由。衡量一个人是否活着的根本方法，就是看他是否有意愿、有能力在边界之内做出主动选择。

所有重生都是主动选择，要醒悟获得新生，正如凤凰涅槃，只有浴火才能重生。所有的平庸都是自我设限的结果，要把所有的夜归还给星河，把所有的春光归还给疏疏落落，把所有的慵懒沉迷与不前，归还给过去。

大胆一点，反正只活一次。只要我真的是我自己，以我自己正确的想法活着，哪怕戴着镣铐，也要跳出人生的英雄舞曲！

【皎皎】 2021 年 8 月 17 日

体验到由死亡界定的个体存在的边界→从认识上把握这些边界并进行选择→践行自己的选择，用实际的行动来明确自己的生存——从可能性的生存超越到了现实性的生存。

再简化就是：体验 – 思考并选择 – 行动。

不断循环思考、行动的过程就是本真的人生，以及"我"的形成。

所以，"生存就意味着超越，只要我真的是我自己，我就确信，我并非由于我而是我自己。"老师讲的二人的区别可以理解为一位强调孤独、强调个人的体验。另一位则主张在与外部世界的互动中不断超越吗？

行动的过程就一定有外在世界的参与，一定会产生关系、形成反馈，进而对行为产生扰动，引发新一轮的循环。这与雅斯贝尔斯的心理学背景似乎很契合。

那是不是可以理解为：海德格尔是从一个人的视角去研究"人"的概念，而雅斯贝尔斯看到了更多的人，关注的是"人们"？或者说，站在人群中的自己？

总是觉得哪里怪怪的，一个人，真的能把自己从人群中剥离出来吗？可能……可以吧，那他付出了什么呢？

【刘玮回复】

海德格尔的理论也会讲我和他人的"共在"，但是整个理论看下来却有一种浓浓的孤独感,因为个人的生存是指向"死亡"这个孤独的终点的。而雅斯贝尔斯的理论也承认死亡带来的孤独,但是更强调我们生存时的共同性(在阿伦特的那一讲里,我们还会看到这个对比)。

【一以贯之】2021 年 8 月 17 日

我想用一句网络流行语来注释:"生死看淡,不服来战"。多年前说这句话,那属于耍酷。没谁能那么容易看淡生死,也没谁动不动就战天斗地。今天用雅斯贝尔斯的三重超越来理解这句话,就有意思多了。

第一重超越,是在面对死亡这边界性境遇,从终极恐惧中感受到生死的强烈对立与共存——孔子说"不知生焉知死",这里却是"不知死,何言生?"无论是片刻还是长久的,人会在深刻的反思中,这恐惧消散,生死看淡,望见本真的存在。

第二重超越,从死亡的边界各种非此即彼的可能性中,找到对存在最重要的那一个。也只有在这样极端的状态下,人才能不被沉沦的"我"迷雾干扰,才真的看清"我自己",才真的能抓住那个比"我"重要的可能性。Something bigger than yourself,这句话也真就是好说不好做了,要超越到第二重,才能摸到端倪。

第三重超越,把找到的可能性从认知变为实际行动,再说明白,不行动也等于不明,也就是要"知行合一"。行动带来的就是可能性的存在,超越为现实的存在,这一刻你从里到外都是本真的"我自己",不是由于"我",而是来源于超越的"我自己"。这时候面对人生价值,面对任何困难和问题,乃至生死之事也不再恐惧、战栗,也许能淡然说一句"不服来战"。

读到每一句过瘾的话,最好能看到背后并不过瘾的真实,能看到做到它的人所做出的超越,那是一次次的英雄之旅。

【刘玮回复】

有不少同学都提到了 Something bigger than yourself,不过在存在主义者这里,寻求生存的意义,不见得(当然也不排斥)是要找到某个比自己更大的东西,它只需要是对自己重要的东西就行。

第 10 讲
伽达默尔：作为阐释的生存

这一讲我来给你介绍一位通常不被算作存在主义者的哲学家：伽达默尔。他身上最重要的标签是"哲学阐释学的创立者"。但是伽达默尔曾经跟随海德格尔学习，他的阐释学直接来自海德格尔对人的生存分析，并且对海德格尔的存在主义做了推进，因此我还是把他算进了存在主义阵营。我相信到这一讲到最后，你也会同意我的这个决定。

伽达默尔出生在 1900 年，2002 年去世，活了 102 岁，完整地跨过了整个 20 世纪。而且在 101 岁的时候依然头脑清晰，可以参加学术会议，完美地实现了"百岁人生"的理想。

伽达默尔在 22 岁的时候，就在马尔堡大学拿到了博士学位，导师是当时非常有名的新康德主义哲学家纳托尔普（Paul Natorp）。第二年，意气风发的伽达默尔遇到了比自己大 11 岁的海德格尔，这次相遇彻底颠覆了伽达默尔的认知，用他自己的话说："完全动摇了我从前所有的自以为是"；"海德格尔学说中蕴含的诗意和能量，使我经历的所有东西都变得苍白"。随后的 5 年，他给海德格尔当助手，上了很多他的课，跟海德格尔做教职资格论文，也见证了《存在与时间》的诞生过程。从 20 年代开始，海德格尔就对伽达默尔产生了决定性的影响。

不过伽达默尔本人相当大器晚成。年轻的时候，他把主要的精力

都放在了教课，还有处理像系主任、校长这样的行政工作上。直到 60
岁的时候才出版了自己的代表作《真理与方法》。这本书也成为《存
在与时间》之后，德国哲学界最有分量的著作，开创了"哲学阐释学"
这个思想流派。

"阐释学"是什么意思呢？阐释学的英文是 Hermeneutics。这个词
的词根是希腊神话里的信使神赫尔墨斯（Hermes），他的一个重要任
务就是把诸神的信息传递给人类，所以"阐释学"的意思就是传递信
息，把一个本来不好理解的东西说清楚的学问。这个词在中文里有好
几种不同的翻译：诠释学、解释学、阐释学，说的都是一个意思。

人类文明的发展，离不开对过去的理解和阐释，这里有对经典文
本的阐释，特别是宗教的、法律的、文学的和哲学的文本，也有对历
史事件、民族认同、艺术作品的阐释，所以阐释本身是一件很自然的
事情。作为专门的学问，现代阐释学是从 18 世纪的德国发源的，阐释
学主要的目的是提出一套阐释经典文本的方法。

海德格尔独树一帜，把现象学看作阐释学，把自己在《存在与时
间》里所做的工作说成是"生存的阐释学"，也就是把人的生存处境
中那些原本隐而不显、容易被忽略的东西揭示出来。在人的生存处境
里，有一种就是去认识和理解事物。人总是在尝试理解周围的一切，
理解就是人的生存方式，对世界的每一种理解都是对生存的理解。所
以搞清楚人如何理解事物是"生存阐释学"的一个重要方面。

海德格尔对人的生存处境做了很多阐释，但是对"理解"这种处
境和"阐释学"本身并没有做系统的讨论。这也就成了伽达默尔思考
的出发点，他的"哲学阐释学"和传统阐释学最重要的差别就在于，
他不是要给出一套方法来指导人们进行阐释，而是要讨论一个更基本
的生存论问题：**我们的理解是如何发生的？**想要理解某个东西，就离

不开阐释，阐释文本、阐释历史事件、阐释周围人的一举一动。

伽达默尔认为，要讨论理解的可能性，需要从人的有限性说起。人总是在寻求理解世界，但是人没有上帝的全知视角，人的理解总是有限的。伽达默尔也反对笛卡尔以来的那种过于乐观的启蒙理想。这种理想认为我们可以先扫清一切障碍，然后从像"我思故我在"这样确定的地基开始，凭借理性的力量，一路把真理的大楼盖起来，实现对世界的充分理解。

伽达默尔认为，人这种有限的认知者，只能从一个现有的框架开始自己的理解，也就是从一系列"**前见**"（Vorsicht）开始。这些"前见"是在家庭、学校、社会、文化、传统中形成的；简单来说，是被我们的历史和传统塑造的。我们常说的偏见，或者有色眼镜，都可以归入"前见"的范畴；但前见也不一定都是错误的，我们从小学到的知识也都是进一步学习的"前见"。这些"前见"给我们提供了一个"**视域**"（Horizont），也就是一个视野的范围，让我们在这个范围内理解和判断事物。比如说，我的"前见"告诉我，柏拉图是一个只重视理性、完全不关心情感的哲学家。我的前见还告诉我，恺撒是一个权力欲极强的人，想要摧毁罗马帝国，自己独揽大权，所以他才会带兵跨过卢比孔河，挑起内战。

这是对柏拉图哲学观点和恺撒跨过卢比孔河最好的阐释吗？我能不能改进自己的理解呢？

想要改进自己的理解，首先就要正视人的有限性，承认我们每个人的前见和视域都带有局限性，只是暂时的。然后带着开放的心态，去展开与历史文本、历史人物的"对话"。这里说的"**对话**"，就是去了解与这个文本或这个人物相关的历史背景、语言知识、后续事件等。也就是尽可能了解文本作者或者历史人物的"视域"。

在这个"对话"中，我才能越来越清晰地看到我的视域和他们的视域有什么差别；然后认识到，我之前用来理解历史文本和事件的那些"前见"，哪些是随意的、妨碍理解的、应该抛弃的；哪些又是合理的、有助于理解的、可以保留的。

比如说，随着我对柏拉图创作背景的了解和对他更多作品的深入阅读，逐渐认识到，他并不是只关注理性，而是希望在理性与情感之间达到平衡。再比如，通过阅读更多史料，我意识到，恺撒跨过卢比孔河之前遭到政敌的算计，挑起内战并不仅仅因为他的权力欲，而是有很多迫不得已，他也有很多纠结和无奈。这个时候我就需要修正自己的前见，也就是实现了对文本和历史事件的更好理解。

伽达默尔认为，历史文本和历史人物永远是外在于我们的"**他者**"，我们不可能进入历史人物的头脑，用和他们完全一致的方式思考，所以也就不可能绝对客观、精确地还原文本的含义，还原历史人物的每个意图。阐释始终都是一个未完成的、开放的过程。但是，这种开放性也并不意味着我们要落入另一个极端，接受"历史相对主义"，完全随意地理解历史。我们还是能在不同的理解之间分出高下。因为我们能够通过对话，分享那些历史人物的"视域"，实现"**视域融合**"（Horizontverschmelzung）。"视域融合"也是伽达默尔阐释学里最关键的概念，意思就是通过对话，让理解者的视域和被理解者的视域，交汇在一起，从而更好地把握被理解者的意图。

那我凭什么说自己可以跟古人实现"视域融合"呢？这里，我们就要回到海德格尔的"生存的阐释学"了。"视域融合"之所以可能，就是因为一切文本和事件，说到底都和人的生存境遇有关，所以对文本和事件的"阐释"，就是进入他者的生存境遇，分享他者的生存经验。而这种进入和分享之所以可能，又是因为一个关键的要素，那就是**语言**。人类的语言具有可交流性，语言的本质就是共享的经验。伽达默尔说过一句很有名的话，"**语言就是能够被理解的存在**"。我们的理解是和语言同在的，不能用语言表达的东西就是不能理解的东西。世界通过语言进入我们的理解。

通过"视域融合"，我们改善着自己对历史文本和历史事件的理解，也通过这种理解更好地理解了塑造我们自身的历史和传统。这种与他者对话"把遥远的、陌生的东西带到近前，让它们再次开口说话，以一种新的声音说话"。我们在他者的声音中被唤醒。

介绍完伽达默尔"哲学解释学"的一些核心观点。最后我们再来看看，他给"存在主义"贡献了什么？第一，他更细致地发展了海德格尔开创的"生存阐释学"，很有洞见地解释了人如何获得理解；第二，伽达默尔把个人的生存与他所处的历史和传统紧密地联系在了一起，而在海德格尔那里，"此在"更像是一个缺少历史的个体；第三，伽达默尔进一步发展了雅斯贝尔斯那里的"交流"概念，把个体带入了更深入、更广泛的交流和对话，因为一切理解都意味着交流和对话，只有在阐释和对话中，我们才能更好地理解他者，同时也更好地理解自己。在我看来，这三个方面的贡献，足以把伽达默尔这个哲学阐释学的开创者划入"存在主义"的阵营。

最后，我想引用伽达默尔在《真理与方法》里关于对话的一个精彩说法作为本讲的结束："**对话中的相互理解不是某种单纯的自我表现和自己观点的贯彻，而是转换进入一种共同性之中，在这种共同性里，一个人不再是曾经的他。**"

我想请你谈谈对伽达默尔上面这句话的理解，或者结合你的经历谈谈和哪个人的哪次谈话最大地改变了你对自己的理解？

参考书目

1. 汉斯－格奥尔格·伽达默尔：《真理与方法》，洪汉鼎译，北京：商务印书馆，
   2010 年。

2. 汉斯－格奥尔格·伽达默尔：《哲学生涯》，陈春文译，北京：商务印书馆，
   2003 年。

3. 让·格朗丹：《伽达默尔传》，黄旺、胡成恩译，上海：上海社会科学院出版社，
   2020 年。

精选留言

【区海明】2021 年 8 月 18 日

　　我一度认为自己是个阅读高手。和其他阅读爱好者的对话和互动，很多时候我都会写心得、技术分享或者对其他人阅读能力和方法进行评判和给予意见。虽说因为我在这些方面做得不错，往往能赢得好评，甚至成了同事们眼中所谓的标杆。

　　但有一回逛 you tube 视频的经历给我带来了冲击：哈佛大学在读学生 John Fish 分享他最近的读书体验（需要提一下的是，此前我看过他关于如何选书，如何阅读，如何做笔记等等的视频，发现有很多共鸣）。但他那次关于快乐阅读的见解却一下子打破了我的阅读执念。他说他决定是否读一本书的方法就是：读十分钟然后看看自己是否还充满乐趣和期待。我反思自己，多少次在觉得没劲后还强迫自己继续阅读和思考。虽然这种坚持看似是个好习惯，但其实这种状态下的阅读往往缺少那种书本和自身思维、记忆和感受碰撞的激情火花。

　　这次经历让我开始审视自己作为"阅读高手"的标签，它已经没与时俱进很久了。首先，我开始思考和实践快乐阅读。一方面我更果断地放弃那些此刻食之无味的书，并从选书这个环节更改了自身的标准。另一方面我去思考什么境遇下去遭遇一本书得到的快乐是最多的？顺着这个问题，我遇上了唐诺的《阅读的故事》，打开了另一番隔空对话。这次遭遇一方面是神交，一方面又可以继续审视自己在阅读这个事情上的偏见和不完整。

这次和 John Fish 的碰撞，不仅打开了一扇门，还使我走进了一片森林，在其中找到了很多新的要素，去丰富我对阅读这件事情的理解。

最后，借唐诺老师的一句话结束这一次的分享：博尔赫斯还引用爱默生的话说，"图书馆是一座魔法洞窟，里面住满了死人。当你展开这些书页时，这些死人就能获得重生，就能够再次得到生命。"作为读者，我们不断成长最终成为"训练有素的重度读者"，这样担当好图书的"关键使者"。

【刘玮回复】

非常感谢你的分享！我有点怀疑，如果用"十分钟"作为标准，恐怕至少有 90% 的哲学经典都无望获得快乐阅读者的垂青了……但是唐诺的话是我深深赞同的，这种隔空的对话意义非凡。

【霍森布鲁兹】2021 年 8 月 18 日

关于"前见"。我第一次了解贝叶斯方法的时候大为惊叹，认为哪怕初始认知不一样，只要是理性地根据当下的情境做最优判断，最终即使有不同前见的人都会持有相同的观点。

但事情其实没那么乐观，人们看到的往往最先不是"事实"，而是根据"前见"改进后的事实，我们最终能看到的能理解的，只能是在我们"视域"范围内的事情。我们虽然可能会大幅改变"视域"的范围，但这种改变需要有相当大的运气。

我看到有同学留言说自己和妻子的共同"视域"，我也说说自己吧。以前我也以为我和妻子"视域"共同区间很大，相处得久了，我发现男人真的是一种太容易自大的动物，我越来越觉得这其实是我自己的"视域"空间太狭窄，并非我们共同空间大，而是她在对我"向下兼容"。

伽达默尔的那句话：在这种共同性里，一个人不再是曾经的他。在我的生活经验里，说的就是我妻子让我发现自己的无知和自大的过程，我也不再是曾经的我。虽然她没读过什么书，但有个比喻说女人本身就是一本书，这个比喻太贴切了。《易经》上说，君子以厚德载物，男人读遍古今，追求厚德载物，而女人，天生就是厚德载物。在这里，我想向我们这些"像哲学家一样思考"的男同学们提议，多跟你妻子学习，她们都是真正的存在主义哲学家。

【刘玮回复】

关于妻子 / 女性都是存在主义哲学家这段非常精彩！我虽然不认为男女判然

有别，但是直观到的情况确实是更多男性容易为了某个目标忘记生活本身。

【皎皎】2021 年 8 月 18 日

这两天经常看到类似"不能用语言表达的就是不能理解的"观点，看得情绪有点低落，结果今天花了不少时间打游戏（只玩单机，但打不到通关就停不下来是个很坏的习惯）。

刚才翻到罗振宇老师讲阿兰·德波顿关于人为什么要读书，看到相似含义的另一种表达，突然舒服了很多：读书实是为了理解自己，为了理解自己的环境。所以，读书最高的境界就是：你长久以来心有所感的那些事，那些模模糊糊有感觉，但是又没办法明白表达出来的东西，某一本书帮你清楚地说出来了。

一本好书的价值，往往不是因为它告诉了你什么完全不知道的东西，而是你隐隐约约知道，但是又表达不出来的，在这本书里突然找到了清晰的、严整的表达方式。

简单地说，就是将自己用语言表达不清的内容说清了，也就是帮助人完成了一次阐释？或许还可以套用"熟悉又陌生的内容最容易让人觉得有趣"。

现在很好奇哲学专业的孩子到底是怎么学习的，内容、节奏，都很好奇。如果以"将知识用于指导行动"作为掌握知识的标准，哲学属于相对容易掌握还是难掌握的呢？毕竟，这门学科存在本身就有指导行动的意图吧？

【刘玮回复】

看到"不能用语言表达的就是不能理解的"为什么会让你情绪低落呢？这句话只是在描述思想和语言的关系而已，跟我们能理解多少，理解到什么程度都没关系啊。

德波顿的话我大概只会部分同意，澄清自己的"前见"当然是读书的重要收获，但是学到让人茅塞顿开、拍案称奇的新知识不是更令人兴奋吗？

哲学专业的孩子学习其实是很苦的，特别是本科生刚开始学哲学的时候，对于 18 岁的孩子来讲，很多哲学概念都太陌生，哲学的思考方式都太奇怪，所以想要真正入门其实很难，需要读很多书（而且这些哲学书都很难读），才能慢慢摸到门，可能到大二或者大三之后会感觉好一些。在我看来，哲学应该是大学所有科目里最难真正"入门"的。而且哲学课上几乎从来不会强调将知识用于指导行动，因为哲学课上探讨的问题大多数都很抽象，比如逻辑规则、存在的本质、知识的本质、道德本质……这些知识都很难有直接指导行动的效果。哲学是在探索我们和世界关系的各种可能性，而对现实性的关注并不多。

【陈 C】2021 年 8 月 18 日

伽达默尔的理论中，"视域"与"视域融合"这两个概念十分形象，令我印象深刻。现在研究历史有个重要的方法，就是还原事件当时的社会环境与主流观念，再把人物放进去，考察他的认知与决策水平。在这样的研究中，尽管我们并没有和历史人物直接沟通，但因为还原了当时的场景和视角，体察了人物决策时的现实条件，实际上也做到了视域融合，或者说是让我们的视域，去无限贴近当事人的视域。

同样的方法也可以运用到文本中，比如读《论语》，不是大而化之地将所有语句，不走样地用到现实里，而是设法还原当时孔子师徒的处境，去看他们当时为什么会有那些对话。对文本和艺术作品"背景信息"的考察也一样，创作意图实际上就是特定视域的产物，影响甚至决定了作品的基调（至于这种视域考察对欣赏作品本身，到底有多大的重要性，这里暂且不论）。

我们能看到，对历史或作品常识进行"视域融合"，实际上就是在追求达到，某种穿越时空的共情，这也正是阐释学所追求的"理解"。对已经"定型"的历史和作品尚且如此，对仍在变化中的，每一个具体的人，我们更需要去相互理解，追求视域的融合。也因此在我看来，《真理与方法》关于对话的那个说法，"对话中的相互理解不是某种单纯的自我表现和自己观点的贯彻，而是转换进入一种共同性之中，在这种共同性里，一个人不再是曾经的他"，就尤为精彩。对话不是为了展示和炫耀，而是为了与对方达到相互理解与共情，由此我们互相深入到对方的经历与思想中，拓展了自己的体验与认知，最终成就更好的自己。

【Vinchent】2021 年 8 月 19 日

这一讲中伽达默尔的观点和陈嘉映老师在《说理》和《何为良好生活》中的观点有异曲同工之妙。陈嘉映老师认为我们既不能持有一种普世主义的思想去强迫别人接受自己，也不能持有相对主义的思想放弃一切比较和改善的可能，而是要从自身出发去和其他的观念进行交流。哲学在某种程度上就是翻译（也很像这一讲里提到的"阐释"），翻译不是在两种语言中找到完全相同的对应，而是在两种语言中找到"会通"。思想的交流也是这样，理解的过程不是完全的认同或者复制别人的思想，而是将他人的思想和自己的思想进行映照，找到更多的共鸣，并且拓宽双方的边界。

回到本讲的内容，我有一个疑问。我们在多大程度上需要考虑一个作者的生平？我们当然可以说这是一个残疾人写出的作品啊，他的一些看法或者表述方式一定和他残疾有关。但是他本人在创作的过程中却未必真的从这个角度出发，有的时候我们试图从一个人的境遇中去理解他的作品，而不是就他的表达本身来理解他的作品，是不是另一种自以为是呢？

【刘玮回复】

你最后的问题似乎恰恰说明，我们要尽可能多地了解一个人的生平，只有这样我们才能确定，他的作品是不是真的从一个残疾人的视角出发，还是仅仅是根据我们的"前见"认为那一定是从这个视角出发。

【Leo 抗】2021 年 8 月 21 日

伽达默尔说的"视域融合"和我们阅读古诗词是一样的道理。诗人将丰富的人生经历和感悟浓缩成短短的几句诗词，我们不可能将其中包含的所有内容阐释清楚，不同的人因为带有不同的"前见"也就会有不同的理解，即"诗无达诂"。但是所有的文本都是作者生存境遇的再现，我们可以通过走近他们的"视域"，回到文本产生的历史背景，来实现彼此之间的视域融合，也就为更好地理解诗词含义增加了更多的可能性。但也永远不要试图绝对精确地还原文本含义，毕竟我们不是作者自身。

【这是一位女同学】2021 年 8 月 22 日

1. 联想：饶胜文老师讲的《秦始皇评传》里面说，一是要识别历史记录过程中带有各自立场和目的的评价和塑造，去除偏见、贴近真实，用这节课的话来说就是不被"前见"影响，从秦始皇秦国的"视域"理解历史。二是讲秦始皇注重用文化手段使帝制和帝国成为广泛共识，用文化手段经营兼并的领土实现大一统，通过对不同族群文化的拥抱和接纳，得以"转换进入一种共同性之中，在这种共同性里，一个人不再是曾经的他"。

2. 三个对话场景：一是第一回马克思主义原理教学，一个学生说，惊讶于我在校门口逛路边摊，对我改观了，原来不只有"仙气"还有"烟火气"。这一下换成了我惊讶于此。细想，大概率是我把课讲"飘"了，不联系日常，自己也就"仙"了。二是上学期在学校的咖啡厅，老板娘突然过来送了盘水果，原来是在朋友圈看过几次学生发图文，认了出来。她和我说，老师认不认真用不用心，学生是知道的。三是，刘玮老师一直认真回复同学的留言，和大家交流，结合今天的学习，对刘老师更多了一份敬佩。以上三个对话的场景，对我的启发是课堂就是一个共同体，需要师生一起交流开发，如果我不关注学生的生存境遇，又怎么能让学生知和行呢？我可以做得更好一些。

【刘玮回复】

我也听了饶胜文老师的项羽和秦始皇，那里面确实看到很多阐释学基本原理的应用。

感谢你的分享的对话场景（也感谢你对我的鼓励），我相信你一定是一个很好的老师，特别是能把马克思主义原理讲好，讲到让学生发图文赞美你，需要非常高的水平！

第 11 讲
阿伦特：政治性的生存

这一讲我们接着伽达默尔，来说说海德格尔的另一位学生，汉娜·阿伦特。阿伦特这个名字估计你不会陌生，她是 20 世纪最重要的政治思想家之一，对共和主义、极权主义等问题都做出了重要的思考。她最有名的观点应该算是"恶的平庸性"或者"平庸之恶"。她写了一本书《艾希曼在耶路撒冷》，里面详细记录了以色列审判纳粹高官艾希曼的过程。阿伦特发现，参与了屠杀很多犹太人的艾希曼，其实并不是人们想象中的恶魔，而仅仅是一个不会自己思考，平庸到可笑的官僚。

阿伦特 1906 年出生在一个犹太家庭，18 岁时到马尔堡大学上学，遇到了 35 岁、已经有两个孩子的海德格尔。美丽聪慧的阿伦特，与思想深邃的海德格尔擦出了爱情的火花。开始了一段长达 6 年，既是公开的师生，又是秘密情人的日子。因为这种特殊的关系，海德格尔把阿伦特送到了好友雅斯贝尔斯那里读博士。这也给了阿伦特绝佳的机会，见证德国存在主义的两位奠基者如何完成他们的代表作。

纳粹上台之后，阿伦特的犹太身份就成了巨大的问题，她进过监狱和集中营，几经辗转才逃到了美国。纳粹德国发动的第二次世界大战和对犹太人的疯狂屠杀，让阿伦特极为震惊。同样让阿伦特震惊的，还有德国知识分子对于纳粹的反应。按说这些平时推崇理性、主张道义的知识分子应该有起码的良知，即便不公然站出来反抗纳粹，至少也应该采取不合作的态度。但她看到的却是大量知识分子投入了纳粹的怀抱。特别是海德格尔。一个可以如此独立、如此深刻地思考哲学问题的人，居然会认为纳粹是德国的希望，还主动与纳粹合作。这让阿伦特充满失望和愤怒，直到 1950 年，两个人才恢复了联系。对纳粹暴行的震惊和对德国知识分子的震惊，让阿伦特毕生的思考都和集权主义、犹太人、恶行、知识分子的社会责任这些话题紧紧联系在一起。

阿伦特这些政治思考的出发点，也是她对存在主义的贡献，就在于她对海德格尔的回应和对人政治性的思考。这些思考集中体现在她 1958 年出版的重要著作《人的境况》和一系列文章里。

阿伦特批评海德格尔在政治上非常幼稚，既不懂政治，也看不起政治，认为哲学沉思远远超越了政治性的公共生活。此外，海德格尔存在主义的标志性特征，就是强调个人要孤独地面对死亡，由此产生摆脱沉沦的决断。孤独地沉思和孤独地死亡，都是典型的非政治境遇。

阿伦特坚定地认为，海德格尔强调个人生存里面好像与政治无关的特征是错误的！阿伦特很有洞见地看到了死亡的反面：**人的出生**。表面看来，我们赤裸裸、孤身一人来到这个世界，就像我们终将孤身一人离开。但是如果深想一步就会发现，绝非如此。出生这个事件，恰恰显示了个人与共同体密不可分。我是由父母生出来的，我的父母又来自他们的父母，我们生活在某个家庭、某个社区、某个国家之中。如果说死亡是把个体与他人扯开、孤立起来的境遇，那**出生就是一种把个体与他人牢牢绑定在一起的境遇**。

阿伦特更进一步，认为死亡也不像海德格尔说的那样孤独，也带有很强的共同体色彩。阿伦特不否认，我们自己的选择和行动塑造了每个人生存的意义。但是一个人完整的人生意义，只有在他死后才能盖棺论定。而这个盖棺论定的工作，必然只能交给他所属的共同体去完成。死亡让一个人把自己完整的生命意义交给他所属的共同体，让共同体对他形成一个前后连贯的"叙事"或者"故事"。至于这个共同体是一个家庭、一个工作单位，还是一个国家，或者整个世界，取决于一个人生前做了哪些事情，但是不管怎样，给人生赋予完整意义的工作都属于一个共同体。

　　这么看来，我们生存的一头一尾，出生和死亡，都是和他人、和共同体紧密联系的。在出生与死亡之间，我们就更是跟共同体密不可分了。

　　有某个共同体，就意味着一群人生活在一个共同的境遇之中；同时也就意味着有复数的、多元的人。**共同的境遇和彼此不同的个体**，正是"**政治性**"的核心特征。那些塑造了"自我"的、自由选择的行动，看似是我个人进行的选择，其实都和我所处的共同体和我的政治性密不可分。

　　我们可以从两个角度看这件事。第一个角度很容易理解。就是我的任何行动都不是孤立的，总是要和他人发生关系。如果我不想让自己的行动徒劳无功，就要**把自己的行动编织进其他人已经进行了的和正在进行的活动**，而这只能在一个共同的境遇中实现。

　　第二个角度对阿伦特来讲更加重要。她认为，**只有在公共生活中我才能真正行使自由，公共生活才是更加"本真的生活"**。这听起来有点违反我们的常识，我们通常都会觉得公共生活意味着权威和约束，我们在公共生活里也需要更多的面具，总之就是各种不自由。阿伦特为什么认为公共生活才成就了我们的自由呢？这是因为，在公共生活里，我们让自己的言谈和行动暴露在公众的视线之中，同时为公共的利益考虑，用公共的理性交流，承担公共的责任。在这样的生活中，我们才能充分发挥自己全方位的能力，我才是一个**大写的"人"**。在阿伦特这里，"自由"并不意味着我可以在几个现成的选项里，按照自己的喜好随便挑一个，而是像孕育一个新的生命一样去行动，每一个这样的自由行动，都是一个新的开端，带来新的可能性。在阿伦特看来，把自己局限在家庭和私人生活中，才是"非本真"的生活，是一种"低于人"的生活。她肯定不会把如今很多人过的那种整天宅在家里，养个宠物、刷个剧、打个游戏的生活，看作真正的自由生活。

阿伦特认为，在公共空间中与不同的人自由而理性地交流，对人的生存来讲至关重要。如果这种公共生活被破坏了，不仅会导致极权主义，而且也会破坏人的道德。像纳粹德国那样的集权主义国家，就是消除了人的多元性，取消了理性讨论的公共空间，把人变成了千人一面、只会高呼"希特勒万岁"的奴隶。消除了政治的公共空间，人就会丧失独立思考的习惯和能力，从而变得"平庸"，就会造就像艾希曼那样作恶的官僚。

我们看到了政治性的公共空间对自由行动的重要意义。这里还有一个问题：那就是自由行动带来的混乱。我们每个人都是能力有限的行动者，哪怕是大家都出于公共利益，按照自己的判断行动，也可能带来难以预料的后果。所以在一个共同体里，总是可能充满不稳定性和不确定性，这又会反过来影响和剥夺我们行动的自由。阿伦特看到了这个问题，她认为我们需要两种能力去保障自由的行动：一个是**宽恕**，另一个是**承诺**。

宽恕针对的是过去的行动。我们的任何行动，都带有不可预见性和不可逆性，即便意图很好，也总有可能出现偏差，从而把行动者带入某种困境。比如，我看到一个孩子落水了，就跳下河救他，结果因为我的水性不够好，没有救上来。我是出于好意，失败的结果是我没有预料到的，但是孩子死了的后果是不可逆的。如果当时不是我，而是另一个水性更好的人跳下去，孩子可能就得救了。看到孩子的父母哭得死去活来，我一定会为自己的行为感到内疚，这种内疚可能会让我的后半辈子都无法释怀。这个时候，只有那个孩子父母的宽恕，可以帮助我摆脱这种处境，让我真正放下自己的过失，重新回到生活的正轨上来。阿伦特说，**宽恕让过去行动的结果成为过去，从而为新的行动创造了可能。**

和宽恕相对，**承诺**是面向未来的，能够在一定程度上消除人类行动的不可预见性。当一个人做出了庄严的承诺，一个共同体的成员承诺遵守某项规则，我们就对未来有了更明确的预期，虽然这种预期不是 100% 有效，但是依然给我们提供了可以据此行动的确定性，就像是在茫茫的大海里投下了一些可以停靠的岛屿，或者在茫茫的荒原中树立起一些路标，让人可以有迹可循地前进。承诺的能力确保了人们未来的生存，给出了开始一个新行动的依据。

到这里，阿伦特关于人的政治性的讨论就说得差不多了，我们这个关于德国存在主义的单元也要画上句号了。我们看到了海德格尔如何用天才的洞见为存在主义奠定了基础，也看到了在他之后雅斯贝尔斯、伽达默尔和阿伦特对海德格尔的反思和修正：雅斯贝尔斯把海德格尔充满阴郁的"向死而生"转变成了"不畏死亡"的坚定行动，同时突出交流的意义；伽达默尔强调了个人的生存中，会带着历史和传统提供的视域，也进一步把交流和对话变成了塑造个人的重要因素；而阿伦特更进一步，把公共性和政治性变成了个人生存的底色，让个人彻底告别了孤独。

在这一讲的最后，我想引用阿伦特在《人的境况》关于新生与政治性的一句话作为结束。她说："**新生的要素内含在所有的人类行动中，而行动是最典型的政治活动，那么是新生，而非人终有一死，才是政治的核心范畴。**"在这句话里，阿伦特颠倒了海德格尔：我们不是"向死而生"，而是"**向着新生而生**"！

我想请你谈谈怎么看待阿伦特说的公共生活才给人带来了真正的自由？你同意她的这个说法吗？

参考书目

1. 汉娜·阿伦特：《人的境况》（第二版），王寅丽译，上海：上海人民出版社，2021 年。
2. 伊丽莎白·扬－布鲁尔：《爱这个世界：阿伦特传》，孙传钊译，南京：江苏人民出版社，2012 年。

精选留言

【一辆蚂蚁】 2021 年 8 月 19 日

应该可以说，每个人追求的自由都是被驯化的。我们的出身，所受的教育和成长的环境等这些公共生活，都让我们在发展自己的思想时，深深打上了一种被驯化的烙印。在这种前提下，所追求的自由并非拒绝沉沦，而是受跟某种公共环境互动后产生的结果所支配。

比如，我现在有些排斥婚姻，把不婚看成是自己追求的自由。这并不是我为了不活成被要求的样子而排斥，而是因为从小看父母为了孩子付出太多，我不想再为他人付出太多而失去自己的生活，所以才有的自由观点。

可能正是因为公共生活，让我在一次次互动中更加明确了什么是自己更愿意选择的，什么是自己在追求中能激活个人能量的，因而才有了属于自己的坚定自由。

如果只是强调一个人内心的声音，没有公共生活的互动，很容易偏激或为了一个没有根的目标不切实际、自相矛盾地在追求里执拗。

【莓莓酱】 2021 年 8 月 19 日

　　政治性的生存，让我联想到人们常常说的"在生活中修行"，就拿最近的邻里关系来说吧。大家最常说的就是邻里之间要相亲相爱！我家住一楼和邻里之间的相处就会更多一些，夏天蚊子比较多，我就会在家门口点上蚊香，不知是不是我的蚊香有啥问题，总是着一会就灭了，但是总会有好心人帮我点上，使我免于被蚊子咬。院子里的阿姨要打羽毛球，就在我家窗户边打，有时晚上我打开家里的灯他们就看不清羽毛球了，她们在窗户外面喊，我就赶紧把灯关掉。而且我们的交流方式比较独特，不用敲门，直接在窗户边喊。还有保安大叔的关怀，你今天怎么又起迟了。有时下班急急忙忙赶回家，闻到别人家里飘出来的饭菜香，也会忘记一天的疲乏。

　　这种的接触简单却很暖心，让你有一种被惦念的小确幸，书本上的大道理都在生活中。

【区海明】 2021 年 8 月 19 日

　　这一讲最大的震撼首先来自：阿伦特颠倒了海德格尔：我们不是"向死而生"，而是"向着新生而生"！

　　"向死而生"的孤单感也会激发人按照自己的本真去选择过怎样的人生。但"向着新生而生"，让人扩展了自己的"视域"，在公共生活和政治环境中按照本真思考选择和行动。这种情况下的本真，有了更多元的事件作为意志伸展的对象，因此更能充分展示自己的自由。我们在广阔的视域里，借助公共事件以及其中理性而充分的交流激发自身的思考行动和成长，塑造出更丰富的真我存在。

　　另一个震撼则来自阿伦特认为"我们需要两种能力去保障自由的行动：一个是宽恕，另一个是承诺"。我认为宽恕的力量是和指责的力量相对的。面对过往的过错，指责让人愧疚，这个情绪耗费人的意志力，从而影响人产生新的行动。可以这么说，宽恕让人走向本真的路越走越宽，而指责则是关上通往本真的一道道门。同时，我认为共同体的成员遵守的承诺不仅仅给予人确定感，而且在共同努力抵达目标的过程中，具体凝聚力也会进一步加强。这样的凝聚力又反过来加强理性交流的氛围，进一步滋养公共生活中的真我。

总的来说，阿伦特的"向着新生而生"，鼓励我们把自己投放到更宽广、更多现实事件发生的场域中，在公共生活中获得真我趋向丰富和完整所需要的活力。

【刘玮回复】

说得非常好，特别是你对"凝聚力"的补充。

【赤缘】2021 年 8 月 19 日

我们不是"向死而生"，而是"向着新生而生"！其实以我的理解，并不是阿伦特颠覆了海德格尔的"向死而生"，向死而生是指直面死亡等人生中最真切最现实的生存体验。只有具备了直面死亡的勇气，才有可能"向着新生而生"！也就是说阿伦特在这点上只是海德格尔存在主义的延伸，并不是颠覆！"向着新生而生"同样也是现实生活中每个人都需要面对的生存考验！突破即新生！另外阿伦特的政治性生存与个体自由主义其实并不冲突，人毕竟是处在群体之中的，需要承担群体中所负担的责任与义务！那些只宣扬个体自由而忽视群体责任义务的行为是回避现实且自私的行为。所以说，人要想活得坦荡，就不仅仅得直面个人的现实生存问题还得直面群体的责任与义务，小到家庭大到国家！而我们现在很多的教育机构只是宣扬个体的自由，把学生变成了精致的利己主义者。阿伦特的群体中的自由才是体现一个人最真实的生存自由的最佳方式吧。回避并不意味着就不存在了。其实说到底，我们每个人的言行都是被内在的意识与想法所支配着。反过来，从每个人的言行中就可以推导出他所推崇的生存意识与想法。

【刘玮回复】

说得很好！我在这一讲里想要突出的"颠覆"确实是看待人生视角上的颠覆，而不是彻底的推翻。

【风行者】2021 年 8 月 23 日

刘老师好，我认为自由和公共生活没有必然联系。人们有免于遭受侵害的消极自由，也有主动追求合法目标的积极自由，没有必要也没有一把公正的尺子评价哪些是真正的自由，阿伦特讨论的自由仅仅是自己定义的一种自由。我理解阿伦特所讲的自由是以人是共同体一员为出发点的，那么人的公共属性就是公共生活，所以追求公共生活的自由才是真的自由，这明显否认了人的个体属性，我想梭罗的实践也在批评阿伦特的观点。

　　阿伦特把平庸之恶归结到丧失独立思考所导致的机械盲从，这对身处大规模共同体中的个人也是很矛盾的，试想海盗这样一个共同体，就是以杀戮和抢劫为道德的，追求这样的公共生活的自由，不就必然成了阿伦特所讲的平庸之恶吗？

　　公共生活属性的要求，阿伦特自己就做得到吗？明知海德格尔已经成家的前提下，坚持长时间的秘密恋情，这是在追求个人属性的自由，还是公共生活的自由？

　　对明显抽身于纳粹环境，又腰站在道德高点品评的阿伦特，有种虚伪的厌恶。希望刘老师不介怀，嘿嘿。

【刘玮回复】

　　阿伦特并不否认个体的属性，相反，公共性的核心特征就是多元性，也就是承认个体的差异性。阿伦特也没有否认人是有消极自由的，只是在她看来，消极自由还不够自由。公共生活中的自由恰恰是要在差异性的基础上经过理性的讨论，找到一种既尊重所有人的自由和差异，又能够采取共同行动的道路，这才是更积极的自由（虽然这种积极自由并不是伯林说的那种追求完美的积极自由）。

　　海盗共同体肯定算不上严格的公共生活，因为就他们抢劫的目的而言，他们是一群同质的人，不符合共同体的基本要求。除非把海盗和被海盗抢的人放到一起，我们才能考虑公共生活的问题，也才能讨论是不是有平庸之恶的问题。

　　就算阿伦特没有做到自己主张的公共生活中的自由，也不能就此说她主张的是错的。对于纳粹的暴行，阿伦特还是有很强的介入感的，比如她也因为参与了犹太人的反抗组织被抓进过监狱甚至集中营，在逃出德国之后她号召犹太人组织军队抵抗，并不是站着说话不腰疼。

法国的存在主义

萨特（一）："恶心"的存在体验

从这一讲开始，我们要开始一个新的单元，把目光从德国转到法国。要讲法国的存在主义，就一定要从让 – 保罗·萨特说起。

萨特大概可以算是 20 世纪最有名的公共知识分子了，他在二战之后的法国是一个现象级的人物，所有重要的文化、社会和政治事件都少不了他的身影。除了标志性的存在主义哲学之外，萨特还有很多传奇的经历：比如他和波伏瓦保持了长达 50 年的开放式爱情；他在 1964 年荣获诺贝尔文学奖，但是却拒绝了这个作家的最高荣誉；再比如，他因为支持社会主义运动和反殖民主义运动，他的公寓两次遭到了炸弹袭击。

萨特和克尔凯郭尔一样，都用自己的作品和人生共同诠释了"存在主义"的核心诉求：个人面对人生境遇，坚决地做出非此即彼的选择。所以关于萨特的这三讲，我会结合他的人生经历，综合他的哲学和文学创作，来为你讲解萨特这个人和他丰富的思想。

萨特出生在 1905 年，一岁时父亲就去世了，他从小就对其他的玩具和游戏一概没有兴趣，唯有对书充满了痴迷，在七八岁的时候，他就已经读了很多法国和德国的文学名著。因为酷爱阅读，又非常聪慧，家里人把他当作天才看待，萨特对自己的才华也相当自信，很早就相信自己是天生的作家，为文字而生，为文字而死。

萨特学习出众，高中毕业顺利考进了法国最有名的巴黎高师，学习哲学。20 世纪初的法国哲学界和德国哲学界差不多，主要的声音都是理性主义和科学主义。但是萨特始终对这种"假大空"的哲学很不以为然，他想要解决两个问题，一个是理论上的：怎么打破传统哲学在主观与客观之间的对立；另一个是实践上的：怎么把哲学和实际生活联系起来。

1932 年，萨特的朋友雷蒙·阿隆给他介绍了胡塞尔的现象学。与胡塞尔相遇，让萨特的思想发生了决定性的转向。波伏瓦在她的回忆录里记录下了当时很有戏剧性的一幕。萨特、波伏瓦和阿隆在咖啡馆聊天。阿隆对着面前的酒杯说，你如果是一个现象学家，就可以用特别的方式描述这杯鸡尾酒，那就是哲学。听阿隆讲完，萨特兴奋得脸色煞白。他冲到书店，买了一本关于胡塞尔的书，一边走一边读。第二年初，萨特就启程去了柏林，准备认真研究现象学。不过因为纳粹的缘故，德国的政治气氛非常糟糕，萨特没有去弗莱堡拜见胡塞尔，只是靠自己的阅读来理解现象学。

胡塞尔的现象学让萨特看到了什么呢？胡塞尔最重要的哲学贡献之一就是认识到意识的基本结构总是指向某个意识之外的对象，所以始终都是主观与客观统一的，这样就超越了传统哲学的主客二分。同时，用这种新的方式看世界，就会发现很多传统哲学家不屑于关注的东西，比如一杯鸡尾酒、一个圆形、一种情绪，这些东西都有了全新的哲学意义。

在一篇文章里，萨特用非常形象的方式描述了现象学的革命意义。他说，传统哲学对意识和认知的看法是一种"消化"模式，就像蜘蛛用自己的唾液裹住昆虫，把它们吞下去、分解掉、变成自己的营养。这就是用主体的意识去同化外物，磨去它们的棱角。而现象学的革命意义，在于提出了一种方向完全相反的运动。人的意识不再像口袋一样,把外在的对象装进来、消化掉。意识只能冲出去,到外面去和对象结合,而对象总是棱角分明地矗立在那里。用萨特很有文采的话说,就是我们的意识"被抛到干燥的尘埃之中,崎岖不平的土地上、物件之间,被遗弃到一个无动于衷的、充满敌意的、倔强的世界之中"。

阅读胡塞尔的这段时间,萨特完成了自己的第一部长篇小说《恶心》,他把对于现象学的理解和自己的生存体验完美地融合到了这部小说里。

《恶心》这个标题听起来就非常刺激,非常有话题感。不过萨特一开始构思这本小说的时候,标题更像哲学专著,叫作《论偶然性》,他后来还想过《忧郁》和《关于心灵孤独的论文》。最后,是他的出版商想到了《恶心》这个响亮的名字。"恶心"也成了萨特第一个为人所知的哲学和文学标签。

《恶心》这部小说是以主人公罗冈丹的日记形式讲述的,几乎没有什么情节,不过是他每天平凡生活的记录,读了什么书,见到了什么人,做了什么事。小说的一开头就特别有现象学的味道,萨特这样写道:"最好是逐日记录事件……别漏过细微差别和细枝末节,哪怕它们看上去无足轻重。千万别将它们分门别类。应该写我怎样看这张桌子、街道、人、我的那包香烟,因为它们发生了变化……"

罗冈丹在世界各地游历多年,觉得生活没什么意义,于是来到一个叫布维尔的海滨小城,准备研究18世纪的冒险家罗尔邦侯爵传奇的一生,想通过研究别人的精彩生活,为自己的生活寻找意义。但是有一天,他在海边拿起一块石头,却产生了一种让他浑身不自在的情绪,就是想要呕吐的那种"恶心"。这种情绪最开始只是偶然闪过,但是逐渐弥漫到生活的各个方面,不管是待在家里、图书馆里还是咖啡厅里，不管是走在街上、看书的时候、思考的时候，这种恶心的感觉都如影随形。

表面看来，恶心来自生活缺乏意义。罗冈丹曾经盼望着自己的生活中会有冒险和奇遇，这些经历能给生活带来意义。但是不管是他自己的生活，还是从历史资料里看到的罗尔邦侯爵的生活，其实根本没有什么奇遇，所谓的"奇遇"不过是人们讲出来的"故事"而已。在实际的生活中，人们只是进进出出，日子一天接一天，平淡无奇，不过是一种没有止境的、单调乏味的加码。

有一天，罗冈丹在公园里坐着，看着对面一棵栗子树的树根，那些黑黢黢的、丑陋的、相互缠绕的树根让他突然明白了"恶心"更深的根源：让他感到恶心的就是"存在本身"。这些丑陋的、屹立在自己之外的东西，就是充满偶然性，甚至荒谬性的存在本身。自己之外的世界是一个危险的、变幻莫测、无法预料的地方。从根本上说，我们没有办法解释某个东西为什么是这样而不是那样，存在就是存在的，它本身没有意义。

我们都知道世界上充满了偶然性，一张彩票、一场事故、一次偶遇，都是偶然的。但是萨特说的这种偶然性比我们通常说的要深刻得多，这种偶然性是植根在人类意识的基本结构里的。这就是我们前面说到的萨特对胡塞尔的理解，意识总是"被遗弃到一个无动于衷的、充满敌意的、倔强的世界之中"。对象没有办法被意识消化，意识只能离开自己，去跟这个绝对外在的世界相遇。这不是我们通常说"世事难料"的那种偶然性，而是说只要我们有所意识，那种完全无法掌控的偶然性就一定会相伴而来。

认识到了自己恶心的根源之后，罗冈丹也认识到，他之前执着的那个想要获得意义的"自我"其实是完全空洞的，他感到自己变得苍白，逐渐消失……

在后来的回顾中，萨特说"我就是罗冈丹"。这种与无意义的偶然性相伴的感觉，是萨特从小就敏锐地感觉到的，比如父亲的缺席，与继父关系的紧张，在学校里被人欺负，等等。他自己经历过的孤独、焦虑、无意义，都转化到了罗冈丹那种恶心的感受之中。萨特甚至说，恶心是一个人面对存在时必然产生的感觉，一个人如果没有这种感觉，就是还没有意识到自己的存在。这也是萨特整个存在主义哲学的出发点：人的生存处境是充满偶然性的、没有意义的。

不过萨特在小说的最后，还是给读者留下了一个稍微光明一点的结尾。罗冈丹在咖啡馆听他最喜欢的一首爵士歌曲的时候，那种恶心感觉就会暂时消失。每个音符好像都是必然的，没有任何一个可以被替代。罗冈丹感到艺术似乎可以对抗生命中的偶然性，于是决定离开布维尔，去巴黎追求艺术……这个结尾也是萨特自己的写照，面对恶心的存在体验，萨特也走上了一条用文学和哲学创作对抗偶然性的道路。

在这一讲的最后，我想引用《恶心》这部小说里非常耐人寻味的一段话作为结束。这段话是关于实际生活和"讲故事"之间的差别。罗冈丹说，实际的生活是没有止境、单调乏味的加码，但是当你讲故事的时候，一切都变了，**"事件朝着某个方向产生，而我们从反方向来讲述……叙述是逆向进行的，瞬间不再是随意地相互堆砌，而是被故事结尾啄住，每个瞬间又引来了前一个瞬间。"**萨特的意思是，我们平时的生活和工作，其实是陷入各种充满偶然性的细节中的，那些细节是缺乏意义的；只有当你把事情做完了，把它当作故事讲出来的时候，那些经过筛选的细节才有了严丝合缝的意义，我们所有的"历史叙事"不也都是这样的吗？

我想请你聊聊有没有过萨特描述的那种与偶然性面对面的感觉，除了"恶心"，你还会用其他什么词来形容这种感觉吗？

参考书目

1. 萨特：《胡塞尔现象学的一个基本概念：意向性》，刘国英译，收于倪梁康主编：《面对实事本身：现象学经典文选》，北京：东方出版社，2000 年。
2. 萨特：《恶心》，桂裕芳译，收于《萨特文集》第一卷，北京：人民文学出版社，2019 年。

精选留言

【甜小姐】2021 年 8 月 20 日

我觉得萨特的意思是所有的意义是人赋予的，而存在本身是没有意义的。人的意识与这种偶然的存在相碰撞的时候，就会觉得恶心和痛苦。

我是这样看这个问题的：

首先，我不觉得实际生活是没有止境地单调乏味。如果真的每一天都一样，那世界上就不会有那么多不安全感了，也不会有风险控制的工作了，比如金融，比如天气预报就天天报得准了。是不确定性才带给人们恐慌和焦虑，同时也带来了机遇，这也正是世界的魅力所在。

只有不确定性才会让人们发现问题，反思问题，才能给生活和生命注入源源不断的新的活力，比如这次新冠疫情，也带来了很多新的东西。碰撞才是乐趣。格物致知，是碰撞才带来认知。我打个比方，人的一生其实就像化学反应，外界的那些东西可能不参与反应本身，方程式里看不到它们，但是它们是催化剂，它们促成了反应。我们最终是在这些反应中完成对自己对世界的认知和自我成长，这就是生活的意义所在。所以，不确定性带给我的是兴奋，而不是恶心。

其次，如果意义是人去赋予的，那其实你可以去赋予每一件事情，不管大小,以意义。之所以你有选择地去赋予,只是因为时间精力和有没有必要、重不重要。所以,如果意义是主观的,那么世界上就不存在没有意义的事情,只要你想赋予它意义。

如加缪所说,虽然世界本身是荒谬的,但是西西弗把石头推上滚下,再推上滚下的这个行为本身是有意义的,西西弗是幸福的。我相信并提倡人的主观能动性,其次,就算我们改变不了的事情,也不意味着它一定是没有意义的。你走的每一步都算数,大大小小的珠子串起来,就是人生美丽的项链。

【刘玮回复】

我很欣赏你非常积极的生活态度!如果能把一切偶然性、外在性、不可控性都当作令人兴奋的机遇,对它们保持兴奋,那人生确实光明美好!

你说的第二点确实是萨特的意思,存在本身没有意义,一切意义全凭我们赋予(之后的两讲还会把这个思想推到极致)。

最后,我很喜欢你关于人生项链的那个比喻!

【一辆蚂蚁】 2021 年 8 月 20 日

意识在对自己每天的故事进行加工的时候,碰到新鲜的、难忘的容易给它贴上"有意义"的标签,然后告诉自己,它们的发生让自己的人生更有分量了,如果是重复的、枯燥的,就会不知道该如何消化它们,甚至出现类似恶心感一样的不适。

我之前长途骑行,每到一个地方第一天会觉得新鲜,要是再多待一天,整个人会觉得不安,迫切地想要逃离。

现在想想,可能是因为我之前确定会美好的东西,不过是被新鲜感充斥起来的,如果再重复,扑面而来的对曾经确定事情的质疑,会让我陷入再重复类似的事情,最后也是一场空的虚无中,于是产生了不安的感觉。

比起面对生活的恶心感,我更担心不再崭新的生活该继续展开时的乏力感。可能恶心感来自意义的虚假,乏力则来自意义的不断贬值。

比如我骑行去过拉萨,现在再做类似的事情会觉得新鲜感少了,开始琢磨它的意义,因此会减少兴趣,然后不得不靠更有挑战的事情去弥补缺失的东西。

至于说该怎么对抗生命中的偶然,我浅薄地认为,只要有未知,只要跟未知有互动，就能在对自己的人生进行自我叙事时感到自洽和愉悦。

【刘玮回复】

你的最后一段很好地回应了之前关于乏力感的说法。我们不一定非要用"更有挑战"的事情去弥补意义的缺乏，只要是面对未知，能够有所收获有所思考，不一定很有挑战性，依然可以给我们的生活赋予足够的意义。

【刷展的蘑菇酱】 2021 年 8 月 20 日

读到萨特笔下的罗冈丹想要通过研究冒险家的一生，从而寻找意义的时候，突然看到了那个天天企图在历史里翻腾出点什么的自己。

所以根据萨特的理论，是不是可以说：很多时候人类对于历史的执念其实就是一种对于自我意义的缺乏的尝试呢？

从考古简报和遗址遗迹中获得的历史，并不会像史书中那般"惩恶扬善"，人性和制度的残酷、区域文明的凋敝或许才是历史的真相。追根究底的结果，不能说是"恶心"但却难免"失望"。

但这种时刻又是值得珍惜的。因为其实每个谈起自家文明两眼放光的前辈们，其实心中都有一个坚定的信念：让我们来告诉你，这片土地上发生的故事，让那些曾经被时间淘洗过的生命，继续"生生不息"。

就仿佛，在你的脑海里，总会有一个屈原俯身细嗅香草，也总会有个苏东坡竹杖芒鞋雨中回望。

这时间里，也总会有一个你。拾起上一瞬间的失望，看了一眼书架上的《西西弗神话》，俯首继续。

【刘玮回复】

说得太好了，亲身经历历史时难免混乱困惑，回首历史讲成故事才充满意义，但是不管怎么样，回首讲成的故事还是会对亲身经历者提供借鉴，让亲身经历者有所启发！

【Amber 周雯婷】 2021 年 8 月 20 日

没有事实，只有解读；没有我，只有叙事自我，是不是有点像佛学里的"空"？这让我联想到村上春树的一段类似的经历，在他 2019 年出版的散文《弃猫》中，村上一点一点回忆、拼凑了父亲在充满动荡的年代中因为各种偶然性的生存状态，追忆完成后村上感觉自己的存在也显得魔幻起来，存在的意义变得模糊，他说那一刻手心变成透明的也不足为奇。最后的最后，村上找到了他的"存在主义哲学"，他说一滴寂寂无闻的雨水会被某个整体轻易吞没、失去个体的轮廓，然而一滴雨水有它独一无二的记忆、自己的历史，它有将这历史铭记并传承的责任和义务。

刘玮老师的提问也引发我思考，自己是如何应付生活中那些没有意义的细节的？那些细节是怎么发生的？那些决定我命运走向的事件其实都是非常偶然的，偶然到使我坚信，如果清除记忆重活一次，我的命运一定不会重蹈覆辙。这么说来，每一个瞬间和细节都可以是"非此即彼的选择"了，然而愚笨如我，我的大脑没有强大的算力，大部分细节我是靠惯性去执行的，小部分重要事件我即使尝试运筹帷幄，可是结果往往也出人意料；渺小如我，也没有使命感在召唤我去促成某件大事。我只能从自己的内心出发，在亲密关系中寻找存在，在感受他人的感受中寻找存在，在悲悯的凝望中寻找存在，也在不清醒的沉醉中寻找存在。

【刘玮回复】

感谢你的留言，最后一句话已经很有诗的味道了，很美！只要还在努力"寻找存在"，不管用什么方式，都是有意义的人生，回头看时，也都能把它串成美丽的"项链"（借用"甜小姐"的一个比喻）。

【杨涵】2021 年 8 月 20 日

很早就看了《恶心》，说实话，当时不太理解，但是莫名的喜欢，后来看了《萨特论艺术》，惊讶他会如此细致地研究一个画家以及他的作品，他把丁托列托的绘画作品看成是一座城市和她遭到拒绝的求婚者之间的"热恋"，在看这本书的时候，突然对"恶心"有了新的理解，其实，我们每一个人作为独立的生命体生活在不同的关系之中，我们在和他人的关系中感知到自己的存在，那种"恶心"的感觉其实来自在他人身上看到了自己，特别是看到了自己的不足，从而感知到了自己的存在，萨特认为，天才是"有限的存在与无限的虚无之间的冲突"，艺术家用他们敏锐的洞察力感知到一切，并且把它表现出来，丁托列托是威尼斯的首席送葬人，是一种生命存在的方式，而这座城市和她的画家有着一幅同样的面孔。而画家笔下的"恶心"画出的也是自己的存在。

【Dacy】2021 年 8 月 20 日

关于萨特说的"叙述是逆向进行的，瞬间不再是随意地相互堆砌，而是被故事的结尾啄住"，我的理解是，事情的发生原本是极其随机的，无论向哪个方向发展都是非常偶然的，就像是量子态一样，而一旦你从某一个点截断往前叙事时，就相当于这个事件在这个点上的"波函数坍缩"了，往回看它的轨迹也就变得很确定了……不知道这样理解是否可行。

【刘玮回复】

听起来很有道理，只是我们千万别忘了，这是个帮助我们理解的类比，量子力学里的不确定性是真的不确定，而在生活中，我们经历的那些事件、偶然性是确定的，只是在身处其中的时候，它们的"意义"非常不确定。

【霍森布鲁兹】2021 年 8 月 20 日

顺着刘玮老师的问题，在对"恶心"思考的时候，真的泛起了"恶心"的感觉，听音频的时候还感觉没有什么，第二遍阅读文稿的时候，看到"恶心"这两个字，就好像是被传染了一样，有一种从未有过的恶心感。

我试图找到这种恶心的根源，认为与我小时候经常体验到的一种失重的感觉很像，就是身体在下沉的时候内脏里有一种往上顶住的恶心感。这种感觉就是"失重"，被抛到了一个没有底的山谷之中，一直往下掉。

我认为恶心感来自我们被抛在这个世界之中，而现在经历的一切是没有意义的，我们只有在未来某个事情发生的时候，才能赋予现在所做的事情以意义。就像下棋的一样，你所抛下的每一颗棋子，只有在形成了确定棋局的时候，才会有意义（我觉得棋局这个比喻不是很贴切，因为棋局每一步都可以谋划，而我们的生活，总是被各种事件向前推进，即使有计划也只能计划非常小的局部，对整体的作用很小，我暂时也想不到更好的比喻）。

我们现在所经历的事情是无意义的，现在的意义是被未来的事件所决定的，不知道我这种体验是否和萨特所说的"瞬间不再是随意地相互堆砌，而是被故事的结尾啄住，每一个瞬间又引来了前一个瞬间"有相似之处。

【刘玮回复】

看你第一段的描写，我想起了我录这期音频时，每每读到"恶心"两个字比较密集的地方，都会心生恶心，然后就会笑场，之后重录好几遍……

你小时候为什么会经历失重的感觉，而且还是"经常体验到"？我是怕极了这种感觉的——试过一次跳楼机发誓这辈子再也不干了！

我觉得下棋的比喻很好，我们通常都是通过对未来的谋划来给现在赋予意义的（当然回望历史也是一种找到意义的方式），下棋就是在通过谋划未来给现在的每一步棋或者每一个落子赋予意义。但是让未来给现在赋予意义，跟萨特说的讲故事还是挺不一样的，因为未来是开放的，而讲故事是在讲述一个已经结束的事情。

【我就是我】2021年8月20日

对这一讲的理解有点吃力，但还是想试着说说自己的想法：萨特说"人的生存处境是充满偶然性的、没有意义的，存在就是存在，它本身没有意义"。

这句话让我想到一些退休老人，没退之前，他的意识被忙碌的工作充满，感觉自己的人生是充实的。一旦离开熟悉的工作岗位，在没有培养出其他有意义的爱好或找到更合适的位置之前，就会觉得生活空虚，人生毫无意义，他的意识盒子是空的，虚无的，只有靠自己主动出击才能找到存在的意义。这也是人类区别于其他物种的本质，存在（活着）本身没有意义，但人类要为自己找到存在（活着）的意义。

萨特说的偶然性是植根在人类意识的基本结构里，这不是我们通常说"世事难料"的那种偶然性，而是说只要我们有所意识，这种完全无法掌控的偶然性就一定会相伴而来。

我的理解：今早下了一场大雨，我一想到要冒雨踩着泥水去上班，本来上工地的计划也泡汤了，心情就感到灰暗不爽，而种苹果的农民一想到既省了一笔水费，又可以把上山浇水的时间省下来好好补一觉，心里自然乐开了花。外在世界是客观的，在那里无悲无喜，或岿然不动，或万千变化，而人的意识是主观的，同一场的雨，因为我们各自不同的主观意识，同样无法掌控的偶然性却带来了不同的结果。

萨特突然明白了"恶心"更深层的根源：让他感到恶心的就是"存在本身"。这些丑陋的、屹立在自己之外的东西，就是充满偶然性，甚至荒谬性存在本身。

萨特说的这个"恶心"是不是指人们天生喜欢确定的、必然的、有意义的存在，而在客观世界里"存在本身"的偶然、荒谬（无意义）才是常态，是不能被人所控制的，所以他才感到厌恶？

【刘玮回复】你这三点的理解都很好，既有理论又有结合生活的例子，完全没觉得你理解的"吃力"。

【谢伟思·专栏记者】 2021 年 8 月 20 日

我好像没感受到面对偶然性的恶心，但是在读萨特的戏剧时，感到非常震惊（的确有点恶心，但不知道是不是萨特在《恶心》里说的那个"恶心"）。《死无葬身之地》里讲几个被关在监狱里的人，他们都要保守若望在哪里这个秘密，而若望用假身份来到了监狱看他们，现在大家都知道了若望的行踪，也就有可能泄露秘密。吕茜是若望的恋人，她被强奸了都没有说出秘密，可是，巨大的耻辱让保守秘密成了她这么做的意义的唯一来源，于是，因为担心同在监狱里的自己的弟弟说出秘密，她决定杀了弟弟……

这个戏剧构造的情境和人物关系非常强烈地凸显出了偶然性和"似乎可以理解但又非常不能接受"的荒谬感。我之前觉得"意义"是褒义词，但是读了萨特的戏剧以后，我发现"意义"似乎是中性词。没有意义地活着固然是令人惋惜的，但在追求意义的时候，一个人也有可能因为恐惧无意义，因为难以接受自己的付出和牺牲，于是为了保住"意义感"而牺牲一切（包括别人的生命）——但这么做，恰恰让自己变得更荒谬、更无意义了。而当事人如果承认无意义，付出和牺牲之大就会让精神崩塌，所以他很可能会自欺欺人，燃起一股执念。这就像是被"存在的意义"胁迫，"存在的意义"凌驾于真正有意义的"道义的意义"之上。

【刘玮回复】

你说得很好。在存在主义者这里，"意义"基本上不是一个和道德联系在一起的词（当然也不是说排斥道德），而是和"虚无"相对的（所以在某种意义上可以说是个褒义词），让行动和生活有某种依靠的东西，在某时的意义（比如你提到的《死无葬身之地》里的情节）在彼时看来就可能无异于虚无。

【兮】 2021 年 8 月 20 日

引一个我的成长经历。我可以说是个"数学渣"，这从低学段开始接触应用题时就完美地表现出来了。但没有一个家长会认为，孩子是扶不上的，努努力多做题多背公式多花时间一定能行的。但事实证明，这还真不行。最后把我捞回来的是老师们最"唾弃"的一条途径——"参考答案"！

　　这里我想说个题外话，关于孩子常遇到的"抄答案"这件事，还真得一分为二地仔细品一品，或许你的经验或者杀伐果断的扼制，会错过一个孩子微小的前进"选择"。

　　二十几年前的"参考答案"还是很有良心的，那会儿素质教育以及随之而来的减负刚刚启动 1.0 模式，参考书和各式各样的题集背后的参考答案除了标准答案，有些还带有解题步骤和思路参考，于是乎被逼的快犯"恶心"的当初竟然"无师自通"地开启了"倒推"功能（这是一种就着答案和解题思路，一层层一步步反向思维，往命题倒推的谜之有趣的过程，正向搞不明白的反着来效果意外地很惊艳，关键是还"不耐药"）。

　　这段成长路上的过往被今天课程结束前老师引用萨特的话："叙述是逆向进行的，瞬间不再是随意地相互堆砌，而是被故事的结尾啄住，每一个瞬间又引来了前一个瞬间"所触发。

　　我知道这不是一个很积极向上的合理类比，但私心以为有点妙。萨特的这段话和我心里想到这段往事时的感受可以说是极类似的。从某个角度来说这么多年来这事儿一直没有忘记，更深的一面是孩提记忆里的一种"自责"，还有希冀找到找一种"心情解释"的"记忆执念"，而今晚的课程意外地给了我一个"回答"。

　　"被故事的结尾啄住，每一个瞬间又引来了前一个瞬间"这句话无论搁在动态或是静态空间中都是那么写实，兑着往事的气泡水更是那么真切地历历在目。

　　再说回孩子，在他们仅有的"视域"中，偿付着他们不"宽裕"的"前见"存量，也不难理解他们发现答案有这种功能的时候，会生出一种"哥伦布发现新大陆"的惊喜！更有一种被上天眷顾的垂泪感（这种体验简直是"学科瘸腿"学渣的 VIP 特权，不足为外人道……）。

　　我会用"踩棉花"来说那种偶然撞击下的应激状态，那是一种害怕夹杂着蔫巴又不得不硬着头皮走完的直接情绪。不能说很复杂，未至"恶心"感，但一定不会太轻松。

　　【刘玮回复】

　　没想到萨特会勾起你关于当年学数学的惨痛而有趣的经历，这大概也是一种颇有偶然性的体验了！

【千里】2021 年 8 月 24 日

有过这样的经历，在不停的忙碌中会有一个瞬间突兀地停下来，开始反思自己正在做的事情有什么意义，好像不去做也没什么大不了的。换一个词来描述这种感觉的话，就是"失重"吧。它也是一种不舒服的感觉，让我必须找出一个更加坚定的理由去赋予这件事一个意义或者找到另一件更有意义的事。如果只是单纯地不去做感觉自己像是在逃避，而去做呢则觉得自己是被逼迫的，被所生存的世界逼迫。

第 13 讲

萨特（二）：虚无与自欺

在上一讲，我们说到了萨特早年的经历和他的成名作《恶心》。《恶心》在 1938 年出版，让萨特成了令人瞩目的文学新星，有评论家把他和卡夫卡相提并论。

不过萨特还没来得及享受"名人"带来的各种好处，第二次世界大战就爆发了。萨特被征召入伍，立刻成了"众人"中的一个。因为一只眼睛从小失明，萨特没有被派上前线，而是被安排在法国和德国边境的一个气象站工作。第二次世界大战刚开始的时候，德国的军事活动集中在东线，法德边境上没有任何打仗的样子，这段时间被称为"假战争"或者"静坐战"。萨特的工作非常轻松，每天除了基本的工作之外，有十二个小时可以用来看书和写作。就是在这个时候，萨特认真读了海德格尔的《存在与时间》，还创作了长篇小说《理智的年纪》。他很享受这段时光，在给波伏瓦的信里夸口说，如果战争以这样的节奏继续下去，等战争结束他可以写出三本小说和十二本哲学著作！

不过好景不长，纳粹德国很快就调转枪口，以迅猛的攻势征服了荷兰、比利时和法国。萨特在气象站一枪未发就当了俘虏，更悲催的是，被俘的那天，1941 年 6 月 21 日，正好是他的三十五岁生日。萨特在战俘营里被关了九个多月。在这段时间里萨特开始构思一部可以和海德格尔比肩的哲学著作。萨特又一次得益于眼睛不好，拿到了就医通行证，一离开战俘营，他就直接逃回了巴黎。

在巴黎，萨特得以和波伏瓦团聚，之后他们几乎每天都在咖啡馆里写作，用写作表达对纳粹德国的反抗。如今这些咖啡馆都成了人们游览巴黎的打卡地，特别是花神咖啡馆和双叟咖啡馆。

有了之前在气象站和战俘营的阅读和思考，萨特奋笔疾书，只花了不到一年时间就完成了将近 700 页的大作《存在与虚无》，这也成了他一生最著名的作品。《存在与虚无》一听标题就是在向海德格尔的《存在与时间》致敬，同时也是对海德格尔发出挑战。海德格尔要从时间性出发去理解存在；而萨特认为，想要理解存在，就要先理解虚无。

我们常说"说有易，说无难"。"虚无"就是什么都没有，这怎么讨论呢？确实，在整个西方哲学史上，都有一种"对虚无的恐惧"，哲学家们基本都会回避"虚无"这个话题，最多是像叔本华、尼采那样讨论人生意义的虚无。但是萨特却非常独特地把"虚无"变成哲学里面的核心概念。

那萨特是怎么讨论虚无的呢？要理解这个问题，我们还得从他对胡塞尔的理解说起。在上一讲，我们提到，萨特通过阅读胡塞尔，认识到人的意识并没有什么本质，不是像口袋一样，可以把对象装进来，消化掉。意识只能越出自身，与意识的对象结合，才是某个东西。

在《存在与虚无》里，萨特把他对人类意识的理解又向前推进了一步。他把所有的存在区分成了两大类，一类叫作"自在的存在"（L'être en-soi），简单来说就是没有意识的东西，或者意识之外的对象；另一类叫作"自为的存在"（L'être pour-soi），指的就是有意识的人。"自在的存在"本身是充实的、与自身同一的、被动的，它们矗立在意识之外，是完全不受意识左右的偶然性，也就是我们在上一讲里看到的让罗冈丹感到"恶心"的那些东西。与自在的存在相反，意识这种"自为的存在"本身是空洞的、缺乏同一性、不断流动变化，意识本身什么都不是。所以，萨特说人这种自为的存在，从根本上讲就是虚无。

理解了人的虚无本质，我们也就明白了萨特的一句名言**"人的存在先于本质"**，他把这句话称为"存在主义的第一原理"。萨特对于存在主义的这个概括，听起来好像没什么大不了的，但是仔细琢磨，却具有颠覆整个西方哲学传统的意义。在西方哲学里，至少从柏拉图开始，主流的观点都是本质先于存在，比如说人的本质就是理性，圆形的本质就是与某个点距离相等的点的集合，这些带有普遍性的本质，在某个具体的人和具体的圆形存在之前就已经确定了，所以说"本质先于存在"。但是在萨特看来，只有自在的存在，才是"本质先于存在"，一棵树、一张桌子，在它们存在之前，本质就已经确定了，一棵柳树苗就会长成柳树，一张桌子就是供人写字、吃饭的家具。但是对于人这种"自为的存在"来讲，就完全不同了。因为人从根本上讲就是虚无，而虚无就是没有任何本质。一个婴儿在出生时得以存在，但是他这个存在是没有本质的，我们不能说他是好是坏，是工程师还是公务员，甚至不能说他是不是理性的。因为在拥有存在时，他没有任何确定性，他的一生充满了开放性，有无穷多的可能性，只有通过他日后有意识的选择，才能获得某种稳定的性质，拥有某种类似"本质"的东西。

认识到人的生存中这种根本性的虚无，会带来什么结果呢？萨特同意海德格尔的看法，也认为直面虚无会让人产生"畏"的情绪，而这种情绪又会带来两种截然相反的反应。一种是下定决心转向本真的生活，超越虚无，我们在下一讲重点讨论这个。另一种反应，就是在"沉沦"中寻求自我安慰，这就是萨特说的"自欺"（mauvaise foi），或者说"自我欺骗"。注意，萨特这里说的"自欺"不是简单地对自己说谎，比如我明明很丑，却要骗自己说自己很帅。在对自己说谎的时候，我的意识里面还是有一个骗人者和一个被骗者的二元结构，而萨特说的"自欺"，只有一个单一的意识，是意识在面对虚无的惶恐时，一种带有保护性的反应。

萨特说的"自欺"有两种不同的形式。一种是把自己的过去当作带有决定性的，让现在和未来成为这个过去必然的延伸，好像自己的本质已经被决定了一样。这样，一个人就不需要在面对不确定的选择时那么惶恐不安，我可以安慰自己说，是我的出身、教育、职业决定了我一定会成为什么样人，一定会做什么样的事。在这样说的时候，我们就把自己变成了一个像一棵树、一张桌子一样的"自在"，把自己物化了，把本质放到了存在之前。

自欺的第二种类型是"为他人存在"（L'être pour-autrui），也就是为了他人生活，按照他人的要求生活，成为他人希望我成为的样子。我们经常看到，有些父母牺牲了自己的全部生活，把所有的时间和精力都用来服务孩子；也有些孩子的一切选择都由父母做出，努力活成父母想要他们活成的样子。这些都是萨特说的"为他人存在"，这也是一种自欺，把自己的本质和他人的要求绑在一起。

从这第二种"**为他人存在**"的自欺出发，我们就可以理解萨特的另一句名言"他人即地狱"。这是萨特在1944年创作的戏剧《禁闭》中最著名的一句台词。

《禁闭》的场景是地狱，不过萨特对地狱的设定很有意思，这里没有各种各样令人恐怖的惩罚，反倒是一副旅馆的样子，有很多房间。在这部戏里，三个人先后被带到一个房间，房间里没有出口、没有镜子、没有窗户，三个人只能在彼此的眼睛和言语中寻找自己的形象。其中一个人叫加尔森，他是个和平主义者，拒绝上战场，结果因为当逃兵被枪毙了。下了地狱之后，他总是想着别人在指责他是懦夫，受尽了精神上的折磨。他感到莫大的不公，只是因为这一件事，他的一生就被所有人定了性。然而，因为他已经死了，也就没有机会再去改变别人对自己的看法了。他感到绝望，发出了这样的呼喊："你们的印象中，地狱里该有硫黄，有熊熊的火堆，有用来烙人的铁条……啊！真是天大的笑话！用不着铁条，地狱就是他人。"

加尔森绝望的呼喊，让我们看到，如果太依赖他人的判断生活，我们就像生活在地狱里。从这个角度看，有多少人虽然活着，却好像已经下了地狱呢？同时，我们也看到，对于一个还活着的人来说，活成自己真正想要的样子有多么重要。加尔森之所以绝望，正是因为他已经死了，没有机会再改变了。而我们这些活着的人，总还有机会，活出自己的人生和希望实现的本质。如果不做出努力，我们就是自愿生活在地狱之中了。

总结一下，强调"虚无"的重要性，是萨特存在主义一个非常独特的标志。他笔下的"虚无"，超出了陀思妥耶夫斯基和尼采说的"上帝死了"带来的价值真空；也超出了海德格尔从死亡角度说的虚无。萨特把虚无提升到了人的本质的高度。从虚无出发，我们理解了萨特的两句名言"人的存在先于本质"和"他人即地狱"。

在这一讲的最后，我想引用《存在与虚无》中关于自欺的一句话作为结束："**自欺是为了逃避人们不能逃避的东西，为了逃避人们所是的东西。**"他这里说的我们想要逃避又不能逃避的东西，就是我们的存在本身，也就是虚无本身。

我想请你谈谈你对自欺的看法，它是不是一种生活中的常态？你有什么办法对抗自欺吗？

参考书目

1. 萨特：《存在与虚无》（修订译本），陈宣良等译，杜小真校，北京：生活·读书·新知三联书店，2007 年。
2. 萨特：《禁闭》（中译本译为《隔离审讯》），李恒基译，收于《萨特文集》第五卷，北京：人民文学出版社，2019 年。

精选留言

【大米公司老板】2021 年 8 月 21 日

第一，和朋友讨论"本质先于存在"还是"存在先于本质"的时候，如果朋友不太能理解这两句话，我就会推荐朋友去看好莱坞影片《超人钢铁之躯》，亨利卡·维尔主演。电影超人钢铁之躯里，超人在宇宙飞船里见到了自己"死去"的亲生父亲，父亲指着起源室的超大培养皿说，氪星上所有的生命都是被设计好的，有些一出生就是战士，有些一出生就是工人，有些是领袖。我会告诉朋友说，这就是本质先于存在。

然后我又会继续说影片，影片里父亲告诉超人，他是氪星的一个特例，因为氪星所有的生命都是被事先设计好的，唯独超人是自由孕育的生命，这种自由孕育代表着自由和选择的权利。而超人，就是存在先于本质。

第二，关注他人即地狱，其实这种现象很常见。我身边就有很多人特别在意别人对自己的看法。生怕自己一点点失误就得不到他人的认可。这样活太累了。所以我认为，不是不能在乎别人看自己的印象，但要有个度。没有这个度，就成他人即地狱了。

第三，我有一个灵魂发问，人们去花神咖啡馆和双叟咖啡馆，这是不是海德格尔说的沉沦？如果人们因为向往哲学而去，去了之后反而违背了哲学所教给我们的道理，这是有多讽刺啊！

【刘玮回复】

用《超人钢铁之躯》解释这两句话真是非常生动！去那两个咖啡馆，如果仅仅是为了"打卡"（你之前的绝妙例子），确实有沉沦之嫌；如果是为了进入萨特、波伏瓦、加缪、梅洛－庞蒂的生存境遇，为了实现"视域融合"，似乎可以不算。

【皎皎】 2021 年 8 月 21 日

今天的内容很适合我，我不太确定自己是否存在第一种自欺，但记得第一次听到"他人即地狱"时便深以为然。简单介绍一下自认为可以应对两种自欺的方法：

对于认定过去足以决定现在与未来的人，有一个很常见的心理干预，就是问他"你能不能做些什么事，让你的问题更严重呢?"如果有让事情变得更糟糕的能力，其实就证明了他是有能力影响现在与未来的。

第二种自欺，常常与幼时的养育环境有关——没有被别人看到，渐渐自己也看不到自己了，应对的方法自然就是多关注自己的感受，每天做一做扫描身体的练习就很有帮助——亲测有效。

我以前常有似乎什么都没有意义的感觉，别人讲向死而生，在我看来就是"反正都要死的"。

但认可"人的存在先于本质"，其实也就带来了希望——肉身固然受限，但我还有无尽的精神空间可以存放自己想要的东西，而且永远不用担心放不下。至于意义，其实也没那么重要，没有就没有呗，而且说不定早就有了，只是我还没意识到。

【刘玮回复】

感谢你分享的两种应对自欺的办法，听起来很不错。"存在先于本质"确实给人带来了希望（还有我们下一讲要说到的"重负"）。最后那句"意义说不定早就有了，只是我还没意识到看起来"听起来很洒脱，不过至少萨特是不会同意的。在他看来，没有进入意识的东西，就不能称为我们的"意义"。

【刘芳】 2021 年 8 月 21 日

自为的存在，成为你自己

今天想分享的故事主角是我奶奶，20 个世纪 20 年代出生，正值青春赶上战乱，日子过得特别辛苦！生了 5 个女儿，其间两个夭折，终于老来得子，我父亲的出生让奶奶欣喜若狂！

奶奶没有接受过正规教育，自学成才，能背诵毛主席语录，担任居委会主任！我出生的时候，奶奶都年逾古稀，妈妈一直特别担心，怕奶奶重男轻女，（那时候还计划生育）当我呱呱坠地那一刻，母亲小心脏都提到嗓子眼！奶奶进入产房就抱起我，亲了好几口，连连说，就是我想象中的大孙女的样子！

在我的童年印象里，奶奶满头白发，每次见到她，都会给我讲革命故事，还偷偷地塞零花钱给我，亲切地对我说："大孙女，想买啥就买啥！"整个童年，我都感觉是"财富自由"的！花"巨额"买了带锁的日记本，疯狂记录（现在还保存着）！

小学，我像个假小子，爬树、疯跑，父母工作都很忙，无暇照顾我学习，但成绩一直都很好，尤其是语文，有可能有奶奶的"智慧基因"！

高考之后，奶奶突然卧床，医生检查，没有任何疾病，就是因为高龄，我承担起日夜照顾奶奶的责任，那段时间，奶奶头脑清醒，思维清晰，每天都聊好多好多，从十月革命，讲到抗日战争、解放战争、抗美援朝、大跃进、自然灾害、改革开放，奶奶清晰记得购买第一台彩电、冰箱、缝纫机、自行车等情景！还给我讲了姑姑们和父亲童年的故事！

距离我大学报到 13 天，奶奶安静地去了天堂，没有痛苦，没有抢救，特别安详，临终前，奶奶只对我说了一句话："做一个自己喜欢的人，不必为任何人而活！"仿佛是上苍巧妙的安排，在高考之后，我没有参加任何聚会，在奶奶身边，接受"生命的教育"！

母亲到现在都感谢奶奶对我的接纳和宽广的爱！

后来的人生到今天为止，一直都活得随性而自在，追随自己的心灵，不攀比，不追随，不羡慕！虽然做过很多冲动甚至过激的事情，但都是自愿自觉的选择，无怨无悔！

没有人刻意要求我成为谁，一直坚信是"自为的存在"，很大一部分来自奶奶对给我的支持！

随着社会实践的深入和角色增多，会有一些竞争、压力和他人的期待，奶奶在我童年给我的压岁钱以及临终前对我说的话，成了我坚强的铠甲，保护着我，一直是自己喜欢的样子！

故事很简单，也许你会说我凡尔赛，幸运地被"抛"成为奶奶的孙女！

【一颗圆蠢蠢的肥肉丁】2021 年 8 月 21 日

为了学习而学习是自欺，想不出来明确方向就不带脑子原地打转是自欺，在我看来自欺就是害怕面对虚无。人得先有本质，但是存在的意义是站在结果处才能逆向发生。挑战虚无的本质就是不给自己设限制，不断地尝试去找到自己最想要的最适合自己的，随着年龄和环境变化不断修正方针。但是这样做的缺陷就是不安全感和风险的上升，而带来的失重感就是虚无。最终的目标不是与虚无做斗争，而是与虚无达成和解。

怎么样不逃避？就是不断思考，不断去感受自我的存在（例如冥想，感受呼吸，感受自己）强化自己对自己的觉察，察觉灵感和真正的需求。并且化为行动，不断地努力。并且还要敢于跳出舒适圈防止重新陷入混沌状态。

有时候经常在思考一个问题，为了什么而做什么，这样真的能达到好的结果吗？父母完不成的愿望让小孩实现，就算完成愿望又能怎么样？不继续活着了吗？不想尝试害怕风险就说自己出身差，这样真的能平衡自己的不甘心吗？

但是我觉得这些都有用，就是不断积累加上一个思考过程，就可能突破僵局，破土重生。我觉得想破除自欺可能要先不设定目标生活，先经历自欺过程，然后达到一定程度开始思考，反思自欺，给自己设定目标，最后才是超越自欺，对自欺反思，这个阶段再不抱有强预期地做事情，才能达到真的自由和真正的自我。

所以我觉得自欺虽然常见但不那么贬义，人生的每段时间经历都有它独特意义。

【刘玮回复】

说得很好！特别是学习也可以成为一种自欺，我们需要保持自我真正的开放性和批判性，才有可能克服自欺。

【伪装】2021 年 8 月 21 日

我觉得萨特的"自欺"，与我们常说的"自欺欺人"是一个意思，不但有欺骗自己的意思，也有通过欺骗自己欺骗他人的意思，而在内在自我层面就存在着一个要骗人的自己和被骗的自己的情况，也就是你自己骗得了自己才能骗得了别人。

我认为这是一种常态，比如妈妈哭了，孩子过来安慰，妈妈却强颜欢笑地说没事，孩子内心里怀疑，但还是被糊弄了过去，但其实很可能孩子的内心里也在自欺……

我觉得自欺的原因是无法直面问题，对抗自欺的方法自然就是直面问题，就像网上很火的那句话"战胜恐惧最好的办法就是面对恐惧"，其实是一个道理。

成功经验是有的，但是怎么说呢，很痛苦，我也想有不痛苦的方法，但是内心里有个声音告诉我，没有其他，不要自欺欺人……

【刘玮回复】

萨特说的"自欺"和我们通常说的"自欺欺人"还是有一些差别的，主要就是自己有没有在"欺骗"自己和他人的意识，我们说的"自欺欺人"通常指的是有这种意识的欺骗自己和欺骗他人，而"自欺"作为"坏的信念"是没有这个结构的，自欺者是真的相信自己在做的事情是前后一致的，没有欺骗的。

【moon】2021 年 8 月 21 日

我认为如果你不逃避直面自我，自欺就不是生活的常态。萨特说的"自欺"有两种不同的形式，一种是由过去的自己推现在和未来，一种是为了他人生活。两种形式都在追求确定性，可人生却是充满不确定性的，当我们恐惧于不确定性时，便会感觉到虚无，保护性的措施便是要抓住一些什么，不管是过去的自己还是他人。有没有其他的方法呢？萨特说：自欺是为了逃避人们不能逃避的东西，为了逃避人们所是的东西。可是，面对不确定性的人生，只有逃避吗？不是，还有下定决心，转向本真的生活，超越虚无。

我对抗自欺的办法是察觉和勇气，每一个决定，每一次选择，都给自己时间，有意识地放慢节奏，安心地和自己待在一起，看见自己的每一个行为，问自己，这是我当下真正想要的吗？不追求与过去的一致性，也不把他人的意见当成决定的主体，勇敢地做出选择，勇敢地承担起自己的责任。虽然直面自我，转向本真的生活，依然可能看不清楚，依然可能出现各种各样的问题，可是拥有了勇气后，便不再畏惧了。

软件工程中有一句话：永远不变的是需求的不断变化，需求的变化也是造成软件危机的原因之一，解决的办法便是拥抱变化，用敏捷的姿态，用小步快跑，不断迭代的方式拥抱不确定性。

【半支烟】2021 年 8 月 21 日

之前有很长一段时间对"财务自由"这个概念非常着迷。那段也把财务自由当成了一个主要的人生目标。拥有足够的钱，做自己想做的事成为一个天经地义的道理。

但在一次机缘巧合之下，我忽然意识到所谓的财务自由可能更多的是自己内心的不自由。于是在这种意识的指引下我开始思考财务自由背后的含义。需要多少钱才是财务自由？财务自由之后自己想做的事情是什么？为什么想要做这些事情？这些事情会让自己真的感到自由吗？

在这之后我才逐渐意识到，自己对于财务自由这个概念的理解是多么盲目。这也让我忽视了对财务自由这个概念的深入理解以及自己为何会盲目的原因。这种盲目其实就是一种自欺。

我想，萨特所说的自欺不仅包含人对物质的、对其他人的期待，更包含了对于理念的甚至是文化上的自欺。尤其是最后这一点，是很多人赖以为生的自欺，民族国家的身份认同不假思索地予以肯定，甚至是放弃思考地去维护这份认同。而这也是平庸之恶产生的一个主要原因。

然而，放弃这些自欺，虚无就会袭来。面对虚无感人都会感到焦虑，于是很多人也就选择重新回归自己依赖的那个看似是真理的熟悉的观念。

而这虚无感并不是我们的目的，虚无感是帮助人们看清现实，摆脱现实中一些身在其中而不知的观念的束缚。摆脱之后去重新寻找自我，寻找自己的目标。这样的人生也许不是必需的，但是我觉得这样的人生更容易获得持久、稳定、充沛的快乐。

【刘玮回复】

说得非常好，特别是关于"财务自由"的讨论！"财务自由"永远是一个相对的概念，钱也永远是一个工具性的东西，甚至可能是尼采说的"深渊"，如果总是想等着"财务自由"再做自己喜欢的事情，可能一辈子都没机会真正开始自己喜欢的生活了，而且这个时候说的"喜欢"恐怕也不是真的喜欢，反而是为了不做别的事情而来的自欺之词了。

【吴惠敏】 2021 年 8 月 21 日

刘老师关于自欺的提问对我而言是一个触发我对日常生活反思的事件。

自欺，不是脑子里浮现的自欺欺人的那种"骗"，而是一种"认"。我爹妈生我下来就这样，我从小到大的生活环境就这样，我认了，悲观点就是命中注定，乐观点就是随遇而安。更是一种"演"，我只有这么养娃才像个爹妈的样子，我只有这么学习才像个孩子的样子，我只有这么工作才像个职场人的样子，我演着，悲观点就是日子不过是场戏，开戏了，不得不演，乐观点就是日子就是一场戏，开戏了，激情演出。

因为刘老师问了，才触发我去思考自欺这个点，是我自己没有想到要这么思考，还是我自己从来就没有思考这些的本性，这真是个问题。我压根儿不去思考这些，因为我脑力不够，爹妈没把我生成个天才胚子，我"认"了。可是既然刘老师都问了，那我就认真思考一下，至少也梳理一下待解释清楚的自欺吧，我可算是个终身学习者呀，我"演"了。

我既"认"了，我又"演"了，那我还意识到什么呢？我至少意识到写这段文字的是一个人，那是在自言自语；写完文字读这段文字是另一个人，那是在自问自答。然后，给自己下了个定义："我存在的本质，就是要思考我存在的意义，我以思考人而存在，这是自为的存在，先于我的本质就是意义思考者，这是自为的成果。"

【刘玮回复】

"认"和"演"这两个字的概括非常精彩！

【Sunny】2021 年 8 月 21 日

这节课这一段最为感慨，活得不自欺的人应该少之又少吧（可能我的圈层限制了我的视野）。我是第一种自欺的存在，身边有很多这样的人，朝九晚五日复一日地过着重复麻木的生活，想改变吗？当然想，为什么不呢？因为我们被别人（应该是自己）设定好应该成为的样子（根据过往学习经历）。当看到有人突破这种自欺，成了自己想要的样子，很是羡慕！

第二种自欺就更多了，现在对孩子的教育，有多少是孩子自己想要的。大部分孩子在低年段想要的应该是玩，但是由于家长对教育的焦虑，孩子成了学习的机器。有些孩子在一遍遍的洗脑和正向刺激里，成了我们希望的样子，也像成了他们的样子，可这是他们真正的样子吗？

我很疑惑，孩子应该有的真正的样子是什么？孩子刚出生是虚无的，什么都不是，在社会关系中，受周围环境的影响，他慢慢认识了自己，形成了那个自我，可以说他的那个自我来源于社会环境影响，他最终成为的是社会希望他成为的样子，那什么是他真正的自己呢？这个真正的自己是不是就是一个悖论？这是我在育儿过程中的疑惑。

【刘玮回复】

你最后提到的问题相信也是很多家长的问题。孩子最开始不可避免地被周围的人和社会塑造，但是如果想让他们可以不自欺地过上一种（接近）本真的生活，就需要培养孩子独立思考，独立选择，并且为自己的选择承担责任的能力。

【假亦真】 2021 年 8 月 21 日

追求现实的安全感却被困在永恒的当下而不自知，走向未来的不确定性却在焦虑中退缩，在过去寻找安慰；不想孤独却又害怕与他人相处，想要成为自己却不知道自己为何物。

我们就是虚无，却想揪住虚无的头发逃走，在自欺中苦苦挣扎……

太悲观了吧，是不是我们生无可恋，就此躺平？还是看破红尘，遁入空门？

都不是！

（剧透一下）你要躺平，休想！你要堕入红尘，没门！

当萨特提出人的存在就是一片虚无时，其实已经残忍地封堵了你要逃离的各种出口，要把你逼上梁山，那里是英雄所在。

只有虚无，才有选择的自由，何以解忧，唯有行动！

【霍森布鲁兹】 2021 年 8 月 21 日

自欺是一种生活的常态，甚至我们的生活就是被自欺所主宰。

不管是认为自己的现在是过去的经历注定的，还是为他人存在，都只是为了逃避自己去面对真实世界所带来的不确定性，把自己的本质和某一个我们无法控制的事物绑定在一起来回避虚无。人需要意义，但存在的本质是虚无，所以自欺不可避免。

在对抗自欺这一点上，我的想法可能比较悲观，我们的思考就像是一条狗追逐自己尾巴的游戏，大多数时候，我们对抗虚无的努力就像是偶尔地跳脱出来追逐另一条尾巴，最后发现自己还是在转圈圈。而很多人确实告诉我们，要我们在转圈圈的时候，找到转圈圈本身的意义，这是不是用自欺来对抗自欺。

我经常还会冒出一些冒险甚至是冒犯的想法，事业本身会不会是另一种意义上的"他人"，努力活成"事业"这个"他人"想要我们成为的样子（虽然事业不像他人一样有主观意识，但也和他人一样会给我们身上持续地施加影响），把自己的本质和事业的要求绑定到一起，是不是另一种自欺？（我的问题可能有点冒犯，但考虑再三，我也找不到更好的描述方法，而且觉得这个问题对我来说挺重要，还请老师不要介意。刘玮老师笔耕不辍，令我十分敬佩，您的状态也是我向往的生活，虽然辛苦，但人生的意义和事业高度重合，是幸福的终极目标。）

【刘玮回复】

转圈的游戏，并且在转圈中找到意义，就是西西弗对抗虚无的办法；萨特会更加积极（我们在讲加缪的时候会详细比较他们俩）。活成"事业"要求的样子当然可能是一种自欺（你不用担心我被冒犯——我当然也有可能是活在自欺之中），这里的关键依然是自己活成这个样子仅仅是"事业"的要求，还是经过反思之后，在承认虚无、承认自己并没有预先被决定的本质的前提下主动进行的选择。

萨特（三）：自由的重负

在上一讲，我们说了萨特的存在主义的一个关键词"虚无"。在萨特那里，虚无不仅仅给人带来惶恐、焦虑、自欺这些负面的东西，也正是它带来了人的自由。一提到自由，我们总会或多或少有种莫名的兴奋感，会很自然地想到裴多菲的那句诗"生命诚可贵，爱情价更高，若为自由故，两者皆可抛"。

如果你热爱自由，那读萨特的书肯定会非常对你的胃口，他是最崇尚和追求自由的哲学家。《存在与虚无》讲了那么多"虚无"，其实最终都是为了讲"自由"。萨特把虚无推到了极致，也同时把自由推到了极致。

我们在上一讲说到，人是"存在先于本质"的，一个人成为什么样子，完全是他的自由选择决定的。人的存在、虚无和自由从根本上讲就是一回事。没有什么东西可以限制虚无，我可以把自己的意识聚焦在任何自己想要关注的对象上，由此出发做出选择。所以人只要存在就是绝对自由的，所有的障碍和栅栏，都因为意识到我的自由而虚化了。笛卡尔曾说过"我思故我在"，这句话成了笛卡尔哲学大厦的坚固地基，萨特也想给自己的自由哲学找一个坚固的地基，于是他把笛卡尔的这句话改写成了"我虚无故我自由"。

听到这里，你会不会觉得奇怪：萨特说的这种"绝对的自由"好像完全不符合我们的常识。我们在做选择的时候，总是要考虑各种各样的因素，比如在求职的时候，我总要考虑一下自己过去受过什么教育，工作需要哪些技能，工作强度怎么样。我这个哲学老师总不能一拍脑袋就说，我要去当宇航员吧？这么看来，我的选择并不自由，或者说我的选择总是受到各种限制啊！

萨特当然知道我们在做选择的时候需要考虑这些。他所说的"绝对自由"也不是空中楼阁，不意味着我可以不管不顾地做出选择，更不意味着我可以为所欲为。每个人都生活在特定的"处境"之中，比如我所在的城市、我周围的人、我的过去，所有这些都是我的处境，它们给了我自由的可能性，我可以自由地选择关注哪些东西，然后选择自己的目的，安排自己的行动。处境总是外在于一个人的偶然性，它们本身是中性的，既不是障碍也不是帮助，只有在和人的选择发生关系时才有意义。在萨特看来，哪怕是一个看起来被剥夺了自由的囚犯，也享有这种选择的自由。他可以选择老老实实遵守规则，做一名囚犯；也可以选择尝试越狱，这是他的自由。如果这个囚犯的目的就是像萨特当年做战俘一样好好看书，那么监狱就不是障碍，甚至可能成为帮助；但是如果他的目的是越狱，那监狱就成了他的障碍。

你看，萨特讲的自由就是这么极端。不管是外在的环境，还是自己过去的经历，都不能真正限制一个人的自由选择。人在各种处境中都是同等自由的，任何处境都并不比其他处境给人更多的自由，处境是自由的产物，而不是决定自由的东西。

说到这里，你还觉得"自由"只是一个令人兴奋的东西吗？从一个角度看，它确实是一种解放；但是这种解放同时也意味着一个重负。萨特说**"我是被判为自由的"**（Je suis condamné à être libre），也有人把它翻译成"我注定是自由的"，或者"我命定是自由的"，但是我觉得这两个翻译都不如"被判为自由的"那么形象和有力。自由对人而言是一种宣判、一种责罚，一种不得不承受的负担，永远是我要为之负责的东西，而不是可以坐享其成的权利。

面对这种绝对的自由，我没有了为自己开脱的借口，我就是我选择成为的样子，不是基因、家庭、教育、社会环境决定的。即便我想要逃避选择，荒废自己的人生，或者用抽签、扔硬币的方式做出随机的选择，这些也都是我的选择，也都是在行使我的自由。只要我还活着，自由就始终笼罩着我。我可以选择成为任何样子，唯独不能选择成为不自由的！自由的选择就会带来责任，而且这种责任无时不在，无处不在。无论我做什么，都不能在哪怕是短暂的一刻脱离我的责任。

这种绝对的自由经常会把一个人抛进进退维谷的两难境地。比如萨特的很多法国同胞，如果为了保全生命对德国人妥协，当了卖国贼，可能会带来终生的愧疚；而如果参加抵抗运动，又可能把自己和家人置于危险的境地，同样会带来道德上的负担。这个时候，没有任何确定性和必然性可以帮你做出选择，自由和责任的重负都在你自己的肩上，让你无处逃遁。

更进一步，萨特还认为，这种自由的重负超出了一个人自己的责任，与他的处境紧密结合在一起。只要我介入了一种处境，那个处境就变成了"我的处境"。哪怕是一场世界大战，只要我参与其中，就是我决定了它的存在，整个战争的重负就落到了我的肩上。萨特说"我对战争负有深重的责任，就如同是我本人宣告了这场战争……从我在存在中涌现时起，我就把世界的重量放在我一个人身上，没有任何东西、任何人能够减轻这重量"。

这种由虚无而来的绝对自由当然会让人产生巨大的惶恐和焦虑。

大多数人会自觉不自觉地逃到自欺之中寻求安慰和庇护，假装自己无需行使自由，无需承担责任。但是自欺不能给人提供真正的庇护，因为那也是一种自由的选择。与其自欺，不如正视自由的绝对和沉重，严肃地看待我们的过去和周围的处境，然后做出严肃的选择，勇敢地为自己的选择承担责任，不找借口、不逃避，这就是本真的生活态度。自由来自虚无，自由也是我们对抗虚无的唯一武器。

除了《存在与虚无》这部哲学作品最终落在了自由的问题上，萨特的大多数文学作品也都围绕自由的主题展开，特别是他的小说《自由之路》三部曲。

这三部作品表现了一个叫马蒂厄的中学哲学老师追求自由之路。第一部《理智的年纪》，背景是 1938 年 6 月的西班牙内战，马蒂厄觉得应该去支持西班牙人民反对法西斯政府，却下不了决心摆脱自己现在的生活。他的情人马塞尔怀孕了，但是马蒂厄早就不爱马塞尔了，想要让她去堕胎，可当时的法律又明令禁止堕胎；马蒂厄爱着另一个姑娘，却不知道是不是应该表白。总之，马蒂厄想要实现自由，却总是陷入沉沦的日常生活难以自拔。在小说最后，他感慨道："没有人妨碍我的自由，是我的生活吸干了我的自由。"

第二部《缓期执行》的背景是 1938 年 9 月的慕尼黑危机，英国和法国的领导人希望用对希特勒的绥靖政策，"延缓"迫在眉睫的战争危机。马蒂厄痛恨战争，谴责法国领导人的懦弱，又感到自己无能为力，无力反对集体的疯狂行为。他想要行使自由，但是不知道如何行使，他个人的自由与整个国家的集体行动联系在了一起。

到了小说的第三部《灵魂之死》，背景已经是法国陷落之后。马蒂厄意识到了每个人都对世界承担责任。他认识到自己之前的犹豫不决是多么错误，于是主动做出了选择，加入了抗击纳粹的游击队。在一段精彩的描写中，马蒂厄爬上钟楼，对着德国人开枪，每一枪都是为了他之前的一个错误的选择：这一枪是为了他不该爱的女人，这一枪是为了本该离开的女人，这一枪是为了不敢写的书，这一枪是为了没有进行的旅行……最终，马蒂厄这个曾经软弱的哲学教师，成了萨特笔下的存在主义英雄。

前面我们说了萨特如何在哲学和文学作品里刻画"自由"，这两个字也是萨特一生的最高追求。他的一个个人生选择，都体现出他对自由和本真生活的向往。萨特在 24 岁时就和波伏瓦约定，过一种开放的爱情生活，不结婚，双方都有自己的情人，但是要对对方完全诚实，这样的状态保持了 50 年，而且萨特丝毫不介意把自己给波伏瓦和其他情人的信件公之于众，他希望自己的生活也对公众透明，用这种方式对自己的选择负责。

萨特不希望任何官方荣誉约束自己的言行，限制自己的自由，所以他拒绝了战争勋章、法兰西科学院的院士头衔、各种文学奖项，还成了有史以来第一个主动拒绝诺贝尔奖的人，闹出了一场不小的文化和政治风波。

第二次世界大战之后，萨特以一种要把世界扛在自己肩上的责任感，参与了各种政治运动，成了 20 世纪最著名的公共知识分子；同时他还以近乎疯狂的节奏写作，为了保持头脑的兴奋，他大量喝咖啡、抽烟、喝酒、服用带有毒品性质的药物，结果在晚年彻底失明，健康状况非常糟糕。这是他为自己的选择付出的代价，并且毫不后悔。

到这里，我就用三讲为你介绍了萨特的人生和主要的思想。在整个哲学史上，很难找到第二个像萨特这样执着于"自由"的人了，他这种执着于自由的存在主义，既让人兴奋，也让人倍感压力。

在这一讲的最后，我引用《存在与虚无》中关于自由的一句话作

为结束，你可以再去感受一下萨特笔下那种绝对自由的冲击力，他说
**"人不能时而自由时而受奴役，人或者是完全且永远自由的，或者就
不存在"**。

我想请你谈谈对萨特这种绝对自由观的理解，你觉得他是不是夸
大了人的自由，还是说出了关于自由的重要洞见？

参考书目

1. 萨特：《存在与虚无》（修订译本），陈宣良等译，杜小真校，北京：生活·读
   书·新知三联书店，2007 年。
2. 萨特：《自由之路》（三部曲），丁世中、沈志明译，收于《萨特文集》第二至四卷，
   北京：人民文学出版社，2019 年。

精选留言

【一以贯之】2021 年 8 月 22 日

萨特从"自为的存在"的虚无入手，讲了虚无状态下人的沉沦，及如何通过
自由的选择找到本真的生活。

"自由来自虚无，自由也是对抗虚无的唯一武器"，人一生下来就受困于虚
无，而同时也拥有了对抗的武器，颇有阴阳对立而互生之意。

我理解自由表现为一个个人生选择，可是凡有选择必有代价，这代价就成为
你摆脱不掉的责任。这自由之路不易在于，随着一次次选择，这责任的重担也会
越来越沉，你的下一次选择也就会越来越难。

我理解沉沦也是自由选择的结果之一，无关对错，而是太多的责任让你失去
了选择本真存在的能力，不能去选择沉沦的人不是没有自由，只是提不起这把沉
重的宝剑。摆脱沉沦有多难，海德格尔的"向死而生"，雅斯贝尔斯的三重超越，
都充满非此即彼的决绝之意。

正所谓"欲戴王冠，必承其重"，作为人的存在是永远自由的，但是你得能承受得了这选择带来的责任。萨特一方面指出了方法，一方面也用自己的实践告诉我们这是条艰辛的路，用于启迪不甘沉沦的人们。

【杨涵】 2021 年 8 月 22 日

高中的时候看波伏瓦的《第二性》，很新奇，却又不太明白，接下来又看了萨特的书，他们对爱情的观念对我来说是从不可思议到认同到向往的一个过程，弗洛姆谈到爱情的时候说，"成熟的爱情，那就是在保留自己完整性和独立性的条件下，也就是保持自己个性的条件下与他人合二为一"，萨特和波伏瓦就是这样。无论学业、工作、爱情，都深受他们的影响，相对周围自己还算是个自由人，毕业之后不选择走体制的路，这个选择就需要承担东奔西走、尝试多个职业的不太稳定的生活；当认定自己想做的行业，就要承担从小白做起，拿着极低的工资；想明白孩子的教育重要的是身心健康，上辅导班不利于自主学习能力的培养，就要承受成绩不稳定；在利益面前选择自由是痛苦的，但是随后又是轻松和愉悦的；人生来自由，我们有很多的选择，而选择的能力在于是否能承担选择的后果。经历过生活不稳定、感情失败、事业上的起起伏伏，但是每一次的选择事后都感觉选对了，原因还是在于深深刻在自己脑海里的"选择即承担"。从来不觉得自由是轻松的，承担多少、面对多少就意味着你能享有多大的自由。毕业快三十年了，在途中找到了自己喜欢做的事情，并且持续做了十年，能支持我前行的就是"自由和责任无处可逃，唯有坚定地面对"。

【杨晔】 2021 年 8 月 22 日

我认为萨特这种绝对自由观的理解，说出了关于自由的重要洞见。

以前上学时，老师对我们说过一句话："你的一切都是咎由自取的！"

当时课堂上反响热烈，讨论的气氛一度有点火药味。如今回想起来，老师不过是在表达萨特的绝对自由观。当时的火药味，主要来自女同学对于男人不忠的愤怒，对于在婚姻里处于弱势的女性，怎么可以说她们是"咎由自取"，太不公平了。关于哲学思考的讨论，就这么沦为道德的拷问和情绪的发泄。

弗洛姆曾经很冷静地分析过，宗教改革之后，神权的权威被打破，人们获得了空前的自由。可是人性的底色里有寻求权威获得安全的冲动。神权被打破之后，人们并不想承担自由带来的负重，而是去寻找新的权威，急于交出自己刚刚获得的自由。在德国，就出现了纳粹。弗洛姆的名著《逃避自由》，对我当时的自由观带来很大冲击。我曾经以为自由是一个神圣的观念，看过《逃避自由》后，才觉得我们把"自由"过于美化了。很多人嘴上挂着要自由，却丝毫不愿意承担自由背后的重负，总是为自己的现状找借口，所以老师才会对我们棒喝一句："你的一切都是咎由自取的！"

萨特的这种绝对自由观，才是对自由更完整的理解。有了这种洞见，才能把自己从"沉沦"中拽出来，摆脱自欺，去追求本真的生活。当然，对于已经走在本真道路上的人，绝对自由观已经是日用而不知了，就像禁烟广告对于不吸烟的人来说毫无意义。

【刘玮回复】

感谢你分享的经历，萨特的立场确实极端，但确实有种矫枉必须过正的力量。

【谢伟思 · 专栏作者】 2021 年 8 月 22 日

我觉得萨特说出了关于自由的重要洞见。

萨特将借口从我们的生活里彻底抽离了。当我们想说"不得不""没办法""我只能"这些话的时候，想把责任推到他人、时局、处境上的时候，萨特似乎就会站出来说："不，你一直也永远有选择的自由！当时的你面对他人、时局、处境，选择了这样做，这就是你做出的选择，请对你的选择的结果负全部的责任！"

这就引出一个问题：每个人都一直也永远有自由，我当时所处的复杂的处境难道不也是别人参与造成的吗？他不也要负责吗？

没错，他为他的选择负责，你为你的选择负责，但这并不会让这件事的责任一分为二，责任不会因为人多而被稀释。责任是和自由同时存在的，每个人在每个瞬间都可以自由选择，那么，每个人在每个瞬间都要对自己当下的选择负全责。而这每个选择，也都会影响事情的走向。所以，每个人都曾有改变结果的机会，面对结果，每个人都要负全责。这不是法律层面上宏观的全责，而是存在层面上无数个微观选择上的全责。

作为老师，不可避免地会遇到一个问题：学生没进步，我有多大的责任？现在我明白了，学生对他的学习有全责，我对我的教学有全责，这并不冲突。学生不能说"哎呀，学校老师讲得不好我也没办法"，"哎呀，社团事情很多我也没办法"，我不能说"哎呀，学生就是不学习我也没办法"。无论学生怎么样，在每个当下，我都有做出选择的自由和责任，我都该想办法去应对，这也是给学生做个榜样。

最后，我想起鲁迅和他笔下的看客，看客就是那些不认为自己对事情的发展有任何责任的人，而鲁迅觉得"无穷的远方，无数的人们，都与我有关"。

【刷展的蘑菇酱】2021 年 8 月 22 日

在虚无的土地之上，生长出的自由与责任，仿佛是一朵开放在荒芜之地上的红色玫瑰。它自顾自地抽出枝叶，顽强地舒展花瓣，颇有些玩味地看着周围凝滞与荒芜。

那些看似空空如也的土地上，究竟会出现什么？是郁郁葱葱的林中木屋，还是高楼林立的钢铁森林，抑或是香火旺盛的金顶大殿……无数的可能性仿佛自由切换的幻灯片一般在玫瑰面前闪过。

每天，玫瑰都沉溺在诸多"可能性"之中，直到某天，它偶然间从幻灯中闪神，瞥见自己植根的土地，依旧空空如也。转瞬即逝的诸多可能，构成了"自由"的集合，而根系下贫瘠的土地，却是现实的"虚无"。究竟怎样才可以让幻灯中的场景变成现实？玫瑰思前想后，发现自己唯有扛下所有改变的"责任"，才能促成改变。

于是它便冬藏夏长，等到秋季花朵枯萎，它用尽最后的气力，低头祈祷，祈求着秋风可以把种子吹遍这荒芜的土地。待到来年春暖花开，期待它繁花似锦。这朵玫瑰终究还是消失在了孕育它的"虚空"之中，但荒芜土地的上火红花海，却从没忘记过它的勇敢。

第 15 讲
波伏瓦（一）：模糊性的生存

在前面三讲，我们了解了法国存在主义最重要的旗手萨特。从这一讲开始，我们要来看看法国存在主义思想家的群像，了解一下波伏瓦、梅洛－庞蒂和加缪，他们三个人都跟萨特有着非常密切的关系，波伏瓦与萨特相伴一生，梅洛－庞蒂和加缪一度都是萨特的好友，但是最终因为哲学和政治立场上的分歧，分道扬镳。这两讲我们先来说说波伏瓦。

提到波伏瓦，有两个标签是大家最容易想到的：一个是**萨特的伴侣**；另一个是**女性主义运动的代表**，她的书《第二性》，系统论述了女性怎么被男性塑造成"第二等的性别"，唤醒了女性的平等和解放意识。这两讲我就分别来说说这两个标签，同时我也想澄清一下围绕这两个标签的很多误解。这一讲我们先来看"萨特的伴侣"这个标签。

萨特和波伏瓦之间的感情经历堪称传奇。波伏瓦出生在 1908 年，比萨特小三岁。1929 年，24 岁的萨特和 21 岁的波伏瓦，分别以第一和第二的优异成绩通过了法国国家哲学教师资格考试。随后他们一起学习，很快就讨论到了两个人的关系。他们俩都是渴望自由的青年哲学家，不想要那种传统的、彼此忠诚的爱情或者婚姻，于是他们约定，要保持一种平等和开放的爱情。他们俩是彼此"本质的爱"，同时允许各自有其他"偶然的爱"，但是要对彼此完全坦诚。这个约定最开始的期限是两年，但是从这一天起，直到萨特在 1980 年去世，他们把两个人之间"本质的爱"维持了整整 50 年。在这半个世纪之中，萨特先后跟十几个姑娘发展出了"偶然的爱"；波伏瓦也和至少三位男性与三位女性发生过"偶然的爱"，但是都没有摧毁他们俩之间"本质的爱"。波伏瓦在 1986 年去世之后，与萨特合葬在了一起，给这段爱情神话画上了完美的句号。

　　这么看来，说波伏瓦是萨特一生的伴侣显然毫无问题。但是很多人由此认为，波伏瓦在思想上完全追随萨特，她的作品只是萨特的通俗版本，甚至认为波伏瓦的作品是萨特代笔的。萨特去世的时候，很多报刊上的讣告都对波伏瓦只字不提；而波伏瓦去世的时候，几乎每一篇讣告都会提到萨特，把波伏瓦说成是萨特的学生、追随者、崇拜者、传播者，等等。总之，波伏瓦被人们看作一个缺少原创性，只是在萨特身后亦步亦趋的"伴侣"。

　　这一讲我就想告诉你，人们对波伏瓦的这个印象是错的，严重低估了她作为一个存在主义哲学家的地位。

　　首先，我们必须承认的是，波伏瓦有着非常出色的哲学造诣。她是法国有史以来最年轻的通过国家哲学教师资格考试的人，而且那一年是她还是萨特应该得到第一名，评审也是有分歧的。波伏瓦对哲学著作的阅读范围和认真程度都远远超过了萨特。萨特是那种天马行空的哲学家，有很多自己的想法，却没有多少耐心阅读别人，他阅读别人通常都是为了刺激自己的思想。而波伏瓦对那些她读过的哲学家有着真正的理解，可以旁征博引地使用从古希腊到 20 世纪的哲学资源来论述自己的看法。

　　其次，波伏瓦确实白纸黑字否认过自己是哲学家，她的作品也主要以文学为主。但是她否认自己是哲学家的那段话经常被人误解，在晚年一次接受采访的时候，波伏瓦做了澄清，她说："我说自己不是哲学家，指的是我不是系统的创造者。同时，我又是一个哲学家，因为我研究了很多哲学，我有哲学学位，我教授哲学、思考哲学、把哲学写进书里。"她之所以更喜欢用文学表达哲学思想，是因为她觉得纯粹的哲学论证会对读者造成压迫感，好像作者在强迫读者接受自己的观点，而**文学可以把读者请到特定的情境之中，给读者更大的自由去看到作者观点的展开。**

再次，波伏瓦和萨特之间的关系，绝对不是简单的"追随"，更谈不上"师生"。他们始终保持着严肃的哲学对话。萨特这个身材矮小、相貌丑陋的男人，给美丽高贵的波伏瓦带来的从来都不是身体上的诱惑，而是思想上的吸引。波伏瓦曾经说："身体和心灵的伙伴，别人也可以，但是思想的朋友只有他，不可替代。"萨特也在一次采访中说，他和波伏瓦之间的爱主要是思想上的，他和波伏瓦展开过很多思想上的辩论，他也接受了波伏瓦的很多批评。他说："如果没有波伏瓦的批准，我永远不会允许任何作品发表，或者公开给任何人。"所以，在某种程度上，我们难以分辨萨特作品中的内容是萨特本人的思想，还是属于他们两个人的思想。

接下来，我想用一个很有代表性的例子，带你看看他们俩思想上的差别。从这里我们可以看到波伏瓦作为一个哲学家的独立地位，也可以看到波伏瓦和萨特对人类生存境遇的不同理解。

在讲萨特的时候，我们提到过萨特的两个著名说法，一个是"**人是被判为自由的**"，另一个是"**他人即地狱**"。在萨特那里，每个人都拥有属于自己的赤裸裸的、绝对的自由，一个人本真的生活就是要去运用自己的自由，超越自己的处境。自我与他人之间的关系总是带有冲突性，是一方对另一方的支配。萨特对于绝对自由的强调和对他人的敌视，让他在《存在与虚无》里几乎没有讨论任何道德问题。

但是波伏瓦认为，这样看待自由、他人和道德有很大的问题，于是她写文章公开批评萨特。

在波伏瓦看来，人从来不是孤独的存在，不能孤立地行使自由。像萨特那样强调一个人的绝对自由没有意义。我们总是和他人联系在一起，所以我们的自由总是有限的，与他人相互制约的。我不能行使绝对的自由，而只能行使在某个**情境**中的相对自由。一个人如果试图对抗他人，把他人当作"地狱"，他就会失去自由，也失去自我。

相比萨特，波伏瓦更愿意强调人际关系中积极的方面，她认为我们之所以能够成为现在的自己，是因为出现在我们生命中的其他人，父母、老师、朋友、爱人，还有陌生人，自我是不断被他人塑造，始终处于一种"生成"的过程中。

从人的这种总是与他人互动的生存状态，波伏瓦提出了一个很有意思的概念，叫作**"模糊性的道德"**，也可以翻译成"模棱两可的道德"。在波伏瓦看来，人类在本质上带有模棱两可性或者模糊性。我们既是主体也是客体，既是意识也是物质，既是理性也是非理性，既是自由的也是不自由的，既相互分离又相互依赖。但是传统哲学总是想要打压这种模糊性，把人概括成"理性的动物""思维的主体"，或者"物质的构成"。这些对人的简单概括，正是存在主义要反对的东西。存在主义是一种关于模糊性的哲学，要展示人真实的生存处境。

我们可以设想一个情境：韩梅梅和李雷谈了三年恋爱，李雷有房有车，在单位深得领导器重，他们俩感情不错，也都见过了家长，准备领证。但是就在领证前，韩梅梅发现李雷还跟前女友偶尔眉来眼去，感觉很闹心，犹豫要不要按原计划领证。这个时候，如果是萨特，就会告诉韩梅梅，你有绝对的自由，可以选择离开李雷，或者和他领证，不管怎么样，都要独自承担这个自由的责任。但是波伏瓦就会更体恤韩梅梅处境的模糊性，承认这个时候她既是理性的又是感性的，既是行动的主体又是他人行动的客体，既是独立的又和李雷、双方的家人朋友互相依赖。这个时候她的自由是受到限制，做出选择并不容易。

那么从人类生存的模糊性出发，怎么理解**道德**呢？这种"模糊性的道德"肯定不是建立在某些客观的、普遍的原则之上，比如康德说的绝对命令，或者功利主义说的快乐的最大化，而是来自具体的人之间真实的交往。因为我的自由总是嵌入他人的自由，我要行使自己的自由，就必须要首先尊重他人的自由，这就是波伏瓦所说的"道德"。它作为规则限制了一些人类的行为，比如奴役、伤害、杀人；同时也给人的行动赋予了内容：我们应该把他人看作和自己平等的自由人看待，要帮助那些受到奴役和压迫的人获得自由，所以就要求存在主义者积极地介入世界，投身于解放他人的斗争，这些斗争可以是反对种族歧视的、反对殖民主义的，也可以是我们下一讲要讨论的反对性别歧视的。

我们看到，同样是面对人的生存处境，萨特强调孤立的自我、极端的自由和超越的激情，他的存在主义是飞在天上的。而波伏瓦则强调受到他人约束的自我和具体情境中的自由，始终希望存在主义保持更强的现实性。他们展示了人类生存处境的两个相反的面相，也展现了存在主义哲学的丰富性。波伏瓦对萨特的这些批评对萨特产生了很大的影响，他在后期思想里，也更加关注社会和政治，更强调为了他人的自由而抗争。我们又一次看到了两个人思想上的融合。

最后，我想引用波伏瓦在《模糊性的道德》里面的一句很简短的话作为这一讲的结束："**人只有在他人的存在中才能找到自身存在的理由。**"

　　我想请你结合自己的经历谈谈，什么时候感到自己的自由与他人的存在密切相关？这个时候你是苦于自己的自由受到了限制，还是感到这种受到限制的自由才是真实的自由？

参考书目

1. 波伏瓦：《模糊性的道德》，张新木译，上海：上海译文出版社，2013 年。
2. 凯特·科克帕特里克：《成为波伏瓦》，刘海平译，北京：中信出版社，2020 年。

精选留言

【水妤泽】 2021 年 8 月 23 日

　　你存在，所以我存在。电影《阿凡达》中，男女主角常说这样一句话："I see you"，我看见你。而看见，就是爱。

　　你的眼睛，就像镜子，我从你的眼睛中，甚至可以看到我的镜像；当你用心看到我时，你的整个灵魂的反应，就像是一个抽象的镜子一般，照出了我的存在。没有镜子，我们看不到自己长什么样子。没有"你"的镜子的存在，也就没有"我"。

　　比如，对婴幼儿来说，妈妈就是镜子，如果妈妈没看见，孩子会觉得自己不存在。

　　I see you，这句简单的话里，藏着非常深刻的含义。我的感受，必须经由"你"的看见，才开始存在。当没有被"你"这面镜子照见时，它就像是不存在一样。

　　作为父母，我们要做孩子的镜子；作为爱人，我们要做彼此的镜子。

【甜小姐】 2021 年 8 月 23 日

　　一、关于"我们是被他人不断塑造的"，让我去思考什么是真正的治愈。你之所以是你今天这个样子，是所有你遇见的人、你碰到的事情，让你变成了现在这个样子，它们在你的容貌和性格上烙下了深深的印记。

平时说到治愈，我们总是试图清除那些我们不要的往事、痛苦的记忆，就像一场逃避，就像一个母亲无力抚养她的孩子，只好将他丢弃在身后，一路哭泣着狠着心跑远。可我们真的丢弃得掉吗？就犹如，你以为你忘了，或者你白天忙碌的时候也确实很少想起，但是它们一次次反反复复出现在你的梦里，或者某一个孤独的深夜里，提醒着你它们的存在，提醒着你其实你依旧记着它们。

如波伏瓦所说，我们既是主体，也是客体，我们不可能和任何曾经走过我们生命的人或事割断关系，他们影响了我们，放不下，那就不放下，其实放不放下又如何，早已刻在了彼此的身上。所以，为什么要丢弃或者清除那些记忆呢？所有的这些都是我们的一部分。也许更成熟更强大的人格，是应该回头走过去抱抱那个受伤的想逃避的小孩，完整地接纳自我，完整地接受所有的过去和现在，那些曾经影响过我们的人和事情，才是真的治愈。

二、关于"人只有在他人的存在中才能找到自身存在的理由"，这让我想到一个人活着真正的价值是什么？

他人会让我们找不到自己的价值。就像《阿飞正传》，其实张国荣不管是在戏里还是在戏外，包括他为什么会自杀，我觉得他始终在寻找什么，就像这部戏里的阿飞，他一直在迷失。

很多人的迷失在于他其实没有真正地去爱过这个世界，他们生命中有一种水仙般的自恋情结，他们的爱全在自己的身上，自恋自怜自伤。所有的旁物旁人，对他来说只是一面照见自己的镜子。看似他人即地狱，他人限制着他们，影响着他们，但是其实重心还是在他自己身上。当一个人所有的心思都在自己身上时，他会找不到生命的意义，他会把自己的各种感受和情绪无限放大，甚至把自己淹死在其中。我相信每一个对尘世绝望的人都是没有找到自己活着的意义和自己的价值所在。

他人也会让我们找到自己的价值。很多人问过我，如何知道自己要做什么？我说，看到这个世界不足的地方，然后尽你所能去补上这一块。很多人以为自己的价值体现在吃什么、穿什么、用什么上，那都是索取。真正的价值，是你为世界做了什么。这时候，同样也是他人影响我们，但是我们的重心却是在他人身上，我们因此显示了我们的价值，因为我们被需要。

【绿计】 2021 年 8 月 23 日

每当我做任何决策的时候，我都感觉到，我受到种种的限制，但是如果我的决策能顺应他人的自由，没有与他人的自由相对抗，我的感觉还是自由的。如果我的决策能巧妙地避开与他人的冲突，又达到了我的目的，我觉得这种自由才是真正的自由。相反当我独自一人不做任何决策的时候，虽然没有受到限制，但是感觉到虚无和孤独。多希望每个人能相互照顾彼此的想法，尊重他人的自由，虽然自由受限制，但是没有激烈冲突，不用背负责任和压力，感觉到更加自由。老师，不知道我的想法是否正常，是否符合波伏瓦的存在主义哲学。

【刘玮回复】

说得很好，受到限制的自由很可能比完全开放的自由让我们觉得更踏实。

【我就是我】 2021 年 8 月 23 日

波伏瓦说：自由总是有限的，与他人相互制约的。我们不能行使绝对的自由，而只能行使在某个情境中的相对自由。

今天想结合自己在平凡生活中的点点滴滴谈谈我对这句话的感受：大多数家庭生活充满了鸡零狗碎，但正是这些拿不上台面的琐碎小事奏响了生活的奏鸣曲。如果家里孩子感冒发烧，在没有外援的情况下，往往是妈妈选择留在家里照顾孩子，也许这一天她也有重要的工作，即便没有，在家照顾小病人也很辛苦，她完全有自由选择不这么做，可是爸爸会说："我没你细心，你还可以在家做点孩子爱吃的，讲讲故事啥的，我除了看着孩子，什么都不会，我还是出去给你们挣钱吧"，于是二选一，妈妈成了那个留在家里的，这选择是妈妈出于对孩子和家庭的爱而做出的非即彼的"自由选择"，她当然有属于自己的、赤裸裸的、绝对的自由，但这样的处境下她有的选吗？类似的场景还有很多：没完没了的家务、照顾陪伴老人（不光是生活还有情感上的）……多数女性就因为一个又一个的被动选择被淹没在生活的洪流之中。

哪有那么多岁月静好，不过是有人替你在负重前行。一个美好而和谐家庭的本真，就是总会有一个人在关键时刻做出牺牲和让步，牺牲自己的自由换取整个家庭更大的利益，所以成功的那一半真的不要忘了你的成功是另一半的妥协和支持换来的！

越来越多的年轻人选择只享受爱情而不走入婚姻，或者为了纯粹的个人生活而选择丁克，人人都想减负，用减负来换取轻盈的自由，选择自由就要切割一定的社会关系，自由是有代价的！对于别人的选择，我们不一定认同，但唯有尊重！

唉！一个职业妇女的一声叹息。

【刘玮回复】

说得很好！剥离与轻盈可以带来自由也可以带来难以承受的生命之轻，负重前行可能带来羁绊也可以带来生活奏鸣曲的美好，希望每个人找到属于他的那份自由。

【Vector】2021 年 8 月 23 日

感觉萨特和波伏瓦基本上就是海德格尔与阿伦特的镜像。不论从两人之间的关系，还是两人的哲学主张。几乎是对称的存在，很有意思。

萨特和海德格尔的思想都是比较理想化的。强调人之存在的独立性，不论是向死而生的本真，还是对现实的不断超越。人独自完成，承担一切。冷峻坚毅，像一块海边巨大的岩石。

而波伏瓦和阿伦特，则都在这种孤独的背景上，涂上了一层人情味的底色。阿伦特强调人本真生活的社会性，而波伏瓦则关怀人在实际境遇中和他人之间的纠结。细腻温暖，像轻抚岩石的海水。

也许这是男性和女性思考方式的差别造成的。

萨特说，他人即地狱，反感别人对自己的定义。但对恋人、亲人来讲，爱的存在让这种定义变得如此甜蜜，心甘情愿地去为别人改变。反过来，人在现实中对他人肯定是有期待的，从孩童开始就希望不断得到肯定。很用心地完成一项笔记作业，也希望能得到老师的回应和点评，别人的点赞。恋人之间的无尽期待。

波伏瓦说，不能否认这些人与人间互动链接的存在，与他们对人存在的影响。她能理解和关心人在现实中的纠结。人在与他人的关系中不断被重新塑造。实际上，人没有绝对抽象的自由。总是被现实关系约束着，总是纠结的。人成长中的所有相遇，最终都会成为自己存在的一部分，以另一种形式伴随。

我一直努力去看空这个世界，最后却发现，维系这个世界的却是深情。然而，很多时候现实的确是冷冰冰的存在，像萨特所说的"恶心"的存在。在这种境遇中，如果能忍则忍，所不能忍，也就只能不再沉沦，不再自欺，斩断一切，超越自己，另获新生。

愿意去这样做的人，一定是在认真生活的人。得过且过的沉沦着，不会去想这些乱七八糟的问题。因为，理想的人是绝对自由的。

【常觉不住】2021 年 8 月 23 日

她是我好朋友的女儿，一个聪明、灵巧、充满爱心，喜欢助人的女孩，她有着悦耳的声音和甜美的笑容，我们以为将来她会是一个主播，或是律师，或是高端金融服务人员。七年前我们参加她的毕业典礼，她以第一名的成绩从名校毕业，四年的时间同时拿到学士和硕士学位。我最难忘的是她的系主任和我们说的一句话：她是我三十年的教学生涯中碰到的最好的学生。

七年后她的同班同学很多已经成为律师，或者任职华尔街，坐领高薪。而她选择了一家非营利公司，专门研究少数族裔和低收入家庭读大学的难处。这七年来，她做了很多研究也发表了不少这方面的论文，参加过不少听证会，为少数族裔和低收入家庭争取权益。目前有些大学和某个州已经接受了她和她们公司的建议，做了改进。周末时，她还经常参加为少数族裔和低收入家庭募款的活动，譬如竞舞、越野跑、设计 T-shirt 等等。

上个礼拜在跟她的父亲聊天时，还谈到了她，她父亲半开玩笑地说，她可能是她们班上同学薪水最少的人，但是她确实过得很开心。波伏瓦在接受记者采访时曾说："我是为别人做波伏瓦，不是为了我自己。"

我好友的女儿为她的理念毅然做自己，在她的黄金年华，她做了选择：金钱不是她的选项，投身于帮助弱者，让他们有机会接受更好的教育是她的选项，这不正是存在主义想要表彰的吗？

【皎皎】2021 年 8 月 23 日

在平常的婚姻中，是否存在"本质的爱"和"偶然的爱"呢……总觉得这么问问都显得不道德，会被说成是为渣男开脱吧。

昨天在一个群里看到有个女生说看到男友手机里和别人的暧昧信息，一场鸡飞狗跳后俩人就吹了。群里一边倒地谴责男方，女生可能是感同身受，男生……为了证明自己是个专情的人？所以"本质的或偶然的爱"大概只存在于哲学世界中吧，普罗大众可能更愿意拥有"忠诚的爱"。

后面讲"思想上的爱"好像更容易接受一些呢？听起来和肉体划清界限，就立刻高贵了起来。不过，若是迁移到现实的婚姻中，不就是伴侣虽然跟你结婚，但在思想上爱别人吗……似乎更不舒服。

所以，本质的爱和偶然的爱，为什么不能是对同一个人呢？偶然相遇、相爱，共同经历生活中一次次偶然，然后一次次发现自己更爱对方，听上去不错吧？有这样的例子吗？

不过话说回来，要是真有这样完美的榜样，我辈凡人说不定会觉得人生更加艰难无望。

其实挺早就知道波伏瓦和萨特的婚姻形式了，那时我第一反应是：孩子怎么办？还特意去查了一下，发现波伏瓦从一开始就没打算要孩子，那就完全是另一种人生了——没有参考价值，也就没有了解的兴趣。

但是听过今天的课程，发现自己很认同她的观点，尤其是"我们总是和他人联系在一起，所以我们的自由总是有限的，与他人相互制约。我们不能行使绝对的自由，而只能行使在某个情境中的相对自由"。甚至于，我们常常要为了一些东西（比如别人的自由）牺牲自己的自由。

比如写今天这篇留言时，已经因为儿子想要聊天、剪指甲、看动画片，或是单纯地来撒个娇打断了五六次，现在他说饿了……

做好饭回来了，我之前写了啥？

至于为什么今天很晚才开始学习课程，也可以算是为孩子和朋友玩的自由牺牲自己读书学习的自由吧。

随着小朋友长大，他的需求也在升级，只是请朋友来家玩已经不能满足了。上周末他跑去同学家住了一晚，本周回请。

所以从昨天下午开始，我的时间就不属于自己了，直到刚刚对方妈妈过来把孩子接走。再听课程，突然觉得波伏瓦不要孩子实在是太、太、太、太、太明智了！有女儿的话，一定要提醒她：人生还有这种可能性！

猜猜午饭上桌时孩子怎么说？

"怎么没有摆盘呢？"因为有客人的时候，我把每道菜都做得很漂亮，人走了……咱就只管营养和味道吧——总要让我留点时间给自己追寻自由呀～

【刘玮回复】

你的留言太有意思了，浓浓的生活气息扑面而来！看来学习和儿子是你"本质的爱"，生活中的琐事是"偶然的爱"！

【谢伟思·专栏作者】 2021 年 8 月 23 日

　　我认为，受限制的自由才是真正的自由：第一，没有限制，就无所谓选择，就无所谓自由；第二，真正的自由是关系中的自由，有关系，就有限制。

　　我很喜欢一个词，叫"羁绊"，"羁"就是马笼头，我们就是马，那些限制就是马笼头。"我的自由总是'嵌入'他人的自由"，正像是我们的头嵌入笼头之中，让我们不能放纵不羁。

　　笼头的后面是绳子，绳子握在别人手中。同时，我们手里也有绳子，拉着别人的笼头。羁绊可以是法律层面、道德层面、爱的层面的限制。说"限制"，感觉是负面的妨碍，而说"羁绊"，比较中性——它可能是妨碍，也可能是一种防止过度的克制。

　　羁绊（限制）让我们不自由，但羁绊也成就了自由——如果没有任何羁绊，选什么都无所谓，那就等于没有在选择，也就无所谓自由不自由。

【moon】 2021 年 8 月 23 日

　　萨特认为一个人本真的生活就是要去运用自己的自由，超越自己的处境。他认为我们的选择出于绝对的自由，这种自由会考虑处境，但处境只是传递了自由的可能，不决定自由的走向，只有做出选择的人才是自由的主体。而波伏瓦认为人从来不是孤独的存在，不能孤独地行使自由。波伏瓦强调的不是处境，而是他人，与萨特提出的"他人即地狱"这种对他人的敌视是相对立的。

　　回顾自己的经历，萨特帮助我看清楚太依赖他人判断的生活，我失去了对生活的主宰权，放任自己跟着他人的节奏，深陷痛苦却不自知，更加无法自拔。他帮助我从以他人为中心的极端中走出来，让我感受到了一种自由，可是这也让我走入另一个极端，便是对抗周围任何人，因为自我非常脆弱，同时又清楚"他人即地狱"的恐怖，于是不得不采用极端措施保全自己，在把自己排除在任何人之外的境况下，企图只通过书本找到人类的本质，是善是恶，想要得到明确的答案，而答案又多到我无法分辨时，我并没有变得更好，这时候的我感受到了不自由。这样的状态，直到看到《傅雷家书》中，傅雷几次提到人是非常复杂的，结合和朋友的聊天，看见自己在不同时期观点的变化以及朋友们和我存在的同样问题，看见他人和我都存在的复杂性，我才开始释然，我想这个复杂，与波伏瓦提出的"人类在本质上就带有模棱两可性或者模糊性"是有相同之处的。这时候的朋友，也就是他人，并不是我的地狱，我也发现，我对自我的认知建立在与他人的交互过程中，建立在真实的生活中，我始终是无法逃离周围的社会和环境，无法逃离存在在我身边的每一个人的，既然无法逃离，那就勇敢面对，这一刻，我感受到了自由。

【云窑主】2021 年 8 月 23 日

　　我很喜欢波伏瓦的存在主义哲学思想！哪有绝对的自由，绝对的自由对应的是绝对的自私，自私绝对是自由的障碍！真正的自由是自律的，是利他主义行为，是被需要！

　　三年前婆婆因为意外摔跤造成腿部骨折，躺在床上，看着打着石膏的腿，愁眉苦脸地心想：老头子要照顾她，那谁来做饭给他俩吃？毫无悬念，婆婆第一时间就想到了我！我当时在办瑜伽馆，老公回来忧愁地告诉我情况，我就知道我被婆婆选中了，婆婆是个有福气的老人，儿孙满堂，儿女个个在身边，可关键时刻她只会想到我，也只有我会放下工作回去照顾她，老人都这样，只会依赖一直让他们依赖惯了的人！我当时有绝对的自由不回去，可我太懂我婆婆了，婆婆要的是我！想到老人身体受了伤，如果我不回，她心里又难过，我又于心不忍，接连三天，我都被回与不回两种决定折磨不停，我想老人为啥不要自己亲生的照顾，却要我这个媳妇？还不就是觉得我人好，那么我是真的好吗，如果是，那就得回，不回我就会内疚，自责，痛苦！所以我决定停下工作，选择回乡下！婆婆看到我回去出现在床前，挣扎着就要坐起来，我赶紧扶起她，她堆满笑容的脸庞掺杂着愧色，湿润的泪沟明晃晃的！我摸摸她打着石膏的腿，小心问她疼不疼！伤筋动骨一百天，我鼓励她，放心，我回来了你就安心养着，包你好得快！那三个月，婆婆是舒心的，公公是安心的，老公是感激的，家人是没心理负担的，我是问心无愧的！

　　岁月静好！偶尔我也觉得累，意难平，可一旦我违背内心不那么做，我一定觉得自己被限制了自由一般，都不能愉快地呼吸！所以自由是因人而异的，而我心中的自由就是道德感，是被需要！

【蒙奇】2021 年 8 月 24 日

　　今天这一讲，让我觉得萨特和波伏瓦的关系，很像《易经》里面乾坤的关系。

　　萨特的绝对自由，类似易经里的乾卦："天行健，君子以自强不息。"讲的要信任自己，自己的选择自己承担结果，世间的规矩，也是取不足去补有余，好的越来越好，差的自生自灭，效率最重要。类似父亲对子女的要求：子女要自己做好事情，自己争气。

波伏瓦的相对自由，类似易经里的坤卦："地势坤，君子以厚德载物。"讲的要承接万物，自己选择之前要多多照顾别人，世间的规矩，也有取有余去补不足，好的要照顾差的，公平最重要。类似母亲对子女的响应：个个都要好好的，哥哥姐姐照顾弟弟妹妹，好的要帮助差的。

不知道我理解的萨特和波伏瓦是不是对的？但是觉得这样很玄妙，东西方的观点，古今两千年的印证，让我觉得，大道无常，有那么多的底层认知是我们人类已经知道的，估计有更多的认知，是我们人类不知道的。多一份敬畏，多一份淡定，就像刘老师的这门课，我现在就觉得很好，弱水三千，只取一瓢。用刘老师的这个循循善诱、步步深入的方式学习存在主义，自有他的一份好处，感激……

【刘玮回复】

这个讨论很有意思，也很有启发！谢谢！

【强 Sean】 2021 年 8 月 24 日

学了这堂课的"自由"，今天看《红楼梦》突有感想：林黛玉是那棵绛珠草，而贾宝玉就是那个用甘露灌溉她的神瑛侍者。如今贾宝玉凡心已炽要来人间，林黛玉跟着来还甘露之恩——也就是她的眼泪，这就是林黛玉为什么这么爱哭的原因。她一辈子来"还"泪，这看似是不自由的，但我们分明能感受到这份自由里饱含的深情和真情。

在我们每个人的人生中，也会有一些让你觉得特别纠缠的生命，有很多解不开的情，如果过渡到"还和欠"的角度，也许很多就都解开了，我们可能都听过："我这是上辈子欠你的吧？"

这一欠一还中，是甜蜜的负担，有时是还父母，有时是还伴侣，有时是还朋友，林黛玉还泪，还的是连结婚缘分都没有的贾宝玉，我们在古诗中也会看到"还君明珠双泪垂，恨不相逢未嫁时"。

第16讲
波伏瓦（二）：被塑造的女性

这一讲，我们继续来说波伏瓦，谈谈她在"萨特的伴侣"之外的另一个著名标签：**女性主义的代表**。说到这个标签，我们自然要说到她最有名的作品《第二性》。这本书对于 20 世纪女性主义运动的重要性怎么强调都不过分，它被誉为"女性主义的圣经"，之后的女性主义思想家排着队向波伏瓦和《第二性》致敬。

同时，《第二性》也是被误解得最深的女性主义著作，人们说它是"最常被批评、却最少被阅读的著作"。这么说一点不假。提起《第二性》大家耳熟能详，但是又有几个人真的读过这部上下两卷，将近一千页，旁征博引的著作呢？评论家断章取义，甚至空穴来风地批评波伏瓦有伤风化，主张性解放、性自由、同性恋；批评波伏瓦饥渴、下贱、淫荡、性狂热，甚至女色情狂。《第二性》还被当作色情文学的代表，上了教会的禁书目录。

但是这真是大大地冤枉了波伏瓦。她在这本书里，广泛地利用了哲学、文学、社会学、生物学、心理学、人类学的思想资源，探讨了一个很严肃的问题：**作为女性到底意味着什么？**

波伏瓦动笔写《第二性》其实非常偶然。1946 年 6 月底，波伏瓦刚写完了《模糊性的道德》。之后她坐在咖啡馆里，盯着面前的白纸，脑子里空空地思考着下一部作品要写点什么。她的朋友，雕塑家贾科梅蒂看到之后，走过来跟她说："你写什么都行啊"！于是波伏瓦想到了"作为女人意味着什么？"的问题。之后她花了两年多的时间写出了一生最著名的作品《第二性》。这本书在 1949 年出版，给 20 世纪的西方思想界投下了一颗原子弹。它的爆炸力之强，对思想界和整个社会的影响之深远，都很少有别的著作可以相提并论。

波伏瓦在很年轻的时候，就思考过"作为女人意味着什么？"的问题，毕竟她选择了一条对当时的女性来讲很不寻常的哲学道路，又拒绝了女性传统的婚姻和家庭。她之前的策略是无视性别的标签，追求自己认为最值得追求的东西。但是当她开始深入研究和思考这个问题时，就被震惊了。首先是被可以找到的资料之少震惊了，占全部人口数量一半的女性，却在人类两千多年的学术研究史中处于绝对的边缘；其次是被本来就为数不多的资料对女性的误解之深、观点之荒谬震惊了；最后，令波伏瓦震惊的还有她研究之后的发现。波伏瓦深刻地意识到："**女人不是天生的，而是后天形成的。**"这句话是《第二性》下卷开篇的第一句话，也是全书里面最著名的一句话。

"女人不是天生的，而是后天形成的。"这句话体现了存在主义哲学的核心观点："**人的存在先于本质。**"生物学意义上的女性当然存在，但是除了身体结构上的不同之外，她们并没有什么属于"女性"的本质。人们经常归于女性的那些特征，像软弱、敏感、迷人、依靠直觉、充满母性，看似好像是女性的本质，但其实都是由社会和文化塑造的，特别是由社会中占主导地位的男性塑造的，是父权制的意识形态。所以人们常说，波伏瓦的一个重要贡献是区分了生物学意义上的"性别"（sex）和社会文化意义上的"性别"（gender）。

这种父权制的意识形态，是在人类演化的早期出现的。当时，人们迫于生存的需要，根据男性和女性的生理结构和生育角色，把社会按照性别差异组织起来，男性负责对外的狩猎、保卫和战争；女性被安排在家里生养孩子，从事相对较轻的劳动。这样的分工，就给了男性更多的自由去发展思想、组织社会和政治，也就逐渐发展出了男性主导，女性从属的意识形态。女性成了**"第二等的性别"**。

波伏瓦考察了生物学、心理学、社会学的证据之后，强有力地论证了，没有任何证据表明，女性是低于男性的，女性在任何方面都不是天生的"第二等的性别"。

在人类生产力水平相对比较低的历史发展阶段，这种男女之间的性别分工，甚至是性别等级，还有一定的道理，所以这种父权制在世界各地普遍存在。但是到了现代以后，传统社会的自然和经济条件都已经不存在了，绝对的内外分工按说已经没有理由继续维持下去了。可是男性怎么会把已经到手的权力拱手让出呢？他们为了维持对女性的优势地位和权力关系，依然给女性"洗脑"，培养她们继续关注和培养身上的"女性气质"，继续要求她们温柔、迷人、顾家，做一个贤妻良母，并且用华美的衣服、高级的化妆品、看似优雅的生活方式诱惑女性。男人用这些标签，把明明是自己强加给别人的境况称为"幸福"。差不多就是我们今天说的 PUA 的放大版。

别说是波伏瓦生活的 20 世纪上半叶，就是男女平等的观念早就深入人心的今天，这些标签也依然普遍存在。就说我身边同事的孩子们吧，小女孩从小家长就告诉她们一定要有"女孩的样子"，要做一个"淑女"，穿漂亮的衣服、举止安静文雅、不能疯跑疯闹，她们通常学习的课外项目是书法、绘画、跳舞。这些观念好像都是天经地义、无须反思的。

但是在波伏瓦看来，这些标签对女性来讲都是陷阱。它们让女性害怕一旦失去了这些所谓的"女性气质"，自己就失去了价值。虽然现代女性可以接受教育，进入职场，但是因为那些标签根深蒂固的影响，走上职场上的女性也往往会觉得自己不够温柔、缺少魅力，甚至不像个女人。所以女性总是受到这种矛盾的折磨。为了追求事业就要放弃女性的魅力；保留女性的魅力就要放弃事业。女性的自我也总是处于分裂的状态：一边是作为爱人和母亲的自我，另一边是在更广阔的世界里能够成为的自我，二者不可兼得。

父权制的思想和安排，把女性限定在低等的位置上，在方方面面剥夺了女性的自由和平等。这种剥夺在教育、职场、政治上相对明显。波伏瓦也特别讲到了爱情和性这两个相对而言没有那么明显的领域。

波伏瓦看到，爱对男性和女性有着非常不同的含义。对男性来讲，爱情是生命的"重要部分"，但终归只是"部分"；而对女性来讲，爱是生命的"全部"，只有被男人爱她们的生命才有价值。即便是在 20 世纪的法国，就在波伏瓦身边受过教育的女性中，依然有很多人受到家庭的胁迫，不得不放弃学业和事业。在当时，人们心目中的理想爱情依然要求女性为了所爱的人牺牲自己；理想化的女性是男性欲望的客体，甚至是男性的性工具。女性的欲望和快感没有被考虑进去，她们的身体被当成供男性消费的"驯服的身体"。波伏瓦敏锐地观察到："从原始文明至今，人们总是认为性交是一种'服务'，男人以礼物来感谢女人，或者保证养她；但服务就是把自己交给一个主人，在这种关系中没有平等的交互性。"

我们在前面一讲提到，波伏瓦的存在主义就是要追求自我与他人之间平等的自由。所以她号召女性真正拥有自己的身体，和男性平等地享受性爱。波伏瓦从来没有主张过无条件的性解放，她只是要求女性在这方面得到平等的尊重。

《第二性》出版的 1949 年，法国的保守势力还非常强大，所以这本书给波伏瓦招来了如潮的批评，甚至让她失去了一些朋友。不可否认，《第二性》并不是一本完美的著作，里面有一些过于普遍、仓促，甚至夸张的结论。但同样不可否认，《第二性》以强有力的方式揭示的问题，是每一个男人和女人都不得不正视和反思的。它不仅成为20世纪女性主义运动最重要的推动力，也促使人们重新审视男性，因为越来越多的人看到，"男人"和女人一样，也是后天形成的，所谓的"男性气质"也同样是文化建构的产物。

《第二性》出版之后，波伏瓦成了全世界最著名的女性主义者。她主办女性主义杂志、推广女性主义著作、组织各种运动为女性争取堕胎、免遭暴力的权利。

不过你可能不知道，波伏瓦在很长时间里都否认自己是一个女性主义者，就像她当年否认自己是一个哲学家。原因也类似她当年否认自己是哲学家，因为她对"哲学家"有某种特定的理解，"哲学家"就等于体系的构造者。在1965年之前，波伏瓦一直否认自己是女性主义者，因为她心目中的"女性主义"，还是从19世纪就开始的那种相对温和的、给女性争取投票权的女性主义，而她要求的比这要激进得多，是两性之间更实质的平等。所以直到她看到她心目中的那种女性主义运动在蓬勃开展，性别关系在发生变化，才愿意承认自己是一个女性主义者。

波伏瓦曾经说，希望自己的《第二性》有过时的一天。如果人们能够停止对女性的物化，给女性平等的地位，她在书里的那些分析，也就失去了意义。不过直到今天也没有哪个国家、哪个社会敢说自己真正实现了男女平等，那依然是我们需要努力的目标。

最后，我想引用《第二性》全书最后的一句话作为这一讲的结束："**在既定的世界中，要有人来建立自由；为了取得最高的胜利，男女**

超越他们的自然差异，毫不含糊地确认他们的友爱关系，是必不可少的。"

　　我想请你谈谈，身边有没有女性被物化的案例？在你看来，女性要真正获得与男性平等的地位，最重要的因素又是什么？

参考书目

　　波伏瓦：《第二性》，郑克鲁译，上海：上海译文出版社，2011 年。

精选留言

【一以贯之】2021 年 8 月 24 日

　　在中国，男女平等，这几十年已经取得了巨大的、实质性的效果。尽管我们这些老爷们有时候会抱怨一下，可是大多中国男人还是很乐于这样的新环境，与女性平等面对机会，平等双向选择，尊重每一个人的选择。这要是往回二十年，都会有很大的不同！这不仅是八零、九零、零零后的新观念，老一辈观念也在变化，这与国家、社会和文化导向有关，追溯下来应该有《第二性》的思想贡献吧？女权在中国有些变化，还是很值得称道的：

　　1. 女性奢侈品消费个性化。曾经是男性为了展现炫耀性消费，定义到女性身上。变化是：女性炫耀性消费有两个变化趋势，一些是更关注实用，更多一些则是重新定义消费目的，不为取悦男性，而是取悦自己。

　　2. 女性的生活方式多元化。曾经三十不结婚、大龄剩女、女博士等成为给女性造成巨大精神压力的枷锁。现在是结婚、是单身女性可以自由选择，不再受生活所迫、世俗所迫。女博士成为智慧女性的代名词。

　　3. 女性的家庭地位平等化。曾经男主外女主内的家庭结构，女性工作家庭双重压力的状况也在变化。有男女共担家庭和工作、有男主内的、有丁克等，女性对家庭生活有自由选择。

4.女性的社会身份多元化。随着科技进步，带有显著男女区分的职业越来越少。女性可以胜任所有白领职业，也可以胜任许多蓝领的工作，创业者里也踊跃着女性的身影。

在中国，诚然女性平等在不少地方、许多时候还是存在没做到、假做到、做样子的，但是整体趋势很好，很乐观。在国外，我不清楚，但是看的不少文章里，感觉还不如中国。

换个视角，男人也的确被定义了很多刻板印象，也需要平等，需要自由选择，需要重新认识自己和发展自己。又有哪本书能把社会的男性生存说清楚呢？

【刘玮回复】

说得很好，我很赞成你对中国女性地位变化的这几点观察和概括。确实如你所说，虽然还有不尽人意之处，但是中国女性的地位确实有了明显的提高，而且确实比很多国家好的太多了（我就不举例子了，咱们的邻国里面就有很多是出了名的差）。不过中国的这种男女平等也是有很强的地域、城乡不平衡的，需要做的工作依然非常多。

国外在波伏瓦和女性主义的影响下，关于男性研究的书和论文其实不少，不过翻译成中文的好像不多，比如下面两本就是很好的导论。

Stephen Whitehead, *Men and Masculinities*, Cambridge：Polity, 2002.

Tim Edwards, *Cultures of Masculinity*, London：Routledge, 2006.

【2023年1月补记，后来看到了一些介绍被塑造的男性的著作被翻译成了中文，比如大卫·吉尔默：《发明男性气概》，孙伟、张苗凤译，杭州：浙江大学出版社，2021年】

【Amber 周雯婷】2021年8月24日

女性要真正获得与男性平等的地位，最重要的因素，从女性自身的角度出发，我能想到的包括：(1)少一点敏感、多疑、猜忌，多一点坦荡、信任、担当；(2)放弃所谓的女性特权，更坚强、更独立、更勇敢；(3)摒弃委曲求全和默默忍受，转而追求共赢和互惠；(4)爱自己爱他人，而不是一味地追求"被爱"；(5)积极投入公共生活，对不公平勇敢发声，主动给予帮助。不是说女性要变成跟男性一样的性格，恰恰相反，女性要放开种种束缚和牵绊，展现女性自身的力量。也不是说女性要跟男性对着干；恰恰相反，女性是不可或缺、值得信赖的合作伙伴。

【一颗圆蠢蠢的肥肉丁】 2021 年 8 月 24 日

男朋友就觉得贤惠女孩才是最好的。他觉得他理想中的好女友就该是温柔贤惠的,我问他为什么会这么觉得,他说没有为什么,因为他妈妈就是这个样子。但是又说其实并不嫌弃我不会做饭,不贤惠,但是有时候会不开心。希望女友更有女人的样子,好好爱护家庭,看好娃,这样更有女人味点,他会更喜欢。但是我会觉得我又不是第二个妈妈,我只用活好我自己,你喜欢不喜欢都可以,爱情不是靠谁变成谁想要的样子来维持。

但心里又会有点无奈,会觉得这是一种环境塑造,其实如果不对比大多数人应该都会觉得伴侣很好,对比加上潜意识的舒适圈就会不自觉地戴眼镜去看人,有时候这确实是一种无意识的状态,因为一个人的眼光大多数情况下都是经历塑造的产物。

我觉得男女平等最重要的就是包容和不断思考。男生多反思自己对女性的要求是不是自己真的想要的,而不是别人都这样所以我也想要这样。我觉得男女平等并不是说最后男生和女生变得都一样,因为确实是有心理和生理的差异,而是说,应该反思环境带给你的无意识要求是不是自己真正的需求。女生也要变得更勇敢一些,大胆说出自己的想法,最重要的是先爱自己,而不是围着谁去转,质疑真正的自己值不值得被爱。

【皎皎】 2021 年 8 月 24 日

我曾经就是个被塑造得理想化的女性,逐条标准对过去,迷不迷人不敢说,至少相亲对象都表示希望继续交往。好汉不提当年勇,放眼未来吧!

《第二性》确实是久仰大名,一直没读。以前直觉上会反感疑似女权主义的书,是的——"直觉"。

现在慢慢明白,这种反感大概源自羡慕,或者妒忌,或者悔恨,当然,更可能是害怕——它们会让我产生强烈的自我怀疑:我真的喜欢做家务吗?我真的喜欢画画做手工吗?我身上的优点真的是优点吗?

大概已经纠结了两年多吧,现在我总算可以确定自己确实是喜欢做家务、喜欢整理、喜欢做手工的。

我喜欢一通收拾后看起来清爽的家,喜欢打开衣柜时看到衣服按色系长短排列,或是叠成 A 字形整齐地立在透明的抽屉里,喜欢书柜里的书按高矮码放、小物件都装进统一的盒子。虽然满满当当，但看起来有条不紊。

我还会给孩子做些实用的衣服小物、在教师节帮他准备最漂亮的花束、带他把所有能尝试的手工类型都体验一遍，并且，即使是第一次上手的东西，我也可能被路过的客人误认为是老师——我的天赋就在这里。

但是，我讨厌有人说：家务就该让我来做，孩子就该让我来带。所以问题关键就在于，这是不是我的选择——我还是自由的吗？

有人就是喜欢做这些的，并且，他不一定是女人。给女性的自由，其实同时也赠予了男性吧。

【刘玮回复】

说得很好！出于自由选择的东西才是我们会享受的，少一点"必须""应该"，让两性都去探索自己真正喜欢的东西，在这个过程中磨合，才是更舒服的相处之道。

【刘书亦】 2021 年 8 月 24 日

女性要真正获得与男性平等的地位，最重要的因素又是什么？当你弱的时候，任何人都可以爬到你头上欺负你，这不在于你是女性还是男性，包括动物也是如此。

我一直觉得女人一定要独立，无论精神独立还是经济独立。所以这些年也一直在朝着这个目标在做，很多家长会说，"老师，你可以了，别再拼了，再拼没有男人敢娶你了"。我通常都是笑哈哈地回应。但我心里很清楚，事业归事业，这个男人能驾驭我，或者说我愿意被这个男人驾驭，还是要看这个男人是否让我觉得值得托付。

女人如果没有能力，是会被看不起的。而且有的女人还是特别奇怪的物种，中国有句老话"媳妇熬成婆"，之后对自己儿媳妇也得按自己当初经历的重新来一遍才过瘾。

动物也是如此，我家养了两只猫，一只叫葡萄，一只叫滚滚，葡萄是妹妹，滚滚是姐姐，以前葡萄老是被滚滚欺负，因为葡萄比较温柔，连叫声都是很小声的，最近不知道怎么回事，葡萄变了一样，可凶了，两只猫打架时，滚滚被吓得躲在角落呜呜叫，我在的时候，还得劝架，把葡萄抱走。然后再安慰滚滚，对滚滚讲你以前凶葡萄，现在轮到葡萄凶你了。

回到女权与男权，我相信女性的社会地位是会越来越高的，拿做饭来说，以前都是女人进厨房多，现在反而女人进的少了，男人倒是变多了。我父母，年轻时，都是我母亲做饭，现在都是我父亲做饭，包括连洗澡，我父亲都要帮着搓背，母亲只要在家打打麻将，玩玩。

【杨昆霖】2021 年 8 月 24 日

作为一名教育工作者，长期的教育实践观察让我想针对两点去讨论：一是灌输性别文化的必要性，如果一个人从小孩开始没有被灌输正确的性别观念，他长大了就有可能出现性别倒错现象，青少年时期不注意引导，就有可能出现性取向不稳定的现象。二是男孩危机引起的教育反思，现在社会太多对女孩的教育保护，讨论很细化、很细心，这很好，这是社会的进步。但是男孩呢？一个社会有真正关注该怎么培养一个男孩吗？现在的教育制度和现实管理都使得听话的女孩的表现明显好于男孩，男孩的天性在学校看来是一个缺点，是不稳定因素，因为不乖，不服从，所以是个负面的东西。可是我想说，这就是男孩的天性，不是吗？教育要认识这一点去发挥和发展男孩的长处。

我认为，一个父权社会的改变从现实的角度，是从培养男孩开始的，因为男孩会长大，他会成为男人，继承父权社会赋予他的便利，所以他是怎么看待女性和自己身为男性的身份就会决定整个父权社会的做法。就像很多革命都是富家子弟带领工人阶级推翻自己阶级那样，一旦有一日男性开始觉醒的人多了，懂得和平与爱，懂得爱自己的另一半，这个世界才会一点一点改变。

【刘玮回复】

你说的这两个问题确实存在，性别意识和认识性别差异无疑是重要的，而差异不意味着要削减平等。

【陈 C】2021 年 8 月 24 日

说到男女的区别，除了我们很容易能想到的身体差异，以及一些科学研究揭示出来的思维方式的不同外（这方面还有争议），剩下的那些，恐怕很难说不是后天塑造的"标签"了。这其中的一些标签，甚至都不是社会缓慢演化的结果，而是因为一时的风潮才贴上的。比如今天"粉色""泡泡袖"与"蕾丝花边"被看作是女性的标志，可是在几百年前，这些都还是男性的专利。有太多的东西，其实只是文化、偏好与风潮的产物。作为男性，我也希望心仪的姑娘婀娜多姿、笑靥如花，只不过我很清楚，我的这种偏好，是成长环境、个人经历与文化氛围造就的。我可以保留我的偏好，但面对任何一个人，无论男女，首先要平等地交流。

至于另一些所谓"文化的造物"，像是本已被埋在故纸堆中，近些年又被翻出来的一些"古久先生的陈年流水铺子"，例如所谓"女德"，就是古代男权社会为了束缚女性而制造出来，又被一些人别有用心地利用起来的东西。类似的贬低、物化女性的例子还有很多，比如近期一些男星"暴雷"，就是将女性纯粹当作发泄欲望的出口；一些落后的地区，婚龄男女比例严重失调，致使嫁女儿如同拍卖，也是同样露骨；至于很多地方诸如家业传男不传女，或者女人吃饭不上桌的所谓"传统"，更是遗毒至今。

到底怎样才能做到男女平等，在任何社会都是不小的挑战，甚至就连争取女性权益的"女性主义阵营"内部，其实也存在不小的分歧。有相对温和的，也有激进的；有些聚焦于职场等，与财富和社会地位直接相关的领域，也有的会将其泛化。网络上也出现了一些现象，只要一个言论让部分女性感觉有所冒犯，便会遭受潮水般的舆论攻击，这到底是观念的进步，还是另一种网络暴力？

对此我倾向于，在尊重"机会平等"、尊重人格的基础上，也要尊重个人偏好，反对过激言行，毕竟我是男性，不希望一部分女士们"乱开枪"伤到自己。只不过社会中总要有一点矫枉过正，相对激进的存在，才能形成博弈，拉扯着社会走向新的平衡。但也许最有效的办法，还是把一切交给时间，让"演员"们各自发挥——不是有句话说嘛，新观念形成主流，不是因为老人们接受了这个观念，而是因为他们都死了。

【刘玮回复】

简直是讨论男女平等的一篇范文！有现象观察，有针砭时弊，有面对的困难，还有应对的策略！

【Claire】2021 年 8 月 24 日

现在网上还有一种观点，大意是说女性这么多年要求平等，不仅没有变得更轻松，反而更累了，承担的更多了。比如，以前女人只要照顾好家和孩子就行了，没有人要求你还必须分担承担经济责任，现在不但家务活没减少，还必须要和男人一样工作赚钱，婚恋市场上没有经济能力的人是没有市场的。还有人讨论这是一种进步还是退步？

这样的讨论让人无法回答，因为某些方面来讲确实如此，女人的确更累了，尤其是女性遇到"丧偶式"育儿类的婚姻，或绝对大男人主义的家庭时。但若顺着这个问题往回思考，若让你回到那样的"男主外，女主内"的时候你愿意不愿意？我想大多数女人是不愿意的。因为自由工作的权利让我们有独立的思想意识，有自己除"社会和文化塑造的女性性别"之外的价值，有尊严，不用再手心朝上，不用再是完全附庸的角色依赖谁，依附谁，可以凭本心选择生活。

虽然不可否认，这个社会仍是男权为主导的社会，女性想要获得成功，获得认可，要付出比男人更多的努力，但总体还是变好的，已经越来越多的人认可女性在社会上的各种能力和价值，也尊重女人的努力。

至于女性本身，要过怎样的生活，是做按"男权社会和文化"塑造和期待的女性，还是按自己的本心，全在于自己的选择吧。

【刘玮回复】

我同意你的看法，累不累肯定不是评判标准，如果按照这个标准把男女的传统角色对调，男人不是更轻松吗？这里的关键还是有选择权——自己的选择权。

【刘芳】2021 年 8 月 24 日

想贡献一点语言层面的小洞察，希望能带来一点启发。

"父母""祖父母""爷爷奶奶""伯父伯母""叔叔阿姨""大爷大妈""岳父岳母""兄弟姐妹""夫妇""儿女"，有没有发现这些称呼有什么共同点？

男在前，女在后。

再来一组"郎才女貌""夫荣妻贵""才子佳人""夫唱妇随""男耕女织""龙飞凤舞""男婚女嫁"，这些成语有什么共同点？

同上。

这是社会语言学家从词序角度阐释的"隐性歧视"！语言也对社会生活有着强有力的构建作用，现实的种种问题尚有很多有待提高的地方，语言的隐性作用更是无处不在。

"女教师""女博士"，在我看来也是有些许冒犯的称呼，我不太接受，为什么要加性别？想特殊表达些什么？为什么"男教师""男博士"就有违和感？

"你是如何平衡事业和家庭的？"每当听到这样的问题，都在心里翻大大的白眼，为什么没有人去问男性？而且提问者多数是女性，有些牢笼不仅男性是"凶手"，更多的女性也是"帮凶"！而且完全不自知。

男女并不是磁铁的两极，而更像是"连续体"，中间的地带是恰到好处的合适。我更喜欢，被当作"中性"来对待，不被歧视，也不被特殊照顾！

如果未来，性别不再被凸显，那才是更加和谐，更加自由，男女真正平等的时代！

【刘玮回复】

隐形歧视确实比显性的歧视更弥漫在日常之中，需要敏锐的眼睛发现它们，指出它们，就算从语言层面不容易立刻改变（比如非要用他 / 她，或者 ta 来泛指还是挺别扭的），我们至少也应该有所意识，而不是认为这是想当然。

【郭晓莉】 2021 年 9 月 1 日

有了孩子以后，我的母亲就时时对我说"你是妈妈，你就该付出"，虽然听着很反感，觉得为什么我是妈妈我就必须得向孩子付出、向家庭付出。

即使我对我妈说的话再反感，但是我好像就是被这些标签给贴住了，开始心不甘情不愿地去照顾家庭照顾孩子，对待事业也理所当然地放松。可是我很不舒服，不知道自己想要的是什么，开始浑身怨气……在家里照顾孩子时火冒三丈，对待老公也没好脾气；在单位里工作忙碌时，又觉得对孩子对家庭心生愧疚，想要早点离开。慢慢地，事业停滞不前，孩子和我之间水火不容，婚姻也进入僵局。

那段最艰难的时间，我陷入了虚无中，我想要的是什么？我的未来会怎样？我不知道，我只感觉到了痛苦，感觉到生命的无意义。我就像是一只想要展翅飞翔的雄鹰，被生活这根绳索紧紧捆住，无法挣脱、无力挣脱。

拓宽我的视野、带我走出僵局的心理学，突然一下给我混沌的生活划开了一个大口子。在心理学中慢慢地接触到了欧文·亚隆，接触到了存在主义，透过存在主义我看到了自己……原来我是自由的，我可以选择，我也能够选择。没有谁可以捆住我，除了我自己。

于是，我开始和我的父母抗争，我不要他们给我定义的一切，我也可以有自己的人生……

我开始往外走，开始参加各种各样的心理工作坊，慢慢地疗愈自己的内心……

我开始努力工作，敞开心扉去真心对待每一个朋友和同事，工作环境也有了很大提升……我开始看到老公的好，不再挑剔他做得不好，时时向他表白我的爱和感激……我开始谅解父母，理解他们对衰老的恐惧，害怕我看不起他们、抛弃他们……我开始放下对孩子的控制，反思自己的局限，深刻认识到自己暴躁脾气给孩子带来的伤害……我理解到母亲对我灌输的思想，很多时候是她对自己的要求，我可以接受也可以不接受。我的生活是自己的选择，是因为我惧怕事业的失败，我害怕自己不如别人，于是我拿着做一个好妈妈、好妻子、好女儿的标签，去掩饰自己的脆弱。

现在的我坚信，没有谁可以定义自己，我们要自己定义自己。

女性，除了妈妈、妻子、女儿这些角色，更多的应该是自己。

现在，我正在寻找自我的路上一去不复返……

【刘玮回复】

感谢你精彩的分享，很高兴看到存在主义心理学给你的人生带来了这么多积极的变化！

第 17 讲

加缪（一）：我们是否应该杀死自己？

前面五讲我们了解了萨特和波伏瓦这对"存在主义伉俪"，下面的两讲，我给你介绍在当时的法国名气不亚于萨特的阿尔贝·加缪。

和萨特一样，加缪也是个非常全面的作家，他写作小说、戏剧、哲学著作和政论文章。从哲学上讲，加缪没有萨特的深度和广度。和波伏瓦一样，他也不止一次否认自己是一个哲学家，尤其否认自己是一个存在主义哲学家，但是所有人都同意，他是存在主义这场哲学运动中不可缺少的一环。加缪提出了存在主义哲学最著名的问题之一：我们是否应该杀死自己？在他的名作《西西弗神话》的开篇，加缪这样写道："**自杀是唯一真正严肃的哲学问题。判断人生值不值得活，这本身就是在回答哲学的根本问题。**"要充分理解自杀问题的严肃性，以及加缪的回答，我们需要先来了解一下加缪的生平和他的一个哲学标签：**荒谬**。

阿尔贝·加缪 1913 年 11 月 7 日出生在法国的北非殖民地阿尔及利亚，家里本来就很穷，父亲还在他不到一岁的时候死于第一次世界大战，母亲受到巨大的打击，几乎耳聋，靠打工勉强维持一家人的生计。幸好一位小学老师发现了加缪的聪慧，说服家人让他参加政府的奖学金考试，靠着政府的奖学金和亲戚的帮助，加缪才得以完成了中学和大学的学业。他本来想继续读完博士，但是因为肺结核，没有通过体检，只好去报社当了记者。他报道穷苦人民的悲惨生活，调查政治事件背后的真正原因，揭露法庭审判背后的黑暗真相。

坎坷的经历，让加缪很小就开始思考人生意义的问题，这也成了他一生创作的主题。1938 年加缪读了萨特的小说《恶心》，很欣赏萨特对人生缺少意义，充满焦虑感和荒谬感的描绘。加缪进一步发展了萨特的观点，写出了"荒谬三部曲"：中篇小说《局外人》，哲学论著《西西弗神话》和戏剧《卡里古拉》。《局外人》和《西西弗神话》在 1942 年先后面世，一举奠定了加缪作为文学家和哲学家的声誉。

《局外人》的第一句话非常有名："今天，妈妈死了。也许是昨天，我搞不清。"寥寥几个字，就展现了主人公默尔索那种百无聊赖的局外人态度。和一般人不同，默尔索拒绝把自己的生活串联成一个完整的"故事"，它们只是一个又一个单摆浮搁的事件，不管是升职加薪、和女朋友谈婚论嫁，还是处理母亲的后事，都是这样。有一天，默尔索和一个阿拉伯人发生冲突，开枪打死了那个人。这本来是一桩过失杀人案，罪不至死。但是在法庭上，默尔索又用一种局外人的态度给自己辩护，居然说他杀人是因为太阳晃眼。这个莫名其妙的辩护，让法庭的关注点从杀人这个事实，转向了他缺少悔罪的意识。这个时候，他在处理母亲去世这件事情上的冷漠态度，就被拿来做了旁证。最后，法官认定他缺乏人性，判处了他死刑。《局外人》的整个故事和加缪极简的叙事风格，让人读起来充满了荒谬感和冷漠感。

在《西西弗神话》里，加缪更是把人生的荒谬推到了极致。他描写了希腊神话里的一位国王西西弗，因为欺骗诸神，被罚在地狱里推着一块大石头上山。每当他费尽力气把石头推上山，石头又会重新滑落，西西弗只能从头再来。你还能想象比这更悲催的人生吗？这个神话故事最好地展现了加缪讨论自杀问题的背景：如果人生注定是没有意义的、荒谬的，我们是不是应该选择自杀呢？

　　这不仅是一个理论问题，还是一个关乎行动，关于生死的现实问题。只要人生在世，就一定会问出关于"人生意义"的问题：我到底为什么活着？但是加缪否认这个问题有现成的答案，否认这个世界本身有什么意义。他反对用任何神学的、哲学的、科学的方式给人生设定整体的目的、给世界设定整体的意义。在他看来，这个世界是外在于人的，不能从根本上得到认识，所以世界一定会挫败人关于意义的追问。这样一来就出现了一个尴尬的状况：人一定要追问意义，但是又注定不可能得到期待的答案，这就是荒谬感的根源，荒谬就是人与世界之间必然的联系。

　　如果世界注定没有意义，如果人生注定荒谬，我们能怎么办呢？面对"我们是否应该自杀？"的问题，加缪又能够给出什么答案呢？他给出的答案是：**坦然接受这个世界的荒谬性，用真诚的心过好当下的生活，感受生活中的美好，这就是我们能够赋予生活的全部意义。**

　　默尔索在监狱中等待着执行死刑，有一天夜深人静，他感受到星光洒到脸上，听到了田野发出的声音，闻到了监狱外面土地和海水的气味。好久以来，他第一次想到了母亲，突然理解了母亲为什么要在晚年再找一个未婚夫，为什么想要让人生重新开始。这些短暂的美好，就是人生的意义。在等待死刑的时刻，默尔索与这个世界和解了，他接受了世界的冷漠，他感到自己的过去是幸福的，现在也仍然是幸福的，他只要享受活着的每一刻就够了。

　　而在西西弗那里，他不断重复的努力，以及对于自己的努力终将毫无成果的清晰意识，就是胜利本身。神之所以认为重复地推石头是一项极其严厉的惩罚，就是因为这件事看起来毫无意义，而重复的痛苦比一次性的痛苦更能够摧毁一个人的意志。但是西西弗用坚持不懈的行动表明，神加给他的惩罚，没有实现神想要的结果。当西西弗看着石头滚落,用自己的意志走下山,坚定地重新开始推石头,他就证明了自己比那块石头更加强大,比命运更加强大,比诸神更加强大。所以在《西西弗神话》的最后,加缪说,**"我们应该想象,西西弗是幸福的"**。

默尔索和西西弗的行动都带有很强的悲剧感,但是对人的脆弱性和局限性的清醒认识,加上对世界和人生本无意义的清醒认识,让他们克服了悲剧感和荒谬性,也让他们配得上"幸福"这两个字。

加缪认为,传统的宗教信仰和各种关于这个世界的哲学和科学学说,都不能帮我们真正克服荒谬感,因为它们给出的答案要不让人们放弃今生,要不过于宽泛宏大,不适用于每一个活生生的个体。自杀更不是对抗荒谬感的办法,因为自杀意味着承认荒谬的胜利,那不是对抗,而是投降!唯有直面荒谬,珍惜当下,才能创造出此时此地的意义,哪怕这种意义只是闻到了海风的气息,只是又推着石头前进了一寸。

到这儿,你是不是已经感觉到了加缪和萨特的一些相似之处?他们都认为人生中充斥着恶心和荒谬感,而且这些感觉都来自人与世界的基本关系。萨特认为它来自意识的基本结构,加缪认为它来自人追问意义而世界沉默不语。总之,恶心和荒谬都是必然的,这就是人生在世不得不面对的生存境遇。萨特笔下的罗冈丹和加缪笔下的默尔索这两个形象,也经常被看作镜像一般的人物。萨特和加缪的存在主义,在起点上确实非常相似。进一步的相似性在于,他们虽然描写了这些负面的情绪和感受,但是一点都不悲观,都认为我们要直面恶心和荒谬,保持抗争,勇敢地活下去。这些相似性,让他们一见如故,结成了亲密的友谊,经常一起泡咖啡馆,一起喝酒,一起聊文学、聊政治、聊哲学。

接下来我们再看看加缪和萨特思想上的差别。在萨特那里，恶心和虚无来自人的意识结构，但是这些感觉并不会限制我们去理解世界，也不会妨碍我们给世界**赋予意义**。相反，虚无给人的自由提供了几乎无限的空间。人可以用自由去超越虚无。所以萨特式的存在主义，用一种更积极的姿态**指向未来**，通过对未来的筹划来给当下赋予意义。而在加缪这里，荒谬感来自我们与世界的深层关系，无法消除、无法超越，人只能接受与荒谬共存的现实。正视荒谬，真诚地**关注当下**，就是人所能实现的最大幸福。

萨特和加缪在哲学立场上的这个差别，随着时间的推移会越来越明显，后来又糅合了政治立场上的差别，最终导致了两个人彻底决裂。我会在下一讲为你讲述他们之后的故事。

这一讲到最后，我想引用加缪在《西西弗神话》里的一句话作为结束，他说："**幸福与荒谬是同一个大地的两个儿子，它们是不可分的。如果说幸福一定来自发现了荒谬，那可能是错误的，因为荒谬感还可能产生于幸福。**"发现了世界的荒谬性，可能会成就我们的幸福；同样，在转瞬即逝的幸福感之中，也蕴含着荒谬的阴影。这是加缪对人生悖论的一种很耐人寻味的表达。

我想请你谈谈，你怎么看待加缪所说的"荒谬"？在你的生活中是不是也体会过这种荒谬感？你又是怎么应对荒谬的呢？

参考书目

1. 加缪：《局外人》，柳鸣九译，上海：上海译文出版社，2013 年。

2. 加缪：《西西弗神话》，杜小真译，北京：商务印书馆，2018 年。

精选留言

【Jim】2021 年 8 月 25 日

荒谬到想要自杀，转念又觉得自杀也是如此荒谬，而荒谬本身却显现出一些意想不到的意义，超越了死亡的。这大概是加缪追问人生的意义到极致时候的体验吧，是那种将矛盾推向极致，然后再寻求解决方案的思维路径。

这让我想到一句古诗："行到水穷处，坐看云起时。"云起时这种平常的生活现象，终究在水穷处才显得格外美好，有了不一样的张力。同样荒谬的生活状态，在面对要用自杀来结束荒谬的时候，荒谬本身却表现为幸福的，和令人留恋的。相比萨特从虚无推导出来的绝对自由，加缪的方案却更加生动而现实。

想起来自己在大学时候才有了自我的觉醒，或者说才经历叛逆期，当时会带着与这个世界决裂的冲动，企图用一切的愤怒与不合作推开这个世界，但是，那是草率的，和没有胜算的，也终究是徒劳的，等跌到鼻青脸肿的时候，才明白自己不可能做到如此孤绝的存在，自己终究是在关系中的自己。人生可能就这么平凡地过了，根本不会出现惊天动地的宏大叙事，也可能真的会轰轰烈烈，谁知道呢？但毕竟有一些时候，会陷入西西弗的困境，那时候也需要乐观地面对，斩断一种想要通过连续性叙事来串起意义的冲动，感受当下每一个非连续的片段，亦是美好。就像下棋的时候，若是双方胶着，不能组织成杀局，那么，心闲无事拱卒子也就是意义。

> **【刘玮回复】**
>
> 萨特像叛逆的孩子，加缪像拱卒的棋手——这个比喻太有意思了！

【甜小姐】2021 年 8 月 25 日

我女儿刚到美国的前半年天天嚷着不要去上学，一到晚上就开始哭闹，每天早上也是，赖在床上不起来。她心理压力很大，搞得我心理压力也很大。

她不想去学校，出乎我意料的不是因为英语不好，而是因为其他。比如，她不喜欢她在吃我让她带到学校去的午餐比如馄饨之类的时候，外国孩子好奇地看她。每周有一天我必须给她带食物，因为吃学校的东西，回来胃很不舒服，比如有一天吃的是冰的酸奶和冷藏的三明治，回来后打了两天的嗝。只有馄饨她爱吃。比如，她也不喜欢她在上厕所上到一半时，由于没有和老师打招呼，老师突然发现少一个孩子，而大叫她的名字，她说不知道这时候该不该继续上厕所。因为这里不是老师统一安排时间上厕所，而是你想上就上的。我女儿性格内向，所以不敢和老师说，自己就去了。还比如，她说她不喜欢老师吃饭前不统一安排他们洗手，甚至连去书包柜拿湿纸巾的时间也不给，然后我给她买了免洗洗手液，就放在铅笔盒里。有一天，她因为没有时间洗手，然后那顿午饭是汉堡之类的，所以，她就没有吃午饭。我不知道小小的 5 岁的她面对那么多问题，该怎么安慰她。

然后，我想起之前几日得知一个校友跳楼自杀了，我就跟她说了这件事。我说从那么高的楼上跳下去，你觉得痛苦吗？她说，痛苦。我说，那既然那么痛苦，这个人为什么还要跳楼呢？她说，不知道。我说，因为他觉得活着更痛苦。天上的神仙安排我们到这个世界是来接受考验的，所以这一定是个充满痛苦和磨难的世界，如果像天堂一样，你怎么接受锻炼呢？活着，就是完成我们自己的功课。否则，神会一遍又一遍考验你，直到你学会了。

接着我给她讲了我当时知道的一个叫释上修的小和尚的故事，如何吃得起苦，如何开怀，如何得道，但是最后出车祸死了。我问她怎么想这个结果的。我女儿说，因为他该明白的都明白了，所以神仙觉得他没必要继续在这个世界上受苦，就让他去了极乐世界。凭良心说，5 岁的小孩能说出这番话，我有点吃惊。我就继续说，那你觉得那个自杀的人，也死了，他能去极乐世界吗？他不是就想逃离这个苦难的地方吗？她说，不能，因为他没有坚持下去，他还是没有克服那些困难。说完这些话，我家小姑娘停止了哭闹，背着书包上学去了。路上，她还问我，她今天表现那么好，神需不需要拿个本子把它记下来？有了这次对话，后来，她学会了如何解决她之前碰到的那些问题。

很多人都认为断比不断难。就像我曾经有个同事自杀了，我另一个同事说，佩服她能如此勇敢了却此生。其实，活着才是更需要勇气的事情。劈柴担水，无非妙道；行住坐卧，皆在道场。真修行，是在人世中。

就像那天我去跑步，状态无比好，应该跑下了新速度。但是，那天 app 的状态不好，跑完发现没有记录成功。就好比你精心打扮了三个小时去见一个人，结果，对方没有来一样的扫兴。我很郁闷。再一想，难道人生所有的美好只有记录下来才有意义吗？阳光，新鲜空气，奔跑时的节奏与挥汗才是更大的意义，不是吗？我们用心于过程的每一分钟，便已是最大的意义。

那天我看小林老师的漫画，有一幅说"如果你把一杯烧开的水放凉，它就白开了，所以叫白开水，人生就是白开水"。我想到就像西西弗把石头推上山顶，石头还是会落下，一遍又一遍，周而复始。人生热了又凉，凉了又热，终归于沉寂。然而人生所有的意义就在于这热热凉凉的过程。

【刘玮回复】

感谢你分享的和女儿的故事，佩服你作为母亲的循循善诱，也佩服你女儿如此小小年纪就那么善于思考！

那个关于 app 的讨论，值得每个人记住——特别是在这个凡事都要记录下来告诉世人的时代。当下内心的美好才是最大的意义！

【刘芳】2021 年 8 月 25 日

"请不要走在我后面，也许我不会引路；请不要走在我前面，也许我不会跟随；请走在我的身边，做我的朋友！"这是 2021 年跨年演讲罗胖引用加缪的话，我也想把这句话送给和我一起学这门《存在主义哲学》课程的可爱的同学们，@ 甜小姐、@ 假亦真、@ 洛洛、@ 杨晔、@ 兮、@ 我就是我、@ 怕冷的猫、@ 这是一位女同学等，有了你们的积极反馈，让我更有动力深夜码字。

"自杀是唯一真正的哲学问题！"

"自杀"对我来说，一点不陌生，在日本留学期间，曾经遭遇自杀，某天乘坐的电车，遭遇有人卧轨，导致交通瘫痪两个多小时。

真实生活中接触到的自杀都不是因为哲学上的"荒谬"，而是因为内心不够强大，解决问题的手段不够多样，不会求助，思维消极。（对死者来说，这样是不是有点冷漠？）但我的内心是无比遗憾和惋惜！尤其是年轻鲜活而健康的生命瞬间陨落。经常呼吁，心理健康教育加快建设脚步。

接下来再讲讲我的一位日本朋友在临终关怀医院工作的真实故事吧！她叫真弓，专科毕业就去临终关怀医院工作，到今天已经工作了 15 年，而且从来没想过换工作！照顾老人，患了绝症的病人，没有复杂的医疗，简单的护理，一日三餐！

在她的精心照顾下，被照顾的老人（还没想到其他的称呼，病人、患者显然不合适）都精神状态很好，我也去经常到她的工作现场。有时候会帮忙做义工。

她会接纳老人们的坏情绪，总是会耐心地听老人们讲述曾经的"高光时刻""荣耀时刻""惊喜时刻",也会听他们的委屈、遗憾、不甘,还会记录下来!还帮多位老人写了"口述史"交给家人。

我佩服她的耐心和智慧,相信她的世界一定有些强大的哲学支撑!她最喜欢读阿德勒。我有想不开的时候,就找她聊天。

每个人的生活都是苟且而琐碎的,烦恼是普遍存在的,这也就是加缪笔下的"荒谬感"!外人看我,永远是积极乐观,开朗活泼,元气满满,某种程度是"表演"的"自我呈现",或是长期主动"建构"的结果。家人和亲密的朋友会看到我的眼泪、脆弱、焦虑。这也是种包容和默契。

课堂上经常"自嘲"和"自黑",正视荒谬,真诚地关注当下,是我想传递给学生的最大幸福。

想代表收到刘玮老师亲自回复留言的所有同学们表示深深感谢!和多位同学交流过,都有"受宠若惊"的感觉,都说是"得到"最接地气的老师。

作为教师,能真切地感受到刘玮老师为这门课付出的心血和真诚!不但是前期八个月的精心备课,还有这半个月每天付出的时间和情感和同学们互动,有问必答,解释到位。

深深地受到了鼓舞和激发,不但在存在主义哲学方面,还在科研方面,在教学方面,在革命热情方面,认知和方法论全面升维。

【刘玮回复】

你在今天的留言里说了很多我想说的话——我想留到结课的时候说的。既然你已经说了,我只好也现在"表白"了!我真的特别感谢所有听了这门课的"同学"(其实在我心里你们很多人已经是我的"朋友"了)。这是我当老师十年来上过的最感动的一门课,和你们交流是我这两个星期最大的享受。我会认真读每一条留言(有的会读好几遍),也会尽量多回复一些留言(虽然做不到每一条都回)。过去这两个星期,我已经习惯了不看完、回完夜里的这波留言,就不上床睡觉;也习惯了每天花上五六个小时跟大家交流。现在,一想到还有三节课就更新完了,然后就没有这么多机会和这么多朋友交流了,心里怅然若失——其实不是"若失",是"真失"。为了这个我也会多做几个加餐,多留你们一天是一天……

【波波脑湿】 2021 年 8 月 25 日

萨特和加缪所奉行的人生哲学,是一种强人的哲学、英雄的哲学、敬畏天地但又绝不服输的哲学。

我学到这里就希望，哲学就到存在主义这里为止吧，存在主义也就到此为止吧，不要有其他主义了，就这样足够。

但我又分明知道，20 世纪的后半叶还有很多的新哲学思想诞生，他们还在把人类那些天才思想尽力推到极致，希望还能发现点什么新东西。

我真的就宁愿停在这里，停在萨特、加缪的思想里边，不再往前拱了，就学西西弗那哥们儿一样，从此专心地筹划未来、活在当下、感受生命、心无旁骛，就挺好。

【刘玮回复】

哈哈 我也有过和你一样的希望！不过很遗憾，"后现代"在存在主义的"革命"之上又进一步激化了革命……

【大米公司老板】2021 年 8 月 25 日

不记得在哪里在什么时候看过一个视频，一个学生，在某个演讲论坛问教授，学生说道，××教授，我觉得我的人生毫无意义，请问人生的意义是什么？

教授只反问了一句话，如果你觉得人生没意义，你怎么不去死呢？学生当时就蒙了，老半天没说话………后面的内容我不记得了。

很显然，学生没有想过为什么不去死这个问题，而当教授反问的时候，他又一时半会没有反应过来。

我猜想，当时学生的内心要么是一片空白，完全被教授问住了，要么是思绪万千，不知从何说起。但归根结底，我猜，学生不敢也不舍得去死。

不敢，可能是对未知（指死亡）的恐惧，也可能是对肉体的爱惜。不舍得，则一定有什么东西让学生产生了牵挂。

如果是对肉体的爱惜，我认为，肉体本身就能成为美好的意义。如果有什么让学生产生了牵挂，虽然学生对这个牵挂日用而不知，但牵挂本身就是美好的意义。

加缪对找到人生意义给出的解决方案其实门槛不高，哪怕这种意义只是闻到了海风的气息，只是又推着石头前进了一寸，所以可操作性极强。

不像苏格拉底，从容赴死为的是心中的真理，苏格拉底的解决方案门槛太高了，在和平年代，一般人真做不到。

【刘玮回复】

好刚的教授！不过就像海德格尔的向死而生，有时候棒喝确实效果最好，比我们小心谨慎地给出一些模棱两可的答案效果更好。

【一辆蚂蚁】2021 年 8 月 25 日

有人说，这个世界上只有一种感动——那就是自我感动。

我认为重要有价值的事情，可能在别人眼里没有一点意义，换下身份同样成立。不仅如此，有时候我还能承认自己要做事情的意义不过是自己赋予的。类似以上情形，意义在不同情境下的缺失应该就是荒谬的表现。

但这样的荒谬并不会阻挡自己开始和投入一件事情当中，自然也就产生了很多的自我感动。

认为自己做的事很了不起，愿意拿它定义自己并且长时间难以忘怀，看到一些故事激动地流出眼泪，认为那是生命温暖的证明等，这些都是由于在一件件荒谬的事情上，被一个个行为注入了感动，才让很多生命瞬间有了意义。

原来，对抗荒谬的表现是自我感动呀。

另外，塔勒布说过，"不管我们的选择有多复杂、我们多擅长支配运气，随机性总是最后的裁判，我们仅剩的只有尊严。"

不止自我感动，接受世界的随机性应该也是在接受荒谬。而在随机性面前依然认真地做出选择，认为自己能改变生活改变自己，这应该也是对抗荒谬的一种方式。

【杨涵】2021 年 8 月 25 日

"幸福与荒谬是同一个大地的两个儿子，它们是不可分的。如果说幸福一定来自发现了荒谬，那可能是错的，因为荒谬感还可能产生于幸福。"曾经反复琢磨这句话，一直没有得到心中的答案，今年发生很多的事情，在过程中发现了一些现象，生活中一些错误是一直在犯的，当你去承受后果时，回头看看居然是同一个原因；有人忍受家暴的痛苦，却能习惯；有人讨厌重复，却在重复中麻木；我们总是重复着痛苦的模式并且习惯这样的模式，当你发现种种的荒谬时，你很无奈，很难受，但是当看到自己身上的荒谬，决定摆脱头脑中的框框条条，并且鼓起勇气面对时，你会发现一切都变了，一种幸福感来自改变之后的及时反馈，在荒谬中产生幸福，是真实存在的，荒谬来自自我，幸福来自改变，而勇气是不可缺少的药引。

【刘玮回复】

幸福来自改变，哪怕只是来自心境的改变，视角的改变，态度的改变。

【玮玮】2021 年 8 月 25 日

现实中最大的荒谬感，是你看到犯罪的人运用法律漏洞平安交保，之后就弃保潜逃，让人愤怒，虽然这并非常态，可能只是少数个案，但你就会感到我们干吗遵守法律，反正上天也不公平啊。过了一阵子，又会想到，这样的荒谬每天都发生，你跟家人想吃的东西不一样，就会吵架。所以，某些坏事情发生了，笑笑就好，不要在意。至于选择自杀的人们，我是很同情的，虽然这是他们的自由意志，但我很希望有人可以在他们走上绝路之前倾听他们。我愿意，当朋友的灯塔，只要我有能力的话，我会接住他的情绪，一起努力克服困难。

【我就是我】2021 年 8 月 25 日

与萨特比，加缪用文学手法描述荒谬而冷漠的人生，塑造了西西弗和默尔索这两个文学形象，情感更强烈也更打动人心。对于荒谬的认识：萨特是积极的，人生虚无荒谬，我们才有更大的自由主动选择过怎样的人生；加缪则被动接受人生的荒谬无法超越与消除，我们只能与之并存于世，但正视荒谬的同时真诚地关注当下，在荒谬中发现那些美好的存在，人生意义、幸福感也就随之而来。

上学、工作、结婚、生子，一路按部就班，下一步总是前一步的目的，有时候到达目的地，反而会生出一种空虚感，不知道接下来干什么，经过调整，确立新的目的地再出发，就这样一轮又一轮，像极了推石头上山的西西弗，静下来会有些许恍惚，人活着为什么？人生的意义在哪？想不明白，就跟着心的感觉走，让自己忙碌起来，旅游（不敢说旅行，时间紧，多数都是跟团游）、读书、练书法、周末好好做顿饭……随着时间的推移，发现原来世界很精彩，有那么多美好而奇特的东西等着你去寻找去发现，所有的付出，经过时间的酝酿都会变成一杯甘醇的美酒，散发芬芳的气息，让人心醉神驰。人生的意义哪有什么标准答案，都是我们自己赋予的。在一粒沙中看到世界，在一朵莲花中见到天堂，我们人类就是这样，在虚无中创造，在荒谬里寻找，在刹那间发现永恒。

【霍森布鲁兹】2021 年 8 月 25 日

这是令我泪流满面的一讲，自杀是唯一真正严肃的哲学问题，每个人应该都思考过自杀这个问题。甚至，我们经常要面对"自杀"，我们每一个念头的升起和幻灭，每一个自己曾经立下的 flag，自己的理想，最终却亲手"杀死"了它们。曾经那些愿望都是真实的自己，仅仅因为我害怕它们的消失，而选择亲手杀死它们，否定它们的价值。

活在当下，我们真的能做到吗？每一个当下都是一个真实的自己，而我们却时时刻刻在"自杀"，从而让一个个当下陷入了"沉沦"状态。当下岁月静好，我们当然愿意活在当下，但如果当下是西西弗推着巨石上山呢，我们是否会因此而"沉沦"？

我们杀死了当下，于是感到荒谬，要寻求一个终极意义，我不知道是否真的有终极意义。但加缪告诉我，专注于当下，尽可能地发现当下的美好，充满激情地活下去，比寻找终极意义，更有实现的可能。

人是徒劳的激情，如果没有了激情，那就只剩下徒劳了。

【刘玮回复】

感谢你的留言！你说的我们经常面对自杀，经常杀死当下的自己，很震撼！海德格尔和萨特都把未来看作个人生存时间性中的关键环节，我们朝向未来谋划生活，用未来给过去和现在赋予意义，但是我们却又经常那么不在意未来，随意践踏自己的筹划，这在某种意义上确实相当于是在否定和杀死自己。

【Lemon】2021 年 8 月 25 日

今天为了理解这节课，我又听了《加缪传》《局外人》《西西弗神话》《鼠疫》，在这一本本单独的书中，这些词荒诞、无意义、虚无、恶心、荒谬、空虚实在是太强悍了。我记得看《局外人》时，感受到强大的无力感，我听到加缪说，"我们应该想象，西西弗是幸福的。"我也感觉到"应该"的无奈。应该，是不是经常做不到？因为应该的事太多了！我很早之前就在追问"人生的意义是什么"，学习了傅佩荣老师的《西方哲学课》，也在刘擎老师的课里知道了"人生没有意义"，更确切地说是"人生没有确定的意义",在萨特、加缪的一本本解读书里,总觉得已经释然了,人生是虚无的,没有唯一确定的答案,总想有那么一天把这些有关人生意义的问题,好好捋顺,找到自己的答案! 但是很惊喜居然在今天的课里看到了"光":

如果世界注定没有意义,如果人生注定荒谬,我们能怎么办呢? 他给出的答案是:坦然接受这个世界的荒谬性,用真诚的心过好当下的生活,感受生活中的美好,这就是我们能够赋予生活的全部意义。

唯有直面荒谬,珍惜当下,才能创造出此时此地的意义,哪怕这种意义只是闻到了海风的气息,只是又推着石头前进了一寸。这些短暂的美好,就是人生的意义。

是的,活在当下,在这之前,我以为我理解这个词,但是默尔索和西西弗遇到一起,我才把珍惜当下跟我的此时此刻联系在一起。有时寻找一个问题的答案要走好多好多的路,看好多好多的书,今天真的特别感谢刘玮老师!

【刘玮回复】

感谢精彩的分享 (也要感谢你的肯定)。我相信,是你之前摸索的整个过程,而不是今天听这一节课,造就了你的豁然开朗。没有之前的那些思考,你也不会被某一两句话照亮,这一两句话也未必没有出现在你之前听到的读到的内容里。正所谓"众里寻他千百度,蓦然回首,那人却在灯火阑珊处"!

【陈 C】 2021 年 8 月 25 日

在我看来,加缪和萨特最初所关注的,其实是同一个问题:萨特关注的,是人需要确定性,可世界充满了偶然;而加缪提到的,则是人类需要意义,世界却给不了。无论是哪一种叙述,描绘的都是人们想要的,世界却给不了,世界自有一套运行的逻辑。

只不过面对这种人与世界、意识与客观存在之间的"错位",两人的态度截然不同:萨特敏锐地发现了其中呈现出来的"虚无",以及与之相伴的"自由",并且指出,答案其实就在我们自身 (自由的本质),这是一种类似尼采的强人哲学的态度;而加缪面对这一困境,给出的方案则是"接受",比起萨特来,多了一些人性的关怀。

加缪所指出的"荒谬"里,值得注意的是西西弗神话中的典型意象:人们不断做着相同的事，到头来却只是在重复，就比如每天上班处理雷同的事务、下班感受着相似的娱乐，以及每日陪伴相同的人。甚至放到整个人生尺度上，学习是为了找个好工作，好工作是为了挣钱养家养娃，好好养娃则是为了让他安心学习……人生中的若干"转变"，到头来也是循环往复。生活中充满了令人眩晕的绕圈子。

但其实，就像萨特在人身上找到自由，再凭借自由实现人生意义那样，加缪所指出的"荒谬的现实"，其实仍要从这周而复始的生活中寻找解药。我们渴望知识，而真正的知识，恰恰来自不断重复的练习与反馈；我们渴望爱，真爱就在长情的陪伴中；我们渴望幸福，而幸福就藏在日常那点点滴滴的耕耘中……至于人类整体的福祉，则毫无疑问地，来自一代代人对文化的传承，以及伴随其中的一次次微小的改变。

人都想要新奇的体验，然而真正给予我们满足和幸福的，却很可能是那看似平平无奇，甚至令人绝望的重复的生活，这样的"错位"，又何尝不是一种"荒谬"呢？

【刘玮回复】

我的印象里你之前的留言基本上是条分缕析地讨论，今天的留言好像格外感性，很感人！你最后提到的：以荒谬的方式克服了荒谬，得到了幸福，真的是一个很有趣的观察！

【moon】2021 年 8 月 25 日

加缪在《局外人》后记中，提到用一句话概括这本书，这句话是："在我们的社会里，任何不在他母亲葬礼上哭泣的人，都有可能被处以死刑。"他觉得这句话是如此的荒谬。

而我也感受到了这种荒谬，如果在母亲的葬礼上不哭泣，如果在行刑前拒绝接受神父的指导，如果真实表达的自己，不符合社会共同认知的行为标准，就是不可接受的吗？是谁规定了悲伤的固定模式？是谁规定了人生存方式的评价标准？

加缪说，默尔索怎么想的就怎么说，他拒绝掩饰自己的感觉，于是社会立马就感觉受到了威胁。默尔索不是没有感觉的人，他的内心被一股坚韧不折而意蕴深厚的激情驱使，驱使他追求一种"绝对"和"真实"。这一刻，我突然联想到了

《卡拉马佐夫兄弟》中的大哥米嘉，在审讯过程中，他也不会有为了让事实朝向自己有利方向的辩护，只是真诚的表达，毫不掩饰的表达。

所有意义都是人赋予的，当人放弃赋予意义时，一切开始变得虚无，而追问意义，却又注定不可能得到期待的答案，会产生荒谬。真实，不必在乎是否被赋予了意义，追求真实，就不能过分思考如何合理，而是面对，是展现，展现当下由内而外的自己，也接受未来因此而来的一切。

【刘玮回复】

说得非常好！面对明知不利的外在环境，依然坚持真实或本真的生活，是存在主义的核心，这当然需要巨大的勇气，但是为了不丢失自我，活出自己的意义，这个代价也值得付出。

【杨晔】 2021 年 8 月 25 日

我习惯用笔记本电脑接大屏幕听课学习，今天去维修站把笔记本电脑推倒重来——重装系统，耽误了学习。把电脑杀死复生之后，看到今天的课是"我们是否应该杀死自己"。

我始终怜悯那些自杀者，我们这个荒谬的社会，终究会使有些人无法承受。高中逃课去看《芙蓉镇》，上集结束时，刘晓庆狠狠地对男主角说："活下去，像狗一样活下去！"我当时就被这种生命的力量深深震住了。生活的跌宕起伏比小说更精彩，我们看小说往往都欲罢不能，又怎能去打断自己去阅读这精彩世界的呢。

加缪给出的方案让人更容易理解和接受，认真吃好当下的每一口饭，细细品味，就是幸福。这在苏州这个讲究生活品位的城市里，表现得尤为突出。饮食滋味，不时不食。我打小的记忆中，观察饭桌上的吃食，就能判断到什么节气了。这不，立秋一过，鸡头米开始上市，前几天和朋友专门去鸡头米水田摄影，顺带搞了一些新鲜地道的鸡头米。那种把时令咀嚼在口腔里的满足感，就是满满的幸福。

生活在这种小确幸里的人们，怎么舍得去杀死自己呢！

【刘玮回复】

好饭不怕晚，你的电脑问题丝毫没有影响你的留言质量。《芙蓉镇》里的那句话很有振聋发聩的效果！你把鸡头米描绘得如此富有诗意，足见你对生活的爱！

【小尹】 2021 年 8 月 25 日

最近我一直在思考"生命的意义"。直到昨天，我突然想起初中时候最爱看的剧——《士兵突击》。

在许三多被分配到荒无人烟的红三连五班，跟整天打牌抽烟什么都不干的老兵合不来的时候，班长问他："许三多，你怎么不打牌呢?"许三多回答："我不喜欢打牌，打牌没意义。"班长问："打牌没意义……那什么是有意义呢?"许三多说："有意义就是好好活，好好活就是有意义。"在我的印象里，他们的对话就是这样进行的。

当时我还想，许三多的这句"有意义就是好好活，好好活就是有意义"车轱辘话，到底是什么意思呢? 他为什么一直都在重复这句话呢?

后来，许三多在没人看、没人关心的地方，做着日复一日"没有意义"的训练，还做成了团长年轻时没做到的事情——修路。再后来，钢七连解散后，许三多继续着日复一日"没有意义"的训练，直到袁朗邀请他进"老 A"。

可以看到，许三多在没有任何人关心、没有任何人关注、没有任何人在乎的地方，一个人默默坚持着提升自己。不为前途，不为被人称赞关注，只是因为想做"有意义"的事情，只是想做到"好好活"而已。

起初，我只是把它理解成高度的"自律"，当成一种"军人的精神"。但现在回过头一看，这不仅仅是自律，也不只是军人刚毅的精神，而是一种对抗荒谬的精神。面对自己的困境，他没有放弃，更没有自杀，用自己"过有意义的生活"这一信念，来对抗各种不可控的荒谬。

【Amy Chang】 2021 年 8 月 27 日

加缪所提到的荒谬，我觉得更像是人生的坎，或生活中的无奈，不管是坎或是无奈都属于中性的事件，有所谓好坏是因为我们自己对于事件的应对。

这让我想起多年前讲职场议题的韩剧《未生》，男主角从小对围棋很有天赋，后来却因为一些原因放弃，转而求职，没有学历和背景的他，被迫面对职场现实，包括老鸟的欺负、不被认可的能力……

跟其他同期实习生差一大截的他，光是要追赶上大家就很累了，每天努力生活的他也曾因为挫折感到无力，面对自己的差距也想过是否放弃。

看着男主角孤军奋斗的辛酸，到慢慢地找出职场生存法则，不禁让我有些感触，当生活打了你一巴掌，你该正面迎击，还是转身离去？

现在的样子，是过去的自己所累积的总和。每个人起跑线都不同，遇到的人、事、物也不同，也许面对同样的无奈，你会羡慕男主角有个赏识他的主管，但这也是他努力不懈才让主管看到的。

人生的坎跨与不跨，决定权都在自己手里，当你愿意认真直面，便能够体会这些坎和无奈想教会我们的事。就像失恋了，有人选择沉浸在悲伤中过日子，有人选择放下让自己前进。

生活里每个现在的选择，会决定你未来的样子，而你永远都有机会引领自己走向美好，得到快乐和幸福。

【活了七次的猫】2021 年 10 月 26 日

昨天看了电影《Hello！树先生》，我就在想树先生的生命有意义吗？今天听刘老师讲加缪，突然有种豁然开朗的感觉。

树先生是一个卑微如尘埃的小人物，运气和能力都没有一点亮点。他的原生家庭贫穷，父亲严厉古板且家暴，母亲懦弱无能；哥哥被父亲勒死给他很沉重的心理阴影；这样的家庭也别指望树先生能受到什么良好的教育了；他没有扎实的谋生本领，没有帅气的面孔和身材……老天给他的人生底牌没有一张拿得出手。但是，他也是一个"人"啊，渴望被人看得起，渴望结婚，渴望好生活。他挣扎过，努力过，厚着脸皮求过人，但现实像一张无形的大网把他牢牢地困住，任他怎么挣扎也无济于事。他的唯一一次"好运气"是追求到了哑女小梅。但是，他仍然无法抓住命运给他的这一次垂青，不善过日子和经营感情，女人离他而去。最后，他活在自己的幻想中。在幻想中，他实现了自己想象的生活……他疯了。

树先生终于找到了对抗现实的方法——活在幻想中（在世人眼中，他疯了）。

第 18 讲

加缪（二）：我们是否应该杀死他人？

在上一讲，我们讨论了加缪前期思想的两个核心概念：**荒谬**和**自杀**。加缪要回答这样一个问题：**如果这个世界是荒谬的，我们是不是应该杀死自己？** 他的回答是，自杀并不是对抗荒谬的办法，而是对荒谬投降，我们要与荒谬感和解，关注当下的美好，继续生活下去。

这一讲，我们来看看加缪的后期思想，介绍另外两个关键概念：**反抗**和**杀人**。加缪要回答一个和自杀平行的问题：**如果我们要反抗这个世界上的不正义，是否应该杀死他人？**

经历了第二次世界大战，特别是经历了地下抵抗组织的生死考验之后，加缪发展了早期思想中那种与荒谬和解的姿态，开始更多讨论"反抗"的问题。加缪依然认为，世界对人来讲是荒谬的，缺少整体的意义，但是他肯定了人本身的意义和价值，每个人在肯定自己的生命之外，还要为别人同样的生命做点什么。加缪认为，所有人都渴望自由和尊严，面对各种剥夺自由和尊严的压迫，总是会产生反抗。但是加缪说的反抗，是对当下明显的奴役、压迫和不正义进行的反抗，而不是基于某个未来的图景，进行的大规模的、有组织的暴力活动。加缪始终坚持具体的人才是最终的目的，拒绝用抽象的原则来代替个体的人。

在法国被德国占领期间，加缪反思过是不是应该对德国占领军实施暴力反抗；在法国解放之后，加缪反对用死刑对待那些曾经跟纳粹合作过的法国人；当美国在广岛扔下原子弹之后，加缪怒斥这种屠杀平民的行径；加缪也反对自己故乡的阿尔及利亚人用暴力革命反对法国的殖民统治。面对第二次世界大战中正义与邪恶的厮杀，第二次世界大战后的冷战和意识形态之争，加缪既坚持反抗的必要性，又拒绝从一个简单的立场出发做出忽略个人生命的判断，这在那个特殊时代确实代表了宝贵的道德良心。

就像早期写作"荒谬三部曲"，加缪在第二次世界大战之后又完成了"反抗三部曲"。分别是小说《鼠疫》、戏剧《正义者》，和哲学著作《反抗者》。

在《反抗者》里，加缪问出了那个关于是否可以杀人的问题。他说："**只要不知道我们有无权利去杀死我们面前的另一个人，或者同意他被杀死，我们就一无所知。由于当今的一切行动都指向直接或间接的杀人，在知道我们是否应该以及为什么应该制造死亡之前，我们不能有所行动。**"

加缪之所以提出这个问题，是因为在他看来，20 世纪上半叶就是一个屠杀的世纪，人们习惯了"合理地杀死他人"，两次世界大战和此起彼伏的革命，都得到了理论上的辩护。他称这些杀戮是"逻辑的罪行"，是有计划的、有组织的大规模杀人，并且用理性为这些杀人的行径进行辩护。

要探讨是否可以杀死他人的问题，就要去考察那些看起来最正当的杀人理由，如果这些都不足以证明杀人的正当，杀人也就失去了理由。那什么是最正当的杀人呢？一个是法庭判处罪犯死刑；另一个是反抗奴役和压迫。但是加缪认为，这两个理由都不足以为杀死他人做出无可指摘的辩护。

加缪反对死刑。他认为死刑根本无法起到威慑坏人、保护无辜者的作用，相反它还会助长罪犯的穷凶极恶，让那些乐于看到死刑的人变得冷酷和残暴，死刑只是满足了人们寻求报复的本能。在加缪眼中，死刑就是国家组织的谋杀，无法保证不会错杀无辜之人，而且会给等待死刑的囚犯制造巨大的痛苦，相当于杀死了他们两次。

在小说《鼠疫》里，加缪描写了一个为废除死刑四处奔走的青年塔鲁。塔鲁年轻的时候，他的检察官父亲带他去看庭审，本来是希望儿子可以子承父业也作检察官。塔鲁看到父亲在法庭上代表法律和正义慷慨陈词，坚决要求处死被告；而另一方是沉默的、充满恐惧的、不断咬着自己指甲的被告。塔鲁被那个被告深深吸引了，那是一个具体的、活生生的人，不是一个可以用"被告"两个字简单概括的抽象物。这场庭审之后，塔鲁再也无法面对父亲，选择了离家出走，在之后的人生中不遗余力地反对死刑。在塔鲁身上，我们看到了加缪反对死刑的坚定立场。

第二种看起来有理由杀死他人的情况就是反抗明显的奴役和压迫。就像奴隶反抗奴隶主；法国大革命推翻国王和贵族；法国地下组织反抗纳粹德国的占领。这些反抗揭示了人类共同的道德诉求，也把个人和人类整体联系了起来。加缪改写了笛卡尔的名言"我思故我在"，将它改写成"**我反抗，故我们存在**"。

但是加缪也揭示了反抗的一个悖谬之处。反抗者的目的是要实现所有人的团结一致，是承认主人、国王、贵族，甚至纳粹也是人，只是不承认他们作为压迫者的身份。但是在正当的反抗中，杀人很可能是不可避免的。但是被反抗者杀死的也是活生生的人，杀死他们在一个意义上背离了所有人的团结这个初衷。更有甚者，在杀死压迫者的同时，很可能还会造成无辜者的死亡，比如炸毁纳粹乘坐的火车可能会杀死同车的平民。所以在加缪看来，反抗者需要做好准备，用自己的死去弥补这些杀戮造成的良心谴责。

在这里，加缪又用了另一个古希腊神话中的形象，来描绘他心目中的真正的反抗者。这一次他选择了普罗米修斯。普罗米修斯本身是个神，但是却和人类团结一致，从宙斯那里盗取了天火送给人类作为礼物。普罗米修斯知道自己必将受到宙斯的惩罚，但是义无反顾地接受惩罚，他被捆绑在高加索山上，鹰每天来啄食他的肝脏。普罗米修斯象征了加缪心中真正的反抗者。他们可能为了反抗不得不杀死他人，但是这并不能为杀人做充分的道德辩护，反抗者就要有舍己为苍生的气魄。

《反抗者》集中了论述了加缪的反抗哲学。但是这本书的出版引发了一场轩然大波。一些保守派人士对这本书大加赞赏，但是像萨特这样激进的革命派，就很讨厌加缪这种高高在上的道德说教。萨特的存在主义是指向未来的，要用未来给现在赋予意义，所以他更加拥护许诺了美好未来的革命，也要为革命中的暴力和杀戮辩护。在冷战的逻辑下，萨特站在了更加革命的苏联一边，甚至认为大清洗、古拉格劳改营这些残忍的手段，都可以从道德上加以辩护。

面对加缪的《反抗者》，萨特感到为难，既不能保持沉默，又迫于和加缪的友情不好直接开火，于是就请一个年轻的同事弗朗西斯·让松写了一篇书评，发表在萨特创办的《现代》杂志上。让松的书评对加缪极尽冷嘲热讽。加缪的书叫《反抗者》，也就是"反抗的人"，而让松书评标题是《反抗的灵魂》，讽刺加缪想在现实的历史进程中，以一种灵魂与肉体分离的方式，保持自己灵魂的善良。而这是不可能的，任何人都不可能在政治斗争中独善其身，在政治斗争中要么是朋友，要么是敌人。

这篇书评让加缪感到了双重的羞辱。一方面是书评的内容；另一方面是萨特本人没有出面，而是让手下一个名不见经传的年轻人出面攻击他。加缪写了一封针对主编的信予以回应，把他和萨特之间的矛盾公开化了。在信中加缪指责书评作者有意误读他的作品，还讽刺萨特，说自己在第二次世界大战中参与了反抗德国的地下运动，是一个真正的反抗者；而萨特待在咖啡馆里什么都没有做，如今却对他指指点点。

加缪对萨特的这个讽刺，击中了萨特的软肋。很多人都认为，萨特在第二次世界大战之后那么积极地投身政治运动，一个重要的原因，就是想要弥补自己在第二次世界大战中没有直接参与抵抗运动的良心不安。这下萨特也坐不住了，以自己的名义写了一封公开信，对加缪的学术和人格都进行了恶毒的攻击。他批评加缪思想肤浅，哲学上无知，论证混乱、错误连篇。从人格上讲，早年的加缪真诚而富有活力，但是现在已经严重脱离现实，虚荣自负，喜爱说教，写作的时候就像一个警察和法官。

萨特的这封公开信，让两个人彻底绝交。他们俩曾经是存在主义运动的"双子星"，如今的矛盾却激烈到了无法调和的地步。他们之间的这场交锋，也远远超出了两个个体之间的交锋，而是代表了两种世界观，两种对待生命和存在的方式之间的交锋。

之后的八年，他们没有再见过面，也没有再联系过。直到加缪在1960年1月4日因为车祸突然去世，萨特才在震惊和悲痛中，给这位曾经的好友献上了一篇言辞恳切的短文。萨特深情地说，他们虽然反目，但并不妨碍两人在这个世界里一起生活，并且知道彼此的工作。他把加缪放到了伟大的法国道德家的谱系之中，承认加缪处于他们这个时代的中心，面对现实主义和拜金主义，让人们相信还有道德存在。在文章的最后，萨特带着加缪式的存在主义的语调说："**在他的**

作品以及与这些作品不可分割的作者的一生中，我们可以辨认出一个人与自己未来的死亡抗争，从而赢得每一瞬间而做出的纯洁的、胜利的努力。"

　　这一讲我就以萨特对加缪的这句评价作为结束，也想请你谈谈对萨特和加缪这一对存在主义哲学家的看法，你更喜欢谁的思想？为什么？

参考书目

1. 加缪：《鼠疫》，刘方译，上海：上海译文出版社，2013 年。

2. 加缪：《反抗者》，吕永真译，上海：上海译文出版社，2013 年。

3. 加缪：《思索死刑》，石武耕译，北京：北京大学出版社，2018 年。

精选留言

【杨昆霖】2021 年 8 月 26 日

　　两个双子星犹如照亮黑夜的良心，并且以文学的方式表达自己的哲学，其思考和洞见充满法国浪漫主义的情怀。加缪和萨特都充分地给世人展示了一个真正的公共知识分子应有的样子。人们总是很容易成为乌合之众，随着思潮狂热或者随着派别站队。而加缪一边参与反抗者的斗争，一边难得地冷静思考自己亲手做的这一切。萨特的愧疚之心也充分体现出他的道德要求。

　　一个真正的公知首先是有良心。

【强 Sean】2021 年 8 月 26 日

　　萨特和加缪的思想相比，我更喜欢加缪，原因有二：

　　第一，萨特提出"存在先于本质"，认为人的存在本身就意味着自由，人可以通过自由选择改变自己的存在、创造意义，而加缪通过清醒意识和勇敢承担来反抗荒谬，下定决心在冰冷而燃烧的有限世界里生活，在苦难中保持热爱。相比于萨特着眼于未来建构的自由，我更喜欢加缪这种直面荒谬、活在当下、把握既定一切的生命状态。

第二，在萨特的思想中，世界如此荒谬，每个人都活在自己的世界里，所以我们想怎么活就怎么活，只要不违反心中的正义就可以杀那些非正义的人。而加缪认为：世界如此荒谬，每个人都活在自己世界里，所以我们没有权利决定他人的生死，干涉他人价值观，我们不应该为了虚无的价值观丧失人性，而是要用人性反抗荒诞。我觉得加缪这种坦然接受自己和他人局限，把自己和他人放在一个平面上的思想，是真正的勇敢和正义。

【波波脑湿】2021 年 8 月 26 日

关于废除死刑，站在现代文明这个当下来看，还可以理解；但是让反抗奴役的反抗者也不能去杀人，这个要求确实有点高。

但如果要反抗成功，就必须得杀死敌人，那敌人又躲藏在平民中，要杀死敌人就得连同平民一起杀死，这避免不了，那又该怎么办？

加缪的伟大之处就在于，他没有把这个问题搁置在这里，停止不前，而是找到了一套解决办法，就是反抗者在反抗的过程中杀了人，那么反抗者就得有一种为真理不怕牺牲的气魄，就像那个为人类盗火的普罗米修斯一样，随时可以为自己当初无奈的选择接受任何形式的折磨，用于弥补自己的良心谴责。

阿伦特提到过的宽恕呢？只要受到大家的宽恕不就可以了吗？但加缪说不可以，别人的宽恕不能替代自己对自己的良心谴责。

这真是纯真得要命，这是一种极致的、用思想指导生活的行为模式，以身作则，严格要求，连自己都不放过。

我杀了人，虽然是为了正义，为了反抗，但事实上确实剥夺了他人的生命，就得自己去承担这所有的后果，为了世界和平我杀了人，我愿意替这个和平美丽的新世界，去背负所有的罪过——这真是一种至高无上的道德追求啊！

但是萨特作为加缪最亲密的战友，在这个事情上居然接受不了这么高的道德要求，两个人居然会反目成仇，互相攻击，这也太荒谬了吧？这真是又应了加缪的哲学观点，人生本来就是荒谬的，我们只能在荒谬中寻找当下的意义。

还好，他们俩后来最终还是达成了和解，虽然稍有遗憾，但终归还是在道德

层面完成了他们两在认识上的统一，这让我作为一个普通人、后来人，一点也没
失望。

我除了能看见当下这个物欲的美丽世界，以及自己生活的苟且，还能看到人
性的善良和道德的光辉，我开始热爱人生，而且越来越高兴起来了。

感谢萨特和加缪的和解！

【刘玮回复】

你提到的阿伦特和加缪关于宽恕的比较非常重要：阿伦特认为宽恕只能是别
人给的，自己宽恕自己没有任何意义；而加缪却认为，宽恕最终是自己的良心给
自己的，只靠他人不行。这种看似相反，但是又都很有道理的命题，或许最能显
示哲学的魅力。

以加缪的死达成的和解，让这种和解也充满了悲剧的意味……

【刘书亦】2021 年 8 月 26 日

感觉加缪和萨特相爱相杀，就像一对恋人一样，爱得越轰轰烈烈，恨的越深
一样。最后，加缪去世了，萨特才"梦中觉醒"这个友人从此与世长辞，我想此
刻，萨特一定是后悔莫及的，后悔当初为什么要跟加缪非要争个你死我活，证明
自己，证明了又能怎么样？赢了又如何，输了又如何？

可是人生不就这样吗，我们每天都在战斗，在"生活的战争学校"中磨炼。
我们就是如此矛盾，热爱和平，又喜欢与生活作战，与职场作战，我们似乎总是
在和自己的思想作战。

相比于加缪，我更喜欢萨特的思想，因为萨特的存在主义是指向未来的，就
像尼采提出的永恒轮回说，出于"命运之爱"，尼采把永恒轮回的思想同酒神精神
和强力意志结合起来，赋予一种乐观的色调。世界是永恒轮回的强力意志，永恒
轮回恰好证明了力的丰盈和生命的不可摧毁。

当我们凝视着深渊，深渊也在凝视着我们。当我们热爱着生活，生活也会赠予
我们快乐。关键在于我们是否有一双发现美的眼睛，美丽的眼睛能发现他人身上的
美德，美丽的嘴唇只会说出善言，美丽的姿态能与知识并行，这样就永不孤单。

【我就是我】2021 年 8 月 26 日

我觉得哲学最吸引人的地方就是一个灵魂对另一个灵魂的拷问与诘辩，通过

辩论反思人生，体味思考的乐趣。在萨特与加缪关于杀人和反抗这个议题的对垒中，我更倾向于加缪的思想。

正是缘于两人各自不同的经历，造成了思想理念上的分歧。加缪上过战场，参加过法国地下抵抗组织，经历过血与火的洗礼，认识到战争的残酷，每一个具体而微的人其生命的可贵，看他的小说《鼠疫》就充满了在极端环境下对人性的思考和刻画，充满了人文关怀。小说中的每一个人物的选择当然有道德上的高下之分，但面对疯狂可怕的鼠疫，不同人的选择也都是基于他的具体场景做出的，是可以理解和原谅的。法国解放之后，加缪反对用死刑对待那些曾经跟纳粹合作过的法国人，建议观看《西西里的美丽传说》，看完之后我们就会理解加缪所说的具体的人才是最终的目的，不要用抽象的原则来代替个体的人。在小说中加缪颂扬的是那些为了"反抗"（鼠疫病菌代表法西斯）而牺牲自己的人，拿现在的话讲就是豁得出去自己而不是别人。

美国在广岛、长崎扔下两颗原子弹之后，杀死了三十多万人，那不是一串冰冷是数字，是一个又一个鲜活的生命，"合理地杀死他人"多么可怕！这个"合理"是由有分别心的人做出的，天然就带有歧视另一方的成分，加缪怒斥这种屠杀平民的行径，为了一个正义的政治目标，无视一个个具体而鲜活的生命，就算这样的目标实现了，它还具有正义性吗？我觉得最好的检验标准就是：那个要被牺牲的团体里有你最亲的人或者就是你自己，你还愿意做出这样的决定吗？难道没有更好的解决办法：对话、适当的妥协、时间的力量……

萨特的存在主义的确指向未来，用积极的态度，自由的选择对抗不公，为人生赋予意义，当然很美好！但这一切的前提和结果不正是要保有一个个具体而鲜活的生命吗？

【Vector】2021 年 8 月 26 日

萨特和加缪，我想到童话的一般结尾套路"（历经磨难后）从此，王子和公主过上了幸福的生活"。

萨特应该会喜欢这样的结局，因为萨特对生命充满激情，鼓励人勇于打破现实的囹圄，自由地选择自己的人生，不断追求美好未来。而加缪可能会冷静地问一句，王子和公主未来一定会过上想要的幸福生活吗？对未来的美好生活的期待本来就是荒谬的。

　　萨特的思想像一个年轻人，对未来充满憧憬，激进、活跃，总是不断超越现实，超越自己，追求理想的加缪的思想像一位有阅历的长者，保守、稳重，他会告诉年轻人，你的诗和远方其实是荒谬的，珍惜当下才是最有意义的。

　　萨特认为，真正的勇敢者需要勇于打破自欺，开创未来。加缪会说，真正的勇士应该有勇气和荒谬共舞，逃避本身就是荒谬的。

　　质变和量变，是哲学的两个经典概念。萨特侧重强调质变，而加缪强调量变。

　　我在学生时代一定会喜欢萨特；现在有一定阅历了，更偏向于加缪。但我心中仍燃烧着对未来的火焰。我认为，人生还是需要长远意义期许的，虽然那其实是荒谬的。

　　他们的思想反映的是人生中不可或缺的两个基本属性，但在一个人身上，很多时候缺难以和解。正如他们在现实中的反目。

　　我喜欢哲学的纯粹理性思辨。但理性思辨进入社会这个复杂的环境，成为一种应然，必将引起剧烈冲突、无穷无尽的争议。社会活动家们，发表各种掷地有声的长篇大论，最后可能剩下一地鸡毛。

【蔬菜】2021 年 8 月 26 日

　　萨特的存在就是虚无，存在先于本质，虚无奠定自由，自由要承担责任将理性运用到极致。向着未来的美好期待，来看待今天，但很有可能走向另一种极端，对明天美好的向往是容忍"恶"的。加缪对世界的荒谬，对荒谬的反抗是带有节制的理性，反抗是从现实出发进行斗争追求真理。让人们关注当下的美好，与此同时肯定了生命本身的价值，反对任何形式的极端，思想中充满了阳光与爱，激励着人们看清世界真相的同时，仍然对人生，对世界，对生命充满激情和热爱。

【刘芳】2021 年 8 月 26 日

　　我们要不要杀死他人？我们如何面对并惩罚哪些战争中犯下罪行的人？

　　暂且把视角从萨特和加缪论争的欧洲战场拉回到离我们更近的亚洲，也是我研究方向，今天分享一个微观个体的真实案例。（带着很大的压力书写，一般很少在开放的场合谈及学术，欢迎畅所欲言！）

　　汤浅谦（ゆあさ けん）是一个日本人，1916 年 10 月出生在东京的医学世家，

是九个孩子中的老三，1941 年 10 月，应征入伍，1942 年 1 月，来到了中国山西太原，他当时 25 岁。接下来的 3 年半时间，他听从上级的"外科手术实践"命令，活体解剖了 14 人，其间还参与过对"慰安妇"的性病检查。（残忍的过程，可以查阅《战争与罪责》，详细描写了其中的细节，不忍直视。）

1945 年 8 月 15 日战争结束，汤浅谦继续留在中国，开设日侨诊所，想通过给中国人看病的方式来补偿曾经的罪行。1946 年，在中国结婚，生了两个孩子。

1949 年，汤浅谦去省立医院工作，出门诊的同时，还给年轻的中国医师讲课。

1951 年，被抓到俘虏收容所。在收容所，产生了不安，担心自己被活体解剖，也在心里为自己辩解。

中国方面反复强调："中国人民是宽大的，真心悔改、进行思想改造的，会得到原谅，可以回国。只是表面认罪，骨子里却顽强反抗的，终将会暴露出来，受到惩罚。"在监狱中，汤浅谦学习了长征和中国革命等故事，经过集体劳动，引发了悔改和反省的情绪，其间患病，监狱人员给他改善伙食，积极治疗，痊愈之后，最终坦白了之前所有的罪行。汤浅谦在监狱中不停地思考，还收到了被杀孩子母亲的来信。被他亲手杀死的一张张鲜活的面孔在脑海里闪现，深受折磨。

1956 年春，监狱组织战犯去旅行，6 月被释放。7 月回到了日本。

1958 年开始在东京诊所工作，直到退休。

工作前 6 年，只字不提在中国犯下的罪行，为了生存而沉默。

得到患者的信赖之后，在和平运动的集会上畅所欲言，接受记者访谈，出版了《抹杀不了的记忆》。

之后加入了一个致力于为日本所犯战争罪赎罪的老兵运动组织中，并成为活跃分子。几十年来，他一直在勇敢地讲述自己担任军医时在中国山西所犯的罪行：为"外科手术实践"而杀害了 14 名无辜的人。尽管对他来说，反复讲述自己做的恶很艰难，但他从不遮掩掩掩。2000 年，他接受记者采访时坦率直言，并将自己的证言公开发表在了运动的网站上，与其他同事的证言一起供公众查阅：日本军队侵略中国的目的……是掠夺他们的资源。因此，本质上就是抢劫……我的战友谁都不敢站出来说话……所以，我来说吧，以此告慰那些被杀害的中国人的在天之灵……我曾……在 14 个中国人身上……进行过 7 次……活体解剖……我至今依然记得……他们的脸……回想起那时候，我的心中就会充满自责、怨恨和后悔。

汤浅谦对于自己过去的行为，一直作为自己的问题在认识，如果总是辩解是别人让做的，没有办法，那么自己的人生也就不存在了。那样的话，就不是作为个人度过人生，而是被固定在某个集团中，仅仅作为集团的一分子走完人生。对于自己的行为，应该百分百去承担，追求其意义，以此找回自己仅有一次的一生，这就是汤浅谦在战后度过的每一天。

大批二战后经盟国审判的日本战犯，几乎都矢口否认曾经的作为，只把自己称作"经历过战争的人"，认为只是为了日本而牺牲自己的人生。但相反的是，经历新中国教育审判过的战犯，回到日本后一直真诚反省，清晰地说出事实，并站在受害者的角度，思考自己当年究竟犯下了怎样的罪行。

故事讲完了，我更认同加缪，他肯定了人本身的意义和价值，每个人在肯定自己的生命之外，还要为别人同样的生命做点什么。加缪始终坚持具体的人才是最终的目的，拒绝用抽象的原则来代替个体的人。我也在研究一个个战犯的生活史中，受到了某些启发，战争虽然结束 76 周年，伤害和反思从未停止过。

有人会认为我的研究，是为杀人的行为开脱，很长一段时间，整个人都在撕碎而分裂的状态下做研究，甚至出现焦虑抑郁的情绪（汉娜·阿伦特是我的榜样）。我依旧坚持和热爱，依旧更多了解和告慰曾经在战争中牺牲的生命。

课程进展到 90%，真的特别不舍和留恋，会带着更多的哲学沉思过好生活，做好研究，教好学生，输出更多正能量！

最后还想代表上这门课的同学们问刘玮老师一个问题：在您迄今为止的哲学教师生涯，有哪些高光时刻支持您一直热爱，一直钻研，一直保持本真的状态呢？

希望未来回忆起，2021 年 8 月，在"得到"的"存在主义哲学课"，也会是闪闪发光的美好回忆！

【刘玮回复】

感谢你分享的汤浅谦的故事。虽然不可否认，他曾经犯下了暴行，但是所能做的已经是在那个特殊的时代很好的了（甚至得到了被伤害者的"宽恕"——阿伦特意义上的宽恕），带着巨大的真诚和勇气，我更愿意向他致敬！

我教学生涯的高光时刻？我觉得这门《存在主义哲学 20 讲》就是我作为哲学老师最高光的时刻了，收获了这么多这么好的学生，做了这么多深入的交流。如果说我在人大的教学，有很多让我非常高兴的时刻，一个学期的最后一节课上完，学生不是礼节性地而是真诚地给我鼓掌（至少我希望是真诚的），总是让我很感动。看到自己的学生拿到国外一流大学的 offer，他们翻译的书或者写的文章得以出版，也是我非常高兴的时刻。

【杨涵】2021 年 8 月 26 日

喜欢加缪在《局外人》中的一句话："不被爱只是不走运，而不会爱是种不幸。"如果以关注自我的存在为前提，那么我们会在被爱的情况下感受到自己的存在，但是如果爱太多，而你又不会爱，那么不管是父母、孩子、夫妻，这样的爱就成了一种不幸。还喜欢他的一句话："人永远都有一套哲理来解释自己为何缺乏勇气。"

萨特和加缪，我更喜欢加缪，他有勇气去面对人性中空洞的虚无，记得绘本故事《我想要爱》里面的那只小熊因为爸爸的离去，感受到自己的内心有一个空空的大大的洞，它认为自己没有爱，要去找爱，它最先遇到的是土拨鼠，土拨鼠爱它，无微不至，小熊觉得内心的洞被填满了，好景不长，有一天，土拨鼠睡着之后没有再醒来，小熊心中的洞又空了；后来遇到的是一只小兔子，它觉得小兔子很可爱，无微不至地照顾它，一次小兔子遇到了美丽的兔妈妈跟它走了，小熊很难受，心中的洞，又大了一些；最后，在一次雪崩中，它救了很多小动物，小动物们围绕着它，信任它，崇拜它，这次它感受到了从来没有的充实，真真实实的存在。加缪肯定了人本身的意义和价值，强调了每个人在肯定自己的生命之外，还要为别人同样的生命做点什么。真正做到是需要勇气的，这种放下小我的勇气，把自己融入世界整体的勇气是稀缺的。现实生活中，有了钱、有了权、有了很多的人仍然会感受到虚无，如果真正想摆脱不断循环的虚无，需要的是融入整体的勇气，要知道在这个世界上的生命本来就不是"局外人"。

【崔哲】2021 年 8 月 26 日

加缪执着的是，在冷酷的历史现实中一定要记住人性的根本要求，不能在反抗压迫者的过程中成为压迫者，忘却最终目标。因此，他谴责苏联的大规模清洗运动，认为极权政治淹没了人性。

他写了长文《不当受害者也不当刽子手》，明确提出自己的价值立场："我们不能逃避历史，因为我们身在其中，它一直没到我们的脖子。但人可以设想在历史中作战，以从历史中保全属于人的那一部分——这不是它的固有领地。"

　　在这一线路上的扛鼎之作是其思想随笔《反抗者》，加缪进入价值逻辑和残酷现实的两极，全面论述了终极价值在历史过程中应该占据的位置。他还将自己的思想融入创作，写了戏剧《正义者》，塑造了一个"以自己的死为条件接受了为一件事业而杀人的义务的人"，用生命维护了革命的最初目标和最后目标。

　　与加缪不同，那时的萨特认为社会主义代表了人类发展的新方向，暴力是必要的手段，为了历史的进步应该接受历史的局限性，因此公开支持苏联。萨特也写了宣扬自己现实思想的戏剧《魔鬼和上帝》，塑造了一个从哲学进入历史的强硬分子，肯定了暴力作为手段的正当性，因此萨特一度变为一个"新型的政治现实主义者"。

　　当加缪和萨特先后接掌了本方公众代言人的权柄，一场历史性的摊牌即成势所必然。萨特信奉暴力为一条变革之路，而加缪旗帜鲜明地表示反对，最终导致了 1951 年残酷而极其公开的决裂，他们从此断绝了交往，只是继续间接地相互攻讦，直到 1960 年加缪逝世。

　　我们因此会悲观地认为，加缪终归死于荒诞。但是，加缪早在二十几岁时就已想得很透彻："相信死亡会展开另一次人生并不能令我欢喜。对我而言，死亡是一扇关上的门。我不说这是一道必须跨越的门槛，而说这是一个恐怖而污秽的意外。""我恐惧死亡，因为它使我与世界分离，因为我留恋生者的命运，而非凝视永恒不变的天空。"

　　每个热爱生命的人，都难逃一死，但这并不妨碍他曾经充分地生活，不妨碍他怀着对生者命运的留恋去面对死亡。正如美国作家威廉·福克纳在为加缪撰写的悼文中所说，"当那扇门在他身后关上时，他已经在门的这边写出了与他一起生活过、对死亡有着共同的预感与憎恨的每一个艺术家所希望做到的事：我曾在世界上生活过。"

　　纵观加缪一生，他在 20 世纪 30 年代为阿尔及利亚卡比利人贫苦生活撰写长篇系列纪实文稿，号召全社会改变对阿拉伯人的歧视性目光和掠夺性律法，可谓公正；他作为《战斗报》编辑，在抵抗运动期间，用纸和笔与纳粹进行长期的无形抗争，可谓勇气；他在阿尔及利亚战争期间，不断奔波于地中海两岸，呼吁各方停止杀戮、进行和平对话，可谓节制；他洞察并彻悟现代社会中人类的荒诞与反抗，可谓智慧。古希腊"四德"便这样在他身上重现。他是一位高超的作家，更是一个堂堂正正的大写的人，对此，加缪当之无愧。

突然想起了一部电影《鬼子来了》，导演姜文要让观众明白，如果想避免受那段日本军人暴力压迫和中国军民顽强反抗的恐怖历史的折磨，除了过嘴瘾还有什么办法？

灾难纵然可怕，更可怕的是灾难过后，我们不能深入地研究和总结这场灾难的根源。

当年拍《鬼子来了》之前，姜文去了趟日本，在卖武士刀的店里，看中了一把 400 年的刀，可惜是文物，不能买。

随同的日本人问姜文，为什么对那把刀这么感兴趣？

姜文说：这把刀曾经给中国人带来过恐惧，摆脱这种恐惧的最好办法，就是把刀攥在自己手里和我的手心合一。

我想上面这句话可以回答萨特理智而超现实的"那把刀"（暴力倾向）的不足以及加缪冷静思考"那把刀"存在的真实意义。

对我而言，两位大哲学家我都不能否认他们的贡献。萨特是"想得美"，思想正义至上；加缪则是"做得好"，再正义也不能决定他人的生死，身体力行至上。

【刘玮回复】

非常感谢你的留言，补充了课程里一些没有办法展开的内容。与《鬼子来了》的联系也非常精彩！萨特"想得美"，加缪"做得好"，有趣的概括！

【Vinchent】2021 年 8 月 26 日

俄刻阿诺斯来看望普罗米修斯，普罗米修斯说："你并不是没有阅历，用不着我来教训你。快保全你自己吧，你知道怎么办；我却要把这眼前的命运忍受到底，直到宙斯心中息怒的时候为止。"

我去年读埃斯库罗斯悲剧集读到这里的时候深受感动，这份气质应当也是加缪所赞赏的吧。

关于死刑，我是反对的。但是我并不是坚定地反对，因为支持死刑的很多说法也很有道理，比如很多现实层面的问题会让废除死刑显得理想化。不过不管怎样，我认为关于死刑的讨论早已经超出了杀人该不该偿命这么简单的逻辑，而更多的是从经济、社会、制度建构等方向来探讨了，我认为这种探讨是有益的，即便答案没有那么显然。

我同意应该接受人生的荒谬，但是我觉得应当采取一种抗争的姿态。然而，如果我的抗争带来的结果是我爱的人受苦，那我还应该抗争吗？还是应该屈服？再然而，如果我的抗争带来的结果是（我自以为）我爱的人会受苦，那我还应该抗争吗？波伏瓦把他人拉到了自由的处境中，让这一切问题变得难解。

那么或许直接选择屈服是最简单的答案，啊，我就像西西弗那样，虽然每天推石头上山，但是这本身就是意义啊！

真的吗？午夜梦回，你真的说服得了自己吗？

最后我悲哀地认为在这种痛苦之中冲冲撞撞躲躲藏藏，至少证明了我们还活着，否则我们就已经死了。那么自杀，接受现实，屈服于命运，就是自杀吧。

活在上山下山轮回中的西西弗，或许已经死了，或许没有活过，而仅仅是作为一个故事存在，一切只有他自己知道，就像每一个平凡的人。

【谢伟思·专栏记者】2021 年 8 月 25 日

老师您都说了，萨特都说加缪是道德家了，还问俺们更喜欢谁的思想，那俺们当然要么站加缪，要么不站队了，哈哈～

我在思考一个问题：在当时的战争背景中，假如反抗者不能伤害任何人，那他要如何操作呢？

假如答不上这个问题，我们现在站加缪，可一旦穿越回当时当地，就可能都变成站萨特了——不得不反抗，然后不得不杀戮，然后不得不为杀戮辩护。如果不这样，还能怎么样呢？没有别的可操作的办法，也许是萨特不想听加缪说教的关键点（吧）。

斡旋也许是个办法。我想起了课文里烛之武的故事。秦晋发起对郑的战争，烛之武凭借自己对地理位置、秦晋历史的了解，用一番游说退了秦军。但这种情况很理想，在当时的背景下，血腥可能在所难免。

加缪似乎也承认这一点，他说"反抗者需要做好准备，用自己的死去弥补这些杀戮造成的良心谴责"，言下之意似乎是，我知道反抗者很难避免杀戮，只是，如果人类不得不杀戮，请依旧保持对杀戮的否定态度，永远不要觉得杀死一个人是理所当然的事情，永远不要麻木。

我觉得这一点在当下"网络暴力"的问题上，也很有思考价值。网络暴力正是一股麻木的力量，背后的思维是"他错了，那我怎么骂他咒他都没错"。但是，我们在"谁对谁错"这件事上很容易被精心编辑的文字视频左右；而从"他错了"到"我怎么骂他咒他都没错"的推理，也很值得反思，铺天盖地的咒骂可不只是文字而已，更何况那个人还可能是被冤枉的；而且，一个人咒骂事件主人公的时候，帮助弱者的正气和借机泄愤的戾气，究竟各占几成，可能自己都说不清楚。正气和戾气被同时喂养大了，网络舆论就变成了可以利用的工具，杀人于无形。

伤人的话，说出去，就再也收不回来了。总之，我觉得成人还是得提醒自己，并教育孩子——那个人也是一个人，一个和自己一样有血有肉有感受的人。

【陈C】2021 年 8 月 26 日

萨特与加缪，无论在哲学还是在文学创作上，都当之无愧是法国存在主义的"双子星"。萨特从人面对世界的那种"恶心"出发，到发现"虚无"的真相，再到犀利地指出人"自由"的本质，他的思想散发着一种冷峻的理性美，就像眼前有个洞穴，引人不禁想要进入探索。萨特的思想，无疑是非常迷人的。

但相比之下，我还是更欣赏加缪的思想——或者更准确地说，我其实是更欣赏加缪践行自身理想的姿态，以及他面对荒谬人生时，所展现出来的温暖的关怀。不理解虚无和自由，我们一样有办法过好这一生，但在这漫长的一生里，我们总会遭遇加缪所描绘的，那种西西弗式重复生活所带来的荒谬感，又总会有那么几个瞬间，想要反抗些什么，甚至杀死他人，或者杀死自己。如果说萨特的理论，是给强者的指引，那么加缪的思想，则是给人以安慰。特别是经历过残酷的战争，处在那个百废待兴，却又戾气横行，人们急于清算战争罪孽的时候，加缪坚定地排除了杀人这个选项，就好像是走在了时代的前面。

虽然思想指向了不同的方向，但萨特和加缪对人生的思考，仍旧都是以人与世界之间的"错位"为出发点，又都是以人自身的解放为目标，两人在思想上，可以说是互补而又统一的。可两人却从原本亲密的朋友关系，演变成了互相攻讦的敌人。萨特因其一时的不真诚，让加缪感到了受辱；至于加缪，他真的不知道自己写的信，会揭开萨特内心的伤疤，让他无比痛苦吗？想来也许二人之间，但凡能够再坦诚一点，可能也不至于落到变友为敌，这么令人唏嘘的地步。

【刘玮回复】

文人经常会有点"意气用事"，何况两个把"真诚"看得那么高的文人，他们在政治立场上的分歧确实是太难以弥合了（何况还关乎加缪的出生地和家人）——那个远比哲学或者文学观点上的分歧有着更强的撕裂性。

【兮】2021 年 8 月 26 日

　　从偏重感性的层面来看萨特与加缪这两位老友。与其分辨异同、深思偏爱，不如说他们为了思想纯粹度的偏执反抗了本该深度融合的思辨曜升。

　　只一叹"纯洁的努力"，足矣感受到萨特对自己始终执着的"未来给现在赋予意义"的气力在追念老友的当下霎时黯淡，两人拉锯多年的锐利锋芒瞬间烟消云散。

　　或许，从来被分离的都只是时代需求下的同一道灵魂，一斩为二的世界观，带着疼痛背道而驰，却从未被剥离相同的水平轨道。在最深刻的思想上他俩兴许从未决绝着走散，取而代之的是一份激进的死磕，兴许是脑中越缠越紧的两份世界观，驱使着道德良知多样化地释放出各自的思辨。

　　不时回眸遥望着彼此的渐行渐远，言行有多狠戾，本心就有多失落。而哲思的孤寒正是伴着近乎偏执的自虐，令他们攥紧拳头，将指甲深深地抠进掌心，耐着性子，护着伤痛蹒跚而来，每一个思辨的片段犹如夜莺泣血。

　　文字顺着指尖敲击到这里，脑中"空空如也"。没有任何关乎哲人思辨或哲思理论的痕迹，只有凡尘俗世对于情谊破裂的扼腕！为何有这么多执着？又为何要用自残本心来"映证"各自世界观中道德的存在？

　　如果说多少背离换多少咬牙不放，那么原来同频的两颗心因为抗争，在生硬地掰开之后，"伤口"就再没愈合过，淌着湿漉猩红，碾压进各自视域中的那个未来……

　　加缪的世界里，"每个人在肯定自己的生命之外，还要为别人同样的生命做点什么"。而在萨特心中，"一个人与自己未来的死亡抗争，为了赢得每一瞬间而做出的纯洁的、胜利的努力"是另一种深情的致意！

　　说不透究竟更偏向何者的思想。只想说，在每个时光片段中，都或多或少地存在着某种程度或者说某个存在区块的二元对立，对立一旦成立，不伤不痛很难实现，但请不要深情着反抗，毕竟这是一种深刻的支离破碎。伤心！心殇！

【伍未】2021 年 9 月 3 日

关于死刑和宽恕的讨论很有意思。

在以赛亚·伯林看来，这里有两种终极价值。一种是正义，杀人偿命嘛。另一种，是仁慈，宽恕我们吧，人死不能复生。两种价值冲突无法根除。

阿伦特认为宽恕只能是别人给的，自己宽恕自己没有任何意义；而加缪却认为，宽恕最终是自己的良心给自己的，只靠他人不行。

我们搜寻历史案例来看，确实有比死刑更好的解决方案。例如新中国成立初期，我国对战犯的一系列改造和特赦；例如南非的"真相与和解委员会"；又例如"德国人普方灭门案"。从这些案例看，既需要阿伦特式的宽恕，也需要加缪式的宽恕，还需要对事件本身有深刻的认识。既需要受害者改变对正义的朴素观念，也需要施害者内心的真正悔改，还需要社会环境能达成一种共识。观念的改变不是不可能，但是要做到这一点是非常难的。如果不是碰到社会发展的巨大障碍，投入巨大的社会成本去解决；就需要当事人具备极高的理性和素养，克服本能。

当然，更简单的做法正如伯林所说：我们需要选择，需要为了一些终极价值牺牲另一些终极价值，这就是人类困境的永久特征。

而加缪"反抗"思想的悖谬，最重要的意义是在于提醒我们，当我们为了一种价值而牺牲了另一种价值的时候，不要忘了另一种价值也有其意义。就像猎人狩猎，杀死猎物后，不忘祷告自然的馈赠一样。这不是一种虚伪，而正是一种良知。

【刘玮回复】

说得非常好！正是价值的多元造就了存在主义的意义——因为选择没有一个标准答案。

第 19 讲
梅洛 – 庞蒂：身体性的生存

这一讲我们来看看萨特"朋友圈"里的另一位重要人物，莫里斯·梅洛 – 庞蒂。

在我们讲到的这四位法国存在主义者里面，梅洛 – 庞蒂是唯一的学院派，其他三位，萨特、波伏瓦和加缪，都没当过大学教授，而且都有着极强的文人气质。

梅洛 – 庞蒂出生在 1908 年，和波伏瓦同岁，上大学的时候就和萨特、波伏瓦成了很好的朋友。相比萨特和波伏瓦对文学和哲学的广泛兴趣，梅洛 – 庞蒂更专注于现象学研究，因为对于现象学的重要贡献，他在 44 岁的时候当选了法兰西学院有史以来最年轻的哲学讲席教授。

梅洛 – 庞蒂是个很独特的现象学家，也是个很独特的存在主义者。

之所以说他是个独特的现象学家，是因为我们通常认为现象学是比存在主义宽泛的概念，因为胡塞尔开创的现象学首先关注事物的本质，而不是人的生存。但是梅洛 – 庞蒂对现象学的看法与众不同，他认为现象学本质上必然是存在主义哲学，因为想要"回到事情本身"，就意味着要首先去描述我们的经验，而我们的经验总是和某种生存境遇联系在一起的，所以现象学必定要首先描述人的生存，也就必然是一种存在主义哲学。

之所以说梅洛 – 庞蒂是个很独特的存在主义哲学家，是因为相比其他存在主义者，他不是那么关心情绪、选择、死亡、责任这些存在主义的典型话题，而是关心如何描述我们对事物的观看、身体的运动这样一些非常基础性的问题。在他所有的研究中，对人类**身体**的关注处于最核心的位置。

我们前面讲的那些存在主义者，都把主要的注意力集中在思想或者心灵的层面，不管是讨论选择、自由、意义、理解，都是思想层面的东西。他们好像都忘记了房间里的一头大象，我们人类，首先是一个拥有身体的存在，没有了身体思想怎么产生呢？

不过，这也不是存在主义者的疏漏，而是整个西方哲学史的疏漏。从哲学诞生开始，哲学家关心的都是我们如何去认识世界、认识人，而"认识"似乎显然是思想层面的事，肉体最多被当作一个工具、一个通道，让我们获得思想的材料。不仅如此，肉体还经常被当作思想的限制和拖累，柏拉图就曾经说过"肉体是灵魂的监狱"；笛卡尔也说"我思故我在"，是我的思想，而不是我的肉体，决定了我的存在。这两句话就是整个哲学史对肉体态度的缩影。

梅洛-庞蒂对存在主义和整个哲学史最重要的贡献，就是把"身体"这头房间里的大象领到了台前。他在1945年出版的《知觉现象学》里，用一种革命性的方式，重新描述了身体的意义。

梅洛-庞蒂的首要任务就是批判对心灵与肉体的二分，论证身体不能被仅仅当作一个"客体"，跟思想这个"主体"相对。对于"我是谁？"的问题，传统哲学会说"我就是我的思想"，而梅洛-庞蒂给出了一个颠覆性的回答：**"我就是我的身体"**。他这么说当然不是要否认我有思想活动，而是想说，思想活动永远都是跟身体密不可分的，身体不是思想的奴仆，而是我们对世界打开的唯一大门，我们只能通过身体才能跟这个现象的世界发生联系，不管是视觉、听觉，还是反思、推理, 都首先是身体性的。而且在**意识**到感觉和思想之前, 身体性的"知觉"就已经参与了我们对世界的认识。

为什么这么说呢? 我来举个例子。你走进了一个房间, 房间里有很多东西, 但是你的目光立刻被一个白色的雕塑吸引过去, 定睛一看, 那是梅洛 – 庞蒂的雕像。你之所以能看到这个雕像, 是因为视觉让这个雕像进入了你的意识, 你在观看这个雕塑的时候, 屋子里的其他东西好像就虚化了。但是, 在这一屋子东西里面, 你的视觉怎么就瞄准了这个雕像呢? 这个就不是视觉本身的功劳了, 而是视觉发生之前的某种身体性的能力, 这个就是梅洛 – 庞蒂说的"知觉"。看清这个雕塑之后, 你的知觉可能会引导你的视觉再去关注屋子里的其他东西, 而这个时候, 对于那个雕塑的视觉又虚化了。这样看来, 身体性的知觉就类似相机的对焦功能, 把我的意识引向被它锁定的对象。

前面我们是从**认知**角度讲身体的重要意义。我们再换一个角度, 从**运动**的角度看一看。梅洛 – 庞蒂认为, 我们的很多运动都不是思想或者意识先对身体发出命令, 然后才开始一个运动。身体从来都不是独立于思想的工具或者客体。比如, 在我从椅子上站起来之前, 不需要先检查自己是不是有两条腿。在打乒乓球、网球、篮球的时候, 我们的很多动作都是下意识的, 完全是身体性的反应, 如果在做每个动作之前都要等着意识发出命令, 那肯定什么机会都错过了。这时, 我们的身体自己好像就具有了"思考"的能力, 可以用最好的方式对具体情境做出分析和反应。

你可能听说过如今很流行的一种认知理论, 叫"具身认知"(embodied cognition), 简单说就是, 身体状态的变化, 也可以反过来改变我们的大脑。比如, 演讲之前, 你要是觉得紧张, 可以先找个没人的地方蹦蹦跳跳, 身体的兴奋, 可以反过来让大脑也兴奋。你看这是不是和梅洛－庞蒂的理论很像？这不是偶然的，因为正是梅洛－庞蒂给具身认知理论提供了重要的哲学基础。

这种对身体性的强调，可以帮助我们理解存在主义哲学里的一些关键概念。比如说，梅洛－庞蒂从身体性的角度，支持了波伏瓦说的人生存的模糊性。在波伏瓦那里，这种模糊性是因为人生处境很复杂，我们的意识需要考虑很多因素。而在梅洛－庞蒂那里，这种模糊性更加根本，因为我们不能清楚地区分某个感觉、想法、决定到底是来自身体，还是来自意识。

还是因为强调身体性，梅洛－庞蒂全面批判了萨特对自由的理解。萨特的自由概念可以概括成下面三个要点，梅洛－庞蒂全都不同意！

第一点，萨特认为，我们的自由来自虚无，因为意识在和对象结合之前什么都不是，只是虚无。而梅洛－庞蒂认为，我们是身体性的存在，所以必然生活在这个世界上，任何时候都不可能处在虚无之中。

第二点，萨特认为，因为我们的自由来自虚无，所以这种自由是绝对的，要么全有要么全无，没有程度之分。而梅洛－庞蒂认为，我们身体的处境极大地影响了我们实现自由的程度，所以一个戴着镣铐的囚犯，就比一个自由的人少很多自由，认为他们俩拥有相同的自由实在荒谬。这样看来，自由就不是一个要么全有要么全无的概念，而是一个可以有不同程度的概念。我们总在某种程度上是被决定的，在某种程度上是自由的，而且我们不可能给这两个方面划定一个确切的比例，是三七开，还是四六开。

第三点，萨特认为，我们的自由总是盯着未来去筹划自己的行动，可以完全不顾及过去和现在。而梅洛－庞蒂认为，我们的身体性让自由拥有很大的连续性，而不是只盯着未来。因为我们从一出生就在身体之中，身体性的认知保留了很多过去的记忆，所以在自由里也要考虑人过往的经历，就算我能在思想上把很多过去的记忆隔离开来，只着眼未来行使自由，我的身体也不答应。过去、现在和未来，是靠身体性联系在一起的，这样我们才是一个连续的个体。

总结起来看，梅洛 – 庞蒂认为，萨特之所以在理解自由时犯了这么多的错误，说到底就是因为他还是把自由当成一个没有身体参与，单纯思想层面的事情。萨特哲学的出发点虽然是想要打破主观与客观的二分，但是最后还是落入了笛卡尔式的"我思"之中。梅洛 – 庞蒂对萨特的这些批评很有洞见，萨特后来也在回忆录里承认，自己早年对自由的理解确实有点太极端了，是一种带有"意识形态"色彩的自由概念，梅洛 – 庞蒂的批评帮助他修正了自己的想法。

这种哲学思想上的分歧没有影响两个人的关系。第二次世界大战后，梅洛 – 庞蒂还大力帮助萨特、波伏瓦创办了左翼杂志《现代》，以评论员的身份写了很多政论文章。但是很遗憾，后来他们还是在如何评价斯大林和苏联的问题上，产生了严重的政治分歧。在 1953 年爆发了一场激烈的争吵之后，彻底分道扬镳。9 年之后，梅洛 – 庞蒂在52 岁时因为突然中风英年早逝。加缪和梅洛 – 庞蒂相隔一年先后突然去世，让人不得不感慨，人类生存境遇中的偶然性是多么无法把控，又是多么荒谬。

到这儿，梅洛 – 庞蒂对存在主义的贡献讲得差不多了，同时，法国存在主义的单元也要画上句号了。在这个单元里，我们了解了四位曾经的好友。萨特把意识的虚无性推到了极端，同时也赋予了人极端的自由和极端的责任；波伏瓦试图修正萨特对自我与他人关系的负面看法，让自由具有更强的现实性；加缪因为强调人生的荒谬性，把萨特始终面向未来的关注转向当下；而梅洛－庞蒂则把萨特对意识的片面强调，转向了具体情境中的身体性，从身体的角度理解我们的生活经验和我们与世界的联系。

最后，我想引用梅洛－庞蒂在《知觉现象学》里关于自由的一句话作为结束："**我们在一种错综复杂的混沌中参与到世界和他人之中。处境这个概念，既排斥在我们开始参与时的绝对自由，也排斥参与结束时的绝对自由。**"这句话很好地概括了梅洛－庞蒂对模糊性的理解和对萨特的批评，他想说，我们不管是进入还是离开某个人生处境，都带着巨大的模糊性，而这种模糊性拒绝我们用绝对的自由来看待自己。

我想请你谈谈梅洛－庞蒂对萨特自由观的批评，你认为萨特完全错了吗？也欢迎你谈谈对身体性的生存有什么独特的体会。

参考书目

莫里斯·梅洛－庞蒂：《知觉现象学》，姜志辉译，北京：商务印书馆，2001 年。

精选留言

【刘芳】2021 年 8 月 27 日

"存在主义哲学课"最后出场的梅洛－庞蒂是一位关注身体的哲学家。第一次认识他是在东京的高温瑜伽馆，当时因为长期的睡眠不足和精神压力而导致免疫力低下，做任何事都打不起精神，时常被抑郁情绪困扰。某日被闺蜜带到瑜伽馆，当时的瑜伽教练就提到了梅洛－庞蒂，临走时送我一张卡片，"健全的精神寓于健康的身体"（A sound mind in a sound body）。

内观冥想，再加上身体的拉伸，逐渐好转！之前做过心理治疗，效果有限。22 岁的我神奇地认知到了身体的"灵性"，那年正好是梅洛－庞蒂诞辰 100 周年。

时常感叹梅洛 – 庞蒂要是能像伽达默尔那样长寿，会不会产出更多的思想武器？52 岁英年早逝，给世间留下了"我就是我的身体"的金句。

用身体感知世界，在刚出生的小孩子身上表现得淋漓尽致，出生就熟悉妈妈的味道，在"口欲期"的成长阶段，把能抓到的东西都放在嘴里感知，尤其是手指，那是在探索世界！随着长大，身体越来越"钝感"了，在压力等心理因素作用下，变得麻木。

积极心理学有个这样的论断"幸福的反面不是不幸，而是麻木"。能用身体感知到世界的美好，阳光、鲜花、露水、书籍，早晨看到杨晔同学描绘的近日吃"鸡头米"的小确幸。

我有一个"奇葩"的习惯是在日本养成的，就是每天起床徒手刷马桶。在日本期间，上过"扫除道"的课程，那是阳光明媚的下午，老师带领十多名学生，到卫生间扫厕所，每个女孩穿着背心短裤，光脚，不戴手套，蹲在马桶旁边进行打扫。我当时还犹豫，老师走到我身边，耐心给我讲"这是心灵的扫除"，给我示范。我克服特别大的心理障碍，徒手去刷，用去污、增亮的液体，一个多小时，刷洗干净，当时摸着马桶的陶瓷，仿佛感受到了流淌的血液。

那天感受到了"具身认知"的神奇力量，于是每天早晨实践，一整天心情都会很好，日本有位特殊的女神——"厕所女神"，还有专门的歌曲。如果厕所不干净，就会影响好运。所以，你会发现：日本的大街小巷，日本的卫生间干干净净。他们把卫生间写成"化妆室"，男卫生间是"男子化妆室"。

习惯一直延续至今，后来学习的近藤麻理会的《怦然心动的人生整理魔法》，我们触摸到的每一件物品，看它的外形，闻它的味道，悄悄听它的声音，放到心脏旁，感受喜欢的程度，和物品连接，把不喜欢的物品处理掉，围绕我们身边的都是怦然心动的物品，人生也会闪闪发光！

【刘玮回复】

你真的是跟每一位存在主义哲学家都有很多渊源，也遇到了这么多好的老师（中学老师、瑜伽老师、刷马桶的老师），是你格外幸运还是你格外善于发现老师的好呢？

当年听过一个故事，就是说日本人做事精益求精，一个宾馆的清洁工，可以从自己刷过的马桶里舀水喝！原来日本确实有这个传统。

【慧恒】2021 年 8 月 27 日

我有过一次深刻的身体体会。2019 年在香港上舞动所能的课程，有一次做练习两个人一组，大概 4 分钟，前面部分我和我同学是没有任何肢体接触，但我能很清晰地感觉到他和我的距离大概 1 米左右，他站在我背后，他在用他自己的方式舞动，我通过感知用我的方式去回应，最后我们两个人，慢慢地走到一起拥抱定住直到结束。这个练习还有两位同学是做观察的，观察的同学也能感觉到我们深度的连接，其中一位同学都流泪了。和我跳舞的同学晚上发消息给我说，在那个过程中，他感觉到被深深地陪伴。那天早上他胸口好像有什么东西被压到，他一直想哭，但是哭不出来，和我跳完舞之后他就痛快地哭了一场。在整个过程没有任何语言的交流，都是通过身体的感知和对方产生连接。我自己的体验，就是有些可能用语言或者思维想不通的东西，反而在舞动的过程中让我有所体验，打开了思想上的束缚。

【Jim】2021 年 8 月 27 日

前面都在谈高冷的精神哲学，被梅洛－庞蒂一句"我就是我的身体"拉回到现实，真是压轴的一记重锤！

我们就是这样用 90% 以上的时间关注自己的精神世界，而到那 10% 可以谈谈身体的时候，还要说"别让这皮囊束缚了自由的灵魂"的荒诞的存在吗？身体从来都不会起而反抗的吗？

我的手指头被刺扎了一下，我感觉到了疼痛，是"我疼"还是"手指头疼"？还是"我的意识疼"？萨特说"人是被判定为自由的"，是"我自由"还是"我的身体自由"？还是"我的意识自由"？那么"我是谁"？

现象学真的神奇，当追问到这里的时候，会发现哲学沉思的背景逐渐显现出来了，显现出来了沉思的主体"我"，更进一步显现出来了"我"之寄宿的背景"我的身体"，是"我"和"我的身体"在共同演绎一场哲思的游戏，而"我是谁"变得严峻起来了，进一步会发现"我的意识"和"我的身体"的界限变得模糊了。就像我们不能接受购买的电脑是摘除了软件的，或者只有软件，我们也不能说"我"就是纯粹意识的涌现也即"我思故我在"，或者"我就是我的身体"。

但是梅洛－庞蒂说了！现代脑科学、神经科学的发现，我想就是基于梅洛－庞蒂的视角！人类意识的发生机制太复杂了，但总的来说是大脑这个神经枢纽和身体各个部分的神经系统共同作用的结果, 是一场无比盛大的交响曲! 不能说是乐团指挥演绎了一场美妙的交响乐, 也不能说根本不需要指挥, 是他们共同的演绎, 因而是在一个更高级的规则作用下互相塑造的。身体对意识的塑造是可怕的, 就好像那只狐狸, 对自己没有经验过的甜葡萄, 也会用酸的经验去诠释。期待科学能给我们更加丰富立体的答案, 哲学家就先送到这里了。

关于对萨特的批判: 当看到梅洛－庞蒂的这个批评的时候, 萨特就投子认负吧, 没什么好说的了, 因为萨特的自由只有一口气, 那就是精神这边的, 所以这条绝对自由的大龙不可活。

【刘玮回复】

哲学大部分时候是跟着科学的, 偶尔也会扮演一点 "先知" 的角色, 梅洛－庞蒂的观点也是跟着生理学和心理学研究来的 (他的书里会提到多生理学和心理学的案例), 也不完全是个 "先知"。但是哲学家可以从理论上对某个思路进行推演, 提出更极端的可能性, 在这个意义上可以启发甚至 "指引" 科学。我很喜欢你说的那句: "哲学家就先送到这里了。"

【谢伟思·专栏作者】 2021 年 8 月 27 日

我有一个身体改变自由意志的亲身经历。

在我怀孕以前, 我的自由意志以事业为重, 甚至觉得我生不生孩子无所谓, 工作太忙就不生。但是意外怀孕之后, 我的自由意志说, 啊, 当然要生下这个孩子, 我太幸福了! 我还每天对着其实并没有什么变化的肚子说话, 啊, 宝宝, 你想吃什么之类的…… 忽然有一天, 我醒来, 看着我的肚子, 觉得, 为什么要对着肚子说话? 我的自由意志又开始说, 生不生都行——我震惊了! 一夜之间我怎么又变回了从前的我? 我意识到我的身体必然发生了巨大的变化, 大事不妙。赶到医院, 检查结果是, 胎停了。

我意识到, 至少在这件事上, 我以为的自由意志, 不过是写在基因里的程序。自由意志的自由变化, 可能是因为诱发了不同的身体程序。

以前知道生理会影响心理, 但没有意识到影响如此巨大。此后再听到别人聊, 啊我不想生孩子, 啊你生了就知道了, 我觉得她们的感受我都能理解。我也开始重新审视生孩子的选择, 我现在觉得, 生, 也是幸福的好选择。

【刘玮回复】

感谢你分享的这件让我们读起来有些惊恐也一定给你带来了巨大痛苦的经历。它绝对让每个读过的人过目难忘，如果梅洛－庞蒂当时知道这个案例，估计他一定会写进书里。

【假亦真】 2021 年 8 月 27 日

天马行空般神游了 20 天，如痴如醉，如梦如幻，今天却被这位仁兄推醒坠落，嗯，屁股有点疼，脑袋有点晕。对呀，我这还有一百来斤呢。

人从精卵结合的那一刻起，就已经带着远古的基因开始了自我塑造之旅，呱呱坠地的时候，已经不是一张白纸，上面已经写上了各种代码，从几斤几两向百十来斤的长成中，肉身和外部世界不断交流互动，互相影响。

道金斯在《自私的基因》中更是指出：连我们的肉身也不过是基因的宿主，是基因不断制造和传播自己的一个工具而已。我们是基因的工具，而不是目的。这比萨特的虚无更让人深感无望，我们对自身这具肉体的认识还远远不够。

梅洛－庞蒂把存在主义从关注情感、价值、自由、意义和归宿等精神层面形而上的问题拉回到了人的身体的存在，此后，原本作为哲学分支的科学的迅速发展，科学反客为主，把哲学大厦拆了个七零八落。宇宙和生命起源问题，早被物理学和生物学瓜分殆尽，人的演化和进化也被分子遗传学、基因学攻占，哲学的阵地一个一个沦陷……

不说了，再说刘老师要生气了。

【刘玮回复】

哈哈哈，放心，你说的是事实，没啥好生气的。哲学的整个历史就是被科学不断蚕食的历史，但是从另一方面讲，科学越是开疆拓土，给哲学开辟的空间也更大，因为在科学的边界上永远站着微笑的哲学家。

【高研院 9 期——战战同学】 2021 年 8 月 27 日

梅洛－庞蒂这节课对我的启发——回望过去，感觉当时的哲学界很容易偏激，也许大家都想找到那个可以一以贯之的决定性因素，然而事物本身是复杂的，也是矛盾且统一的，梅洛－庞蒂在所有人将注意力集中在精神的时代指出了肉体的重要性。

　　我也曾偏激地认为肉体是牢笼，肉欲兽性是阻碍前进的大山，然而随着阅历的丰富，不断地学习，我才懂了刘慈欣说的那句：失去人性失去很多，失去兽性失去所有。我也才感悟到为何佛陀手下总会有鹰虎等动物出现，那些也可能代表佛的兽性和本能。精神和身体并非对立，应该去寻找同样方向的目标。

　　子贡曾问孔子："贫而无谄，富而无骄，何如？"子贡认为，身体本能地在贫弱时期想依附强大，而精神上我们应该克制不让自己谄媚。当自己富足时身体又本能地想骄奢淫逸，这时候精神应该克制，子贡此时的境界还是精神对抗身体的对立阶段。而孔子答曰："可也，未若贫而好乐，富而好礼者也。"贫穷也可以追求精神境界，富足的时候也能有高的精神价值。我认为子贡的克制会产生人本身的内耗，精神和肉体打架的这种状态既不长久也不轻松，而孔子相比于子贡的堵选择了疏，这种疏会让精神和肉体为了同一个目标而合一，他的层次比子贡的更上一层，同样也是说，先哲们在很早之前就意识到了，人的灵魂和肉体具有同样的重要性。

　　所以我认为梅洛 - 庞蒂更多的是补全了存在主义关于肉体中的板块，成为存在主义中重要的拼图。

【刘玮回复】

　　说得非常好，哲学中很多古老的智慧都会在新的时代换一种方式展现魅力，这确实是很神奇的一件事，也从一个角度说明哲学不会轻易消亡。

【哈姜酱】 2021 年 8 月 27 日

　　我记得刚开始健身举铁的时候，每做一个动作教练都冷酷地说四个字"做到力竭"，"力竭"于我刚开始是龇牙咧嘴的 5 个，后来是 10 个，现在大概是加重量的 20 个，偶尔我也能举重若轻地回一句：再来 10 个。显而易见这是个开发身体极限的过程，但随之而来的力量感也开启了新世界的大门，比如说我从好久之前就不再觉得拧瓶盖这件事能证明男人绅士了，比如说我可以在一条路上走得更远爬得更高而没有恐惧感，甚至有时候会为了体验乐趣增加难度系数。

　　身体的改变确实会影响人的思想状态，各种情绪随之产生、关联、结果。但是我还是赞同萨特关于思想自由的这个极端。身体更像是一条通道，我们通过这条通道来感知外在的一切，不管你愿意与否都会对思想起作用，但重点还是思想，无论我变成谁，我都还是"我"存在于这个身体里面的这个灵魂。我思想我存在，我虚无我存在，我自由我存在。

【我就是我】2021 年 8 月 27 日

梅洛 – 庞蒂对萨特自由观的批评，前两点我觉得梅洛 – 庞蒂反驳的都很有道理。但第三点，萨特认为，自由是面向未来去筹划自己的行动，可以完全不顾及过去和现在。虽然有点绝对，但他强调的是人在自由选择上的主观能动性，有点"我命由我不由天"的架势，这就给予人对未来的希望和憧憬。

曾看过一个报道，没有双臂的残疾人，按正常状态他的身体状况不允许他自由地干很多事，但经过刻意积极的训练，他可以灵活地用脚代替手，完成吃饭、穿衣这些日常行为，甚至还上网学习，帮着家人在网上卖农产品，获得身体自由的同时也获得了经济和精神自由。如果按梅洛 – 庞蒂的观点，他残疾的身体与常人相比少了很多自由，若屈服于他的过去和现在，他就见不到明天的灿烂骄阳，只会生活在自怨自艾当中，这对他是残酷的。

梅洛 – 庞蒂说："我们在一种错综复杂的混沌中参与到世界和他人之中。处境这个概念，既排斥在我们开始参与时的绝对自由，也排斥参与结束时的绝对自由。"

这段话真实而无奈，这就是我们的人生，从出生到死亡，无数具体而微的自由选择都是应对当时的处境做出的，又在变幻莫测的现实面前一次又一次地妥协和修正，哪有什么一劳永逸。想起妈妈刚退休时发愿：现在有时间了，一定要多出门去看看。可是呢，先是要为没退休的老爸做饭，然后忙着弟弟结婚、看孩子，等终于有大段时间了，或者疫情，或者身体状况，总是不能如愿。深切体会到所有的选择都是依据一个个境遇做出的有限自由选择。所以把握当下，过好每一天的每一时刻，未来没有多远！

第20讲
存在主义的谢幕和余波

终于来到了这门课的最后一讲。完成了这门课之后，我一点如释重负的轻松感都没有，心里的感觉只有四个字：意犹未尽。

接下来，我先来对前面的课程做个小结，然后再来说说我为什么这么意犹未尽。

我们这门课到目前为止加起来虽然只有 4 个小时，但是覆盖面非常广。从空间上讲，我们从北欧丹麦的首都哥本哈根，穿过了俄国的圣彼得堡和西伯利亚的冰天雪地，然后长久流连在欧洲的文化中心德国和法国，看到了弗莱堡、马尔堡、海德堡、黑森林、德国和法国的前线，还有巴黎的景象，中间还穿插了北非的阿尔及利亚和作为流亡之地的美国。从时间上讲，我们一路从克尔凯郭尔出生的 1813 年，讲到了伽达默尔去世的 2002 年，跨过了将近两个世纪的西方思想发展。

作为一场哲学运动，存在主义在 20 世纪 80 年代逐渐落下了帷幕。我们这门课里讲到的几位主角，都在 60 至 80 年代告别人世。加缪和梅洛 – 庞蒂在自己最有创造力的 60 年代英年早逝，阿伦特和海德格尔在 70 年代先后离世，萨特和波伏瓦在 80 年代与我们告别。

一场哲学运动和它所处的时代，以及这场运动里面的伟大人物息息相关。存在主义运动也不例外。它得益于一个剧烈变革的时代，和一些伟大的头脑。

存在主义的先声出现在 19 世纪中期，像克尔凯郭尔、尼采和陀思妥耶夫斯基这样的天才思想家，先于那个时代的一般人，嗅到了现代人面临的社会危机和思想危机，也看到了传统哲学在这场危机面前的无能为力。随后爆发的两次世界大战，印证了这些天才的预言，缺少刹车的科学主义、理性主义和虚无主义，给全欧洲和全世界带来了浩劫，也把人原本按部就班、四平八稳的生活撕得粉碎。所以我们也就不难理解，存在主义运动为什么会在第一次世界大战之后的 20 年代产生，又在第二次世界大战之后迅速达到巅峰。

有三位天才的思想家，顺应了这个历史的大势。胡塞尔为摧毁传统哲学提供了现象学的全新武器；海德格尔拿起了老师的武器，用一连串惊为天人的存在之问，逼问出人生存处境中那些深刻而隐微的问题；萨特又用自己天才的文学和哲学写作，把胡塞尔和海德格尔开辟的道路推向社会，把存在主义从一场学院里的哲学运动，变成了一场广泛的社会运动，1968 年法国的五月风暴，就被人誉为是一场"萨特革命"。

经过其他存在主义哲学家的进一步发展、细化和批评性的讨论，人的生存处境中，有越来越多的面相展现在人们的面前，可以开辟的土地越来越少了。与此同时，随着和平的来临，人们的生活重新归于平稳，逼迫人进行反思的境遇逐渐消失，存在主义作为哲学运动也就失去了继续爆发的火药。

但是就像我在前言里说的，"**作为一场哲学运动，存在主义会经历萌芽、发展、高潮、落幕，但是存在主义所揭示的人类生存处境，是和人本身紧密联系在一起的，只要人这个物种还在，存在主义的思想就不会过时。**"

存在主义经历的这个发展过程，其实和任何一种哲学运动，任何一种科学运动、社会运动、思想运动，都一样。我们可以拿现代自然科学做个非常粗略的类比。现代科学是从中世纪的神学世界观里诞生的。最开始，是有越来越多的人感到传统神学世界观对世界的解释力不足。之后，哥白尼和伽利略这样的科学家，对天体做出精确的观察，又设计出各种实验，点燃了人们重新解释世界的热情。这股潮流日益勃发，形成了现代的"科学革命"，在牛顿的时代达到蔚为大观，在自然科学的各个领域取得了丰硕的成果。再往后，这套方法和这套理解世界的方式，不再是某个人的或者某些人的专利，而是成了科学家进行研究的基本方法和解释世界的基本方式，一直延续至今。

你看，存在主义的发展演变，是不是和自然科学如出一辙？最初的存在主义者面对的传统哲学，就像是神学的世界观，不再能充分解释人们的生存；存在主义使用的现象学方法，就像直接的经验观察和实验；存在主义运动中的天才哲学家，就像科学革命里的哥白尼、伽利略和牛顿；存在主义落幕成为认识世界的常规手段，就像如今的科学家都在用科学革命时期奠定的方法进行科学研究。

科学革命的伟大之处，还在于它从最初的天文学和物理学，越扩越大，在生物学、化学、医学等领域，都取得了丰硕的成果。存在主义作为一个哲学运动，在它发展壮大的过程中，也同样波及哲学以外的广阔领域，形成了一圈一圈逐渐扩大的涟漪。

受到存在主义哲学影响最大的肯定是**文学**领域。在咱们这门课里，已经讲到了像陀思妥耶夫斯基、萨特、加缪这样杰出的文学家，除了他们之外，还有很多人都是存在主义运动的一分子，像大家耳熟能详的爱尔兰剧作家萨缪尔·贝克特（Samuel Beckett，1906—1989），他写出了存在主义的著名戏剧《等待戈多》，开创了荒诞派戏剧的潮流，"荒诞派"这个名字正是来自加缪对人类生存的刻画。再比如捷克小说家米兰·昆德拉（Milan Kundera，1929—2023），他的《不能承受的生命之轻》动人地刻画了"生命的重量"这个非常存在主义的话题。除了这两位之外，像奥地利的卡夫卡（Franz Kafka，1883—1924）、美国的威廉·福克纳（William Faulker，1897—1962）、法国的安德烈·马尔罗（André Malraux，1901—1976）、日本的村上龙（Ryu Murakami，1952—　）等等，也都是存在主义小说家的代表。

　　存在主义直接进入的另一个领域是**心理学**，在我们这门课里，雅斯贝尔斯是从心理学和神经病学转到存在主义哲学的；梅洛－庞蒂也因为对人类心理机制的细致刻画，当过一段时间的心理学教授。在他们之后，奥地利的心理学家维克多·弗兰克（Viktor Frankl，1905—1917）和美国的心理学家罗洛·梅（Rollo May，1909—1997），开创了"存在主义精神分析"和"意义疗法"。特别是弗兰克根据自己在集中营的经历，写出了非常感人的作品《活出生命的意义》，在他去世的1997年，这本书就已经被翻译成二十多种语言，在全世界销售了超过一千万册。

　　存在主义直接触及的第三个领域是**美学**和**艺术**。在课程中，我们提到了海德格尔对艺术作品的独到分析。伽达默尔、萨特和梅洛－庞蒂也都对艺术有着非常独到的见解，引领了存在主义式的艺术分析，比如梅洛－庞蒂就把塞尚（Paul Cézanne，1839—1901）称为第一个存在主义画家，因为他最早发现了主体的视角，而不再是把画的对象当作一个简单的客体来如实地加以描绘。存在主义思想也深深地影响了当代艺术家的艺术实践，比如雕塑家贾科梅蒂（Alberto Giacometti，1901—1966）就是一个很有代表性的存在主义艺术家，他用独特的手法去表现空间和人的观看，他最著名的雕塑就是一些又瘦又高的走动的人像（图3），这些作品表现了人生存中的孤独和脆弱，但是依然坚定地前行。另一位存在主义画家英国弗朗西斯·培根（Francis

Bacon，1909—1992），以怪异的笔法表现了第二次世界大战后那一代人焦虑、恐惧、幽闭的情绪，还有个人身份的消散（图4）。

图 3　贾科梅蒂：《行走的人》（1960）　　图 4　弗朗西斯·培根：《教皇英诺森十世》(1953)

　　除了文学、心理学和艺术，我还可以给你列举很多存在主义哲学对当代神学、政治学、社会学、交往理论等等方面的影响。但是从上面这三个例子里面，我们已经足以看到，这场哲学运动虽然落幕了，但是它揭示的问题和给人带来的启发，早已经随着这场运动的影响，波及当代人思想和生活的方方面面。

　　说到这里，我想你也大概可以理解，我为什么会说完成了这门课之后没有一点如释重负的轻松，只有满脑子的意犹未尽了吧？我至少有三个方面的意犹未尽。

　　第一个是这门课里涉及的这些存在主义思想家，哪一个单独拿出来，都够一群学者研究一辈子，他们的思想里还有太多值得探索的细节。我们这门课的容量毕竟很有限，只能挑最重要的一些方面，也不可避免地要做一些简化。

第二个方面的意犹未尽是我只挑选了存在主义的 12 个代表为你做讲解，不得不忍痛割爱舍弃一些我也很喜爱的哲学家，更不用说文学家、心理学家，以及包括电影导演在内的艺术家了。

第三个方面的意犹未尽是这门课按照人物的顺序讲解，突出的是每个人给这场运动增加的新的东西，所以很多存在主义哲学的有趣主题，特别是对一些人类情绪和处境的具体分析，我们也不可能充分展开。

希望你学完这门课程，也和我同样有意犹未尽的感觉；也希望这种意犹未尽会促使你去阅读更多有关存在主义的著作，思考更多有关存在主义的问题，最终能够用存在主义给你提供的方法和思路，更好地观察你自己和周围的生活，做出自己的存在主义分析。

哲学的语言难免晦涩，但是存在主义的命题永远常青，这些问题也会伴随我们的一生。我向你保证，你一生中，会无数次感受到和海德格尔、萨特一模一样的命题，只不过，他们用的是哲学家的文字，而你可能是在家里、在办公室里、在电影院里（我整理了一张带有强烈存在主义意味的电影名单，一共 20 部电影，放在附录里，有空的时候你可以看看。让我们在这门课里结下的缘分，可以在其他的时空中继续陪伴你）。

最后，我想引用海德格尔最喜欢的诗人荷尔德林的一首诗结束我们的全部课程，这首诗叫作《更高的生命》，也期待存在主义哲学能助你拥有更高的生命：

> **人选择自己的生命，自己的决定，**
> **离虚幻而识智慧，思辨、追忆，**

那沉入世界的追忆，

而无物可惊扰他内在的价值。

辉煌的大自然使他的日子美丽，

常在他深处，精神孕育新的追求

崇敬真理，

孕育更高的意义，及一些奇妙的问题。

人因之亦能认识生命的意义，

称其目标为最高者，最美妙者，

如此体察生命的世界合于人性，

尊更高的生命为崇高的意义。

（先刚　译）

【来自二十位导演的二十部经典存在主义电影（按发行年代排序）】

1. 《偷自行车的人》（*The Bicycle Thieves*，维托里奥·德西卡，1948）

2. 《东京物语》（*The Tokyo Story*，小津安二郎，1953）

3. 《七武士》（*The Seven Samurai*，黑泽明，1954）

4. 《第七封印》（*The Seventh Seal*，英格玛·伯格曼，1957）

5. 《四百击》（*The 400 Blow*，弗朗索瓦·特吕福，1959）

6. 《审判》（*The Trial*，奥逊·威尔斯，1962）

7. 《八又二分之一》（*8 1/2*，费德里科·费里尼，1963）

8. 《2001：太空奥德赛》（*2001: A Space Odyssey*，斯坦利·库布里克，1968）

9. 《让娜·迪尔曼》（*Jeanne Dielman*，香特尔·阿尔曼，1975）

10. 《出租车司机》（*Taxis Driver*，马丁·斯科塞斯，1976）

11. 《潜行者》（*Stalker*，安德烈·塔可夫斯基，1979）

12. 《现代启示录》（*Apocalypse Now*，弗兰西斯·科波拉，1979）

13. 《银翼杀手》（*Blade Runner*，莱德利·斯科特，1982）

14. 《撒旦探戈》（*Sátántangó*，贝拉·塔尔，1994）

15. 《黑客帝国》（*Matrix*，科恩兄弟，1999）

16. 《成为约翰·马尔科维奇》（*Being John Malkovich*，斯派克·琼斯，1999）

17. 《搏击俱乐部》（*Fight Club*，大卫·芬奇，1999）

18. 《穆赫兰道》（*Mulholland Dr.*，大卫·林奇，2001）

19. 《迷失东京》（*Lost in Transaction*，索菲亚·科波拉，2003）

20. 《纽约提喻法》（*Synecdoche, New York*，菲利普·霍夫曼，2008）

精选留言

【甜小姐】2021 年 8 月 28 日

通过那么多位哲学家对人生的思考，我们反思活着的意义和生命的本质，我们渴望一种真实，一种对于自我本真的回归。

萨特说，他人即地狱；你有没有发现一个问题？当我们不快乐时，我们既不想加入别人的快乐，也不允许别人是如此快乐；当我们单身时，我们就觉得别人的恩爱是一件刺眼的事情；如果我们不幸福，我们就会诅咒看起来非常幸福的人、事、物，我们总能从上面发现不完美的地方，然后紧盯着不放；当我们内在有限制，我们就不允许别人自由；当我们内心有评判，我们就不允许别人自在；当我们没有成为自己，没能活出真正的自己，我们也就不允许别人成为真正的自己。

我们镇上有夏季音乐会，演奏的都是 80 年代的流行曲目，所以吸引了镇上很多中老年人。我很喜欢外国老人的状态，即使六十几岁了，还是充满了活力。他们不在乎别人的眼光，随着音乐，自如地释放自己。很多老年女性还留着齐腰的长发，像 Vera Wang 那样。

在上海很少看到这样，仿佛短发是老年女性唯一能有的发型。其实可悲的不是留不留长发，而是如果有一个老年女性披着长发，不知道会引来怎么样异样的眼光，遭到怎么样的非议。就像我妈告诉我说，邻居让她剪个短发，她回邻居说，想留长烫起来，然后她后悔这样说了。我知道她担心什么。难道七十岁的老年女性就没有追求美或者追求新的情感的权利了吗？任何人在任何时候都有追求爱和被爱的权利。要活得真实，活得自由，也活得对得起自己的良心。

一个人老不老从来不是看皮肤看头发，而是看他是否还有开放的心态，对世界对生活还有热情。有的人尚未老年，但已经被世俗的陈旧观念束缚，对人生也失去了好奇和激情，即使有着年轻的样貌，他的心也早已老去。

幸福不是别人说你幸福，而是你的眼睛自然会闪烁出幸福的光芒，那是溢于言表的。幸福不是活在春风里，而是你活出了自我，你活成了一股春风。

最后想说，我的感受也是四个字"意犹未尽"，感觉好像前天这门课才刚刚开始。但是，每每在"城邦"刷到老师给那么多同学详细而真诚的回复时，我又觉得这门课的内容已远远超过了 20 节课的心血！非常感谢老师，刘老师是我看过的回复最尽心的老师！带给我们很多力量和感动！谢谢！

【刘玮回复】

希望这门课能像你说的，至少让大家进一步思考什么是"真实"，什么是"对于自我本真的回归"；如果能让更多同学活出自己的"春风"，那就是我更大的荣幸了！也要特别感谢你带给我和所有同学的新知和感悟！还有加餐，我们后会有期！

【刘芳】2021 年 8 月 28 日

意犹未尽的课程，意犹未尽的研究，意犹未尽的人生！

迎来了最后一节正课，满满的成就感和莫名小伤感！

今天把刘玮老师给我回复的留言，全部整理到了 word 文档，共 5733 字，就像是一篇小论文，包罗万象：哲学沉思，为师之路，外语习得，革命热情，身份认同，人生规划等方面！感觉生命里又多了一位宝藏老师，欣喜而感动！

"存在主义哲学"课程，我写下了两万多字的笔记，回忆起好多成长的美好瞬间，体察到人之为人的美好，幻化成无比精彩的故事！未来，以更优美的辞藻和旋律呈现给学生和喜欢存在主义哲学的伙伴们！

这门课让我对目前进行的第二次世界大战研究有了另辟蹊径的思考，老师和同学们的交流给了我巨大的启发，每天再打开电脑的博士论文文档，不再惧怕！

很幸运在"中年危机"爆发的心理低潮期，遇见了这门课，深深感受到了"被看见"的受宠若惊。从第一次登上讲台，到今天已经 12 年！

在学校，每学期的最后一课，学生们全体起立，鼓掌！这样的仪式感，也想送给此时看留言的刘玮老师：同学们一起，给刘玮老师的精彩授课与用心交流和答疑而送上真诚的鲜花和掌声！

最后一讲，

如烟花般绽放！

绚烂过后，

平静如常！

眼里闪耀光芒，

心里多了力量！

每天夜里，像是灰姑娘奔赴一场绝美的舞会，穿上晶莹剔透的水晶鞋，尽情地舞蹈，时间一到，就又回到原有的生活，继续文献，面对着"恶心""荒谬""惨淡""自欺""现成在手"！面对战争，面对人性，面对自己无限的撕裂感，选择直面，多了份坦然！

人因之亦能认识生命的意义，

称其目标为最高者，最美妙者，

如此体察生命的世界合于人性，

尊更高的生命为崇高的意义。

最后一段，刘玮老师的朗诵抑扬顿挫，激情澎湃，仿佛照亮了黑夜！永远年轻，永远热泪盈眶！

最后是送给刘玮老师的祝愿：别太"死扛"拼命，活到伽达默尔的年纪，更多感受美妙，写更多的书，带更多的优秀学生，欣赏更多的美景，享受更浓的人情，不断在哲学的世界里深耕！

【刘玮回复】

非常感谢你每天的分享 ——那么多的人生经历，那么多的人生感悟，还有那么热情的人生态度！如果这门课有一个课代表，非你莫属！你简直就是存在主义的化身！

我会谨记你和其他几位同学的提醒，少一点死扛，多注意点身体，少一点萨特式的极端，多一点梅洛－庞蒂式的平衡。

【大米公司老板】 2021 年 8 月 28 日

　　哲学，要求我们审视习以为常的世界，反思未经反思就接受的一切。

　　哲学，追寻终极问题，却不提供一劳永逸的答案，需要我自己思考。

　　哲学，追寻终极问题，看似高冷，但又与人生息息相关，比如存在主义，直接和我，和你，和所有人的生存相关。

　　这门课学完了，但哲学思考却永远不会结束，用存在主义的话来说，死亡给了人有限的生命，让人不得不面对那个无法真正思考和经历的深渊。生命的有限性让我们进一步思考生命的意义，以及做每一件事情的意义所在，这就是哲学的魅力，这就是存在主义的魅力。

　　【刘玮回复】

　　感谢你每一讲的精彩留言！希望哲学能伴你一生！

【刘晓光】 2021 年 8 月 28 日

　　感谢刘玮老师！

　　存在主义关心人的处境，思考人的心灵如何安放，但这一系列的存在主义思想者，却几乎都与平常人追求的健康幸福相去甚远。克尔凯郭尔那敏感的自尊心，被孩童嘲笑，最后英年早逝。陀思妥耶夫斯基贫困一生，从死刑逃脱，最后死于血管破裂，而尼采更是"疯了"，海德格尔老年也是声名扫地，郁郁寡欢。加缪死于车祸，梅洛－庞蒂中风，阿伦特嗜烟，死于心脏病突发……似乎例外的是萨特与波伏瓦，但我不知道他们晚年对自己的生命状态是否真的认同，而萨特引诱少女的故事是否真实？这些存在主义思想家们一生都在思考人的精神出路，但他们自己似乎也都深陷其中。存在主义似乎也并不带给人世俗的幸福，它带来的，似乎恰恰是世俗幸福的反面……

　　而对终日追求世俗幸福的"我们"，受伤时也可在漫天的快捷鸡汤中寻找到些许转瞬即逝的安慰，财富多一点的还可以去找仁波切，就算谈到尼采、加缪、萨特，也常常只用于装饰个人门面。而在当下的中国，生活在如火如荼的现代主义处境下的我们，一个功利而拜金、勤奋又冒险，自大又易脆，孤独又敏感，深刻又浅薄的"我们"，又将如何审视这般人间烟火，我们又将如何"存在"于当下？

　　【刘玮回复】

　　感谢你直击灵魂的发问！对于那些存在主义哲学家来讲，"本真的自我"或许远比"世俗的幸福"更重要。伟大的思想可以克服偶然性，但是人永远无法克服偶然性，特别是因何而死这机制的偶然性。

【Amber 周雯婷】2021 年 8 月 28 日

这 20 讲是我学得最认真的一套课程，每天追着看更新，思考、留言、期待老师回复……一眨眼就听完最后一讲了，舍不得。非常感谢老师最后推荐的电影清单，我希望借此让存在主义哲学不仅仅停留在我的思想层面像精神鸦片一样地存在，而是真切地在生活场景里加以感悟，把生活过出哲学的味道。想请问老师有没有存在主义的小说推荐给我呀？比起电影我更能从小说中获取人物的心理和视角，谢谢老师！

【刘玮回复】

谢谢你每天都非常认真的留言，我也同样希望存在主义能一直留在你的心中。存在主义的小说非常多，这样，除了在课程里提到的陀思妥耶夫斯、萨特、加缪之外，我再推荐 10 位作者的 10 部小说吧（都是有中译本的）：

1. 卡夫卡：《审判》
2. 威廉·福克纳：《我弥留之际》
3. 安德烈·纪德：《背德者》
4. 安德烈·马尔罗：《人的境遇》
5. 波伏瓦：《名士风流》
6. 冯内古特：《猫的摇篮》
7. 米兰·昆德拉：《不能承受的生命之轻》
8. 恰克·帕拉尼克：《搏击俱乐部》（同名电影改编自这部小说）
9. 菲利普·迪克：《仿生人会梦见电子羊吗？》（电影《银翼杀手》改编自这部小说）
10. 村上龙：《无限近似于透明的蓝》

【刷展的蘑菇酱】2021 年 8 月 28 日

相比于传统哲学严父式的发问，个人感觉存在主义哲学更像是一种慈父式的哲学。存在主义哲学家们擅长用他们能够触及的一切形式，帮你指出存在的本质。或许真相并非如你所愿，但存在主义的温暖却不会因为它的真实而损失一丝一毫。

正如刘老师在"前言"中提到的："在高冷的哲学世界里，'存在主义'是最和每个人切身相关的，是一种特别有温度、特别温暖的哲学。"

幸而这温度，透过刘老师温暖而坚定的声音传递，睿智却不失宠溺。

如果说有什么不舍的话，那一定是对于这样一种情景的不舍：在诸多琐事之中，觉得仿佛眼前即是所有。惯常地走进地铁里，随人群上车、下车，走过长长的换乘通道，转弯，坐下，微笑，嬉闹。一切正常，但又仿佛没那么正常。

但偶然间插上耳机，一个个闪光的先贤在你身边坐下，他们或偏执或个性，或犀利或各色，面红耳赤地向你诉说着自己的洞见。他们的道理虽说有时让你无法理解，但你原本有些僵硬的嘴角却不由得向上翘起。"原来自己天天面对的荒谬与虚无并非特例"，"原来意义是可以创造的"，"原来自己从来都不是一个人"。

这种触动时刻总是难忘，也总是值得纪念。它们靠先贤的智慧而生，以传递者们的热爱为由，穿越时空，与你相见。我们能做到的，唯有感恩。感恩那些温暖的遇见，感恩那些遇见后的奇妙作用。

期待更多转角处耳机里传来的深刻洞见。道阻且长，行则将至，行而不辍，我们未来可期。

【刘玮回复】

感谢你每一个富有诗意的留言！存在主义哲学家也有"严父"的一面，海德格尔的"死亡棒喝"，萨特的"自由宣判"，但是很高兴你最后留下更深印象的是他们"慈父"的那一面！

【区海明】2021 年 8 月 28 日

独自一个在"得到"小岛度假，在海边沙滩旁看到名叫《存在主义哲学》的潜水俱乐部，毫不犹豫地报了名。如今下过存在主义海域的 20 米，在刘玮老师的带领下亲自看过存在主义的海下基地以及各处代表。像做了一个意味深长意犹未尽的梦。日后眺望海景，心情和视野都将不同。期待刘玮老师开新课，带我们潜游哲学的其他海域。

【刘玮回复】

谢谢你每节课的深入思考和精彩分享。很喜欢你的这个比喻，希望我们再成立航海＋潜水的俱乐部，带大家探索哲学这片大海的更多风景，更深景观。

【霍森布鲁兹】 2021 年 8 月 28 日

这一天还是来了，真的是意犹未尽，但我已经词穷了，那就为老师献上一首诗吧（第一次写诗，请多担待）。因为我听说在全世界的所有文化里，有韵律的文字都是有魔法的，我希望我的诗也有这样的魔法，能带着我们一起与老师下一次的相遇——

如果一定要离别

我希望不是秋天

萧瑟的秋风

会阻挡我为你送别时的脚步

如果一定要离别

我希望，不是秋天

刚历经夏季的盛宴

要我怎样面对冬季的荒芜

如果一定要离别

我，希望不是秋天

你送给我存在主义的种子

我还没来得及为她寻找到一片沃土

但，是你告诉我

是离别，赋予相遇的意义

是秋实，赋予春华的意义

——春天的意义，也全部由秋天赋予

如果一定要在这个秋天离别，

那就让我为你远远地献上这只属于秋天的祝福

在这个能孕育下一个春天的日子里

期待下一次的相遇

【刘玮回复】

印象里你之前的留言全都是很理性的讨论问题，这次居然写了一首诗，还是献给我的——这应该是我这辈子第一次有人专门写诗给我。太惊喜了，太感谢了，太感动了！珍藏了！

【皎皎】2021 年 8 月 28 日

谢谢老师，师傅领进门的阶段性工作结束了，下面继续自己修行。不过，在老师的心里，这个程度说不定离门还挺远？

关于学习，今天总是想起织布的意象，老师提供的内容像绷好的经线，个人的修行就是继续织出一块布的过程。但是接下来怎么织，还有不同的风格：有人直接几种彩线齐上，织出块方格老粗布，似乎很快就能用上，但是将来想让它变得更精美就不容易了，说不定要推倒重来。或者像缂丝一样，慢而精，但万一被打断，或许会只留下精美的一角，不堪大用。

我想用的方法，是先织出一块纯白的平布，再来染色或刺绣。大概就是先克制地将每个理论的"丝"均匀增加一些，要完成这一步，不知道读课程中提到的代表著作是否合适？在我的想象中，"白布"和"老粗布"的区别，大概在于白布更精练，或者说需要学习的内容更少一些，就像课本和专著的区别，所以如果请老师推荐几本"课本"，老师会推荐什么呢？

【刘玮回复】

感谢你的永远精彩的分享，织布的比喻也不例外！

【袋鼠医生】2021 年 8 月 28 日

这门课确实是意犹未尽，因为可以展开的地方很多，但唯有短小精悍，意犹未尽，才能推动我们继续在生活的课堂中继续学习这个主题。

说到存在主义最大的社会影响，莫过于社会主流价值观确实很大程度上改变了，从前是国家、集体、使命，现在越来越多地融入了个人、选择、自由的价值，还有女性主义、生态环保主义等等。心理咨询里面，罗杰斯的"以来访者为中心"的心理咨询模式也是目前的主流，这无疑也是存在主义哲学的影响。而我最喜爱的人本主义心理学家马斯洛，他的"自我实现"，无疑也是和存在主义的理念相契合。

另外，存在主义的哲学探索在当今虚拟生存的时代，也绝对不会过时，在资本的围猎和景观笼罩下，还有虚拟空间的开辟，人们在这些新空间下的生存问题，自我的现实性和虚拟性是不是对等的？将是 21 世纪最重要的人类命题之一。庄周梦蝶的问题将很现实地摆在我们面前。

认知科学无疑也将在梅洛－庞蒂和胡塞尔等现象学的影响下，逐渐发展出新的面相，也就是具身认知科学。我最近在读加拉尔的一本书《现象学导论》，就融合了最新的认知科学发展思路，主张现象学家和认知科学的合作，并且探索出了一些科研模式，包括神经现象学、前载现象学等。

更不用说，21 世纪我们人类面临的人工智能挑战了，怎么重新定义主体？只有人才具有自我意识吗？机器人要如何才能具备真正的人类智能？机器人需要有人权吗？

还有人—机器嵌合体问题，包括我们目前的手机，还有正在发展的脑机接口设备，还有未来的人脑芯片，这些赛博格器官算我们个人身体的一部分吗？算自我的一部分吗？

还有未来辅助生殖技术、器官克隆技术，这些人工干预生命对于我们个人的生存将意味着什么？

还有未来的环境挑战、太空移民，这些都会重新让我们思考个人生存和家园之间的关系。

未来这些关乎个人生存的问题的探讨，一定是在 20 世纪存在主义基础上的，未来已经铺天盖地而来，存在主义的哲学智慧只会迭代升级，而绝不会谢幕。

【刘玮回复】

你说得很好！这些新的生存境遇迫使我们做出新的思考——那也都是广义的存在主义。

【moon】2021 年 8 月 28 日

这么快，课程就结束了，老师觉得意犹未尽，作为学生的感受不仅如此，更多的是舍不得，感叹珍贵的学习时间太短暂。这是加入"得到"后第一门始终跟着更新学习的课程，也是第一门我坚持写笔记、写感想、写留言，而且留言被回复最直接的课程。最近在看《可见的学习》，这是作者对八百多项关于学业成就的元分析的综合报告，报告中提出教师是学业成就最重要影响的因素，而对教师最重要的建议包括给学生界定清晰的学习任务，以及增加及时有效的反馈。这些建议我在"得到"的多门课程以及"得到"的学习机制中都感受到了，在刘玮老师的课程中我更是深刻地感受到了及时有效的反馈带来的收获，学习过程中总是有各种各样的问题，对老师的讲义总是会有自己的理解，而疑惑如何解开，理解是否存在偏差，只有问出来，写出来，让他人看见，接受他人的质疑，才有可能解开疑惑，纠正偏误，这个过程，对于不自信的我来说，是我勇敢面对自己的过程，也是我实践存在主义思想的过程，我选择，我承担责任，把自己置身于具体情境中，接受自己的复杂性，接受他人的存在对自己的影响，坚持勇敢，坚持真实，努力过本真的生活。

我也是一名教师，我不光从您的课程内容和所有课后的留言、回复中收获众多，也从您的教学行为中收获到自己未来的努力和坚持的方向。感谢您帮助我突破思考的框架，感谢您专业、温暖、舒心的支持。

最后，我也想分享一下，对我影响较大的，将存在主义应用于心理治疗的心理治疗大师欧文·亚隆，以及他的作品：《诊疗椅上的谎言》和《直视骄阳——征服死亡焦虑》。《诊疗椅上的谎言》让我看到坚持真实，努力过本真的生活会带来的美好，《直视骄阳——征服死亡焦虑》让我更加勇敢面对每个意味着死亡的选择决定，让我拥有了向死而生的勇气。

【刘玮回复】

谢谢你的肯定和每一节课后的精彩分享！确实，听完一节如果能略作总结，写写想法和体会，是最有效的学习方法；和别人一起交流更是让学习效果倍增，带来成倍的思考和感悟。我也从准备这门课和你们每个人的分享里受益良多！

【杨晔】2021 年 8 月 28 日

哲学思考，总能能帮助人们提升生命的存在。

我们出去旅游，总会陷入扑面而来的各种细节之中，航班延误、饭菜难吃、天气恶劣、景点庸俗，以至于经过了十几天的颠簸，总会怀念自己温馨的家。可是等回到家中，把旅途照片整理出来，旅行的意义就被榨出来了，呈现在眼前的，都是美好的回忆，很快就会憧憬下一次旅行。

人生旅程不也是如此嘛。经历了种种不堪和痛苦之后，人总会编织一张意义之网，然后把自己挂上去，显得自己的一生是多么绚丽。只不过，人生只有一张单程车票，我们无法憧憬下一次旅行，只能尽量延长这次旅程，并努力为这段旅程编织一张漂亮一点的网。

存在主义课程告一段落，可以说，这个暑假我拥有了两趟美好的旅程，七月份川藏自驾之旅，八月份存在主义之旅。

"那美好的仗我已经打过了，当跑的路我已经跑尽了，所信的道我已经守住了，从此以后有公义的冠冕为我永存。"（《提摩太后书》）

就让我们期待更高的生命吧！

【刘玮回复】

非常感谢你的一路陪伴，每一次细致又热情的分享！我没有你的幸运，这个暑假只有这一场存在主义之旅，和这么多旅伴同游，让它显得格外美好、格外意义非凡！谢谢你们每一个人！

【云吞埋在土里】2021 年 8 月 28 日

在刘芳老师的推荐下，我打开了刘玮老师《存在主义哲学 20 讲》的课程，遗憾的是我没有更早一点了解到这门课，没有从头开始和老师同学们一起交流，而是在课程结束的今天用一个下午的时间一鼓作气听完了全部的课程。作为一个学习语言文学专业的学生，我才刚刚把一只脚迈入文学的大门，在哲学方面更是只知皮毛，但是听完老师的课程，依然有一些小小的感悟。

存在指的是人的存在，只有先了解了人的存在方式，才能进一步了解与人相关的其他一切事物的意义。人首先存在，通过行动不断地做出选择，并且对自己的每一个选择负责，通过这样不断的活动与世界进行交流，从而获得自身的意义。活着真正的意义在于我们看清了生活的真相，看清了世界荒谬的本质，但我们依然愿意在这份荒谬之上不断努力着，不是为了他人的评价而活，不是为了符合社会的规则而活，而只是为了超越过去的自己。我于昨晚死去，于今早重生，我的新生是因为我做出了这样的选择。

我选择走入文学的世界，也同样是认为文学作品能够比"道理"更容易让人接受，更能够让人有代入感，身临其境地去体会作者想要表达的思想。在学习文学的过程中，在作品之前还要学习的就是文学思潮与运动，而一种新文学的诞生，可能往往是因为在此之前有了新思想的解放。不论是欧洲的文艺复兴、启蒙运动，还是中国的新文化运动，都是因为新旧思潮的不断碰撞，从而开启了思想解放的进程。思想的解放，意识的觉醒，让人们逐渐意识到"人"的存在，五四时期，周作人以"人的文学"来概括新文学的内容，人的文学以人道主义为本，观察研究分析社会"人生诸问题"，不仅描写底层人民"非人的生活"，也同样要展示"理想的生活"，他认为这样可以"重新发现'人'"，能够帮助人性健全地发展。也许这样"人的文学"中的思想与存在主义思想并不完全相同，但我们是否可以认为，二者是在不同社会背景下人对于自我认识的觉醒。

存在主义于 20 世纪 20 年代正式诞生，而在同一时期的中国，新文化运动正风生水起。存在主义哲学高扬人的自由，它教会人们正视自己的负面情绪，将最惨淡的人生铺在我们的面前，让我们用自己的双手在这片灰色上描绘出灿烂的人生。"人的文学"不再逃避已经存在的社会问题，将底层人民水深火热的生活展示在众人面前，让人们意识到人民需要觉醒，思想需要解放，时代需要进步，同时描绘出可以用我们双手创造的理想生活，让我们有持续不断的动力去改变苦难的人生。

在同样的时代，在不同的地区，人民在炮火连天中顽强抵抗，人民在新旧思想的碰撞下从沉睡中觉醒，人民在战争的废墟上挺起了脊梁，阴霾已然过去，前方就是新生的太阳。

【刘玮回复】

一气儿听完所有的 21 讲，你真是太厉害了，分享的文字也非常精彩，充满了新生的朝气和热情！文学与哲学总是相伴的，文学把哲学的理论具体化，哲学把文学的形象概念化，希望你能从此行走在这两条相互编织的道路上，让它们共同给你充满朝气和热情的灵魂以滋养！

【崔哲】2021 年 8 月 28 日

存在主义所关切的一直是人类生命中最为重要的命题——人生意义。我们应当如何审视这个世界，审视自己和世界的关系？如何容忍必然的无意义，同时继续生存下去？这是存在主义的主要内容。

在探求这些问题的过程中，我们需要的绝不仅仅是思考，更是体验和践行。对存在的探寻始于对荒谬的察觉，而这种荒谬感很大程度上是对已经高度理性化和体制化的现代社会的反动，因而也就很难被理性所消解，它需要人用一种极大的勇气去面对，去寻求解决。从另一个角度来看，体验之所以重要，是因为人并不仅仅作为纯粹的精神而存在，身体的感受对人的存在同样至关重要。

对人生意义的追寻没有一个最优解，也没有什么正确与错误之分。

首先谢谢老师"救"了我。这段时间学习存在主义，对我来说是一种"疗法"，是一种开解自己的手段。

存在主义证明，对每个人遇到的问题都需要对症下药才能有效，只有主动思考自己的人生意义，才能得出适合于自己的解法。

我现在并不把追寻人生的意义当作一个人生命中最为重要的使命，因为我认为"人的一生有意义"这个陈述本身就蕴含着一种傲慢，为什么我们从不认为猫狗一类的动物，甚而植物和微生物应该有自己生命的意义？

人并不独立和超脱于宇宙之外，为什么我们天生就有意义？至少，我认为意义和虚无不是一种实体，而是一种感受，感受需要的是感性的应对，可以是温柔的抚慰，也可以是激昂的号召。

但是理性的解答是不能从根本上解决意义问题的。人是一种生物，人的感受很大程度上是外界的因素，而不是纯粹理性的结果。我把意义视作一种感觉，而不是一种目的，我认为它不是一种超脱的、神圣的东西。凌驾于其他一切以上的纯粹精神实体，不是我们人类生活的全部，这样，偶尔的虚无感也就不会使我过度焦虑了。

认识到意义不是最重要的，这与积极地生活并不矛盾。相反，正是因为意义并不是人生的一切，我才能从意义的牢笼中被解救出来，不把"有没有意义"作为评判一切的标准，从而更加饶有兴味地观察这个世界，并积极地投身于自己的每一天。

日学得到，笔耕不辍，不断精进，功不唐捐！

【刘玮回复】

感谢你每一次都富有哲思的留言！人这种动物与其他生物、非生物最大的不同，或许就是我们一定会追问意义（其他生物也许也会问这个问题，但是我们现在还不确定），或者以感受的方式或者以理性的方式，但是如果一个人执着于意义的追问，而放弃了生活，那恐怕就走向了虚无这个意义的反面。过好每一天，适度反思，才是寻找意义的最好方式！

加　餐

（一）海德格尔与纳粹

在"正课"里，我们讨论了海德格尔思想的很多个方面。要是论思想的原创性和深度，几乎没有人会否认海德格尔是20世纪最伟大的两三个哲学家之一，但是他背叛老师胡塞尔、和女学生阿伦特搞出婚外情、加入纳粹党这几件事，对他的声誉都有不同程度的伤害。如果说背叛老师可以算作思想上的分歧，和学生的婚外情可以算是私德问题，那加入纳粹党、为纳粹政权服务、反对犹太人就是大是大非问题了。

海德格尔与纳粹的关系，在他还在世的时候就引发了不少争论。海德格尔去世之后，争论的热度也一直没有减少。为海德格尔辩护的人会强调当时德国的政治环境和海德格尔的迫不得已，毕竟当时加入纳粹党的哲学家大有人在；反对海德格尔的人会主张，他的哲学思想直接导致他与纳粹政权合作，所以他在政治上的错误足以否定他思想的价值；还有人认为，我们应该对他的政治错误和哲学思想进行切割，承认他的政治错误并不影响他思想的价值。

要对海德格尔与纳粹的关系做出评价，我们需要先来了解一些基本的事实。

海德格尔1933年4月21日被任命为弗莱堡大学校长，5月1日加入纳粹党，担任校长期间，他在公开场合发表了很多支持纳粹政策的言论，比如在他的就职演讲中就号召师生把"学术自由"原则替换为对国家的劳动服务、军事服务和知识服务。海德格尔支持纳粹反对犹太人的政策，向当局揭发那些政治立场不坚定的同事，还断绝了与老师胡塞尔的联系，甚至连老师的葬礼都没有参加。

1934 年 4 月海德格尔辞去了校长职务，之后不再参加纳粹党的集会，但是并没有退党，而是保持纳粹党员的身份直到二战结束。

第二次世界大战结束后，海德格尔因为自己的纳粹身份被停职，经过四年的调查，最后被定性为纳粹政权的"跟从者"（Mitläufer），1951 年停职的禁令解除。两年后海德格尔从弗莱堡大学退休。在之后的 23 年里，海德格尔发表了大量的作品，声望越来越高，是全欧洲最有影响力的哲学家。

但是，在公开发表的作品和言论里，海德格尔对自己的纳粹经历、纳粹的反犹和种族屠杀政策几乎完全闭口不谈，采取了一种回避的态度，更没有对自己与纳粹的关系表达过任何歉意。只有在一次相对私下的场合表示，当弗莱堡大学校长以及与纳粹合作是自己"一生最大的愚蠢"。但是毕竟"愚蠢"与认识到自己的错误并且真诚"道歉"是截然不同的两件事。

海德格尔一生只有一次为自己的政治选择接受了采访，但是要求在 1966 年进行的这场采访要到他去世之后才能公之于世。在这次著名的采访里，他始终在为自己辩护，说他同意当校长是为了防止学校被纳粹完全控制，加入纳粹党是为了自保，自己从来没有迫害过胡塞尔，与胡塞尔之间的矛盾和分歧只是学术上的，担任校长期间他还努力为两位犹太教师保住了教职。他强调自己辞去校长职务就是因为和纳粹的分歧，辞职后之后就没有与纳粹进行过实质性的合作，甚至因此遭到纳粹的监视和骚扰。

这么看来，从基本事实的层面，我们好像很难看清海德格尔与纳粹政权的关系。

现在，让我们再把镜头拉近一些，从他身边人的一些回忆里看看海德格尔与纳粹和犹太人的关系如何。

首先，我们看到，在 20 年代，海德格尔有很多关系很好的犹太学生和朋友，他最亲密的学生和情人阿伦特就是犹太人。这至少说明，海德格尔骨子里应该不是一个彻底的反犹分子。

但是纳粹上台之后，海德格尔确实表现出了亲希特勒、亲纳粹的立场，他曾经的朋友雅斯贝尔斯回忆，他们曾经谈论过希特勒没有受过什么教育的话题，海德格尔的反应让他很吃惊，海德格尔说："教育完全无关紧要，只要看看他那绝妙的双手就够了！"海德格尔的学生卡尔·洛维特（Karl Löwith，1897—1973）有犹太血统，他曾经回忆，1936 年海德格尔应邀去罗马讲学，讲学之后他们俩出去游览的时候，海德格尔依旧带着他的纳粹徽章，丝毫不顾及洛维特的感受。而且在两个人聊天的时候，洛维特说，他认为海德格尔对纳粹的支持，是和他的哲学一致的，海德格尔也表示认可。

但是另一方面，也有学生回忆说，海德格尔是大学里唯一一个在上课前不行纳粹礼的教授。而且他上课的时候，会对纳粹政权提出批评，而那是相当危险的，甚至有掉脑袋的危险。捷克哲学家扬·帕托卡（Jan Patocka，1907—1977）是海德格尔的学生，也是著名的反法西斯主义者，他因为海德格尔在精神上对抗纳粹的行为，称他为"我们时代的英雄"。

这么看来，从同时代人的回忆里，我们好像也很难看清楚海德格尔与纳粹的关系。

那我们还有什么线索吗？还有一个重要的证据，就是海德格尔从 1931 年到 1959 年的私人笔记。这些笔记被称为"黑皮本"，因为它们都是统一大小的黑色笔记本，一共有 33 本。按照海德格尔的遗嘱，这些笔记应该在他的全集全部出版之后再出版。但是因为海德格尔全集的编辑工作进展缓慢，而这些黑皮本中的内容又很有价值，所以海德格尔的儿子就授权提前编辑出版了这些笔记。2014年出版了从1931年到1941年的"黑皮本"，成为当年最重要的学术事件之一，又把海德格尔推上了舆论的风口浪尖。

从这些笔记里，我们看到了海德格尔更多亲纳粹的倾向和更深的反犹倾向。他对纳粹的认同，很大程度上来自他对德国"天命"的感觉。海德格尔认为西方文化要被资本主义和民主制度带来的庸俗化、被"上帝死了"之后的虚无主义吞没了，需要一场深刻的革命才能扭转西方的衰落。两千多年前，希腊人开创了西方思想的源头和第一个高峰；到了20世纪，应该由德国人去肩负起转变西方命运的第二次革命，这是德国的"天命"，而希特勒就是"天命"的承载者。海德格尔甚至可能认为，投身于挽救西方文化的"天命"之中，就是他所能选择的最本真的生活。

同时，海德格尔把犹太人与西方文明的衰落联系在一起，他指责犹太人善于精明的算计，用庸俗的商业头脑，不露痕迹地操纵着世界的命运，造成了西方文化的衰落。犹太人本身就有特别强烈的种族意识，用割礼、安息日、饮食上的禁忌等等一套排他性的习俗，突出自己的种族优越性，所以他们没有理由反对纳粹的种族主义政策。此外，犹太教，以及从犹太教里面衍生出来的基督教，都是彻底的一神教，这种崇尚上帝绝对权威的一神教，还是现代专制主义的重要来源。

这些支持纳粹和反对犹太人的言论，似乎坐实了海德格尔是纳粹帮凶、反犹主义者的指控。当得知这些内容之后，一些海德格尔的忠实信徒甚至试图阻止"黑皮本"的出版，也有人哀恸地宣布"哲学的国王死了"，自己的哲学信仰崩塌了。

但是同时，从这些笔记本里我们也可以看到，从20世纪30年代后期开始，海德格尔对纳粹政权的看法确实经历了一些变化，批评纳粹的内容逐渐增加，比如批评纳粹把种族的概念绝对化，坚持人种上的生物主义，把国家变成战争机器、奉行专制主义和帝国主义，是贫乏的现代西方文化的一部分，而不是西方文化的救星。所以也有学者认为，如果通盘考虑这些笔记，而不是专门挑其中亲纳粹和反犹的言论，其实能够找到更多为海德格尔辩护的内容。

上面，我们从海德格尔与纳粹关系的基本事实，同时代人对他的回忆，以及他在"黑皮本"里面记录下来的更私人性质的思考这三个不同的层面，看到了海德格尔与纳粹的关系。在每一个层面上，我们似乎都有正反两方面的证据。那我们到底要如何评价海德格尔与纳粹的关系呢？

我想，我们可以做两个重要的区分。第一个是区分海德格尔对纳粹政权的态度和他对犹太人的态度。海德格尔开始确实认同过纳粹政权，但是至少在20世纪30年代后期在这方面有了比较明显的转变，开始对纳粹政权提出不同方面的批评。而对犹太人，他确实有一种整体性的批判态度，不过他对犹太人的批判跟纳粹从生物和种族角度反对犹太人有明显的差别，海德格尔更多是从历史和哲学上讲的。至于他的那些犹太人学生和情人，应该是被他当作"例外"情况另眼看待的。

我们可以做出的另一个区分，是在海德格尔的政治错误与他的思想整体之间的区分。"黑皮本"的出版让人们无法否认，海德格尔的思想里确实有反犹和亲纳粹的内容，与他当时做出的政治选择密切相关。但是同时，我们也得承认，这些内容相比海德格尔庞大丰富的思想世界而言，只是一小部分。而且即便是在这些私人性质的笔记里，我们也能看到海德格尔在持续地进行思考，也在修正自己的看法。**我**

们不该因为那些错误的政治选择，拒绝欣赏他深刻的思想，那是精神上的懒惰；我们也不该因为他错误的政治立场，拒绝从他的思想中获得启发，那是精神上的封闭。

海德格尔犯下的错误，可以成为我们的警示，提醒我们存在主义哲学最核心的主张：做出属于你自己的人生选择。世界很复杂，人也很复杂，在重要的关头做出正确的人生选择非常困难，即便是像海德格尔这样对于人生选择本身做出了那么深刻思考的人，依然可能很轻易就犯下大错！

怎么看待海德格尔与纳粹的关系，是一个没有标准答案的问题，我想请你谈谈对这个问题的想法，或者联想到什么其他人的例子。

参考书目

1. 海德格尔：《讲话与生平证词（1910—1976）》，孙周兴、张柯、王宏健译，北京：商务印书馆，2018 年。
2. 吕迪格尔·萨弗兰斯基：《来自德国的大师——海德格尔和他的时代》，靳希平译，北京：商务印书馆，2007 年。
3. 彼得·特拉夫尼：《海德格尔与犹太世界阴谋的神话》，靳希平译，北京：商务印书馆，2019 年。

精选留言

【强 Sean】2021 年 8 月 30 日

海德格尔作为存在主义哲家，他的人生经历就让我们看到了世界和人性的复杂！我突然想起卢梭，他的哲学和教育思想也非常深刻、超前，但在真实生活中，他就是个十足的渣男，和女仆生下的 5 个孩子全都送去了孤儿院，在同时代的狄德罗、伏尔泰、休谟眼里，也是个不仁不义、忘恩负义之徒，但这并不影响他的思想光耀后世、启迪人心。

有个词叫"德术分离"，意思是要把一个人的品德和学术成就分开，这用在海德格尔、卢梭身上都很合适。真实的海德格尔和卢梭，都并不完美，但并不妨碍我们从他们的思想中汲取力量，我们从他们身上感受到的思想力量，也是真实的。我们人生有时不必太过在意某些真假，在意这些真假，不会让我们越活越明白，而是越活越辛苦。

【刘玮回复】

说得很好，我们还是应该努力吸收有价值的东西为我所用。我们当然可以对一个人做道德上的评价——我们可以说卢梭和海德格尔的一些选择确实是道德上错误的，但是不该因此错过他思想中的洞见（特别是那些与这些道德错误毫无关系的洞见）。

【从心所欲不逾矩】2021 年 8 月 30 日

石黑一雄在《长日将尽》中也描写了一个纳粹政权的"跟从者"——达林顿勋爵，他作为一个老牌的英国绅士，骨子里的宽容与慷慨让他看不惯一战后《凡尔赛和约》对德国的苛刻，从此为德国奔走。

但国际政治的专业化，已经不是达林顿勋爵这般的政治"门外汉"可以操作的了。结局就是恰恰因为他的绅士美德，促使他自己成了纳粹的"棋子"和"帮凶"。

对达林顿勋爵的描写是从他的管家的"不可靠"回忆中展开的，从中可以看出达林顿勋爵的复杂，世人对其评价的一元论断以及管家对事实的闪躲以及为他所尊奉的决定辩护。

海德格尔与达林顿勋爵结果都成了纳粹的"跟从者"，但他们都是复杂的，他们的动机、出发点、理由不同，相同的是他们自己也难以形成一个稳定且连贯一致的心理和选择。

这就决定我们对其看法也不可武断。事实是多数人更可能对海德格尔这般的人做出泛泛的"有对有错""功过不相抵"一类的判断，到此为止，不再细究。

但这都是结果论断，而结果论断是不能指导我们生活与社会发展的，只有看清其中的具体处境和逻辑演变，才有助于分辨我们想要的与不想要的，在未来的行动中做出自己的选择，成为更好的自己。

【学无止境】2021 年 8 月 30 日

由于没有详细的史料，也未经过仔细的分析，所以我只能根据老师的课程对海德格尔加入纳粹的原因作一个简单揣测：

1. 海德格尔加入纳粹不是迫不得已，而是主观选择，很难想象一个存在主义大师，一个笃信"向死而生"的人会被身边的环境胁迫，会被大众的选择裹挟。

2. 海德格尔的选择主要是因为政治幼稚，这一点阿伦特就曾经指出过，他似乎当初对纳粹抱有过很多幻想（例如本课所说的天命），后来用"愚蠢"形容当初的选择，选择回避而不道歉，这些都是政治幼稚的表现。

3. 海德格尔身上有鲜明的理想主义特点，说服他做出选择的不是纳粹，而是他自己的理想，在胡塞尔身上，他也选择了更爱真理，在对待纳粹上，他选择了不与当权者同流合污，课堂上公开批评纳粹，但却又不退党，都是坚持理想的体现。

之前我觉得海德格尔的"格局"不够，现在看来判断错了，"过于理想化"才是更合适的标签。

【瑋瑋】2021 年 8 月 30 日

我有一个很深的感慨，就是历史一直都是赢家写的，如果当年纳粹赢了，现在海德格尔可能就是哲学之神了，我们每个人的教材必读书都有海德格尔，而他过去那些真实不好的事就会被抹去，所以，我觉得是否站对立场不是很重要，重点是你内心是否有深刻的洞见，这个洞见并非来自他人或群众，而是你深思比较不同观点，包含你直觉讨厌的看法，你去比较，思考为什么对方会这样想，是出生背景、文化、教育、政治制度等等，你才知道立场只有差异，没有谁比较好谁比较坏。

【刘玮回复】

历史确实是胜利者书写的，但是我很怀疑纳粹这样违背基本人性的政权是否能够获得历史的最终胜利。纳粹可以把一些人暂时捧上天，但是最终一定会狠狠地摔下来。粗略地说，不同人的选择是立场差异没问题，但是如果说完全不能比较好坏，我还是很难接受，这几乎是要取消关于道德的讨论了。

【袋鼠医生】2021 年 8 月 30 日

说到海德格尔与纳粹的问题，我脑子里一直有一个东方哲学的概念挥之不去——王阳明的"知行合一"。如果按照中国传统语境来理解，海德格尔的存在哲学说得再天花乱坠，但做出亲纳粹的事，仍然证明他的思想是虚伪矫情的，根本无法经受现实的考验。

然而，以上说的是中国传统语境，因为中国的思想本来就强调实践性和操作性，纯思辨性的成分没有西方哲学那么多，因此"知行合一"这个观点是否成立，还是有约束条件的。

另外说说海德格尔思想本身，他的哲学本来就是更加强调个人性的存在，对于社会、政治的考量确实不多，因此，用来分析个人日常的生存经验还是很有力量，但是却无法为公共政治行为提供很好的参考，这一点他是明显比不上阿伦特甚至梅洛－庞蒂这些更加关注"与他人共在"的哲学家的。海德格尔名气如此之大，被纳粹政权盯上，无疑是给他提供了一个陷阱，让他的政治幼稚病充分暴露了出来，海德格尔对此没能清楚地识别，就跳了进去——这不得不说是他的巨大遗憾。虽然他后来对此有所觉察，但选择已经做出，他就只能必须承担这种公众反面形象的责任。

然而，晚期海德格尔，似乎仍然回避反思当年的政治错误问题，我不清楚他的晚期思想是否开始思考与"与他人共在"的存在问题（连他老师胡塞尔都开始思考这方面了）——如果他开始思考这方面，我觉得他肯定会反思当年自己的所作所为，并重建自己的社会性道德伦理观。但从我目前所知道的来看，他没有，或者他把"与他人共在"的想法限制在纯语言、诗性的层面（天地人神什么的？）。由此可以看出海德格尔哲学自始至终巨大的缺环，就是对于"主体间性存在"，还有由此伴随的道德伦理哲学缺乏深入的思考——他是因为当年的错误而不敢思考这方面吗？还是说因为他本来缺乏这方面的意识从而犯了错且不知反省——这可能就是一枚硬币的两面的问题了。"思想的缺环"与"行为的缺陷"相互印证，从这个意义上来讲，还是说明了"知行合一"放在海氏身上也是成立的。

那么我们在涉及个体生存问题的时候，海德格尔的哲学是有巨大价值的，但如果要考虑"与他人共在"的社会性生存问题，不建议单独服用海德格尔。

【刘玮回复】

说得非常好，海德格尔的思想既有深度，这个所有人都无法否认，但是确实也有他片面的一面，虽然说着与他人共在，但是却缺乏必要的讨论，这个确实跟海德格尔一生执着的"存在之问"有关（用伯林的说法，他绝对是一个巨大的刺猬型思想家），其他问题都是相对次要的。我们需要用其他人的思想（除了咱们课上讲的这些人之外，还有像列维纳斯、哈贝马斯等等）去平衡这种极端性。

【我就是我】2021 年 8 月 30 日

就像刘老师在课程中分享的那样，海德格尔和纳粹真有剪不断理还乱的关系。海德格尔这样一位有深刻思想洞见的存在主义哲学家都会在政治上站错队，做出错误的选择，足见群体社会与人性的复杂。人人都有可能在人生的道路上做出错误的选择，但海德格尔最让人不屑的是没有勇气（或不屑于）承认自己的过失，这就违背了他自己所说的：去除一切遮蔽，发现澄明的世界，回到事物的本真。他是有深刻思想洞见的哲学家，却绝不是自己思想体系的践行者，作为以个人生存处境为研究对象的存在主义哲学家，有点吊诡。

对人生境遇的不同选择，想到周作人和周树人俩兄弟。同样的家庭出身，同样的历史背景，同样的文采斐然，但因为不同的选择走上完全不同的人生道路。

鲁迅（周树人）经历过年青的迷茫后以笔为刀，不畏强权发出振聋发聩的呐喊，成了开启明智、唤醒沉睡人民的战士。文采学识绝不在鲁迅之下的周作人，纵观他的一生，随机变通，在每一关键节点都做出了对自己"有利"的选择，但当结果来临时，除了申辩还是申辩，缺少敢于担当的勇气，是不是"汉奸"暂且不论，最起码活得不通透不真实！

【Vector】2021 年 8 月 30 日

我对海德格尔这段历史公案掌握的材料很少，从已知的事实来谈谈我自己的看法。身处第二次世界大战后的时代，去评价海德格尔的选择，有一点克尔凯郭尔所说的"静止的上帝视角"。在当时，海德格尔面对的就是一个非此即彼的选择。我们可以评价一种选择是明智，还是愚蠢。道歉属于道德范畴，不能和前者混为一谈。所以，我能理解他为什么只承认自己"愚蠢"，他并不认为自己的选择不道德。

但我认为，事后他应该对自己的选择对学术界、对人民、对国家造成的灾难道歉。因为，以他当时的地位为纳粹背书，其影响力是巨大的。

那么，海德格尔当时的选择是否愚蠢呢？克尔凯郭尔说人应该作遵从自己内心的选择，我理解，也就是本真的选择。我想，他说自己"愚蠢"，应该不是后悔自己站错了队，选择了最终的失败者，而是没有做本真的选择。他的认知水平应该没那么幼稚。

当时纳粹处于巅峰时期，他们给德国人民许下了美好的宏愿，让大家认为纳粹肩负振兴德意志，甚至拯救世界的天命。事实上，纳粹给了当时普通人良好的生活条件。海德格尔充分看到了现代社会中存在的问题，我相信当时他对纳粹是充满期待的。

他选择跟随纳粹的脚步，实际上，违背了他自己提出的哲学的宗旨，即本真生活是对"沉沦"的觉醒。他一开始把自己毫无保留地投入"沉沦"中去，选择了"沉沦"的生活，不惜背离所有尊敬他、爱戴他的人。这不是他提出的本真的生活。

因此，他的为人是不真诚的，背叛了自己提出的本真生活宗旨。他的选择是愚蠢的。后期，可能他自己对此也有所觉悟。

我们可以对照一下"好人"加缪。我相信他绝不可能做出海德格尔的选择。首先，加缪看清了世界的荒谬，他绝不会沉迷于纳粹的虚幻承诺。而且，加缪自己也在坚持践行自己的原则，努力做一个"荒谬"的人，反抗世界的荒谬。加缪是一个真诚的人，知行合一的人。

加缪和海德格尔形成了鲜明的对比。阿伦特对加缪"好人"的评价意味深长。在"非此即彼"的境遇面前，"明智"的选择，应该是一种符合本真生活的选择。

【刘玮回复】

说得非常好！只有一个小点：我很怀疑当时海德格尔支持纳粹对其他人产生了多大的影响，他虽然是校长，但是没有做出太实质性的改革，而且纳粹的政策确实越来越极端，把人们裹挟而去，这个时候政治的力量远远超过了哲学。我同意你的看法，海德格尔最大的错误在于他的"沉沦"却不肯承认，从而不够真诚；这一点确实和加缪形成了鲜明的对比。我真的希望海德格尔在那个只允许身后公开的采访里，不是继续为自己开脱，而是大大方方地承认自己犯下的错误，这样他如今的形象会高大很多。

【霍森布鲁兹】 2021 年 8 月 30 日

通过老师分解的这些证据来看，海德格尔和纳粹的关系确实不容易下定论，但是人本身就是很难用一个标准来衡量的。

纳粹是不断变化的纳粹，海德格尔也是不断变化的海德格尔。用单一的标准来衡量一个变动的关系本身就无法做到，这和我们的人生经历也是一样的，曾经爱过，现在也可能不爱了，曾经的渴望，现在也可能释怀了。曾经亲纳粹的海德格尔，也不会一直和纳粹都处在蜜月期。

但不管怎样，我认为海德格尔没能在后来勇敢地站出来承认之前的错误，确实是一个污点。虽然人的思想一直在变，今日之我已经不是昨日之我。但今日之我的一切却是继承自昨日之我的，所以，昨日之我所犯的错，必须由今日之我来承担。

【刘玮回复】

最后这一句"昨日之我所犯的错，必须由今日之我来承担"说得掷地有声，很漂亮！

（二）海德格尔与阿伦特

在这个加餐里，我们来"八卦"一下海德格尔和阿伦特之间既是师生又是情人的关系。阿伦特与海德格尔之前的情感纠葛就像海德格尔的纳粹事件一样，除了是个"八卦"之外，也可以算是一个重要的学术事件，不同的学者给出了非常不同的解读。

有的人表示，无法理解阿伦特这么一个有独立思想的哲学家、还是一个犹太人，怎么会被一个有纳粹倾向的人勾引；有的人表示，阿伦特被海德格尔的思想吸引很容易理解，而且可以看到她的思想里到处都有海德格尔的影子；有的人认为，阿伦特献身海德格尔让阿伦特的思想也变得不可信，她提出"平庸之恶"为艾希曼辩护，其实潜意识里是在为海德格尔辩护；也有的人认为，阿伦特和海德格尔的政治立场划清了界限，她和海德格尔的关系不影响我们欣赏阿伦特的思想。这么看来，在"加餐"里了解海德格尔与阿伦特的这段"八卦"，也可以和我们的"正餐"联系起来。

接下来，我们就从阿伦特与海德格尔的相遇说起。

阿伦特从小就非常聪明、思想独立，喜欢诗歌和哲学。上大学之前，阿伦特就从朋友那里听说在马尔堡有个叫海德格尔的哲学教授有着神奇的魔力。所以1924年秋天，18岁的阿伦特带着好奇来到了马尔堡大学，开始了自己的大学学习。在海德格尔的课上，阿伦特被这个思想王国里的神秘国王深深吸引了。在海德格尔身上，在他极具魅力的讲课中，阿伦特看到了活着的哲学。

海德格尔身边从来不乏仰慕者，不少女学生都很喜欢他。但是海德格尔对阿伦特情有独钟，除了因为她漂亮、聪慧、充满青春的朝气之外，还因为她没有通常的仰慕者的那种阿谀奉承、毕恭毕敬，而是始终保持着独立的思想，总是勇于接受思想上的挑战。

不过在两个人相遇的时候，海德格尔比阿伦特大了 17 岁，年纪几乎是阿伦特的两倍。海德格尔已经结婚 7 年，还有两个儿子。海德格尔来自天主教家庭，继承了一些很保守的思维和习惯；考虑到家庭和自己的教授身份，海德格尔并不想改变现有的、表面看来平静美满的生活。

这当然是一种沉沦！在两个人现存的第一封信里，海德格尔既明确表达了自己对阿伦特的爱，又说明了这种爱不会有结果，他说："我将永远不能拥有您，但是从今以后您将属于我的生命，我的生命将随您而生长。"

之后他们的感情发展得越来越炽烈，海德格尔为阿伦特着迷，给海德格尔的哲学思考带来了前所未有的激情，在信中海德格尔坦然承认："我着了魔……像这样的事情还从未在我身上发生过。"而阿伦特也觉得找到了一生的所属。但是这种秘密情人的关系，也让阿伦特感到郁闷，她写信给海德格尔，表达自己在恐惧与激情之间的分裂，甚至流露了想要轻生的念头，阿伦特还给海德格尔写诗，表达对自己尴尬处境的抗议：

> 向我伸出爱情之手，
> 为什么又如此胆怯？
> 好像那是一个秘密，
> 难道你来自遥远的他乡？

> 不知道我们的葡萄酒
>
> 多么芬芳，让人心醉。

　　这种地下恋情大约持续了一年时间，之后阿伦特提出了要离开马尔堡。她决定离开的原因很复杂，既因为海德格尔忙于完成《存在与时间》的书稿冷落了阿伦特，又因为阿伦特想要摆脱这种危险的师生恋关系，同时也不想耽误自己的学业。同样出于复杂的原因，海德格尔没有强留，而是把阿伦特推荐到了海德堡大学，让他跟自己当时的好友雅斯贝尔斯读博士。当然，这个时候，雅斯贝尔斯对自己的好友与学生之间的恋情全然不知。

　　阿伦特在雅斯贝尔斯指导下写的博士论文，也跟她和海德格尔的这段感情纠葛有关。博士论文的题目是《奥古斯丁论爱的概念》。这篇论文的语言和分析方式都能看到海德格尔的影子，但更重要的是"爱"这个主题本身，她要通过分析哲学史上一个经典的对爱的论述，来更好地理解自己与海德格尔之间的爱。在论文中，阿伦特从作为个人欲望的爱，写到了上帝对人的爱，最后达到人与人之间的博爱。对他人的爱和对世界的爱，也成了阿伦特一生思考的主题。选择这个题目的另一个重要的意义在于，爱是一个在海德格尔的著作中几乎没有涉及过的主题。阿伦特与海德格尔思想上的一个重要差别就是，海德格尔那里的个人是孤独的，没有爱的；而阿伦特想要发展这个被海德格尔忽略的主题，强调个人总是与他人在一起的，在这种相互关系中是需要爱和付出爱的。

　　在海德堡大学读书期间，阿伦特先后交了三个男朋友，不过一直保持着和海德格尔的通信，而且只要海德格尔写信请求阿伦特见面，她都会立刻去找海德格尔。在信中，阿伦特非常直白地表达着对海德格尔的感情："如果我失去了对你的爱，我就会失去对生活的权利……如果有上帝，那么死后我会更好地爱你。"

阿伦特在 1929 年 9 月 26 日和君特·斯特恩结婚，就在婚礼当天，她还给海德格尔写了一封短信，信里说："不要忘记我，也不要忘记我在何种程度上、何等深切地知晓，我们的爱已经成了我的生命的恩赐。"可见她对海德格尔的用情之深。

之后，随着德国反犹情绪的上涨，阿伦特也听到了一些关于海德格尔的传闻，于是写信质问海德格尔是不是一个反犹主义者。海德格尔在回信中矢口否认，说这些传闻都是对他的诽谤，在他的学生里、同事里，有很多的犹太人，他对阿伦特本人的爱更是最好的明证。

不过两个人还没来得及更深入地交流犹太人问题，希特勒就当上了德国总理，很快海德格尔加入了纳粹党，并且被任命为弗莱堡大学的校长。阿伦特震惊于自己的情人和很多之前的朋友就这么当了墙头草，投入了纳粹的怀抱。同时，政治环境的持续恶化，也迫使她开始了漫长的流亡生涯。阿伦特与海德格尔就此中断了联系。

这一中断就持续了长达 17 年之久。我们把时间快进到 1950 年。这个时候，阿伦特已经加入了美国籍，作为活跃的公共知识分子，参与到了反思二战、处理犹太人问题的各种活动之中。因为研究需要，阿伦特经常到欧洲出差。在几经犹豫之后，1950 年 2 月，阿伦特找到了一个公务的机会，带着巨大的勇气和忐忑不安的心情来到弗莱堡，准备与海德格尔重逢。

她没有事先跟海德格尔打招呼，而是从旅馆直接往海德格尔的住处送了一张便条，让他来旅馆见她。海德格尔很快就带着一封信来到了旅馆，本来是想让服务员把信交给阿伦特，但是来了之后，海德格尔也改变了主意，让服务员告诉阿伦特自己在大堂等她。当服务员对阿伦特说出"海德格尔"的名字时，她感到心跳加速了，时间停止了，这次重逢让她感到自己的生命恢复了整全！毫无疑问，她依然爱着海德格尔！

见面后，阿伦特自然问到了纳粹和犹太人的事情，海德格尔在这次见面时似乎表现得非常坦诚。他们谈到了过去17年发生的事情，海德格尔解释了自己与纳粹的各种纠葛，表明自己的诸多不得已和努力抗争，也对阿伦特表达了自己的羞愧之情。这种看似坦诚的交流，感动了阿伦特，她甚至感到这是他们有生以来第一次真正相互交谈。为了显示他们之间关系的"敞亮"，海德格尔甚至把阿伦特带到家里，介绍给自己的太太，坦白了自己当年对阿伦特的爱，并且努力让太太接纳阿伦特。

阿伦特这个疾恶如仇的知识分子就这样原谅了自己的老师和曾经的情人，把海德格尔当年的政治过错看作一个怀揣梦想的大男孩的天真。在阿伦特的心目中，海德格尔是一个浪漫主义者，他与德国的土地、德国的语言、德国的文化有机地联系在一起。他哀叹现代性带来的文化衰落，他加入纳粹党并不是为了政治投机，更不是出于对犹太人的恨，而是真诚地希望希特勒可以给德国带来复兴。

这次见面之后，两个人又恢复了热情的通信，阿伦特每年还会来看海德格尔一两次。在信中海德格尔时常回忆与阿伦特的爱，表达对阿伦特的思念和牵挂，还经常给阿伦特送上自己创作的诗，这些诗对于阿伦特来讲总是最好的礼物。而阿伦特也热情地予以回应，同时努力为恢复海德格尔的声誉、出版他的作品集、著作的英文版，奔走呼吁。

1975年8月，阿伦特最后一次去弗莱堡拜访海德格尔。她看到86岁的海德格尔好像突然苍老了，曾经的哲学之王几乎听不见了，反应迟钝而冷漠，嘴里重复着一些琐碎的事情。看到这番情境，阿伦特感到非常难过。但是令人意外的是，阿伦特却在这一年12月4日因为突发心脏病离开了人世，享年69岁。而海德格尔还比她多活了5个月。

阿伦特爱上海德格尔真是纯情少女被渣男大叔欺骗了吗？她的思想里真的带上了同情纳粹的色彩从而不值得重视吗？作为一个热爱哲学、热爱思想的少女，阿伦特有太多理由爱上海德格尔，她也为了发展自己的思想选择了离开，但是这种吸引依然是她无法抗拒的，她一生的思想，即便是那些反对海德格尔的部分，也都深深地刻上了海德格尔的印记。同时我们也无须怀疑，阿伦特对纳粹的痛恨是真诚的，她能原谅海德格尔与她能够原谅纳粹的暴行完全是两码事，她确实将海德格尔的思想与纳粹的政治进行了切割，因此原谅海德格尔不该成为阿伦特思想的污点。

在这一讲的最后，我想引用阿伦特献给海德格尔80岁生日的文章中的一段话。这段话评价了阿伦特心目中海德格尔给世人留下的真正遗产是什么。阿伦特说：**"不是海德格尔的哲学……而是他的思想，决定性地参与规定了这个世纪的精神面貌。这种思想具有一种它所独有的好探索的品质……在这种全然非冥想的探索活动中，海德格尔钻入深层……他钻入深层不是为了在这个深层中发现一个终极的和牢靠的根基，甚至也不是促使它露出地面，而是为了居留在这个深层中铺设道路并安置'路标'……这种思考能够变成一种激情……思考与活生生的存在成为一体。"**

在我看来，这段话也最好地解释了阿伦特为什么会一辈子都对海德格尔那么着迷，这是一种对深层思想的着迷，和对这种深层思想的代言人的着迷！

我想请你谈谈阿伦特和海德格尔之间的这段爱情故事让你想到了什么？

参考书目

1. 阿伦特：《爱与圣奥古斯丁》，王寅丽、驰伟添译，桂林：漓江出版社，2019 年。

2. 乌尔苏拉·鲁兹主编：《海德格尔与阿伦特通信集》，朱松峰译，南京：南京大学出版社，2019 年。

3. 安东尼娅·格鲁嫩贝格：《阿伦特与海德格尔——爱与思的故事》，陈春文译，北京：商务印书馆，2010 年。

4. 伊丽莎白·扬 – 布鲁尔：《爱这个世界：阿伦特传》，孙传钊译，南京：江苏人民出版社，2012 年。

精选留言

【强 Sean】 2021 年 8 月 31 日

爱情是人类现实生活不可或缺的要素，因而也是文学艺术的永恒主题，这一要素和主题在阿伦特与海德格尔的关系中再一次得到了印证。但这二人间错综复杂的感情，不仅仅是爱情，还有友情和师生情。海德格尔对阿伦特的爱，在某种程度上是对其才华的认可和肯定，海德格尔对阿伦特的思想发展始终起着关键的引导作用，而阿伦特对海德格尔也始终怀着爱恋和依赖的复杂感情。

他们之间的感情，既不是柏拉图式纯粹的精神爱恋，也不是物质主义的单纯的感官享受；既不是乌托邦或者浪漫化的爱情，也不是以交换作为基础的那种世俗的情感。他们的关系建立在相互理解、相互欣赏、相互吸引而又彼此独立、各有事业追求的基础上，因而得以持之以恒、终生不渝。他们持续终生的情谊，表明了伟大的心灵是相通、相知的，促进了他们各自事业的发展，成就了他们 20 世纪重要哲学家和思想家的身份。

【伪装】 2021 年 8 月 31 日

我想说哲学也是这个世界上为数不多的真爱的一种。但是真爱未必一定要有结果，爱过，真切，才是真爱最诱人的地方。

说实话，我觉得我这个俗人心态的人很是理解海德格尔的纠结，因为我也是男人，也更趋向于保守。他的选择并没有超出我的预计，和那些吃着碗里看着锅里的普通人没什么两样。当然我没有资格批评他，因为我可能更不堪，没有做这样的事，更可能是我的能力还不够，而不是道德比他高，就当这是我对他的同情之理解吧……

但是阿伦特的情感让我无法理解，但是也见多了女孩被一些特别的男人吸引，并不觉得稀奇。

真正让我觉得不同的是，可能相比于海德格尔，阿伦特才是解药，才是救命的良方和良人，她飞蛾扑火的勇气才是他们两个这段情感产生和延续的根本原因。

最后，我想说，爱情是两个人的事情，海德格尔和阿伦特之间的情感问题，我们看看就好，这又不是英国人的戴妃，连情感都不属于自己，他们的情感属于他们自己，别人的评价更多是亵渎和僭越。

【斜阳】 2021 年 8 月 31 日

也许矛盾中的真诚，才是真诚本来的样子。这是我看完加餐的感受，阿伦特用一生活出了真诚本来的样子，所以我们看她，以及她看自己也都充满了矛盾。阿伦特用普世之爱的主题，填充自己对海德格尔的爱，把对纳粹的恨与对海德格尔的爱划清了界限。

【佘天俊】 2021 年 8 月 31 日

差不多半年前看完阿伦特的《艾希曼在耶路撒冷》，看完最大的感受是，有可能的话，书还得自己看。不论是有时候别人提到这本书，还是"平庸之恶"这个词带来的感受，都给我带来一点印象，阿伦特有一点为纳粹说话的意思，至少有试图减轻艾希曼罪责的企图。

不过看完书以后，里面完全找不到这样的企图，阿伦特认认真真地在讨论人的意识问题。既列举艾希曼平庸的证据，也同时列出让人困惑和相反的证明。类似心理学家、社会学家谈论性，只是理论的、冷静的、客观的。我的感受是，阿伦特的态度是认真和诚恳的。

关于阿伦特和海德格尔之间的爱情，我想感性和理性可能是两套系统。爱是感性的，无理由的，无目的的，这些都不是理性可以解释的。阿伦特完全可能在感性上完全的爱海德格尔，而理性上不理解不接受海德格尔关于纳粹的想法，这并不影响阿伦特在感性和理性上，同时都是坦诚的。

看到 17 年后重逢，阿伦特甚至感到这是他们有生以来第一次真正地相互交谈，感觉有点伤感，不知道能不能因此说，阿伦特爱上的从来都不是真实的海德格尔这个人，而只是爱上海德格尔的哲学思想。

【从心所欲不逾矩】2021 年 8 月 31 日

听完海德格尔与阿伦特的爱情，再联想萨特和波伏瓦，真切地感觉我们平时用的"秘密情人""灵魂伴侣"或者"开放式婚姻"等都不足以如实描述他们的爱情。

首先试着把他们的爱情故事匿名化，我们只知道有这样的爱情故事，不知道主角是这样的大哲学家。那我们脑子里的叙事词汇可能就是这样的——出轨、小三、寡廉鲜耻、渣男渣女、虚假的爱，等等等等。

那么，为什么主角换成他们这样的哲学家就感觉不一样了呢？自由、诚挚、坦诚、勇敢、互相成全、深切又深沉等就是我对他们爱情的感受。难道就因为他们是哲学家，他们的爱就更"高级"吗？

我想不是这样的。他们的爱情拥有如此令人向往、又让人退却、同时又引人深思的魅力，不是因为他们有哲学家这样高大上的身份，而是我们知道他们是"清醒"的人，他们清醒地思考、清醒地生活，他们是自由的。

普通人的爱情充满了甜蜜、热烈、柴米油盐、患得患失、嫉妒、痛苦等，注意——是"充满"，被具体的事件裹挟着向前，所有的反应都是自然而然的"应激"，这样的爱情自然没有什么好贬低的，每个人都在爱情中成长和塑造着自己。

但听完课程的我们知道，这样的生活是"自以为完满"，是"操劳"，是"沉沦"。我们以为爱情就是我们日常所见的那样，只是因为大多数人或者我们遇见的"所有人"的爱情都是那样，在一张社会的大网中，我们不假思索地接受了这一现实。

但这并不代表爱情的本真面目就是如此，它有更多、更超越的"可能性"。而这样的可能性就来源于清醒地思考、自觉地选择。

"恶的平庸性"背后的思想"浅薄""丧失思考能力"不止出现在艾希曼这样的刽子手身上，它可能出现在我们每个人身上。

所以最后问一句，我们是否被现实生活"催眠"而陷入"沉沦"不能自拔？

【Vector】2021 年 8 月 31 日

我平时对爱情的思考比较少，在这方面比较愚钝，只能尝试去理解他们之间的情感。

海德格尔对阿伦特的爱情，在我看来，是典型的事业男的爱情。他真正所爱的是他的事业和理想，爱一个人，也是从事业出发去爱。

海德格尔的气质，正如他的哲学气质一样，孤独。孤独地面对世界的一切，面对最终的虚无。在海德格尔那里，本真的生活就是孤独的。人最终只能孤独地面对一切。人生就是一场修行。

孤独的人，很难能主动融入别人的生活。即便他从情感上喜欢甚至爱阿伦特，但他更爱自己的孤独。更何况海德格尔本人还有家室。感觉海德格尔不是一个任性的渣男，只是一个孤独的修行者。

我相信阿伦特是爱他的，阿伦特是能真正理解海德格尔的思想，也很懂得他的人。对他的爱就是远远地关注他，让他孤独着他自己的孤独。这从阿伦特的哲学研究中也能看出来，她的研究一直都陪在海德格尔身边，为他学说中的孤独抹上一层温暖的色彩。他们其实一直相伴。

萨特和海德格尔的气质不一样，萨特的气质像一个逆反、不羁的小男孩，天空才是他的极限，波伏瓦对他的爱就是放他自由。他们也以另类的方式相伴了一生。

【波波脑湿】2021 年 8 月 31 日

想请教老师：在本课的最后提到了，不是海德格尔的哲学，而是思想，深深吸引阿伦特。"哲学"跟"思想"有很重要的区别吗？"哲学思想"所指的又是什么呢？"哲学家"是"思想家"的一个子集吗？

【刘玮回复】

好问题！因为这段话特别长，而且音频语境下太复杂，我就省略了一些内容。阿伦特认为海德格尔进行的是"思想"，是活生生的探索，而"哲学"在这里指的是一套现成的理论。这句话的完整开头是这样的："因为不是海德格尔的哲学——对于它人们能够有权质疑它是否真的存在——而是海德格尔的思想，如此决定性地……""思想"肯定是一个比"哲学"宽泛的概念，但是我们也不是特别严格地总是坚持这个区分，所以说哲学思想也没问题。这里只是阿伦特在这个地方要突出海德格尔的"思想"和一般意义上的"哲学理论"的差别。

【谢伟思·专栏作者】2021 年 8 月 31 日

名即是咒，咒既是祝福，也是诅咒。

命名是给事物一个代号，而代号是一种符号，符号是思考的元素，所以名会影响思考。

"渣男"这个名词值得我们思考。"渣"是什么意思？男孩和女孩恋爱了，后来女孩爱男孩，男孩不爱女孩了，提出分手——渣男；男孩和女孩恋爱了，后来女孩爱男孩，男孩不爱女孩了，男孩迟迟不提出分手，也不结婚——渣男；男孩和女孩恋爱了，后来女孩爱男孩，男孩不爱女孩了，男孩爱上别的女孩——渣男；男孩和女孩恋爱了，后来女孩爱男孩，男孩不爱女孩了，男孩和女孩结婚，婚后不幸福——渣男；男孩和女孩恋爱了，后来女孩爱男孩，男孩还爱女孩，男孩又爱上别的女孩——渣男……

综上，男孩和女孩恋爱，在女孩还爱男孩的情况下，男孩只有永远爱女孩且不爱别的女孩且结婚且让女孩觉得幸福，他才不是渣男。这看上去是在维护女孩，但实际上给了女孩特别糟糕的思维模式。

为什么男女不直接结婚而是要先恋爱？因为两个人互相吸引是一回事，能组成团队一起生活又是另一回事，所以人要通过恋爱去尝试组建团队。这么看来，"恋爱"也是个需要思考的词汇，它让谈恋爱听起来只有浪漫的一面，让人们忽视了谈恋爱的重要的理性的一面——它是一段了解对方 + 看是否能够组建团队的磨合期。

所以，分手是和结婚同样重要的结果，双方都正视分手，大家才能一边让自己学会合作，一边找到比较适合自己的人。而"渣男"这个词让女孩一在关系中触及分手，就很容易陷入道德指责模式，这看似在呵护女孩，实则加剧了女孩的痛苦，耽误了女孩的个人成长和对幸福的探寻之路。

这背后其实还是男尊女卑的思想——你是男孩，你被提分手，所以没关系，你还是你；你是女孩，你被提分手，就是你被玩弄了，你被耽误了，你糟了，或你老了，总之你没人要了……阿伦特爱海德格尔又交往了几个男生还和人结婚了，我们不会想到她渣，换一个男生爱着一位女性又交往几个女生还和人结婚，我们会觉得他很渣——这恰恰说明我们认为女性会受男性伤害，而女性伤害不了男性，恰恰说明女性处于弱势地位。

女性的被歧视，和男性的"渣"是一组关系的两面。越觉得女性是弱势、易受伤，就越觉得上面说的各种情况的男性渣，越强调这样做的男性渣，女性就越觉得自己是弱势、易受伤。

真正的健康平等的两性关系是，从认识到未来，双方都要对自己的每个选择负责，双方都有拒绝对方和说再见的权利，双方也都尊重对方提出的拒绝和再见。

我觉得海德格尔和阿伦特是很成熟的关系，海德格尔承认了自己对阿伦特的爱，但选择了维护自己的家庭，阿伦特承认了自己对海德格尔的爱，但选择了完成自己的学业，海德格尔帮助阿伦特继续深造，阿伦特远离海德格尔成全他的家庭。

我觉得"真爱"这个词也值得思考，它让我们觉得，爱只有一份，其他都是假的，爱一个人，而和其他人交往、结婚是一种欺骗。但现实情况很复杂，人是多面的，一个人可能和 A 有共同的思想，和 B 有共同的爱好，和 C 有相同的生活习惯，一个人可能会爱不止一个人，"谁才是真爱"这个问题会让人痛苦，因为不在身边不一起生活的人往往带着更大的光环，当事人很可能觉得真爱、幸福永远在别处，而这就是不幸的来源。

【刘玮回复】

说得很有道理！这些话要是从一个男性嘴里说出来，估计会被骂死的……感谢你站在女性主义的立场上，为男性说了几句公道话。

【Viktoria】2021 年 8 月 31 日

这一讲听起来就像一部电影，随着老师的一段一段描述，我脑子里就浮现出一帧一帧的电影画面，还是带有怀旧风格的画面。这么一段荡气回肠的爱情，任谁听起来都觉着传奇不可思议。假如时光倒流一百年，假如我是阿伦特，假如我的老师就是这样一位思想深邃的人物，我想我也会沉沦。时至今日，在我有限的人生履历中，我不得不承认，起始于容貌与肉体的爱，通常不会持续很长时间，而起始于对思想的爱，往往能超越时间和地域。同为女性，对阿伦特这种义无反顾和一往情深的爱恋真的非常理解，并且心向往之。人的一辈子，又有多大几率能遇到始终让自己着迷的恋人呢？

【刘玮回复】

海德格尔和阿伦特之间的爱情确实很有画面感，也足够拍成一部电影了（你如果去读他们的通信集，里面有很多诗和富有诗意的内容）。抛开道德判断，我也很欣赏他们之间思想上的爱。

【我就是我】2021 年 8 月 31 日

海德格尔是一个善于在黑森林小木屋里进行独立而深刻思考的哲学家。也正是他学术思想的深刻性才吸引了同样才华横溢的阿伦特。他们之间的爱更多的是精神层面的互赏，所以也就更加持久而有韧性。

一直在思考海德格尔和萨特的不同，同为存在主义哲学里程碑式的人物，萨特是真正按自己理论终身践行的哲学家，虽然他对自由的理解过于极端，但他绝不苟且，活得本真，是生活的勇者。而海德格尔不管是对纳粹的模糊态度，还是不敢直面对阿伦特的爱，都是对现实的妥协和折中，深深地沉沦在现实之中。他更享受孤独地在自己建构的理论大厦里徜徉，要回应阿伦特的爱是需要有足够的胆气和心力的，显然他没有或者说不愿付出，从这一点上来说他是自私的，与阿伦特的付出是不对等的。

阿伦特对海德格尔的爱更多的是对其才华的欣赏，没办法，这就决定了阿伦特是那个在爱情中付出最多也受伤最深的人。对海德格尔的胆怯与背叛，阿伦特最终还是选择了宽恕。他是一个家庭中的丈夫和父亲，也是一个苦难深重的国家中的一员，他的身上肩负着或大或小的责任，面对残酷、诡谲的现实环境，人性真的经不起考验！不宽恕，放不下就没有新的开始，对海德格尔是，她自己又何尝不是呢？

【小亨大传】2021 年 8 月 31 日

爱是一个独特的角度接近海德格尔的思想。

虽然老师上一讲给我们从多个层次展现了海德格尔与纳粹的关系，逐层进入内心，从基本事实、同代人回忆到黑皮本；但是我觉得阿伦特的爱，提供一个不太远，也不太近的距离。这恰恰给予了一个更纯粹的角度去审视海德格尔的动机。

"把海德格尔当年的政治过错看作一个怀揣梦想的大男孩的天真。"这个结论源于阿伦特对海德格尔的深度理解。老师后续这句话很重要："为了居留在这个深层中铺设道路并安置'路标'…… 这种思考能够变成一种激情…… 思考与活生生的存在成为一体。"可以看出阿伦特对海德格尔的思想理解，不是纯粹停留在说了什么和为什么。而是在纳粹事情发生前更早的动机。或者说，因为爱看到了一个人的历史。看到更完整的海德格尔。

只有爱的人才会想占有所爱之人的历史。记得 Philip Larkin 有一首诗 Lines on a Young Lady's Photograph Album。这首诗通过独白的形式讲述自己第一眼看到渴望已久的女友相册，以及在看相册过程中情绪的变化。其中 2、3 句：偷走一张泳装的照片，害怕女友发现，但窃喜，那刻浓缩了无人分享的过去。

里面有几句：

…

To wonder if you'd spot the theft

Of this one of you bathing；to condense

In short，a past no one now can share.

占有对方的一种方式就是企图占有无法复制的过去。这种占有跟往常不同，没有侵略性。我觉得阿伦特因为爱所以好奇，才会看见，甚至占有了海德格尔这份更早的过去。

所以因为爱看到了思想的过去，同时这份看见也体现了爱的透彻。

【刘玮回复】

感谢你精彩的分析（"占有所爱之人的历史"，这句话说的很有味道）和诗意的分享！

（三）极端之恶与平庸之恶

在这门课的第三个加餐里，我们来说说阿伦特的"极端之恶"和"平庸之恶"。

在讲阿伦特之前，我们先简单说说哲学史上关于"恶"一些基本讨论，这些背景也可以帮助我们理解阿伦特的贡献。关于恶的来源，哲学家通常会给出这样三种回答。

第一个是因为人的**认识**存在缺陷，没有认识到真正的"善"是什么，比如我虽然可能嘴上说着"熬夜不好"，但是心里并不是真的认同这个结论，所以我还是会继续熬夜看留言。

对恶的第二个解释是**意志力**上存在缺陷，即便认识到了"善"，也没有力量控制自己去做，比如说我虽然确定地知道熬夜不好，但是只要一开始看留言，就管不住自己开始回，可能在准备睡觉的时候懊恼不已，责备自己为什么又熬夜了。

对恶的第三个解释是不同人追求的"善"本身就是**多元的、不可通约的**，所以出现冲突很正常，有些人眼中的"善"就是别人眼中的"恶"，"损人利己"就是典型的情况。

除了这三个解释之外，"恶"的问题对于宗教哲学家或者神学家来讲，还有着特别的意义。因为各种一神教，都设定了一个全知、全善、全能的神，于是这些宗教就要面对一个棘手的问题：如果神是全知全善全能的，世界上为什么会有那么多的恶？这些宗教给出的答案基本上也都如出一辙，那就是这些恶与神无关，恶都是因为人的认识不足或者意志薄弱。

关于"恶"的讨论在哲学和宗教思想史上，一直都有，但一直都不是主流。这也不难理解，思想家们更愿意去讨论真、善、美这些正面的价值，而假、恶、丑通常就被认为是这些正面价值的反面，或者缺失，简单说说就行。

但是第二次世界大战让"恶"成为一个迫在眉睫的哲学和宗教议题。这场人类浩劫，让大量的宗教思想家和道德哲学家感到崩溃。宗教人士发出了"奥斯维辛之后还能否谈论上帝？"的质疑，神或许可以允许人因为自由意志犯错，但是居然会允许人用集中营这样的方式有组织地屠杀其他人，这怎么可能？！道德哲学家感到，简单地用认识不足、意志薄弱、善的多元性，也完全没有办法概括人这种动物对同类做出的暴行。

我们不得不去反思，"恶"的本质到底是什么？"恶"到底从何而来？几乎可以不夸张地说，在关于恶的当代讨论背后，都站着我们这一讲的主角汉娜·阿伦特，她堪称 20 世纪对"恶"的问题贡献最大的思想家，特别是她贡献了两个非常著名的概念来描述人类的恶："极端之恶"和"平庸之恶"。

我们先来看"极端之恶"（radical evil，也翻译成"根本恶"）。这个词是阿伦特从康德那里借来的。在康德那里，"极端之恶"指的是人背离了普遍的道德准则，比如说不能欺骗、不能伤害他人，让道德义务臣服于自私的目的，这样人向善的意志就被破坏了，为了恶的目的选择恶。康德说这种恶"极端"，是因为一旦人们以这种违背道德原则的方式行事，他们就从根本上背离了善，在心中没有了道德法则的地位，也就没有了向善的可能性。说这种恶"极端"还有另一个原因，这种为了一己私利违背道德规范的倾向，在所有人身上都存在，极端普遍。康德甚至非常悲观地说："从人性这根弯曲的木材里造不出任何直的东西。"

不过，在阿伦特看来，康德说的"极端之恶"还远远不够极端。纳粹的暴行令人震惊和恐惧，如果仅仅用自私、贪婪、权力欲这样的动机去理解纳粹屠杀犹太人的暴行，显然都太过苍白了。阿伦特认为，"极端之恶"的极端性，正是在于它**"打破了我们所有已知的标准"**。

在她看来，"极端之恶"的核心特征是**把人当作是彻底多余的、没用的**。它甚至都不是把人当作手段，利用他人、压迫他人、剥削他人。这些行为虽然很坏，虽然伤害对方的尊严，但是至少还把对方当作人来看待，而像希特勒制造出来的那种残暴，是完全不拿人当人。

阿伦特提出了走向极端之恶的三个步骤。第一步是**杀死法律人格**，就是剥夺犹太人和其他边缘人群的法律权利，让他们失去法律的保护，成为政治上的"无家可归者"，成为法律上多余和无用的。在集中营里，犹太人没有任何受到法律保护的权利，可以被纳粹士兵随意辱骂、殴打，甚至杀死。

第二步是**杀死道德人格**，破坏人的一切道德原则和一切团结协作，剥夺人的一切道德选择，在道德上把人变得多余。在集中营里，纳粹士兵用各种办法离间犹太人，比如说，如果一个人不出卖朋友，就杀死全家老小；再比如，要求一个母亲亲手杀死自己三个孩子中的一个，才能保住自己和另两个孩子的性命。在这种情形下，所有的道德选择都失效了，没有善与恶之间的选择，而只有恶与恶的选择！

在前两步的基础上，第三步就是**彻底毁灭人性**。到了这一步，被支配者就彻底变成了木偶和行尸走肉，而支配者就拥有了无所不能的神的感觉。纳粹用犹太人做的所谓"科学实验"，人在这里就被彻底当成了实验材料，供所谓的"医生"和"科学家"随意使用，和小白鼠毫无差别。在这些实验里，纳粹的"医生"和"科学家"最接近上帝的状态，他们可以随意地实验人性的各种极限，比如耐受低压、噪音、失眠、极冷、极热、病毒，等等。

阿伦特关于"极端之恶"的看法印证了阿克顿勋爵说的那句名言："权力导致腐败，绝对的权力导致绝对的腐败。"而阿伦特的哲学洞见，在之后也得到了历史的印证和心理学家的实验验证。不管是美国在伊拉克的虐囚，或者卢旺达的种族灭绝，这一切的背后都是**没有监控的绝对权力**。而心理学家菲利普·津巴多著名的"斯坦福监狱实验"，也说明，哪怕不是那些受过专业训练的军人或者政府官员，哪怕只是一些平时彬彬有礼的名校大学生，如果让他们尝到了哪怕是假想的绝对权力的味道，他们都有可能做出令人发指的事情。

说完了"极端之恶"，我们再来看看阿伦特的另一个说法"**平庸之恶**"或者"恶的平庸性"（banality of evil）。这个说法如今已经非常有名了。

大家通常认为这个说法是阿伦特的原创，其实也不是，它来自阿伦特的导师雅斯贝尔斯。在战后和老师的一次通信里，阿伦特表达了她对于纳粹暴行的极端愤慨，说我们已经不能用"犯罪"这样的词汇来形容它们了，只能称那些纳粹为"恶魔"。但是雅斯贝尔斯给她回信说，如果用"恶魔"这样的词汇来形容纳粹，就太抬举他们了，因为在"恶魔"这样的词汇里面包含了某种"伟大"的含义。但是在雅斯贝尔斯看来，"我们必须看到这些事情中完全的平庸（ganze Banalität），看到它们寻常的琐屑，因为那才是它们真正的特点。"他把这种平庸性比作细菌："细菌可以造成席卷各国的流行病，但它们仍然不过是细菌而已。"这个比喻精彩之极！

简单来说，"平庸之恶"就是看起来非常平庸的人，**因为放弃了**

独立思考，而犯下极大的恶行。这个观点极大地挑战了我们对"罪大恶极"的传统理解，我们通常总是认为，能够犯下滔天大罪的人必然有着像希特勒一样魔鬼般的，甚至是变态的特征，而阿伦特对一个各方面都很平庸的纳粹军官艾希曼的分析，彻底颠覆了人们对于"杀人狂魔"的印象。在阿伦特眼中，艾希曼浅薄、平凡、乏味、不善言辞、不善思考。我们需要注意，这里说他"不善思考"，并不是说他不知道自己在干什么，他并不是一个只知道执行命令的机器人。相反，他很清楚自己在执行元首的命令，而那就是他眼中正确的道德义务。阿伦特说的"思考"，是要**超越现有的社会习俗和意识形态，去思考生活的真正价值和意义**。而这正是艾希曼最缺乏的。艾希曼彻底被纳粹的意识形态洗脑，只会重复纳粹的教导和口号，完全无法从他人的角度思考问题。他在这方面甚至表现得有些脱离现实，在纳粹政权倒台十六年之后，依然在重复纳粹时期的陈词滥调，他没有自己思考，没有真正属于自己的生活，他没有活成一个真正的"个体"。

那"极端之恶"和"平庸之恶"这两个概念之间有什么关系呢？在我看来，这两个概念之间有很强的互补性。"极端之恶"更多指的是**事件层面**，是在说那些消灭人性的恶是极端的。艾希曼组织安排屠杀犹太人，当然犯下了极端之恶。而平庸之恶是在**行动者层面**说的，它说明某些恶行的出现可以用平庸性来解释。所以，"极端之恶"和"平庸之恶"其实说明了同一个事情的不同方面，一个描述事件本身的性质，另一个描述行动者内在的状态。

说了这么多"恶"之后，我们最后来说说，如何避免作恶，如何对抗人性中的恶意？阿伦特的极端之恶和平庸之恶，其实最终指向了同一个方向，那就是人**"缺少独立思考"**。她在给一个朋友的信里这样写道："恶是拒斥思想的，因为思想总是努力达到某种深度，追根溯源。但是当思想关注恶的时候，它会感到挫败，因为那里什么都没有。"在阿伦特看来，恶仅仅存在于表面，或者是运用权力的表面，或者是服从权威的表面。要想抵御恶的侵蚀，我们最需要的就是独立思考和判断的能力。毕竟，即便是在纳粹德国，除了艾希曼，也有辛德勒这样的拯救了上千犹太人的纳粹党员。我们每个人都可以承担起自己的责任，而不是用"体制"或者"服从"作为邪恶的保护伞。

所以，关于"极端之恶"和"平庸之恶"的讨论还是会把我们带回到存在主义的主题，不沉沦于权力、制度和服从，保持自己的思考，才是克服恶最重要的途径。

好，这个关于"极端之恶"与"平庸之恶"的"加餐"就给你讲到这里。我还想提醒你一下，本讲我关注的是阿伦特对于两种恶的哲学分析，而没有关注《艾希曼在耶路撒冷》这本书引发的大量争议，这些争议既有事实层面的，也有对待犹太人态度方面的。如果你有兴趣，可以参考施汤内特的《耶路撒冷之前的艾希曼：平庸面具下的大屠杀刽子手》，这本书代表了和阿伦特截然相反的对艾希曼的评价。

最后我想引用阿伦特的一句很简短的话作为结束，她说，**"作恶意味着自我对话能力不健全。"**在她看来，独立思考就是一种自我对话，我们无法和内心中的一个恶贯满盈的罪犯真诚地共处。

关于"恶"，我相信每个人都有过自己的思考，欢迎你来分享一下自己的思考或者经历。

参考书目

1. 阿伦特：《极权主义的起源》（第二版），林骧华译，北京：生活·读书·新知三联书店，2014 年。

2. 阿伦特：《艾希曼在耶路撒冷》，安尼译，南京：译林出版社，2017 年。

3. 贝蒂娜·施汤内特：《耶路撒冷之前的艾希曼：平庸面具下的大屠杀刽子手》，北京：北京日报出版社，2020 年。

精选留言

【刘芳】2021 年 9 月 1 日

经过审视的人生才值得过！这个暑假，我真真切切地审视了过往的人生。

大家再听我讲一个有关成长和升华的故事 。

美籍华裔历史学家张纯如的《南京大屠杀》公开发表之后，遭遇了种种恐吓，被抑郁情绪困扰，在 2004 年 11 月 9 日饮弹自尽，定格在 36 岁的青春！那年我已经掌握了日语听说读写的基本技能，当得知这个震惊的消息，特意拿着书和朋友去了南京，在侵华日军南京大屠杀遇难同胞纪念馆。虽然对历史事件已经耳熟能详，但看到照片和视频之后，仍旧带来了巨大的生理反应，以至于回来之后大病一场。对大屠杀的思考暂时告一段落。

后来去日本留学，受到了很多人的关照，尤其是 70 岁以上的日本老人，在罗森打工的时候，店长是一位 72 岁的爷爷（日本人都是拼命类型，最夸张的是，我见过 88 岁的出租车司机，鹤发童颜，帮我拎了两个 23kg 的行李箱到机场，有很深刻的社会原因，以后详细讨论）。他和妻子总会做一些好吃的偷偷给我，也经常帮我解决现实问题，比如：我提交的报告和论文，他总是帮我亲自修改。在和他们深入交流的过程中，都提到了"赎罪"，他们的父辈或是兄长在中国犯下了罪行，他们无法接纳和忍受，甚至身份认同无处安放。通过更多善意对待中国人，来实现内心秩序的平和。

同样，有另外一股右翼势力，否认战争，篡改教科书，宣传军国主义，也用特别极端的态度对待中国人。年少的我，为了明哲保身，从来不和任何人谈政治和战争。回国之后当教师，接触到南京师范大学的日籍教授，被他们的勇敢所折服，也开始广泛阅读南京大屠杀的著作。但一直把精力放到教学中，努力提高学生的语言能力和跨文化交际能力。

十年时间，授课量超过一万课时，在痛苦中抉择，走上了博士生的不归路。

又要重新面临研究选题，进展一直都不顺利，浏览了诸多"行军日记"和"行医记录"，对人性产生了深深的怀疑。家人和朋友都担心我的状态。

2021 年 8 月 11 日凌晨，在听刘玮老师讲述陀思妥耶夫斯基的人生故事中，在半梦半醒的夜里，我一下子惊坐起来，陀思妥耶夫斯基在马上被执行枪决的时刻，获得了新生。

生物学说，21 天时间，身体的细胞都更新一遍，每天学习《存在主义哲学》的 21 天，让我获得了浴火重生！

写了两万多字的笔记，加上刘玮老师六千多字的回复，还有浏览其他同学的上万字留言，都是最好的见证！

平庸之恶和极端之恶的研究，继续在路上，是对张纯如的纪念，也是对在战争中逝去生命的告慰！我还不敢保证能走多远，但此时我已经有了前进的勇气！

【刘玮回复】

谢谢你分享的心路历程和 21 天的陪伴！做日本战争罪行的研究确实需要巨大的勇气——直面最丑恶的人性的勇气、反复揣摩拼装血淋淋的事实的勇气、应对可能受到的威胁的勇气……但是，你肩负着为中华民族讨回公道的责任，也肩负着为一个个被虐杀的亡魂讨回公道的责任，这个工作需要有人承担，而现在你就是极少数能够承担这项工作的人之一！愿你保持勇气，保持本真！

【强 Sean】2021 年 9 月 1 日

刘老师今天借助希特勒和纳粹来谈论"极端之恶"和"平庸之恶"，让我想起了波兰著名犹太社会学家齐格蒙特·鲍曼的著作《现代性与大屠杀》。

对于这场文明的大倒退，很多人都认为是文明的暂时失灵，纳粹心中的"极端之恶"被释放出来的结果，但鲍曼认为并不是：如果用"极端之恶"解释这场大屠杀，会忽略背后真正的原因，因为并非每个参与到这场大屠杀中的个体都表现出这种"极端之恶"。这场大屠杀并不只是"极端之恶"的产物，更是人类现代文明发展的产物。

我们来看看鲍曼的分析：首先，现代性导致了明确的分工，在纳粹组织里，职责明确，分工清晰，一个任务被分解成若干个步骤，纳粹组织通过高度动员力，为实施分工提供了可能性，一个完整的命令被拆分，下达命令的、传达命令的、负责抓捕的、负责押解的、负责焚尸炉点火的，都是不同的个体，在这种分工下，组织成为一个精密运转的齿轮，每个人都只是在执行命令、完成自己的动作，并不为最终的结果负责，除了追责到希特勒，没有一个具体的人能承担最终的责任。

其次，人不再是目的，甚至不再是工具，而是被物化成一个个目标，在纳粹大屠杀中，活生生的人变成一张张表格上的数据，下达命令的军官看到的仅仅是被拆分后的任务、数据、表格，这种对人的极度物化，消解了他们的同理心和同情心，使得这场惨绝人寰的大屠杀充满了现代性的冰冷。

传统道德的失效，在所有的道德体系中，都会有敬畏生命的伦理观，而在纳粹大屠杀中，传统道德失效了，纳粹建立了一种崭新的道德，这种崭新的道德就是对权威的绝对服从。鲍曼更深刻地洞察了一个过程——道德消失点，当人们距离很近时，你面临的是活生生的人，这时候人们之间会有道德感的存在，而现代性的分工，拉远了人与人之间的距离，人们远离真实的个体，对他人的道德责任开始萎缩，甚至完全分离，道德消失点就产生了。

鲍曼说，纳粹大屠杀这场有组织、大规模的对人性的摧残，是建立在人类理性之下的现代性产物，是现代分工、技术管理、组织高度理性化的一次共谋，这个共谋是反独立思考，是压制个性的，我们可以从这里看到"平庸之恶"的影子。

【刘玮回复】

感谢你分享的鲍曼关于大屠杀的分析，其实这个分析与阿伦特关于两种恶的分析是有互补性的，极端之恶是结果，平庸之恶是心态，而鲍曼讲的现代性之恶似乎更偏重手段。

【斜阳】2021 年 9 月 1 日

放眼四周，那些跟着混的人不要太多，所以平庸之恶也许植根于人性，植根于某种说不出的恐惧。在《太空漫游 2001》那部小说里有个画面，野兽进入原始人的洞穴，把一个人咬死，拖出来吃了，其他人都不敢出声，这算是平庸之恶的一个原始版本了，冷漠就是平庸之恶，但是简单的批判是没意义的，因为其他原始人几天没吃东西了，没力气动，也想明哲保身，所以，饿产生了恶。另外，同理心也是非常重要的对抗平庸之恶的内在力量，杀人犯除了不思考，还有就是没有同理心，感受不到别人的痛苦。我来补充一下阿伦特：作恶不只意味着自我对话能力不健全，也许感知对方感受的能力也不健全，甚至意味着连最基本的生理性生存状态都得不到保证。

【云吞埋在土里】2021 年 9 月 1 日

最近在复习现代文学，听了刘玮老师对"平庸之恶"的解读，我产生了一些思考。恶的平庸性在于行恶之人完全放弃了独立思考，他们打心底里认为自己所做之事是正确的，或者说是对自己有利的，正是这种"无知"让革命之路在那个年代充满了荆棘。

鲁迅先生是房子里最先清醒的一批人，他看到了自己周围所存在的"平庸之恶"，并且试图唤醒这些处在无知和麻木之中的"平庸之人"。从日本归国后，辛亥革命让鲁迅先生心底燃起了一丝希望，但他深入到底层人民的生活中之后，刚刚升起的希望火苗顿时像被泼了一盆冷水，鲁迅先生生起的革命热情被现实打败，不再参与任何活动，转而去抄写古碑。而浇灭他热情的这一盆"冷水"，在他的作品中体现得淋漓尽致。日俄战争中中国籍的间谍被日军屠杀，围观的人群却把这当成了一场热闹，发出调侃的哄笑声；为革命而牺牲的夏瑜被处决，而他心心念念想要解放的人民，却一拥而上用他的血蘸了馒头，把他的死亡当做茶余饭后的谈资；祥林嫂与单四嫂子，她们先失去了丈夫又失去了孩子，但周围的人们面对他们的遭遇，或是把他们当作不祥之人而远离，或是把他们当作"肥羊"而接近试图从他们身上获取些什么，抑或是把他人的苦难当作标榜自己"善良"的招牌，在听完讲述之后，象征性地抹抹眼泪然后满意地离开。

把屠杀当热闹的学生，哄抢人血馒头的人民，深受封建思想荼毒的地主，嘲笑他人苦难的邻居。这些人是否作了恶？答案是是的。这些人为什么作恶？因为他们认为本该如此。他们没有独立的思考，只是按部就班地做着自己认为"正确"的事，他们是平庸的，平凡的，最普通的人，同时也是世界上最庞大的群体。他们因无知而作恶，就是这种无知让"作恶"变得稀松平常，这就是最恐怖的。

匆匆忙忙写下了一些自己的理解，不知是否可以将二者画上等号，虽然鲁迅先生作品中写到的这些麻木的群众并不是像纳粹军官一样大肆屠杀之人，他们所做的可能只是他们认为再平常不过的事，也正是因为平常，让这份恶愈发膨胀，愈发难以改变，变成了整个社会的暗疮。

艾希曼在纳粹政权倒台 16 年后，依然在坚持当时的陈词滥调，正是因为他完全没有意识到自己所做之恶。鲁迅先生将他所看到的这些"恶"记录下来，传播出去，试图让更多的人看到。只有人们看到了自己所做之恶，意识到自己所做之事是恶事，并且愿意做出改变，才能完成从根本上的革命。

【刘玮回复】

很高兴又看到了你的留言，写得非常精彩！拥有独立思想的人自己可能不会做出平庸之恶，但是有多大的力量改变他人却是非常可疑的，我们只有希望这样的"呐喊"能够唤醒更多的人，加入独立而本真的思考者的行列中来。

【佘天俊】2021 年 9 月 1 日

经过这一讲，更清晰地理解了什么是平庸之恶。

平庸的人，平庸的思想，甚至做平庸的事情，也可能会造成极端之恶，我同意阿伦特的结论，造成平庸之恶的原因，是缺少独立思考，但不怎么同意，把培养独立思考作为规避极端之恶的解决方案。

假设这样一个的场景，算是"极端之恶"，一个银行的董事长让手下把所有储户的钱转入他指定账户，手下人照办了，这造成了极端之恶，手下这个人是平庸的，思维是平庸的，做的事情也是平庸的。

显然，手下这个人缺乏独立思考，这点阿伦特无疑是对的。但要求每一个人都有独立思考和独立判断的能力，在现实中几乎是不可能的，那么董事长即使遇到会独立思考的人，也依然可以通过换人执行，直到换到缺乏独立思考，或者有独立思考但屈服于眼前利益的人，来实现这种极端之恶。

所以，可能要避免极端之恶的解决方案，可以是让平庸的人无法到达这样的位置（限制任命），也可以是让转账这个行为有更多流程受更多监督（分级审批），用系统来限制和规避极端之恶，而不是依赖对个人独立思考的信任。

阿伦特指出的，走向极端之恶的三个步骤，值得认真对待。虽然没有人有可能，有机会，完成杀死法律人格，杀死道德人格，最后毁灭人性，但是，这样恐怖到匪夷所思的场景在现实生活中，并不是没有，比如 PUA，甚至有些家庭道德绑架冷暴力，都有类似的特征。

【刘玮回复】

确实如你所说，想要避免平庸之恶，只靠个人的独立思考力量是有限的（虽然也可以很强大，比如作为员工我可以保留好证据直接去举报），如果能有制度的配合自然再好不过。

【皎皎】2021 年 9 月 1 日

想请问老师怎么看《自私的基因》一书中的观点。我好像是高中翻过这本书，之后似乎对极端高尚或极端恶毒的行为都有了一种近似"看开"的感觉，同时，也对人生的意义产生了怀疑。

人总是要为生活而"战"的，从远古部落间对生存资源的争夺，到现在的国际关系，本质都是为了活下去、活得好——为了让基因延续。让自己的国家强大、自己的家族过得好、自己在人群中相对而言更舒适……让自己携带的基因更好地延续。

那么如果有人认为要杀了某人，自己才能过得好，他就会去杀人；如果一个族群认为毁灭另一个群体有利于自身的发展，他就会发动战争。

而个体为族群自我牺牲的高尚的行为，被解释为"保证与自己相似的基因延续下去"，好笑的是，这里举例就常用除了人之外的群居动物——如果牺牲一个个体可以拯救两个以上的同胞或是四个以上的后辈，那牺牲就是划算的。甚至在数量相等的情况下也可以取舍，保留更多具有生育能力的同类都会更"划算"。

人不一样呀，这些由基因写下的生物本能，在人类开始思考后，就不能直接用了呢……

【刘玮回复】

说到《自私的基因》，其实道金斯在后来再版的前言里也承认了自己的错误（虽然这个时候这个错误已经广泛传播，甚至很难纠正了），用"自私"这个词其实具有极大的误导性，道金斯说不如用"不朽的基因"。因为"自私"其实是带有很强的比喻／拟人色彩的，微观的基因层面的事情，远远无法解释宏观层面人的每一个行动，不可能把人的行动都还原成基因自私的动机。

【区海明】2021 年 9 月 1 日

极端之恶是针对受害者的人性消失术；平庸之恶是在描述施恶者思考缺乏真

我缺失易受洗脑。就今天的课题，我想分享最近看到的一个科幻故事，来自系列动画短片《爱，死亡和机器人》的其中一个独立故事。

故事讲述

　　故事的主角艺术大师齐马，创作了一幅引人瞩目的壁画：在无垠的宇宙中，有一小块正方形的蓝，随后在其他作品中，蓝不断变大，形状不断变化，直到在他的一幅壁画里，全然是蓝色。正当大家以为他的创作达到极限时，他的野心扩展到宇宙，利用宇宙飞船等工具把宇宙喷成蓝色。然而他还不满足，他还通过彻底的生物手术把自己改造成能够忍耐极端环境的机器，好让自己可以进入极端环境和宇宙万物交流。最后他悟出的真相是：宇宙早已道出宇宙的真相，与宇宙表达真相的方式比，自己的方式实在拙劣。

　　故事继续，我们很快知道齐马这个觉悟把他带向何处：他的来处。原来他的起源是一部游泳池清扫机器人，主人是机器人发明者，特别喜欢一丝不苟地辛苦清理游泳池的他。主人不满足于机器人的现有功能，于是给他安装了视觉系统和处理视觉数据的大脑。这两个加持不仅使机器人拥有更好的决策工具，并且赋予了他自由决策权力。在这个基础上，主人继续添加新的硬件软件。于是机器人一步步越来越拥有意识。第一任主人死后，机器被交给一代代的新主人。这些主人继续往它身体里添加新的部件，作各种修改。随着这些改动，他越来越活过来，成为思考能力越来越强的人。从这里开始，他走向了思考和艺术创作之路。

　　在不断尝试和探索，了解到宇宙的真相之后，他建造了他"出生"的游泳池，在万众瞩目之下一跃而入，逐渐关掉自己更高的大脑功能，解体自己，只剩下能够理解和欣赏自己周围事物的部件，从做好一个任务中，获得简单的快乐。所有人都惊讶于他的选择，但这是他寻求真理的终点。

我的思考

　　关于这个故事，我有两个思考。

　　第一个思考是关于历届主人把机器改造为拥有更高级智能的过程。一方面，我惊叹人类科技之高超，竟然能够赋予机器思考能力乃至独立意志。但另一方面，我又在思考，这种赋予能力和意志的行为，同时又是一种强加。特别是考虑到机器人的独立意志不是突然生成的，而是逐渐形成的。从他第一次升级，获得分析和自主决策权力之后，随后的升级过程，无不是在它拥有越来越高程度的独立意志的背景中进行。试想一下，面对主人们强加给自己的部件，他能没有抗拒？而这种抗拒一直被理所当然地无视，是不是也支持了他最后的决定：我完全忠于内心做出选择，这是对历届主人强加给自己意志的终极抗议。

讲到这里，难免会想起现代社会里，那些以"为你好"的名义施加的安排、影响和控制。作为个体，我们至少不要被"为你好"洗了脑，而要用"我是谁"去捍卫。从最后一幕，看台上的观众惊讶的反应我们不难看出，不少人在"我是谁"这个问题上是缺乏思考的，因为缺乏思考，他们默默地接受那些美其名曰帮助他们"升级"的部件，在成为一个对社会有用之人的路上越走越远，但在成为"我"这个课题上却在原地踏步。如果说齐马是有机器零件的人，那么这些人类看客则是像人一样思考的机器。思考"我"是谁，追求本真的生活，是代价重重的，我们很有可能因此像齐马那样失去世人奉为可贵的东西：名誉、钱财、身份等等。但是生命诚可贵，自由价更高，不是吗？

再者，那极端之恶是针对受害者的人性消失术。除了文中讲述的那三个点，我们是否还可以根据这个科幻故事的启发，意识到我们还需警惕第四种人性消失术：给人不断装上升级部件，最终取代其人性的部分。这样的做法是让人从灵魂层面消失。就像《克拉拉与太阳》里，女孩乔西的父母出于改善优化她基因的目的，给她做了"提升"的程序，但这种"提升"过程存在风险，会使健康受损。当乔西的身体逐渐衰竭，乔西的母亲想出了一个办法：让人工智能高度发达的克拉拉模仿女儿的行为、语言和心理，和一个高仿版乔西模型结合成真实乔西的替代品。最终母亲可以得到一个身体健康、智能出众的女儿，但这不是人性消失术是什么？

第二个思考是关于齐马觉悟到的宇宙真理究竟是什么。作为艺术家的齐马，最终把自己简化为只具备简单智能的游泳池清扫机器人，这样的行为艺术进行时，旁白在说："我曾是一个智能只能够用来清扫游泳池的机器人，但游泳池就是我的世界。那个世界曾是我所知的一切，所需要知道的一切。"大道至简，终极真理在广阔宇宙里，也在这一个小小的游泳池里。

那这个小小的游泳池蕴含的真理是什么？这里必须讲一个很容易被忽略细节。也许很多观众都认为，齐马是回归到他自己最原初的状态。但实际情况并非这样。原片里，齐马的最初代是没有任何意识的、只是机械地完成清理任务的机器，而且要留意，创作者形容它这个时候的工作用了"toil"这个词，这是苦差。齐马选择回到的绝对不是这个最初代，而是第二代，即"智能最初代"。 你再看之前我对结局的转述：逐渐关掉自己更高的大脑功能，解体自己，只剩下能够理解和欣赏自己周围事物的部件，从做好一个任务中，获得简单的快乐。"能够理解和欣赏自己周围事物的部件"，也就是第一任主人给他安装的视觉系统和处理视觉数据的大脑，这个不但使它拥有更好的决策工具，并且赋予了他自由决策权力。而"做好一个任务"，是他的快乐源泉。他选择回归到的本真，是有自由决策能力和权力的智能第一代，他主动抛弃的仅仅是随后而来的，不顾他意志强加的高级部件。

因此，他最后的选择、最后的艺术行为中，透露的宇宙真理是：我们生而自由，我们要不惜一切代价保护和享受这种自由。

最后我想借齐马的那句话来结束分享："有时连我自己都很难理解我现在变成的样子，更难记得我曾经的样子。"当齐马感受着熔岩就是熔岩滚烫的样子，见证宇宙万物都按照自己本真的样子存在，他不再迷失，选择回到最初的自由，并承受失去一切"高级"部件的代价。有一天，当我们迷失，变成我们自己都很难理解的样子，不妨记起那个心无旁骛地为眼下一件事找出最优解的、快乐的自己。认真查资料，认真写下这一个分享的我，就是这样一个自己。

【刘玮回复】

感谢你这篇极其精彩的分享，有故事、有分析、有金句；条理清晰，思考深刻，我感觉可以当"得到"的一篇课稿用了！我非常赞成你说的"给人不断装上升级部件，最终取代其人性的部分。这样的做法是让人从灵魂层面消失"！

【兮】2021 年 9 月 2 日

"不沉沦于权力、制度和服从，保持自己的思考，才是克服恶最重要的途径。"这可以说是对良善的一种规劝和对恶之原罪的招安。

有一种恶让人难以原谅。那里有一种带着"臣附议"一般的恶趣味，而"附议"的"打手"们所认为的不过是抒发个人"忠义情怀"的恶意玩弄与落井下石，是一种很热血的立场传达，在他们的视域中这事特别酷特别成熟，还是一种成长快乐的标志。他们意图调用他们世界观中的所谓"调教"歃血为盟，肆意且疯狂地开疆破土！

但万事皆有结束的时候，作为受害的一方，当你回看或者复盘整个事件的来龙去脉后，一种欲哭无泪的"恨意"夹杂着伤痕累累的压抑，令你找不到原谅的出口。那种情绪犹如作品二度创作般，但这里没有任何音乐性没有任何再创作的感动，有的只是二度心殇的驿动升华，每一份记忆的回望都令人呼吸窘迫。伴随着抑制不住的浑身发抖所浮现于眼前的一片模糊，是身体用应急修复的本能保护着你那些裸眼所及已然愈合的伤口表面，保护着尚未愈合的皮下伤痕不至于被翻涌的疼痛感由"肌底"再次被挣裂。

毫无征兆地被缠绕进恶之中的一方，总是会经历内心的号啕大哭，那是无助的深渊感。那种霎时被人从后背猛然一推的惊恐，令你本能地四处乱抓，试图找到任意的支撑。那当下哪怕是带刺的藤蔓你也会毫不犹豫地牢牢抓住，那是一份生之本能加上一份被冤枉的无辜感所凝结成的反抗气性。

可是谁都不承想，这趟跌落进一个四周都是光滑绝壁的黑洞，任你如何挣扎都抓不住，失重感混着加速坠落的绝望，一帧帧地损耗着你全身心的气力。夹杂着剧烈恐惧的疼痛，除了一渗出眼眶就被逆向强风吹飞的泪水，你再也想不出为何心痛会让人的内心结结实实地走向无边的昏厥，可能是真的太痛太痛了……

自私与沦丧兑着麻木不仁的呼吸，这杯带着血腥味的人性鸡尾酒绝无味蕾记忆，只有酒精混酒后的疯狂上头与更加失控的嗜血成性。毫无光芒的瞳孔，冷峻得让你来不及思考为什么会被推进这样无情的背叛空间。同样地，也将你带进了时光拷问恶之平庸时，你拒绝听取任何刽子手辩解的真空频段里。

与其说极端胜过平庸，不如说平庸是极端的军师，从不露面的军师摆弄着手中的虎符指挥着丧失自我的"本心"，试问手无"兵权"何谈将才。也许在这局关于恶的较量中，极端无须杯酒，兵权已赤裸释放，那朵追求个人英雄主义的极端之花已然绽放，背后的平庸军师不断洒下罂粟般的褒奖，全然蒙昧了空气，更刺激了极端的极端神经。

平庸犹如风情的吉卜赛女郎，而极端正是那求问战果的自负军官。只一踏进这神秘魅惑的帐篷，任谁都无法摆脱帐篷里吉卜赛女郎手中的水晶球和那一张张泛着神秘意味的"纸牌"。于此，只分善恶，不分贵贱高低。于此，极端被放大，平庸虽操纵着极端，却也被"自我"再度归纳。

【刘玮回复】

还是只能赞叹你精妙的文字，精彩的比喻："臣附议"——平庸的军师；四壁光滑的黑洞——带着血腥味的人性鸡尾酒！

（四）真实与距离：贾科梅蒂的
存在主义雕塑

在这个加餐里，我给你详细说说在正课最后一讲里提到的贾科梅蒂的存在主义雕塑。

贾科梅蒂是最有代表性的存在主义艺术家之一，跟萨特、波伏瓦是很好的朋友。萨特专门写过两篇文章讨论贾科梅蒂的作品，称他的作品在雕塑领域引发了一场"哥白尼式的革命"；波伏瓦说贾科梅蒂的雕塑是"现代雕塑里最好的，展现了高度的纯洁、耐心和力量"。贾科梅蒂也很欣赏萨特和波伏瓦的存在主义思想，把自己看作存在主义运动的一分子，通过雕塑和绘画作品探寻关于人类生存的问题。贾科梅蒂还给萨特画过素描（图5），给波伏瓦做过雕塑（图6）。2021年10月10日又正好是贾科梅蒂诞辰120周年的纪念日，这期加餐聊聊贾科梅蒂再合适不过。

接下来，我先来给你简单介绍一下贾科梅蒂的一生和他的创作理念，然后再把目光集中在他成熟时期的雕塑上。

阿尔贝托·贾科梅蒂1901年10月10日出生在瑞士，父亲是一个小有名气的印象派画家，贾科梅蒂从小学习艺术，20岁出头就来到了当时的艺术之都巴黎继续学习和创作。贾科梅蒂20年代的早期作品受到了象征主义（Symbolism）和立体主义（Cubism）的影响，同时吸收了非洲雕塑的元素。比如他在1927年创作的《勺子女人》（图7），就用立体主义的雕塑语言、简单的几何形体塑造了一个生动的女性形象，同时突出了非洲原始雕塑中对生育的崇拜。

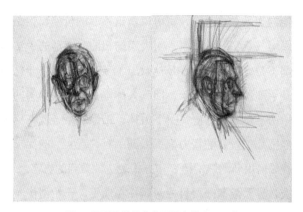

图 5　贾科梅蒂给萨特画的素描（1949）

图 6　贾科梅蒂制作的波伏瓦雕塑（1946）

图 7　《勺子女人》（1927）

　　在30年代，贾科梅蒂受到了当时流行的超现实主义风格（Surrealism）的影响，经常表现潜意识、梦中的形象，蒙太奇式的拼接，还有一些血腥暴力的内容。但是时间不长，贾科梅蒂就和超现实主义分道扬镳了。虽然他的作品很受欢迎，也可以卖出不菲的价格，但是他感到，超现实主义对"真实"的理解，对现实的扭曲、变形的手法和戏剧性的效果，都不是他想要的。于是他做出了一次重要的"非此即彼"的选择，抛开了那些流行的元素，回到人体本身，寻找真实的形象。他本来计划用两个星期好好研究一下人体，结果一下子就花掉了十几年的时间，他把几乎所有的精力都投入到了对"真实"的探求之中，孤独地探索着如何用新的雕塑语言和方式表达他看到的真实。

第二次世界大战期间贾科梅蒂居住在瑞士，开始创作一些很小的人像作品（图8），这些人像通常只有几厘米高，放在很大的底座，制造出一种远距离观看的效果。这些小人像的尝试，也让贾科梅蒂逐渐找到了自己独特的创作语言。

图 8 《人像》（1943—1945）

第二次世界大战结束之后，贾科梅蒂返回巴黎，又创作了一些小的人像作品，随后就把主要的注意力转向了真人大小的人像，就是贾科梅蒂标志性的那种又瘦又高的雕塑，它们或者站立不动，或者是在走动。直到他 1966 年 1 月 11 日去世，这类作品一直都是贾科梅蒂创作的首要主题。

在大致了解了贾科梅蒂创作的几个阶段之后，我们来看看贾科梅蒂的创作手法和创作理念。

作为雕塑家，贾科梅蒂既不喜欢洁白细腻的大理石、也不喜欢木头或者金属，他就利用灰泥、铁丝、麻绳这些最普通的材料，加上双手和雕刻刀，进行创作，这里增加一块、那里减少一块，这里用手捏出一个形状，那里用刀削掉一部分。我们看到的许多青铜雕塑，都是后来又根据石膏浇灌、翻制的。

在创作时贾科梅蒂是一个苦行僧式的艺术家。1926 年，来到巴黎不久的贾科梅蒂租下了一个很简陋的屋子作为画室（图 9）。这间屋子只有 23 平方米，没有自来水，照明昏暗，房顶漏雨，使用公共厕所，冬天需要自己烧炭取暖，很像老北京胡同里的小平房。屋里堆满了他创作用的材料、工具、未完成的作品。虽然条件如此简陋，贾科梅蒂却一辈子都在这个画室里工作，即便是在取得了世界性的声誉之后，也从来没有想过搬出这个小屋。他曾经说："当我刚搬进来的时候，我觉得它太小了……但是我在里面待的时间越长，它就变得越大。我可以把我想要的所有东西都放进去。"

因为用灰泥和石膏创作，贾科梅蒂的画室里到处都是灰白色的粉末，整个人也总是灰头土脸的。他每天工作十几个小时，经常彻夜工作，而且总是会毫不惋惜地毁掉不满意的作品，甚至推着整车的雕塑倒进塞纳河！波伏瓦曾经说，贾科梅蒂对艺术的热情可以和萨特对文字的热情相提并论，"成功、名誉、金钱，对贾科梅蒂而言都是浮云；他只想把雕塑做好。"

那么贾科梅蒂用这种苦行僧一般的执着在追求什么呢？如果用一

图 9　贾科梅蒂在画室工作（1958）

个词来概括，那就是"**观看的真实**"。贾科梅蒂想要在雕塑中展示他真正看到的东西。他曾经说，有史以来，从来没有人真正成功地描绘过一个人的面孔，所以他要从头再来，努力塑造出一个**真正的整体**。萨特也说，雕塑三千多年的历史只是雕塑出来了一些尸体，而贾科梅蒂在尝试给雕塑赋予新的生命。而贾科梅蒂所说的这个"观看的真实"和"真正的整体"，就包括了他与观看对象之间的距离。虽然他知道，想要把自己观看到的东西完整、恰当地呈现在雕塑之中，几乎是注定失败的，但是依然要去努力尝试，因为在他看来**"只有失败本身能够将你引向真理"**。从这里我们看到了克尔凯郭尔式的对于"主观真理"的不懈追求，哪怕是粉身碎骨也要努力追求。

在一个名叫《城市广场》（图 10）的雕塑里，贾科梅蒂刻画了四个行走的男性和一个站立的女性，它们都很小，类似二战期间创作的作品。这几个人像虽然构成了一组，但是从肢体语言上看，它们之间没有任何交流的迹象，只是各自走着自己的路。这或许是贾科梅蒂坐在咖啡馆里看到的行色匆匆的路人，也可能是他从飞驰的车上看到的行人。他们展现出的是孤独和疏离。如果凑近去看，贾科梅蒂也并没有刻画他们的身体细节和面部表情，既是因为它们都是从远处观看到的情景，也是因为贾科梅蒂并不想要刻画某个具体的模特，而是要刻画人们普遍的生存状态。这就是贾科梅蒂观看到的真相：人们彼此隔绝地生活在这个人们共同组成的世界上。这不就是萨特和加缪描写的

图 10　《城市广场》（1948）

那个"恶心"和"荒谬"的世界吗？相比这些人像脚下巨大的、坚实的、象征大地的基座，它们显得纤细、脆弱、渺小，好像随时可以被风吹走，被他人折断、杀死，他们好像要费很大的力气，才能站住、才能行走，这确实是人们生存的真相。但是他们依然坚定地走着自己的路，这又展现了人性不可摧毁的一面。这让我们想起17世纪法国哲学家帕斯卡尔的那句名言，"人是一根会思考的芦苇。"人既像芦苇一样脆弱，又因为能够思考、能够坚定地站立在大地之上，而获得了特殊的尊严。

看完了《城市广场》这个很有代表性的小型雕塑之后，我们再来看看贾科梅蒂最有代表性的真人大小的雕塑作品《行走的人》（图11）。在很大程度上，《行走的人》就是《城市广场》里的那些人物的放大版，同样表现了经历过第二次世界大战的浩劫之后，人性的脆弱、疏离，同时又带着坚定和属于自己的那份自由，这些都是非常符合存在主义旨趣的主题。

但是另一方面，我想你一定好奇两件事：一个是贾科梅蒂为什么要把这些雕塑做得又瘦又高？另一个是他为什么要把这些雕塑的表面制作得那么粗糙？这两个问题的答案都在于前面提到的贾科梅蒂的创作理念：他要致力于表现"观看的真实"，一种带着距离感的真实。

萨特在《绝对之探求》这篇文章中，对贾科梅蒂的这两个特点给

图11 《行走的人》（1960）

出了精彩的解释。他说："贾科梅蒂知道空间就像实在的肿瘤，吞噬一切；对他而言，雕塑就是给空间减肥，就是压缩空间。"在贾科梅蒂看来，宽度和厚度都是可以压缩的空间，而高度是最难以压缩的。你可以想象一下，一个人出现在你的视野之中然后又消失不见，除非他特别胖或者特别瘦，否则给你留下最深印象的一定是他的高度。贾科梅蒂用这种保留高度，去掉宽度和厚度的手法，保留了人物的纯粹性，好像它们可以突然出现在视野之中，又会突然消失。而他刻画的那种行走的姿态，保留了最原初的、不可分割的运动的势能，使得人体获得了行动上的统一性和整体性，而且带有了一种指向天空的尊严。

至于雕塑表面的粗糙质感，也是贾科梅蒂表现与观看对象之间距离的手法。萨特在这一点上也有着非常深刻的洞察。他说观看传统雕塑，我们需要走近雕塑，记住每个细节，然后再把这些细节连接起来组成一个整体，但是结果往往是拼凑出了整体却忘掉了细节，最后什么都没记住。而贾科梅蒂的雕塑是"接近不了的"，与观看者之间保持着"绝对的距离"。看他的雕塑，我们以为走近了就能看到更多细节，结果走到近旁，看到的却只是粗糙的石膏或者青铜皱褶，没有任何面部的、身体的细节，这样就制造出了观看对象的整体性，而不是被材料和视角分割开的对象。贾科梅蒂直接创作出来的就是距离你十米远或者二十米远的形象，不依赖你的观察视角和与它的距离发生变化。这就是贾科梅蒂最独特的雕塑语言，也是他找到的那种带有强烈主观性的"观看的真实"。

在这一讲的最后，我想引用法国作家让·热内在一篇很有名的文章《贾科梅蒂的画室》里评价贾科梅蒂的一句话作为结束："**贾科梅蒂的雕塑之美，就保持在最遥远的距离和最熟悉的亲切之间永不停息**

的往返之中；因此，我们可以说这些雕塑总是处于运动之中。"

我想请你谈谈对于热内这句话的理解，或者是对贾科梅蒂艺术作品的看法。

参考书目

1. 萨特：《绝对之探求》，《萨特文集》第九卷，沈志明译，北京：人民文学出版社，2019 年。
2. 波伏瓦：《回忆录》第二卷《命运的力量》，黄荭译，北京：作家出版社，2012 年。
3. 让·热内：《贾科梅蒂的画室》，程小牧译，长春：吉林出版集团，2012 年。

精选留言

【甜小姐】2021 年 10 月 10 日

当看到贾科梅蒂的作品时，你不禁会去想，用什么词语来描述这个人还有他的作品呢？距离？空间？真实？贾科梅蒂对热内这样说起自己的作品模特："当她们走在街上时，我看她们是妓女，当她们还原成人体站在我面前时，她们就是神。"这些"她们"既是陌生的、低贱的，也是亲密的、崇高的。犹如文中最后热内的那句话中提到的"最遥远的"和"最熟悉的"。我想是矛盾和相对的结合带来了真实。

想到上次回上海，去看杨惠姗的琉璃作品展。其中有一件作品就是一大朵盛开的半透明的花，花瓣恰到好处地打着褶，细看花中心的那些花蕊，你会发现那是一个个人。和贾科梅蒂一样，杨惠姗把人物抽象得如同一根根线条般细长。花蕊的顶端圆圆的部分，就是人的头部。男男女女，喜怒哀乐，盛放在这尘世之花中。展现的姿态都很美，你能被深深打动。能打动人的从来不是过于简单的单一面，而是人性的复杂和矛盾带来的真实，是那种生命的娇弱与坚强，蜷缩与绽放。

后来,我回家后就创作了一幅油画。一个杯子里面一个个绿色的小人,在杯中,上升沉沦,卷曲舒展。水泡的是滚滚的茶,而我们泡的是滚滚的红尘,芸芸众生就如同一片片茶叶,在红尘之中挣扎和升腾。每个人都带着特殊的、各自不同的伤痛,或隐或显,所有人都将它守在心中,当他想离开这个世界感受短暂而深刻的孤独时,就隐退在这伤痛中。贾科梅蒂的艺术是想揭示所有存在者甚至所有物体的隐秘的伤痛,最终让这伤痛照亮他们。

我每每走在车水马龙的曼哈顿街头,看着形形色色的路人,我只能把他们看个大概,胖的、瘦的、高的、矮的,快速行走的或是低头驻足的。我会突然涌起一种孤独感。人们在街头相遇,不曾有任何交集,过着各自的人生,过得好坏与他人毫不相干。但是我也意识到,孤独地看待每一个人是对其最大的尊重,而孤独是我们最显要的特征。人存在于自身,孤独而自立。而孤独,也是贾科梅蒂作品让我感受到的一种独特气质。

想起《大话西游》最后,至尊宝说,那一瞬间,我觉得那个人长得好像一只狗。其实,这句话的原始出处就是贾科梅蒂,那一天,他说,他突然间觉得自己变成了一只狗,“这就是我,我看见自己走在街上,正和这只狗一模一样。”

【从心所欲不逾矩】2021 年 10 月 10 日

我对贾科梅蒂艺术的理解是这样的——我们身为个体失去了自我和真实,我们对外界的认识同样也失去了真实,可以说是“双重失真”。

一方面,现代社会是一个“多”的社会,物质丰裕,价值多元,信息超载……当生存不再是问题,人的视野转向增加,转向超越,转向征服,转向创造。没有了生存的威胁,人的内心也没有了聚焦点,生活的周遭和内心世界被无序地填满,一切都只是杂乱地堆积着,我们不加过滤地全部接收,存在着却也可以说是被外界一层层形塑、因缘际会下集合而成一个个分立的存在,作为个体失去了真实,丧失了秩序,丢掉了本真。

另一方面,这样的现实不是发生在单个人身上,而是所有人整齐划一、千篇一律地落入这样的境地,当我们身为其中的一分子去观察芸芸众生,看到的不是具体的、特殊的、立体的“人”,而是孤立的、同质化的人“之一”。但贾科梅蒂的雕塑却将人联系起来,展现出人实际的存在状态是“共同孤独”,我们彼此隔绝,却也拥有最基础的人之为人的共同本质。而这种对人本质的认识是需要距离的,近处我们看到的只是本身没有意义的细节，只有向后退一步，真实才会澄明，才会向我们展开。

"澄明"一词是从海德格尔那里学来的，虽然对海德格尔"真理与艺术"的理解比较模糊，但"澄明"这个词真的很有共鸣，作为动词有种"人本身并不拥有占有什么，一切都是被映射在、显现在我们脑海中"的感觉，作为形容词，本身又有清明、透彻的意味，与"真实""真理"真的很搭。

【Melissa 爱智慧】2021 年 10 月 10 日

听了这一讲，贾科梅蒂的存在主义雕塑给我的感觉是用印象派的形式、注入存在主义的灵魂。印象派绘画的宗旨是画我眼见的真实，观赏的特点也是必须远观才能看出效果。近看，多种颜色交织的笔触给人粗糙杂乱的感觉。但印象派以室外写生、描绘风景为主，还被戏谑为"用眼睛而不用脑子"。贾科梅蒂的存在主义雕塑也是强调眼见的真实，同样只可远观，但他的人体雕塑是拉长的，场景是特定的，广场或巨石顶端。那么他们的真实性表现在哪儿呢？

我联想到的是电影《千里走单骑》中高仓健饰演的父亲高大而孤独的身影，艰难而坚定地行走在苍凉的土地上。《千里走单骑》是高仓健饰演的父亲要拍的一部傩戏的戏名，也是他的行走状态，追问状态，目的是走进濒死的儿子的内心。拍摄和行走的过程是印象主义式的，而思考是存在主义式的。父亲能够在整个过程中感受到儿子的内心是和他在一起的。和他一起忧虑、一起开心。彼此对面不相识，相识而不相知。人这一生注定都是千里走单骑，孤独地行走与追问。走进自己的内心，走进他人的内心需要的唯有真诚和朴素（拙）。真诚和朴素是方式也可以是目的。

【学无止境】2021 年 10 月 10 日

贾科梅蒂作品给我最大的感触就是"写实"。这种写实不是反映人们的日常生活，而是反映当今社会个体在精神层面的真实状况。

自启蒙运动以来，科学与理性主义逐渐压倒传统的宗教，当尼采喊出上帝已死的时候，统治西方上千年的基督教世界观在精神层面就已经彻底崩坏了，芸芸大众彻底失去了依托，被抛入这个现实的、冰冷的、到处充斥着科学与理性的世界。

　　上帝从精神世界的"王座"起身后，留下的空白总要有人填补，因此，自 19 世纪以来，各种思潮、主义风起云涌，都在意图主导人们的精神世界，跟本课关系最大的就要数虚无主义与存在主义之争了。不过随着学习的深入，我愈发感觉到这两大主义的一体两面性（目前理解，不见得正确，感觉虚无主义的内涵更宏大一些），在某种程度上，他们都揭示了贾科梅蒂作品中人的真实生存境况——渺小、孤独、隔绝，只是在对待这种生存状况的态度上却采取了截然相反的两种态度。

　　科技与理性推动了社会发展、世界进步，人们看待世界的方式也在随之改变，这从不同时期的艺术表现手法上一眼就可以看出来，虽然我本人践行的是存在主义，但从内心来讲，却更喜欢传统的艺术表现形式，因为那种手法更唯美、更温暖，更容易给我幸福感。

（五）信仰与超越：存在主义神学

这一讲我来说说"存在主义神学"（existentialist theology）。萨特在他那个著名的讲座《存在主义是一种人道主义》里，把存在主义分为两大类，一类是无神论的存在主义，包括海德格尔、他自己、加缪等人；另一类是有神论的存在主义，包括雅斯贝尔斯、马塞尔等人。为了贴合存在主义**哲学**的主题，我们这儿主要关注的都是无神论的存在主义。

其实存在主义哲学和存在主义神学有着相同的源头，克尔凯郭尔和陀思妥耶夫斯基的思想，既孕育了存在主义哲学，又激发了存在主义神学。克尔凯郭尔提到的三种非此即彼的人生选择，审美的人生、道德的人生和宗教的人生，第三种宗教的人生就是要做出"信仰的飞跃"，投身到看似荒谬、无法理解的上帝的怀抱；他最终与丹麦官方教会决裂也正是这个飞跃的体现。而陀思妥耶夫斯基在揭示了现代社会的虚无本质，问出了"如果上帝不存在，人是不是可以做任何事情？"之后，坚定地转回到了俄罗斯传统的东正教信仰之中。

克尔凯郭尔和陀思妥耶夫斯基给存在主义神学奠定了基础，之后产生了很多有代表性的存在主义神学家，在神学领域的星光一点都不逊色于存在主义哲学家。像俄国的舍斯托夫（Shestov, 1866—1938）、别尔嘉耶夫（Berdyaev, 1874—1948）、瑞士的卡尔·巴特（Karl Barth, 1886—1968）、法国的雅克·马里坦（Jacques Maritain, 1882—1973、加布里埃尔·马塞尔（Gabriel Marcel, 1889—1973），德国的马丁·布伯（Martin Buber，1878—1965）、鲁道夫·布尔特曼（Rudolf Bultmann，1884—1976）和保罗·蒂里希（Paul Tillich，1886—1965）。

下面，我就选择其中的两位代表，法国的天主教思想家加布里埃尔·马塞尔和德国的新教神学家保罗·蒂里希，来给你介绍一下存在主义神学的基本观点。

选择马塞尔，是因为在当时的法国，马塞尔几乎是和萨特齐名的存在主义思想家。法语里的"存在主义"（Existentialisme）这个词就是马塞尔发明的，特别用来指萨特那种无神论的、强调自我的思想，这里的"主义"两个字带有贬义色彩，所以马塞尔也拒绝称自己为"存在主义者"，而是把自己的思想称为"存在哲学"，甚至"新苏格拉底主义"，表示他要持续探索关于存在的问题。他和萨特也是思想上的死对头，据说他们会去看对方创作的戏剧，但是目的只是为了中途离席，以此羞辱对方。

马塞尔 1889 年出生，和海德格尔同岁，比萨特大 16 岁。他原本不是出生在宗教家庭，大学里学的也是哲学，只是因为自己的思考与天主教思想有很多契合，才在 40 岁的时候加入了天主教会。除了哲学和神学之外，他也是一个出色的剧作家、文学批评家和音乐家。马塞尔最著名的著作是 1951 年出版的《存在的神秘》。

在这本书里，马塞尔从诊断现代社会的病症开始自己的讨论。他认为，现代人生活在一个**破碎的世界**里。这个世界的特征就是每个人只发挥特定的功能，他拿地铁售票员为例，这个售票员每天都重复着机械的工作，发挥着很具体的功能，其他人仅仅把他当作完成这个功能的机器看待，和他之间没有眼神的、语言上的交流。生活在这种技术和功能主导下的人，会错误地认为占有更多东西可以让自己的生活变得更有意义，所以他们要买房、买车、买首饰、拥有某种令人羡慕的职业或者身份，等等。但是人们也会突然意识到，不管是技术，还是占有这些东西都不能真正回答生存的意义问题，它们不但没有让我们的生活更有意义，反而奴役了我们，剥夺了我们的自由。这个时候，人们就会产生**绝望**的情绪，这就是现代社会给人带来的病症。

到这里为止，马塞尔思考的出发点和萨特还是有很多相似之处的。但是接下来的发展就非常不同了。萨特让人们从恶心、荒谬的现实中创造出意义。在他看来，人的"超越"体现在超出原本虚无的意识，只要做出自由的选择、采取行动就能产生意义。自由可以在一种相对独立和自我的状态下实现。

而在马塞尔看来，一般意义上的行动是不足以产生自由和意义的，比如那个地铁售票员，不管他拿出多少类似西西弗的决心去履行自己的功能，这个行动本身都不足以给他带来自由和意义。在马塞尔看来，自由和意义来自自我与他人的关系，需要跳出萨特式的自我中心的视角，把他人看作和自己相同的、自由的主体，在自我的可能性与他人的需要之间达成和谐。在这一点上，马塞尔和阿伦特、伽达默尔的思想有更多的相似性。

马塞尔和萨特更大的分歧在于，在马塞尔看来，人还需要比自己和他人更大的意义赋予者。在课程的留言区里，同学们经常提到 something bigger 给我们带来了意义。在马塞尔这里，不仅仅是 something bigger，而且是 something biggest，人还需要和整个宇宙、或者说存在整体达成和谐，理解自己在宇宙中的位置和角色，才能充分感到自己的生存是有意义的。这个时候，人就只有求助于上帝了，上帝给人提供了一种向上的超越，给个体赋予了最终的意义。

马塞尔像克尔凯郭尔一样承认，这样的超越是无法用理性理解的，在个体与存在整体之间有一个巨大的、绝对的、神秘的鸿沟，只有通过非理性的"信仰的飞跃"才能跨过这道鸿沟。在马塞尔看来，在信仰上帝时，一个人并不是"**拥有信仰**"，好像拥有一本书、一件衣服；而是"**成为信仰**"，他就是那个信仰本身。而在马塞尔看来，信仰就是应对现代社会"绝望"病症的最好办法。绝望就意味着对存在整体不再抱有信心，认为这个世界上没有什么有价值的东西；而信仰就是对价值的肯定，是相信现实值得无限的肯定，值得我们为之献身。通过这种与终极存在的合一，个人可以克服萨特式的存在主义面对虚无的焦虑和面对选择的痛苦，获得平静与安宁。

说完了法国的马塞尔，我们再来看看德国的保罗·蒂里希。他是20世纪最有影响的存在主义神学家，他在1951年到1963年出版的三卷本著作《系统神学》，是把基督教神学和存在主义哲学融合起来的最富有成果的尝试。

蒂里希1886年出生在一个虔诚的新教牧师家庭，在大学里同时学习神学和哲学，1924到1925年跟海德格尔在马尔堡大学短暂共事，正是在那里他受到了存在主义哲学的影响，并且伴随了他一生的思考。在1933年，蒂里希因为支持社会主义、批评纳粹运动，被免去了大学教职，移居美国，后半生都在美国居住、教书和布道。

在《系统神学》里，蒂里希从人的"**终极关怀**"或者"终极关切"（ultimate concern）开始讨论。他说，"终极关怀就是决定了我们的存在与虚无的东西"，是人之为人总要关注的问题，类似于海德格尔说的那个"存在之问"——"为什么存在者存在而虚无却不存在？"在蒂里希看来，"终极关怀"是人带有绝对性的、无条件的、无限的关切，是一个人安身立命的根本，是一个人的信仰所在，哪怕这个信仰只是金钱和物质的满足，也还是要有所信仰的，人不可能什么都不信地生活在这个世界之上。蒂里希提出"终极关怀"的概念，除了给他自己的神学思想找一个带有普遍性的起点之外，还有另一层意义，就是他一生都在致力于推进不同宗教、宗教与非宗教之间的对话，试图弥合不同宗教、不同文化之间的冲突。而用"终极关怀"作为讨论的出发点，就比用基督教的《圣经》或者伊斯兰教的《古兰经》作为起点更加友好，可以把不同宗教、不同文化纳入到同一个讨论的话语之中。

不过蒂里希虽然在推动这样的对话，他毕竟还是一个基督教神学家，在他看来，不同的宗教、不同的信仰背后有着同一个上帝。上帝就是终极的存在，创造世界、赋予每个人存在。人不能脱离上帝存在，是基本的存在论事实。在他看来，不管是试图证明上帝存在还是否认上帝存在都是愚蠢的，上帝就在那里，即便人们背离上帝、否认上帝，上帝也依然在那里，没有离开人类。所以蒂里希说："真正的无神论对人类来讲是不可能的，因为上帝与一个人的距离比他与自己的距离更近。"在这个意义上，蒂里希否认存在主义哲学的口号"存在先于本质"，在他看来，人的本质就是上帝的造物，这一点永远先于人的存在。

蒂里希认为，20 世纪人类遭受的深重的社会和政治危机，就在于人与上帝的疏离。人们扭曲了上帝的形象，生活在自我毁灭之中，把上帝最初创造的美好世界变成了一个充满罪恶的世界。而存在主义哲学就是在这种背景下诞生的，存在主义哲学描绘的就是人违背了上帝、违背了自己的本质之后的那种虚无、荒谬、焦虑和绝望。存在主义哲学可以发出"存在之问"，但是仅仅是描绘人现实的生存状态，却远不足以回答这个"存在之问"，所以海德格尔在后期思想中逐渐走向了神秘主义，甚至说出了"只还有一个上帝可以拯救我们"。在蒂里希看来，面对"存在之问"，只有神学能够提供答案。所以，存在主义哲学和神学具有互补性，哲学描绘出人们的生存处境，提出问题，但是却无力回答这个问题，只有神学才能给出存在之问的最终答案。

换句话说，想要解决人与最高存在、与自己本质的疏离，只有依靠上帝。蒂里希作为神学家的任务，就是要从人们的心灵和社会中清除掉那些错误的上帝形象，代之以上帝真正的信息，就是要承认耶稣基督是上帝的化身，承认他给处于罪性中的人带来了救赎，通过信仰耶稣基督，人们可以获得新的存在，从而恢复自己的本质，回到与上帝合一的状态。

好，到这里，存在主义神学两位代表人物的思想就给你介绍的差不多了。马塞尔和蒂里希的思想都很丰富，在这里我只是给你大致梳理出了一条理解他们的线索。简单来说，马塞尔是从对时代问题的诊断入手，一路上升到上帝，为人类寻求心灵的安顿。而蒂里希是从上帝作为"终极关怀"的内容一路下降，诊断出时代的问题，并给人指出应对的办法。最终，他们指出的道路都是一样的，那就是面对虚无和绝望，只有上帝和耶稣基督才能给人提供救赎之路。

在这一讲的最后，我想引用蒂里希在《系统神学》里关于哲学与神学关系的一句话作为结束："**哲学与神学都会问关于存在的问题。但是它们从不同的角度发问。哲学处理的是存在本身的结构；而神学处理的是存在对我们的意义。从这个差别之中，出现了神学与哲学有时汇聚有时分离的种种趋势。**"

我想请你谈谈对蒂里希提到的"终极关怀"的理解，你人生里的终极关怀是什么？它如何安顿了你的人生？

参考书目

1. Gabriel Marcel，*The Mystery of Being*，trans. G. S. Fraser，London：The Harvill Press，1951.

2. Paul Tillich，*Systematic Theology*，3 vols.，Chicago：University of Chicago Press，1951，1957，1963.

精选留言

【Sencer】2021 年 10 月 17 日

  从某个层面上来看，任何人都将会遇到"终极关怀"这样的问题，对于每一个人来说，如何理解和诠释这样的问题，具有很重要的意义。为什么会这样说？因为只有把生命的存在以及存在的价值和意义理解清楚，才可以对自己有更清晰的认识。

  另一个角度来看，在认识自己的这条路上走得越远，就更有可能与自己和解，当一个人能够与自我完美的融合，更有可能立足于当下，消除一些不切实际的想法。如果说一个人能够在现实中活出真实的自己，那么在他的生命中就会因体验到真实而不会被虚无挟裹。

  从某些方面来说，那些热爱生命的人，大多数时候都会表现出更积极阳光的一面，即便是有暂时的挫折，也会在积极的行动中用乐观的态度替代因挫折产生的沉沦。不管是哲学还是神学，都具有一种让人产生谦卑的共性。也可以说，任何人都需要臣服在信仰与上帝面前，从某种意义上来说，任何让我们谦卑的智慧都是值得我们学习的智慧，只有真正懂得谦卑是何物的人，才能够用理性的视角去诠释"终极关怀"对人生的意义。

【天风】2021 年 10 月 17 日

  终极关怀无论设定为人格化的上帝抑或天神，还是非人格化的法权秩序(大梵)或是智识状态（绝对精神）抑或体验境界（涅槃），都是人为提升存在而设置的完满高线（永恒），但存在的底线不能忘却：活着。

存在主义哲学和存在主义神学共同之处都是竭尽"我思"的攀登以求能提升存在达到终极的"至全"，两者都要求思考者具有超人般的思考毅力。

不同之处在于存在主义哲学一直是带着存在本身（底线是活着）的思考，即灵魂带着肉体的奔跑，对未经存在本身理性审视的一切皆以偶然视之，尤其是对未经深刻拷问的信仰（信徒），哲学视之为对人之理性的抛弃而非超越，这样生活的人是精神上的懒惰者，因为单一教条的偶然生活迟早要死于偶然。存在主义神学教义的论证部分（神学家）也是带着存在本身的理性思考，不同之处在于最后阶段：如何成为上帝（上帝是纯粹，是形式，是灵）及如何实现：克尔凯郭尔给出"纵身一跃"的办法，这是灵与肉的缠斗最终以灵的全胜而告终，之前的一切善恶对抗和解释（摩尼教）似乎都只是为这一刻的到来。

"终极至全"对任何思考者来说都是思想的"脚手架"，只是哲学最终保持理性审慎不越过脚手架，正是因为它始终清醒所以始终痛苦；神学最终选择信仰勇敢越过脚手架，正因为它勇敢一时所以一时痛快。

【郭小皮】2021 年 10 月 17 日

终极关怀是不是宇宙意志，仍旧无法回答，人类身在其中，可能永远不会知道宇宙的目的。所以，终极关怀仍旧是人类给自己寻找的存在意义，想象自己将代表上帝，无论统治也好，无论服务也罢，都是上帝对世界万物的悲悯的具象化。

迄今，人类仍旧无可奈何地存在着，也存在着对存在意义的无力追求，其实，终极关怀反而是对自身之所以存在的创造，就像物理宇宙从空而来，因空才可以填充意义。这也是空杯心态吧。

神学和哲学是回答存在问题的一体两面。

（六）生存与意义：弗兰克的存在主义心理学

说起来，存在主义哲学和心理学是相伴而行的。它们之间的联系可以追溯到克尔凯郭尔、陀思妥耶夫斯基、尼采、胡塞尔这些存在主义运动的先驱，前三位通过半哲学、半文学的作品对人类的心理做出了精彩的描述和深刻的分析，而胡塞尔提供了现象学这个描述人类心理的新工具。之后，海德格尔、雅斯贝尔斯、萨特、加缪、梅洛－庞蒂这些存在主义哲学家，也同样对人的心理，特别是各种情绪做了出色的描绘。所以从他们的思想里发展出"存在主义心理学"也就是水到渠成、自然而然的事情了。

存在主义心理学家关注生存、意义、死亡、焦虑、自由、责任这些存在主义哲学关注的话题，从对这些问题的分析入手，解决患者的心理问题。从20世纪20年代开始，存在主义心理治疗就已经出现了，早期的代表主要是德国的奥托·兰克（Otto Rank，1884—1939）和瑞士的路德维希·宾斯万格（Ludwig Binswanger，1881—1966）。存在主义心理学也在第二次世界大战之后，伴随着人们的战争创伤和对创伤的治疗流行起来。而且不像存在主义哲学在耗尽了自己的思想资源之后，逐渐落下帷幕，存在主义心理治疗，因为可以更加直接地帮助患者，直到今天依然保持着旺盛的生命力。

提到存在主义心理学，有三个人的名字是最响亮的，第一位是奥地利的维克多·弗兰克（Viktor Frankl，1905—1997），第二位是美国的罗洛·梅（Rollo May，1909—1997），第三位是美国的欧文·亚隆

(Irvin Yalom，1931—)。在这期加餐里，我想聚焦在弗兰克的《活出生命的意义》上，因为这本书对存在主义心理学得以流行开来发挥了最大的作用。我们来看看弗兰克在集中营的经历和思考，与我们在课程里讲到的存在主义哲学有哪些共同的主题。通过这样的对比，我们可以看到存在主义哲学和存在主义心理学之间紧密的联系。

首先，弗兰克承认人生中有很多痛苦、偶然和荒谬，这些都是存在主义哲学家观察人生的出发点。而集中营的恶劣环境把人生中的这些负面要素推到了极致：囚犯被毫无理由地送进毒气室，纳粹士兵或者囚头会莫名其妙地殴打囚犯，粮食供应极度短缺，传染病随时可能爆发，昨天还躺在自己身边的兄弟今天就可能因为不堪重负而离开人世，等等。这大概是在现实的人生中能够遇到的最荒谬的境况了，远比萨特小说里的罗冈丹或者加缪笔下的默尔索面对的局面要荒谬得多，恐怕也超过了西西弗每天推石头上山的那种确定的痛苦。

在这种极端恐怖、随时可能死去的情况下，是什么支撑一个人活下去，而不是就此放弃生命呢？正是"意义"这两个字。这两个字既是存在主义哲学，也是存在主义神学和存在主义心理学的中心词。海德格尔和萨特都认为指向未来的筹划可以给人带来意义；加缪认为对生活当下的感受可以带来意义；而存在主义神学家则认为对上帝的信仰可以带来意义。

弗兰克肯定了所有这些获得意义的途径。他讲到集中营里的一个年轻女子，知道自己即将死去，但是在和弗兰克谈话的时候，却表现得很快乐，她说："我感谢命运给了我这么沉重的打击，以前我被宠坏了，从没有严肃看待过精神上的成就。"她指着眼前的一棵树说，"这棵树是我在孤独中唯一的朋友，我常常跟它交谈……它对我说，我在这里，我就是生命，永恒的生命。"读到这里，你是不是感受到了加缪在《局外人》最后写到默尔索在等待死刑时感受到的那种幸福？

除了这个姑娘之外，其他的囚犯也有可能在艰苦的劳动间隙，因为看到了美丽的朝霞或者夕阳，因为看到了其他囚徒表演的节目，而感到瞬间的、当下的意义，从而燃起继续活下去的勇气。

在集中营里，更多的时候人们是通过展望未来获得意义的。他们支撑自己活下去的最大动力就是集中营外面有自己爱的人在等着他们，不管是父母、妻子还是孩子。像弗兰克这样的学者还想到要完成自己的著作，他珍惜能够找到的一切纸片，记录下自己的观察和思考。宗教信仰也是一种指向未来的力量，即便犯人们缺吃少喝，缺医少药，但是依然可以看到很多人聚在一起虔诚地祈祷。不管在那个极端的环境中，这些对未来的展望看起来多么不切实际，它们毕竟给人提供了活下去的勇气和动力，让他们感到自己是独一无二的，不可或缺的，不管是因为家人的需要而独一无二，还是因为科研的需要独一无二，或者是因为被神眷顾独一无二。这种对未来的展望也是弗兰克开创的存在主义心理治疗最关注的方面。通过谈话和分析，帮助每个人找到属于他的独一无二的意义，正是弗兰克生活中最大的意义。

在现在和未来之外，弗兰克还观察到了过去对于确立意义的作用，这一点是他给存在主义哲学做的一个很有价值的补充。有一次他和狱友一起在寒风中走向工地，突然旁边的人说："如果我们的妻子看见我们这个鬼样子会怎么样？"这句话勾起了弗兰克对妻子的无尽怀念，他感到自己在和妻子对话，仿佛看到了妻子的微笑和鼓励，那一刻他意识到，人们可以通过回忆所爱的人获得意义和满足。一个人过去的经历，在有些时候甚至比未来更有价值，因为未来只是尚未实现的潜能，而过去已经实现了。一个人经历过的事情是任何人都不能剥夺的，曾经的存在是最确定无疑的存在。他说："悲观主义者就像一个人怀着恐惧和悲伤看着墙上的日历每天被撕掉一张，随着每天流逝越变越薄；而积极应对生活中的问题的人，就像一个人每天从日历上摘下一页，首先在背面写上日记，然后再把它们整齐、小心地摞在一起。他可以带着自豪和愉快回忆日记中的丰富内容，回忆他以最充实的方式过完的人生。"这段话说的很有诗意，从这里弗兰克进一步推论，老人并不需要羡慕年轻人拥有无限的可能性，因为他们拥有更多的确定性，特别是当他们无悔于自己的人生时，能够体会到充实的意义感。

这么看来，只要你找对了那个锚定意义的点，不管是现在、未来还是过去，都能给人带来意义。在集中营里，找到生活的意义不一定能活下去，因为毕竟还有很多外在的、偶然的、个人无法掌控的因素，但是一旦失去了意义一定活不去。在集中营里，每个人都动过自杀的念头，对抗这个念头，坚持不放弃希望是非常困难的，而"意义"正是让人不放弃希望的关键。在书中，弗兰克多次引用了尼采在《偶像的黄昏》中的名言："**拥有了为什么生存的人，就可以忍受几乎任何生存。**"集中营的环境最大化地展现了人性中的坚韧，不管是多么恶劣的境况，人都有可能挺过来。

说完了意义，我们再来说说"自由"和"责任"。集中营的残酷环境确实对人的思想和行为有着巨大的影响，囚犯们展现出了相似的模式。第一阶段通常都是震惊和痛苦；之后就是对他人的冷漠和暴躁。但是即便在这样的环境下，人也不是被环境**决定**的，他们的**"自由"**依然可以闪现光辉，因为依然有人会去安慰别人、会把自己的最后一点面包送给别人。弗兰克说，即便这样的人很少，只要他们还存在就足以证明，我们不能从人们那里剥夺自由，我们总是可以选择自己的态度和处事方式。你的每一个选择"决定了你是否臣服于威胁剥夺你自我和内在自由的暴力，决定了你是否会成为环境的玩物，是否放弃自由和尊严而被塑造成标准的囚徒"。弗兰克的这些观察和感受，是不是印证了萨特所说的那种"绝对的自由"或者"自由的重负"，即便在集中营这样的环境里，我们依然是自由的，依然可以选择自己面对这个环境的态度，而我们的选择，决定了我们是一个什么样的人，是否保持了人的尊严。

弗兰克讲了这么一个故事，让我很有感触。故事的主角是他待过的最后一个集中营的司令官，他当然是一个纳粹，但是他会自己出钱偷偷给犯人买药，也从没有动手打过任何一个犯人。所以在解放之后，三个犹太犯人把这位司令官藏在了森林里，然后跟想要抓捕他的美军谈条件，说他们可以帮美军找到这个司令官，条件是不要伤害他。这个令人温暖的小插曲显示了，即使是一个纳粹军官依然有选择的自由，尽量少做恶、多做一些好事，这就和从不试图违抗命令，甚至积极作恶的艾希曼形成了鲜明的反差。

这种对意义的追寻和对自由的选择，给人带来了相应的责任，甚至是责任的重负。和海德格尔、萨特一样，弗兰克也不会直接告诉你，什么样的选择算是本真的选择、算是找到了人生的意义。人生意义的问题没有一劳永逸的和普遍性的答案，需要每个人在每一天、每一刻给出属于自己的回答。弗兰克也承认，对意义的追寻会给人带来压力和紧张，它确实是某种负担。但是根据他的观察和心理学家的研究，这样的紧张不仅不会伤害一个人的心理健康，反而会对心理健康有利。他做了一个很有趣的比喻，说建筑师如果想要加固年久失修的拱门，就要加大而非减少拱顶上面的负重，这样才能让拱门的各个部分更加紧密地结合在一起。我们的心理和这个拱门很像，需要一定的压力去保持健康，而我们承受压力的能力往往比自己认为的更强，只要这种压力是来自意义感的正面的压力，而不是来自焦虑、绝望之类的负面压力。

最后，我想引用弗兰克在讲到自由与责任关系时的一句话来结束这一讲："**自由只是整个现象的消极方面，它的积极方面就是责任。事实上，如果不根据责任生活，自由就有沦为单纯放纵的危险。**"

如果你还没有读过弗兰克的这本《活出生命的意义》，我强烈建议你去读一读这本内容丰富、感人至深的小书，也期待你分享读完之后的感想。

参考书目

Viktor Frankl, *Man's Search for Meaning*：*An Introduction to Logotherapy*，Boston：Beacon Press，2007（中译本《活出生命的意义》，吕娜译，北京：华夏出版社，2018 年）.

精选留言

【从心所欲不逾矩】2021 年 10 月 26 日

"有一种鸟儿是永远也关不住的，因为它的每一片羽毛都闪烁着自由的光辉"，不期然想到了这句话。

听完这讲，对安迪的理解也更全面了。安迪是自由的，不仅仅在于他对自由的渴望且最后逃出了肖申克，更在于他的回忆、他的过去、他的思想，无一不支撑着他在这个限制人、同化人的监狱中保持真实的自我。

那些狱囚的过去其实是消失了，仅剩下现在和未来无意义的、日复一日的监狱生活，以及各自的编号。而安迪的过去没有被剥夺，他的回忆和过去，以及生发于此的思想，就是自由的土壤，哪怕他最终没有逃出去，他也是自由的。

【半支烟】 2021 年 10 月 26 日

在网上看过一段视频，内容是一个警察抓住了一个人并给那个人戴上了手铐。但是就在这时警察突然因为口香糖卡住了呼吸道，他在痛苦中挣扎着。这时候那个被铐住的人示意警察打开他的手铐让他来帮助他。在这种情况下当然可能存在警察打开手铐而犯人逃跑的情况，但警察似乎也没有其他选择。但随后发生的事情并没有按照博弈论所设想那样发生。手铐打开之后警察得到了救助，而在这之后那个人伸出自己双手让警察再把自己铐上。而警察并没有那么做，他让那人离开了。

我想这一小段视频会让很多人感动，因为这种人与人之间的关系让我们看到了人性中其他的可能性。但应该也会有人感到困惑，比如被铐住的人究竟犯了什么罪？警察这样是不是违背了自己的职业操守？

但是，我想从存在主义的角度来看，这是一次人性的胜利。就如同弗兰克在集中营看到的那种人在极端状况下的处境。我们无所不处于各种各样的系统之内，而各种各样的系统也赋予了我们各种各样的角色。当我们只以自己被赋予的角色来面对这个世界的时候，我们就成了平庸之恶的艾希曼。而我们生命的意义也就被各种系统赋予的角色所取代了。

我想，生命的一个意义也就是跳脱出各种系统赋予的角色。在这之后我们会发现人生的其他可能性并选择我们愿意投身其中的。

选择是人生意义的来源，而发现选择也就是人生意义的开始。

【摩尔斯天羽】 2021 年 10 月 28 日

存在主义心理学家关注生存、意义、死亡、焦虑、自由、责任这些存在主义哲学的话题，从对这些问题的分析入手，帮助患者解决心理问题。

我想到的是《美丽人生》这部电影，主角圭多和乔舒亚父子，被送往犹太人集中营。电影里有几点值得注意。

第一点，是多拉的表现，虽然她知道集中营是很惨的，但她依然决定要和家人一同前往集中营，这是她自主的表现，她不愿意苟活于世，而是选择一起面对。

第二点，是在惨无人道的集中营里，圭多一面千方百计找机会和女监里的妻子取得联系，向多拉报平安，一面要保护和照顾幼小的乔舒亚，他哄骗儿子说这是在玩一场游戏，遵守游戏规则的人最终能获得一辆真正的坦克回家。当解放来临之际，一天深夜纳粹准备逃走，圭多将儿子藏在一个铁柜里，千叮嘱万叮咛让乔舒亚不要出来，他打算趁乱到女牢去救妻子多拉，但不幸的是他被纳粹发现，当纳粹押着圭多经过乔舒亚的铁柜时，他还乐观地、大步地走去，暗示儿子不要出来，但不久，就听见一声枪响，历经磨难的圭多惨死在德国纳粹的枪口下。他用自己的生命给孩子塑造了一个美丽的谎言和欢乐的童年。

第三点，是圭多的妻子和儿子，正是因为他们的配合，正是因为这份信任，才让圭多有了坚定下去的信心。

第四点，是儿子，纵然环境多么恶劣，纵然现实多么残酷，但他有自己的信念，想要一辆真的坦克，他强忍了饥饿、恐惧、寂寞和一切恶劣的环境。

这一家人，用自己的行动诠释了，在那个黑暗的时代，他们依然坚定了自己的信念，找到了自己的目标。

【兔兔 核安全运营顾问 EDF】2022 年 2 月 2 日

《活出生命的意义》：我在这里，我就是生命。

和这本书的相遇是我去年最美好的回忆，都不是之一。

我以前觉得如果要一个人去荒岛生活，只能带一本书，那我的选择毫无疑问是《红楼梦》。但当我看过这本书后，我觉得这个选择不再是毫无疑问了，这本书能给我活下去的理由。

所以当我在这门课上得知这本书和存在主义的渊源后，惊喜感动满溢。

那个小姑娘和外面的树的故事，当时看到就让我浑身战栗，觉得自己过去有什么资格抱怨人生，感觉到生命本身的脆弱表面下的强健意志。

每个人都在追寻人生的意义，我想很多人跟我一样，知道每个人的答案都不一样，但是觉得一旦找到了就一劳永逸了，可以紧紧抓住然后人生就靠这个答案来指引了。而其实很多奉献生命给超越自己个体生存境遇的杰出的人，在一生中也是在不断反思寻找确定其生命的意义的。

引用课程里面的一句话自勉："人生意义的问题没有一劳永逸和普遍的答案，需要每个人在每一天，每一刻给出属于自己的回答。"

（七）迷失与噩梦：大卫·林奇的存在主义电影

　　这个加餐，我们来聊聊我给大家准备的存在主义电影榜单里的一部很难懂的神作：美国导演大卫·林奇的《穆赫兰道》。

　　2021年正好是《穆赫兰道》上映20周年的纪念。2001年林奇凭借这部电影夺取了戛纳电影节的最佳导演奖。20年后，戛纳电影节修复了这部电影的4K高清版，在经典单元放映。英国广播公司BBC在2016年曾经找了36个国家的几百个影评人投票，评选"21世纪最伟大的100部电影"，结果《穆赫兰道》高票当选榜首。这部具有超现实主义风格，底色暗黑，又出了名的难懂的电影为什么能获得这样的声誉？林奇的艺术风格和存在主义的哲学理念之间有什么样的关系？我在这期"加餐"里就来尝试为你做一些解答。

　　因为下面的内容有点复杂，我会尝试着略去所有关于林奇和这部作品的拍摄背景，直接告诉你《穆赫兰道》讲了一个什么故事。之所以说"尝试"，是因为这本身就是一件很困难的事情。在这部电影上映20年后，一个记者采访林奇，结果发现，作为导演，林奇自己可能都不清楚《穆赫兰道》里到底发生了什么。片中的男主角贾斯丁·塞洛克斯（Justin Theroux）在拍摄前不断向林奇询问这场戏到底在拍什么，故事线进展到哪里，而林奇只是回答说"我也不知道，我们拍出来再看。"

　　造成《穆赫兰道》的叙事和时间线非常混乱的一大原因在于，林奇在现实与梦境之间不断交替，主要角色身份的错位和视角的置换，除了这些林奇还不断抛出一些观众分不清楚是不是重点的零散细节。这些都是为了营造出人在做梦的时候，那种梦幻和似真非真的精神状态。

说实话，总共两个半小时的电影，前面的两个小时没人分得清楚什么是真的什么是假的，什么是已经发生的什么是还没发生的。好不容易坚持下来的观众会在最后半个小时发现自己之前看的角色和身份完全安错了人物，所有对话的意思都要推翻重新理解。

穆赫兰道是洛杉矶好莱坞山区的一条蜿蜒的公路。电影一开场展现了一场在穆赫兰道上发生的车祸，一个褐色头发的女子幸存了下来，受伤后她失去了记忆，惊魂未定，一路走到洛杉矶的城区，溜进一间公寓藏身。

第二天一早，这位女子发现公寓里搬进了一个叫贝蒂的金发姑娘，她有着甜美阳光的笑容，来洛杉矶追求明星梦。贝蒂问她是谁，这个失忆的女子看到了房间里的一张电影海报，于是随口说出自己叫丽塔，是一个女演员。然后贝蒂在丽塔随身携带的包里发现了一大笔钱和一把蓝色钥匙。

同时，在洛杉矶城里，电影导演亚当被黑帮分子威逼利诱，要求他启用一个叫卡米拉的无名女演员。亚当拒绝后回到家里，发现老婆出轨，还被老婆和情人赶出了家。流落街头之后，亚当发现黑帮分子冻结了他的银行卡。

贝蒂和丽塔去了一家咖啡馆，在那里丽塔想起自己的名字叫黛安娜·赛尔温。她们从电话号码簿上找到了黛安娜的电话，但是电话无人接听。之后贝蒂去参加一个试镜，导演正是亚当。贝蒂的表现大受好评，然而亚当不得不屈从于黑帮势力，选择了卡米拉。离开后贝蒂和丽塔找到了黛安娜的公寓，结果在房间里发现了一具已经死了好几天的女尸。两个人被吓得魂飞魄散，慌忙跑回了贝蒂的公寓。

凌晨两点，丽塔突然醒来，坚持要去一个叫"寂静"的剧院。台上的女歌手用西班牙语唱着歌曲《寂静》，表演撕心裂肺。贝蒂听得浑身颤抖，泪流满面，然后竟然在她的包里发现了一个蓝色的盒子，正好和丽塔的蓝色钥匙相符。回到公寓后，丽塔打开盒子的锁，盒子掉到了地上，贝蒂和丽塔都消失了。

这就是电影前两个小时的主要内容。在影片的最后三十分钟里，观众看到贝蒂在床上醒来，刚刚发生的一切好像都是她的一场梦。她的真名也不叫贝蒂，而叫黛安娜。她面色颓废，落魄潦倒。她的真实身份是一个来好莱坞闯荡，却屡屡不得志的女演员。而之前的丽塔现在变成了黛安娜的女友，是一个叫卡米拉的当红女演员。

在卡米拉的邀请下，黛安娜来到导演亚当家里参加派对。在派对上，卡米拉和亚当宣布了自己订婚的消息。黛安娜在一旁看着，泪如雨下。出于嫉妒和愤恨，黛安娜雇了一个杀手去杀死卡米拉。杀手告诉她，一旦事成，黛安娜会看到一把蓝色钥匙。影片的最后，黛安娜看着自己公寓里茶几上的蓝色钥匙，掏枪自杀。在背景声中，寂静俱乐部里的女人低声说"安静"。

这就是《穆赫兰道》的"故事"。两个半小时的观影体验，就如同一个人把一场噩梦重现了一遍，而在黑暗和恍惚之间，我们也分不清楚这是不是梦，是谁的梦。到底哪一个角色是真实生活着的人物，哪一个角色是被梦虚构出来的？到底发生了什么事情，没有发生什么事情？

时至今日，各种关于《穆赫兰道》的解读依然层出不穷。有心理分析的解读，认为贝蒂是黛安娜幻想出来的人物，因为前者的性格、魅力、运气和爱情都是后者渴望得到却始终没能拥有的。另一些人支持平行世界的解读，认为一个世界里贝蒂是另一个世界里的卡米拉，片中发生的事情都发生了，只不过没有单一的现实。还有人支持莫比乌斯环的解读，认为其中的时间线没有开端也没有结尾，没有先后顺序，现实如梦境一般，做梦者在其中分不清楚自己是谁，想不明白前后因果。还有人认为，这是林奇对于"好莱坞梦"的批判，因为在好莱坞，幻觉和执念、爱与恨总是共生的。甚至有人认为，这部电影完全不需要解释，也不能够解释，因为费解和迷幻就是电影本身要传达的意思，任何分析都损害了林奇的电影世界中现实本身的荒谬感。面对这么多争议，林奇本人也从来没有就这部电影的故事和象征意义给出过任何明确的说法，他似乎在享受观影者给出各种光怪陆离的解读。而这种话题性和开放性，也在很大程度上造就了这部电影的经典地位。

《穆赫兰道》跟林奇的众多作品一样，都刻着深深的存在主义印记。在其中，我们可以看到现实和梦境之间的虚实分界被打乱，对于世界的感受和审视充满了无序和不确定，对于自我的认知变得模糊和可疑，甚至观影体验本身都有一种让人眩晕和恶心的感受。在我看来，**《穆赫兰道》表现了两个存在主义十分关心的主题，一个是"自欺"，另一个是"主体"**。

萨特告诉我们，人们在生活中经常自欺，以此来掩饰让人难以接受的虚无的真相，或者避免承担自由的负担。借由自欺，人可以逃避生存的真相，也就是荒谬性。加缪也认为，当生活的荒谬性显露出来，存在被剥夺了意义，人类往往对自己感到陌生，这会让人产生深刻的焦虑，从而引起一种"对死亡的渴望"，所以，自杀才会成为唯一严肃的哲学问题。如果我们把《穆赫兰道》的前两个小时看作黛安娜的梦境，那么她无疑在梦境里装满了谎言，以对抗在职业上的不如意和情感生活的挫败。在梦里，她创造了一个微妙的、自欺的网络，在梦里，她阳光开朗，人见人爱，情场得意。然而，正如存在主义者所警告的那样，生活中的严酷现实是无法否认的。黛安娜的幻觉并不能使她永久免疫。最终，生活中的残酷事实冲破了她的幻觉网络，直至最后她承受不住，举枪自杀。

正像萨特和加缪指出的，这个世界是混乱的，自欺往往是人们用来从混乱中划出现实的过程，在这个过程中，人们似乎得到了绝对的真理、实在和主体，而往往忘记了这一切其实是被构建和创造出来的。这也就带我们来到了《穆赫兰道》中第二个存在主义的关切，那就是建构与流动的主体性。

胡塞尔现象学的出发点就是要打破传统哲学的主客二分，要从出现在意识中的现象入手去进行哲学讨论。正是这个新的出发点，启发了海德格尔和萨特的存在主义。对于存在主义者来讲，主体是谁、是不是具有确定的性质，并不重要，重要的是有什么现象出现在了意识之中，主体是由这些现象构建出来的，是在生成之中的。《穆赫兰道》看起来就贯彻了这样一个基本原则。这部电影中的主体究竟是谁，几乎是一个谜。电影的主角似乎是贝蒂，但很快我们就发现她可能是一个由梦境虚构出来的人物。说主角是丽塔也很牵强，她的戏份明显不足，连台词都寥寥可数。那么主体是坐在影院里试图拼接和勾连故事，找到逻辑和意义的观众吗？好像也不是。

这部片子拒斥任何理性的解释和稳定的视角。即便勉强拼凑出一个看似完整一致的故事，那也不是《穆赫兰道》的故事本身。这个故事中的主体，完全不是一个清晰、理性、明确、可以分析、可以理解的实在，而是一个在现实和梦境之间，在意识和潜意识之中，需要每一个人去努力猜想和拼凑的东西。主体在真假虚实之间不断流变，不断转化。电影中的人物和电影外的观众对于故事的走向都一无所知，无能为力，只能跟着故事本身的混沌一路向深渊滑去，被包围在深深的无力感和恐惧感之中。这种稳定主体的消失和对意识内容的强调，正是存在主义的一个重要特征。

除了自欺与主体的意识之外，《穆赫兰道》还展示了生活的**虚无与荒谬、寄希望于外在意义的幻灭、寻找自我的努力**这些同样非常具有存在主义哲学特征的主题。

此外，看这些难以理解的电影时，我也会时常想起伽达默尔说的**"视域融合"**。我们难以理解这些电影，难以在如何阐释它们上达成共识，一个重要的原因就是我们无法进入像林奇这样的"鬼才导演"的生存境遇，而他因为拒绝彻底袒露自己的思想，让这种"融合"变得愈发困难。不过这也给我们带来了某种痛苦又快乐的独特感受。

最后，我想引用当代著名思想家齐泽克（Slavoj Žižek，1949—　）评论大卫·林奇的一句非常耐人寻味的话作为这一讲的结束：**"现实被反转成就了真相，主体视角被反转成了客观的凝视，也就是说，我们进入了一个黑洞，在现实的纹理中找到了裂缝。"**

我请你分享一下你在观看林奇电影，特别是观看这部《穆赫兰道》的感受，它或者它们让你想起了哪些存在主义的概念？

参考书目

1. 大卫·林奇、克里斯·罗德雷：《与火同行：大卫·林奇谈电影》，冯涛译，北京：新星出版社，2017 年。

2. 大卫·林奇、克里斯汀·麦肯纳：《梦室：大卫·林奇传》，胡阳潇潇译，桂林：

广西师范大学出版社，2020 年。

3. Slavoj Zizek, *The Art of the Ridiculous Sublime*, Seattle：University of Washington Press，2000.

精选留言

【Super Tank】 2021 年 10 月 26 日

鉴赏《穆赫兰道》的时候，"黑色电影"这个关键词是我们不能忽视的。这个词由法国作家和影评家尼诺·法兰克首先提出，是指主要归属在侦探片或犯罪片中的一种特殊电影风格。所谓"黑色"，主要是用来描述该类电影的风格晦暗、悲观且愤世嫉俗。

在《穆赫兰道》中，大卫·林奇并没有从一般意义上去处理梦魇。他非常具体地把这个梦指向好莱坞的社群、体制、机构。从中我们不难看出他戏仿、挪用和反讽好莱坞 1950 年代"黑色电影"的意图。

1950 年代好莱坞"黑色电影"一个非常典型的情景就是失忆，我们在《穆赫兰道》中也恰巧看见了失忆，以及由失忆形成的记忆空洞，它既是悬念，也是一个存在主义者眼中的世界。

这种存在主义者眼中的世界，不是加缪式的，毕竟加缪具有某种积极和坚韧，具有对人的主体性和尊严的确认，它更像是萨特式的，一切可以归于荒诞，他要确立荒诞的绝对性，似乎反复在提醒我们：人类的地狱是人类自己造成的，他人即地狱。

【从心所欲不逾矩】 2021 年 10 月 26 日

说起来，当初看《穆赫兰道》，我还是个"未成年"，是在高中时期。当时看电影喜欢"被剧透"，总先去了解下这部电影的梗概甚至结局，因为不想体验那种等待结局的焦躁心情。但《穆赫兰道》是少有的直接看的一部，因为不知道从哪里听说这部电影很难懂，那我偏要懂，证明自己厉害，出于这种在今天看来相当幼稚的心态，便雄心满满地去看了。

各种细节已经记不清了，只记得当知道之前看到的都是一场梦，就开始感受不到自己的呼吸，似乎紧绷着，又好像全身毛孔张开，像是一下子陷入了真空。这才开始全神贯注投入这部电影，直到那些梦境与现实的交错联系展现完毕，才放松下来。

回想这种状态，就像是海德格尔所说的被"抛入"这个世界，完全没有进行主动思考，只是跟着情节一步步接收信息，最终形成了脑海中的印象。我只是被动地反映着，却也由此确切获得了这部电影在我意识中的存在。

但出于不自觉地"逃避思考"，感受到了它的复杂，一知半解又是我的常态，我便没有再深想下去。现在想来，我这就是"常人"的"沉沦"啊。

其实，电影中的各个角色也可以说是处在"沉沦"状态。身处好莱坞，把其中的种种现实当作"本就如此""应该如此"，被外界呈现在意识中的一切推着、裹挟着去选择、去行动，而从未以自觉的状态去思考和判断自身的处境。

身为电影故事的局外者，我们或许可以"在现实的纹理中找到裂缝"，产生自己的思考，但局中人却只有"沉沦"，走入似乎命定般的结局。

【马慧】2021 年 10 月 26 日

我也不慎在未成年时期就看过了这部惊悚片，后来回想，其实全片惊悚镜头只有两个（墙后的怪物和床上的尸体），真正令人喘不过气的是无处不在的恐慌感和心理压迫。

我个人比较接受的说法是，从第二个镜头开始，现实生活中事业不如意、被导演夺走了爱人、嫉恨之下买凶杀了自己女友的黛安娜就进入了梦中，剧院演唱结束后，蓝盒子一幕回到现实。

黛安娜构筑的"自欺"之梦中，一类事件在表达自己心里的渴望，梦中姨妈给了她豪宅和人脉，她在好莱坞大获成功，现实中提携她的女友卡米拉反而失忆需要她照顾。一类事件在反映她的恐惧，比如接二连三失手的杀手，表达了她怕买凶事件暴露；墙后的怪物其实是她和凶手约定好去拿卡米拉死亡证据的乞丐，她害怕面对这个事实。还有一类就是纯粹的自欺，对现实的掩盖，比如她不愿承认选角中卡米拉靠不光彩手段上位而自己落败，于是把导演梦成了一个傀儡，玻璃背后的人内定了角色，操纵了这一切（此处林奇大骂好莱坞！）。

我自己最喜欢的部分是，这部把"梦"的负面性拍得好好。现实中遇到的陌生人随机入梦，说一两句莫名其妙的话然后消失了。所有的恐惧都会放大，而想留住的好事儿都不可控，接二连三崩塌，随着复杂性增加，当事人连感受梦境都变得艰难……

再说与存在主义的其他关联，觉得可以从导演大卫·林奇这里看到两处。一是，"对于他的成长过程，大卫林奇回忆说，一切都是十分美好的记忆。他的家乡风景优美、环境舒适，而且满街都是一起玩耍的好朋友。那整片天地就好像梦境一般，澄蓝的天空、竹篱笆的栅栏、青翠的草原、门前的樱桃树……总之就是美国中部那种如诗如画的景色。他的父母不抽烟、不喝酒，甚至也不太吵架，简直就是完美的夫妻典范。尽管如此，大卫林奇却说他老是觉得生命并不是那么简单的，一定有什么不对劲的事情在他看不见的地方悄悄萌芽，他对这样的生命预言感到十分恐惧。"这是否就是一种对常人生活的觉知，并且他在日后的电影生涯里用力地反叛！

二是，看到一则影评写，"大卫·林奇压根就不想靠故事的感染力来打动人，他的真正目的在于让观众感受到一种视点/立场的切换，并从这种颠覆性的切换中，获得一种自我内省的独特经验。"那么这就是很接近存在主义的一种体验。

总之这是一部永远值得玩味的电影，甚至有影迷建立了电影讨论网站，走上了遥远且离谱的"索隐派"道路……

【学无止境】2021 年 10 月 26 日

没看过这部电影，不过从老师的描述中可以感受到这部片子描述的那种混乱与怪诞，从时间线上看，影片最后女主自杀后应该衔接着贝蒂和丽塔发现女尸的那一幕吧。

感觉这部片子的核心在于对"理性"的反思，通过错乱的时间、现实与梦境的切换，为观众在理性之外推开了一扇观察世界的大门，让我们更加直观地感受生活荒谬与虚无的一面。

在"自欺"和"主体"之外，我还挖掘到了两个看点，一是"视角"，二是"潜意识"。感觉林奇导演借助现实与梦境两个视角，阐释了尼采关于"不同人眼中的现实并不相同"这一观点；又借助女主两个身份的切换，挖掘了"潜意识"这个存在于每个人生命底层的东西，上面这些都从深层次揭示了我们日常"理性"的局限与不可靠，从而引起我们对"人之为人"的深入反思。

不过坦率地讲，我觉得这部影片在存在主义的阐述上有点虎头蛇尾，解释了世界的荒诞与虚无之后没有提出一种观点，引导观众去应对生活的荒谬，因此，反而有点落入虚无主义之嫌了。

【Sencer】2021 年 10 月 26 日

虽然说没有看过《穆赫兰道》这部影片，但是从老师的阐述中可以感受到主角的那种自欺与主体的纠缠。每一部影片的导演都会想传递出一种自己对世界的理解和认识，当我们在观看那些影片的过程中，不可避免地用已知的情节去推演下一个情节，正是有了这样确定性思维，才让我们形成了一种自欺的认识。

在现实生活中，当我们遇到原来以为的不是我们以为的那样的时候，就会产生一种迷失的感觉，在这种感觉的影响下，经常会有一种没着没落的虚无。想要摆脱这种虚无，就需要用一种主体的意识去与真实的场景触碰，在触碰之中才能够感受到自我的存在。

某些方面来看，自欺是一种幻想中的真实，主体才是一种真实的存在。但是，我们却总是会在自欺中而不自知，乃至于在真实的世界中会无所适从。其实，摆在每一个人的面前都是一些真实的问题，只是有的人为了逃避失败而选择用另一种方式替代原来希望的生活，结果总是在觉醒的时候用一种自欺的方式麻痹自己。处于麻痹状态的人们是不可能清楚地看清眼前的世界。

另一个角度来看，人总是会有多种选择，在众多选择中，不是在自欺中活着，就是在主体觉醒中死去。那些活着的只是我们的躯壳，死去的是那些曾经追逐过的梦想。如果人生可以重来，或许每一个人都会在自欺中觉醒。可是人生没有如果，有的只有在黑暗中一点点探索主体的真实，只有用智慧之光才能点亮主体身上的光芒。

【洛洛】2021 年 10 月 27 日

《穆赫兰道》观影之胡思乱想——

电影《穆赫兰道》开始，就是一场车祸的发生，整个电影正好借"失忆"的状态进行。

失忆症，是指大脑不能回忆过去经历的事，或不能有效记忆正在发生的事。那么，我们可以把人的意识丧失了对过去和客观现实的辨识，当作一种失忆。

失忆的特征是因为无法辨识"混沌"而导致错乱，这样看来，一旦人的意识脱离或者背离了人的现实存在，便呈现一种混沌－错乱的失忆状态（如形容某人"痴人说梦"）。然而，更加错乱的是，混沌－错乱状态，又或许是意识对现实真相的逼近（参考精神病学中的治疗方法——"催眠术"）；人与人之间的视域无交集或不相容，导致人与人之间常常无法理解彼此，也仿佛处在一种混沌－错乱的失忆状态（参考荒谬、戴着面具生活、人设等概念），而关系中的矛盾——亲疏处理得好与不好，直接影响着人的幸福指数，甚至生存－生命的安全，使人产生焦虑和痛苦。

这样看来，失忆－混沌－错乱，正好用来诠释"生活是一团麻""剪不断理还乱""才下眉头又上心头"这样一种"痛苦－荒谬－无常"的人生状态。

语言的苍白－单薄不足以表达现实的丰富－复杂，说得出口的总感觉"挂一漏万"，导演大卫·林奇的思考极其复杂－丰富，或许，还有些离奇－错乱，幸而他是电影导演，于是用电影的手法，很容易（相比说话）再现了混沌－错乱的场景。混沌－错乱，在这里不是贬义，而是一种包容（扩容），包容到返璞归真，模糊了概念模糊了边界模糊了是非，处在一种失忆状态——是意识映照现实，还是现实映照意识；抑或，是意识指导现实，还是现实指导意识；再抑或，意识与现实像莫比乌斯之环，不辨里外－首尾。不得而知。犹如庄周梦蝶，不知梦里梦外，亦不知庄周乎蝶乎。

解梦者，有说梦预示着现实如何如何；又有说日有所思夜有所梦。真真是，假作真时真亦假，亦真亦幻难取舍。

这部电影《穆赫兰道》，讲真，没看懂和说不清楚真是两回事。

电影，是一种对话载体，有时候，会意就好。会意，难道不是对话的一种升华么……

记得有一句歌词："确认过的眼神，你是我想找的人……"这种打包式的"秒识秒知"以简驭繁穿越了多少时空啊，说得清楚不，需要说清楚不……

【Jessie W】2021 年 11 月 1 日

我认同《穆赫兰道》是"拒斥任何理性的解释和稳定的视角"的，它更像是一场噩梦。我也认为《穆赫兰道》被过誉了，很多人都是因为看不懂，所以才认为这部电影很深刻，殊不知这部电影本身就没追求被懂，导演本人并不希望观众得出一个确定的解释，他更像是在追求一种迷幻药之后的幻觉似的叙事风格。以至于我看完后觉得自己被导演耍了。

说到存在主义电影，让我印象最为深刻的还是《搏击俱乐部》的上帝死了，自我毁灭 + 毁灭世界的偏激。《银翼杀手 2046》中男主一直以为自己是独一无二的存在，是机器人世界仅存的人类，这也构成了一直以来他活着的意义，而片尾得知真相后在白茫茫的雪地里虚弱地倒下，但我想，机器人以为自己是人类的经历对他而言是不可取消的经历。还有《出租车司机》里德尼罗对着镜子的 to be or not to be。《薄荷糖》李沧东借着薛景求喊出的那句绝望的嘶吼：我要回去。

很开心刘玮老师写电影！

（八）荒谬的悲喜剧：贝克特的存在主义戏剧

在最后一个"加餐"里，我们来说说最著名的存在主义戏剧作家：萨缪尔·贝克特。提起贝克特，我相信你最熟悉的一定是他的《等待戈多》。有人曾经说："不是每一个人心里都有一个上帝（God），但是每个人心里都有一个戈多（Godot）。"

我们通常把贝克特的作品归为"荒诞派戏剧"（Theatre of the Absurd）。"荒诞"其实就是我们在讲加缪时说的"荒谬"，只是对同一个词两个不同的翻译而已。荒诞派戏剧的灵感直接来自存在主义哲学，要展现人类生活中的荒谬感和无力感；荒诞派戏剧的结构往往是环形，或者是无序的，起点归于终点，终点回到起点，情节毫无缘由地发生，对白任意而混乱。贝克特是荒诞派戏剧最重要的代表，除了他之外，还有欧仁·尤内斯库（Eugène Ionesco，1909—1994）、阿图尔·阿达莫夫（Arthur Adamov，1908—1970）、让·热内（Jean Jenet，1910—1986）等一大批作家。

接下来我就结合贝克特的生平，来给你讲讲他早期、中期和晚期的三部很有代表性的作品。

萨缪尔·贝克特1906年4月13日出生在爱尔兰的都柏林。大学毕业之后到巴黎高师教英文，结识了创作了《尤利西斯》的爱尔兰著名文学家詹姆斯·乔伊斯。之后贝克特给乔伊斯当了一段时间助理。这段经历对贝克特产生了巨大的影响，之后他辞去了教书的工作，成了一名全职作家。

不过他的作家之路并不平坦，刚开始一再被出版社拒稿。他1936年完成的小说《莫菲》遭到了42次拒稿之后才在1938年出版。这部小说算得上是贝克特最中规中矩、情节最完整的一部作品了。即便如此，里面依然是时间错乱、主次不明，人物性格怪异、行事乖张。小说主角莫菲毕生的愿望，是尽量避免和世界发生任何实质性的关系，彻底放弃寻求一切意义，过一种近乎虚无的生活。在一个废弃的公寓里，莫菲把自己一丝不挂地绑在摇椅上，坐在黑暗中来回摇晃，这就是他心目中的理想生活。后来，莫菲认识了一个善良的妓女西莉亚，西莉亚说服莫菲去找一份工作，结果莫菲选择了在一个精神病院里当护士，希望这样自己也能发疯，过上脱离现实的生活。实在看不下去莫菲的这种生活状态，他的朋友们联合起来，想要一起去劝说他振作起来好好生活，结果却发现莫菲把自己烧死在了房间里。这群来鼓励莫菲的人，也没有花什么时间来哀悼他，就随便派了一个仆人按照莫菲的遗愿去安放他的骨灰。结果这个人在酒吧里跟人发生了争吵，打翻了莫菲的骨灰，最终骨灰和沙土、啤酒、烟蒂、碎玻璃、唾液和呕吐物搅成一团，被扫地出门。你看看这一连串荒谬的人物和场景，是不是很符合存在主义哲学揭示的世界的底色？

第二次世界大战爆发以后，贝克特留在法国生活，目睹了战争的残酷和犹太人的命运。战争前后的法国，存在主义四处蔓延，贝克特却说自己并不了解存在主义哲学家们使用的术语和行话，搞不清海德格尔和萨特之间的差别。其实，这话完全可以反过来听，从这里可以看出贝克特对于存在主义哲学相当熟悉，只是不喜欢那些太学术化的讨论而已。事实上，贝克特跟存在主义有着很深的渊源，他读过并且很喜欢萨特的小说《恶心》，他和存在主义艺术家贾科梅蒂是很好的朋友，在萨特主编的《现代》杂志上发表过作品，萨特也很欣赏贝克特对人生荒谬处境的描绘。这么看来，贝克特的那个否认之词，听起来反而有很强的欲盖弥彰的意味。

第二次世界大战后，贝克特回到都柏林，在一次近乎"顿悟"一般的经历之后，他找到了自己的创作方向。他要走一条和他的精神导师乔伊斯相反的道路，乔伊斯总是在做加法，不断增加作品和人物的深度与厚度。而贝克特决意要给作品"做减法"，他要用比小说更简单的戏剧形式，用简单的布景、简单的情节、简单的人物，他要关注人的贫乏、无知、失败、徒劳这些负面的东西。找到了属于自己的独特方向之后，贝克特逐渐进入了创作的成熟期，1949 年完成的《等待戈多》就是他成熟时期的代表作。

《等待戈多》是一部两幕剧，大幕拉开时，流浪汉爱斯特拉贡在大路边的一棵树下坐着，非常努力地要脱下脚上的鞋子。很快另一个流浪汉弗拉第米尔来了，提醒爱斯特拉贡他们要等待一个叫戈多的人。接下来，他们俩就开始讨论戈多是不是会来，他们为什么要等戈多，如果戈多不来如何上吊，还讨论了一会儿萝卜。不一会儿，奴隶主波卓和一个名叫"幸运儿"的奴隶路过，两个流浪汉误以为波卓就是戈多。攀谈之后澄清了误会，还顺带着跟波卓聊了很多关于幸运儿的事情，看幸运儿做了各种稀奇古怪的表演。在第一幕的结尾，一个报信的男孩上场，宣布戈多今天不来了，明天一定来。

第二幕开始，还是那两个流浪汉在等待戈多，与上一幕类似的对话和情节再次上演。波卓再次出现，但是这一次他成了盲人，依靠"幸运儿"才能到想去的地方。两个流浪汉想让幸运儿再表演一次，结果波卓说幸运儿是哑巴，没法表演，然后就又离开了。之后报信的男孩再次出现，弗拉第米尔在男孩开口之前就知道他要说戈多今天不来了，明天再来。男孩走后，爱斯特拉贡跟弗拉第米尔说自己也要走，弗拉第米尔跟他说不要走太远，因为他们还要等待戈多。之后两人又商量着在树上上吊，可是又没有找到绳子。爱斯特拉贡说自己不能再这样继续下去了。于是弗拉第米尔说如果戈多不来，明天他们就带根绳子来吊死自己。幕布落下，但是两人谁都没有动。

《等待戈多》的布景、故事、人物、对白都充斥着极度的简陋、乏味、无意义。其实说到底，在这两幕戏里其实什么也没有发生。贝克特说《等待戈多》是一部**悲喜剧**。**悲剧**的是，两个主角被困在一个荒谬的处境中，等待着一个人的到来，好让他们的等待变得有意义，然而他们却对这个人一无所知，对于他是不是会到来毫无把握。在等待的同时，他们陷入了巨大的无聊、焦虑和荒谬感之中，时时想要自我了断。与此同时，这个过程又充满了**喜剧感**，因为他们的对话上句不接下句，让人摸不着头脑。他们的思维和行为怪诞可笑，不断地脱鞋子、换帽子、谈论萝卜。面对这样的表演，观众真的不确定自己究竟应该发笑还是难过。

《等待戈多》引发了观众的很多困惑和各种解读：心理学角度的、政治学角度的、神学角度的等等，但是贝克特却拒绝给出一个"权威"的解读。我在这里只跟你讨论一种与存在主义哲学密切相关的解读。

在这里，弗拉第米尔和爱斯特拉贡代表了两种对待生存的态度。弗拉第米尔代表了传统观念，他等待着戈多的到来，指望他能够给生存带来意义，就好像人类等待着上帝的来临给生命带来意义。而爱斯特拉贡代表了更贴近存在主义的生活态度，不断地敦促弗拉第米尔必须自己所有行动，他几次提到了自杀，但是最终作罢，坚持着活下去。波卓前一天还是颐指气使的奴隶主，第二天就变成了双目失明，要依靠幸运儿才能前行；而幸运儿前一天还能活蹦乱跳地表演节目，第二天就变成了哑巴，这些都显示了人生的无常与荒谬。幸运儿背着的行李里面有一大袋毫无用处的沙子，他必须担起一些完全没用但是沉重无比的东西，才能让他的主人满意，这象征了人们在试图取悦上帝或者其他人时所做的荒谬行为。

在《等待戈多》之后，贝克特又写出了很多精彩的作品，而且越到后期，舞台布置越简单，故事越单调，甚至完全没有了故事。这种极简主义在他 1972 年的晚期作品《不是我》中被发挥到了极致。在这部总共十多分钟的短剧中，布景就是一块纯黑的幕布，幕布上打着一束灯光。全剧只有一个演员，而且观众看不到她的身体，只能看到一张开开合合说着台词的嘴。这张嘴以迅猛的速度断断续续地说着杂乱无章的词句，间或还发出大笑或尖叫。从这些破碎的词句中，我们勉强可以拼凑出一个七十岁女人的故事。她是个早产儿，被父母遗弃，从小就是个哑巴。四月的某一天，她在田地里游荡的时候，遭遇了某种让她崩溃的事件，从此就可以说话了。接着，她讲述了生活中的一些片段，在超市里买东西、小时候的啼哭、把脸埋在草地上、在法庭上为自己辩护……最终，这部剧在女人的含混不清的喃喃自语中戛然而止。

在整场剧当中，主角说了很多话，但是一直拒绝使用"我"这个词。她拒绝接受她所描述的事件发生在自己身上。同时，整部剧里反反复复地出现以否定词"不是""没有""不能"开头的句子，比如"没到日子""没听说过""没有爱""不能说话""不是那里"，等等。《不是我》（Not I）这个标题中否定词和第一人称主语的结合，让人想起了萨特在《存在与虚无》中说的，否定是对存在的一种拒绝，而"虚无提供了否定的基础"。主角不断否定自己以及自己的遭遇，就表达了这样一种虚无主义的情绪，同时又在努力理解和构建自己的存在。主角在努力地为自己片段化的、含混不清的生活提供一个有秩序的、有意义的叙事，是一种注定徒劳无功却不得不去做的努力，就像西西弗所做的努力一样。

纵观贝克特的一生，他创作了大量小说和戏剧作品，引领了荒诞派戏剧的潮流，刻画了现代人的荒谬处境。1969 年，瑞典文学院把诺贝尔文学奖颁给贝克特绝对是实至名归。颁奖词里说道："他的作品，以小说和戏剧的全新形式，在现代人的潦倒窘迫中获得了升华"。贝克特没有去瑞典领奖，却答应了瑞典电视台做一次获奖访谈，唯一的条件是采访者不能提任何问题。结果这段所谓的"访谈"就是贝克特站在海边小屋门口，盯着摄像机的镜头看了一分钟。他用他的行为给"荒谬"这两个字做了最好的诠释。作为访谈，还有什么比不允许提问也没有回答更荒谬的吗？

最后，我想跟你分享贝克特在小说《莫洛伊》里面的一句话，他说："**如果说有什么问题能让我害怕，让我从来无法给出满意的答案，那就是'我在做什么'这个问题**"。我们总是要为自己的生存和行动给出意义和理由。我是谁？在做什么？为了什么？意义何在？这些是我们每天都在面对的紧迫问题，也只有我们自己能够给出回答。希望存在主义哲学能够帮助你更深入地思考这些问题，并且给出自己的答案。

到这里，我们这门"存在主义哲学课"要正式落幕了。期待着和你在下一门哲学课里再会！

参考书目

1. 萨缪尔·贝克特：《贝克特全集》，余中先译，长沙：湖南文艺出版社，2017 年。

2. 詹姆斯·诺尔森：《塞缪尔·贝克特：盛名之累》，王雅华、刘丽霞译，北京：商务印书馆，2020 年。

精选留言

【刘芳】 2021 年 10 月 26 日

这门"存在主义哲学 20 讲" 8 月 11 日上线，到最后一个加餐，迎来了 16736 名同学，很开心能成为刘玮老师选定的课代表（是在"得到"城邦最深刻的自我认同），结识了很多志同道合热爱哲学的同学们！

课程虽然结束，课代表还会和大家一起交流哲学，把哲学当成一种生活方式和态度，热爱、深爱！

期待在未来的时空，在更高的维度，每名同学都能写出属于自己的存在主义哲学的故事！

课代表再当一次"领掌类动物"，给用心准备加餐的刘玮老师和存在主义哲学家、神学家、心理学家、艺术家、导演以及努力学到最后的自己热烈地鼓鼓掌吧！

【学无止境】 2021 年 10 月 26 日

感谢刘玮老师，一门 20 节的课程，光加餐就做了 8 节，达到正课数量的 40%，这在"得到"也没谁了吧，最热烈的掌声送给您！

在最后一课，自己也终于有所顿悟，存在主义与虚无主义的根本差别其实就是两个字——行动。

希望在未来的日子里，同学们都能以积极的行动践行存在主义，成为更好的自己，迎接更好的人生，愿我们在下一次哲学之旅相会！

【半支烟】 2021 年 10 月 26 日

印象中在上学的时候，有一门课上的书里讲过一部影片。影片的内容就是两个人在树下一直等待，书中似乎也没有其他细节。但是我记得书中对这种影片以及对这部影片经常爆满的观影现象做出了批评。

现在回想，这可能是我们所处的时代让我们产生的一种误解。我们更愿意强调生存的意义就是活着，生存的意义是从实干中产生的。这种想法可能也更加符合时代需要，毕竟在那个百废待兴的时代，我们需要的是吃苦耐劳的精神。然而在我们这个时代，这种拒绝承认人有精神需求的理解也是非常普遍。这可能跟我们的高速发展有关。

但是，随着时代的发展，我们的需求也在逐渐改变。这种需求并不是无病呻吟，越来越多的社会现象在显示这种精神上的需求，我们已经无法忽视其存在了。如何去理解这种需求，需要我们去认真对待。而存在主义就是我们理解这种需求的一把重要的钥匙。

【白玲】2021 年 10 月 26 日

《等待戈多》像极了我们的人生，每个人一生下来都在等待死亡的到来，不知道死亡是什么样子，不知道死亡哪一天会到来，对死亡一无所知。当你知道时，已是死亡状态。每个人以不同的姿态等待着死亡的到来，无聊、焦虑和荒谬……

弗拉第米尔指望戈多能给他带来生存的意义，其实生存本身就是意义。爱斯特拉贡却做出积极回应，只有去死，才更接近死亡，更接近戈多。波卓和幸运儿代表了生命的无常，永远不知道明天会发生什么。幸运儿背着毫无用处的沙子代表人类在生命中要背负着自己以为很贵重却毫无价值的东西。

一切的解药就是：活在当下。当下就是存在，存在是对决虚无的良药。

【兮】2021 年 10 月 28 日

2006 年福建高考第一天后，整个高中圈子最流行的一个问题就是"戈多是谁？""你读过《等待戈多》吗？"

这些充斥在高一新生中的问号和准高三学生的当年校园"超话"热度绝对不是我们可以忽视的。

是啊，戈多是谁？为什么要等他？又为什么要重复那句"戈多来了"！

虽然这个超热的话题在家长和学生圈子里都很热，但更多的是一份"看热闹"式的话题讨论，结果开放，没有得出任何可行性结论。只是必须心疼那时准毕业班的文科老师，特别是语文老师们，可谓是挠秃了头……他们开始恍惚甚至压抑住一份焦虑感以更为紧迫的言辞告诫着学生们，务必正视眼前的这场大考，毕竟谁都猜想不到需要你落笔的主题将会是什么！

这些从朋友、老师、学校前辈那儿听来的事，放到今天这节收官课程选题来看，或许有那么点真正的"等待戈多"的味道。也许，每一件迫切存在于眼前的事面前，我们和至少一个人或物都分别扮演者那两位流浪汉的角色，既传统又现实，传统中幻梦自我气息浓郁的未知；现实中不断拉扯经验与认知域内丰满又干瘪的答案两端，不知当下应该选择向左走或是向右走，是继续带着希望的"苟且"还是潦草间"了断"闭卷……

关于"存在"，这是我第一次用理论正视它在生活中的"身影"。毕竟，我们不是哲学人也生存得很是世俗与平庸。虽然生活对众生平等，我们也有幸生长在这个盛世年代，以至于能足不出户听到远方的知识输出并相互探讨，但总是不乏在屏幕灭灯后陷入一顿或明或暗的跳空思索。思索，关于虚无的存在是如何在确定的存在中毫无掩饰地挑衅存在的神经，甚至喧宾夺主般几欲易主。或许，沉湎于平静的简单与对亲近身份的私心包容使得道理与现实总是诚实着脱钩，这也是人这个有思维的生物体最高级的"自欺"。

这里又让我想到了上一堂加餐笔记里记录过的乌雷与拉莫维奇。其实，贝克特不论在作品的表现上还是在获得诺奖后的一分钟默剧式受访，都无处不在地用他的"行为艺术"在演绎着存在与虚无间那种纠缠不尽的古希腊式喜剧风格，更赤裸地用荒谬感十足的舞台"唤醒"一部分被他"照亮"的灵魂：不要急于否定，你以为否定是一种真实，不！其实否定源于你内心中那份不敢直视甚至带有几分"自我厌恶"的虚无。

如同莫比乌斯环一般的无限循环，或许关于存在的讨论会不断地生发、演绎、升级、再发展……这将是宇宙永远唱不完的诗意夜曲。最沉默的存在永远需要眨着无辜双眸的"精灵鬼"——虚无来衬托。毕竟，没有了虚无渲染的生命，将是最窒息的被动高调，而存在从来都是挪动不了的生命大厦中那份永不见天日的深沉基奠，无声无息得好像从来没有来到过一般，令人忽视着错把虚无当存在，错付时光换荒芜。

闭眼听心，声声过耳、声声入心、声声落真、寸寸气息道存在……无空无幻无虚境，如大音希声，似柳暗花明。

【Sencer】2021 年 11 月 1 日

听完这一讲，心中有一种莫名的沉重，感觉到有一种无形的力量在束缚着自己，甚至于有点喘不过气的感觉。尤其是在看到一个人竟然可以颓废到如此地步，当一个人的灵魂死去的时候，这个人也应该是已经死去，活着的应该只是一个空壳。

现实生活中，面对一些荒唐剧的上演，相信任何一个有良知的人都会感觉到恶心。可是，面对现实，一些丑陋常常会被美化，一些真挚又经常会遭到讥讽。在谎言与虚伪中，用什么样的选择才可以保持自己的真实，好像让身处其中的人总是会有纠结。

来到这个世界上的人们都希望获得更多自己想要的事物，殊不知，得到的东西越多，失去的也会越多。某个角度来看，人的生命就像是一棵树，生命的根系向下扎得越深，向上的动力也会更强。

人生不只需要加法，更需要有减法，加法是帮助人们增加人生的高度，减法是夯实根系的基础。只有这样，生命之树才可以经得起一些狂风暴雨的洗礼。其实，没有什么可以打败我们自己，能够打败我们的只有自己。那些失去灵魂的人们，更多的是被自己的懦弱和无知打败而丧失了继续拼搏的勇气。

后　记

　　在 2019 年完成了"得到"的第一门课程"伦理学通识 20 讲"之后，2021 年初，罗振宇老师邀我讨论下一步的哲学课程计划。在若干个可能的选题里，我们最终确定了存在主义哲学这个主题，因为和其他哲学思潮相比，"存在主义"和每个人的生活更加息息相关，更能够引起共鸣。而且出乎我的意料，罗老师自告奋勇承担起了这门课的"编辑"工作。

　　更出乎我意料的是，"罗编辑"手头有那么多大大小小的工作，却对这份看似最无足轻重的编辑工作如此重视。我的每一篇稿子交给他，他都会在第一时间给我反馈意见，有时候是给我留几条长长的语音，有时候是给我写来详细的修改意见，有时候是直接上手帮我修改。我们会反复调整课程大纲的内容和顺序，会为一篇稿子来回讨论上好几天，也会为一些细节上的心灵相通而会心微笑。这门课，从结构到内容再到文字，"罗编辑"都做出了巨大的贡献。比如，是他帮我加上了木心和止庵两位先生对陀思妥耶夫斯基的评价，是他在胡塞尔那一讲增加了传统哲学"守门人"的巧妙比喻，是他帮我在讨论"场域"的时候加上了下午的阳光和窗前的小花，也是他建议正课最后一讲的气氛需要用一首诗收尾……在这些大大小小的建议和修改里，我看到了罗老师对哲学思想的敏锐把握、对"得到"同学需求的深刻体察，以及骨子里深深的文人情怀。

　　课程在 2021 年 8 月 11 日上线之后，收到了很多"得到"同学的留言，有些是在之前"伦理学通识 20 讲"里结识的老朋友，更多是在"存在主义哲学 20 讲"里结识的新朋友。他们分享自己听课的困惑、心得、生活中的经历、读过的书和看过的电影。他们的留言有的旁征博引、有的条分缕析、有的感人至深、有的风趣幽默、有的散发着浓浓的诗意，很多留言都让我赞叹不已。课程上线后，我每天都要花上至少 3 小时阅读和回复留言，在这些热情的同学们的鼓励下，我又做了八个"加餐"，补充了一些正课里没有展开和进一步拓展的内容。

去年年初，与我合作多年的北京大学出版社的王晨玉编辑联系我，希望出版"存在主义哲学 20 讲"的纸质版，我跟她提的唯一请求就是把"得到"同学那些精彩的留言尽可能多地保留下来，做一本《我们共同的存在主义哲学课》，因为正是他们的留言，让这门课与众不同，让这本书与众不同。他们的留言带来更多的视角、更多的温度，也更能展现存在主义哲学确确实实与我们每个人的生活息息相关。她很慷慨地同意了我的这个请求，答应我可以保留大约 20 万字的同学留言（我挑选留言的时间区间是从 2021 年 8 月 11 日课程上线到 2022 年 8 月 11 日，课程上线一周年）。在看过这些留言之后，北京大学出版社的编辑们也由衷地赞叹"留言都好精彩"，即便是保留 20 万字，依然要"忍痛割爱才能下手"！

我要感谢罗振宇老师和"得到"每一位为了这门课程的顺利上线付出努力的同事（特别是耿利杰、马晓晨、徐昆鹏、杨敏、廖佳慧）；感谢每一位给"存在主义哲学 20 讲"写下留言的同学；感谢"得到"授权我出版"存在主义哲学 20 讲"的讲稿；感谢王晨玉和北大出版社对这本"不同寻常之作"的兴趣；还要特别感谢"课代表"刘芳在精选留言和与其他同学联系的过程中给我的巨大帮助。

我将这本书献给罗振宇老师——我合作过的效率最高、最有建设性的"编辑";也献给我在"得到"结识的每一位朋友——希望它可以成为我们因为这门课而结识的最好纪念。

刘 玮

2023 年 1 月 11 日